CATALOGUE

DES

MANUSCRITS DE LA COLLECTION

DES

CINQ CENTS DE COLBERT

ANGERS. — IMP. ORIENTALE A. BURDIN ET Cie, 4, RUE GARNIER.

BIBLIOTHÈQUE NATIONALE

CATALOGUE

DES

MANUSCRITS DE LA COLLECTION

DES

CINQ CENTS DE COLBERT

PAR

CHARLES DE LA RONCIÈRE

Bibliothécaire au Département des Manuscrits

PARIS

ERNEST LEROUX, ÉDITEUR

28, RUE BONAPARTE, VIe

1908

COLLECTION

CINQ CENTS DE COLBERT

———

1-6. Recueil de lettres et mémoires, en *originaux*, imprimés et copies, concernant l'Histoire de France (1278-1665)[1].

Tome I (1). Années 1278-1616. — Ordonnances royales, etc. ; droits successoraux de Catherine de Médicis en Italie.

Lettres, ordonnances, etc., en *originaux* et copies, de Charles V, 1374 (fol. 13), — Louis XII, 1505 (fol. 19, 20), — Anne de Bretagne, 1505 (fol. 20 v°), — Guillaume de La Marck, 1505 (fol. 21 v°), — François I , 1515-1539 (fol. 30, 34, 53), — « Guillaume Poyet », [2] chancelier de France, 1542 (fol. 55), — Henri II, 1553 (fol. 62), — « Charles » IX, 1561-1573 (fol. 79, 121), — Louis II de Bourbon, seigneur de Montpensier, gouverneur de Bretagne, 1578 (fol. 162), — François de Valois, duc d'Anjou, 1579 (fol. 164, 179), — Armand de Gontaut de « Biron », 1579 (fol. 167), — Henri Ier, duc de Guise, sur la Journée des Barricades, 1588 (fol. 178), — « Henry » IV, 1592-1595 [3 lettres de cachet] (fol. 218, 219, 260), — Philippe Hurault de « Cheverny », 1593-1611 (fol. 240, 333), — « Henry de La Tour » d'Auvergne, duc de Bouillon, 1610 (fol. 320), — Henri II de Bourbon, prince de Condé, 1610 (fol. 324-326), — « Louis » XIII, 1615-1616 [5 lettres patentes]

———

1. Pour le détail analytique des volumes 1-20 de la Collection des Cinq Cents Colbert, nous renvoyons au catalogue manuscrit de M. Marius Sepet, qui indique, pièce par pièce, le contenu de chacun des volumes. Ce catalogue est à la disposition des lecteurs.

2. Quand la lettre est en original, nous mettons entre guillemets la signature.

(fol. 354, 359, 367, 373, 377), — Nicolas « de Verdun », premier président du Parlement, 1615 (fol. 355-356), — « Gaston » de France, duc d'Orléans, 1616 (fol. 372), — « Caterine » de Médicis, 1586 (fol. 471, 472, 473), — Jean de Vivonne, marquis de Pisani, ambassadeur de France à Rome, 1587 (fol. 481), — François-Marie de Médicis, grand-duc de Toscane, 1587 (fol. 482), — « S[ervit]or, il car[dinale Alessandro] Farnese », 1587 (fol. 483, 486).

Inventaire de documents du Trésor des chartes relatifs aux rois de Majorque et d'Aragon, 1278-1353 (fol. 1). — Extraits relatifs à la guerre du Bien public, 1465-1468 (fol. 17). — Obsèques de Louis XII (fol. 23), Anne de Bretagne (fol. 26), Claude de France (fol. 40), Charles VIII, Louis XII, François Ier et Henri II (fol. 60), Henri IV (fol. 327). — « Les aages des enffans du roy Henri II » (fol. 77). — « Discours des raisons et persuasions de la paix », par Michel de L'Hospital, 1568 (fol. 81). — « Discours de M. le chancelier de L'Hospital à ses amys, tourné de mot à mot de latin en françois », en vers (fol. 95). — Transaction entre Charles IX et Renée de France, duchesse de Ferrare, relativement aux prétentions de la duchesse sur la Bretagne, 1570 (fol. 106). — « L'ordre tenu à l'entrée de... Elizabeth d'Austriche, reyne de France », 1571 (fol. 112). — Inscription latine, relative à la Saint-Barthélemy, placée à l'église Saint-Louis à Rome, par ordre de Charles IX, 8 septembre 1572, *impr.* (fol. 119). — Relation du royaume de France par un ambassadeur de Venise [Giovanni CORERO, en 1569], en italien, imprimée par N. Tommaseo, *Relations des ambassadeurs Vénitiens sur les affaires de France au XVIe siècle* (Collection des Documents inédits. Paris, 1838, in-4°, t. II, p. 104-198). — Protestation de notre ambassadeur près du Saint-Siège, Louis Chasteignier d'Abain, contre l'obédience prêtée au roi élu de Pologne au préjudice de Henri III, 1579 (fol. 169). — « Harangue prononcée à Londres, au Conseil privé d'Angleterre, par Messire Barnabé Brisson, président au Parlement de Paris, le 9e jour d'avril 1581 » (fol. 174). — « La vie [de Jean-Louis de Nogaret, duc] de Espernon, avec ses faictz et proesses et de plusieurs autres politicques, composée par Claude de La Blaie, gentilhomme espagnol, 1588 »; satire en vers français (fol. 181). — « Discours sur la mort de Mrs de Guyse, par M. Miron, 1588 » (fol. 189). — Lettre adressée à Sixte-Quint par la Sorbonne, 1590 (fol. 199). — « Advis des difficultés sur le subject de l'assemblée des Estatz généraulx

1591 » (fol. 205). — « Articles de la trefve pour la ville de Lyon, païs de Lyonnois et Beaujollois et le gouvernement de Daulphiné, résolu et arresté entre les depputés de Monseigneur [Charles-Emmanuel de Savoie] le duc de Nemours, de Monseigneur le collonnel Alphonce et de Monsieur de Bouteon, en la conférence tenüe à Sainct-Genis de La Val », 1592 (fol. 216). — Mémoire du chancelier Michel de Marillac, exposant la conduite tenue par le Parlement de Paris durant la Ligue pour le maintien de la Loi Salique (fol. 220). — « Copie du procès-verbal de la conversion du roy Henry IIII à Saint-Denis », 1593 (fol. 234). — « Ambassade à Rome du cardinal Du Perron pour la réconciliation du roy Henry 4e avec Sa Sainteté, 1595 » (fol. 241). — « Discours véritable de ce qui s'est passé durant le siège de La Capelle, 1594 » (fol. 257). — « Monsieur Du Plessis Mornay contre Monsieur de Mercœur », ou « Relation de ce qui s'est passé avec M. de Mercœur touschant la réduction de la Bretagne en l'obéissance du Roy » Henri IV (fol. 262). — « Mémoire des jours de la naissance des enffans du Roy de France et de Navarre Henri 4e, dict le Grand, et la Royne Marie, ensemble de leurs babptesmes » (fol. 288). — « Mémoire concernant le sieur L'Hoste, commis de Mr de Villeroy », par Nicolas de Neufville, sieur de Villeroy, 1604 (fol. 289). — « Manifeste sur le faict de Mérargues, 1605 » (fol. 293). — « De rebus Galliae; » continuation de l'Histoire de Jacques-Auguste de Thou par Rigault, 1607-1608, in-4°, *impr.* (fol. 297). — Harangue de Maximilien de Béthune, duc de Sully, à l'assemblée des Églises réformées à Saumur, 1611 (fol. 331). — « Advis de Monsieur de Villeroy à la Royne mère [Marie de Médicis] sur la demande que Monsieur le conte de Soissons [Louis de Bourbon] faisoit à Quilbeuf », 1612 (fol. 334). — « Articles accordéz par le sr [Anne de Lévis], duc de Vantadour, pair de France et lieutenant général pour le Roy en Languedoc, et les srs de Thou, de Jannin, Boissise et Beuillon, commissaires députéz par Sa Majesté..., à Monseigneur le prince de Condé », 1614 (fol. 348). — « Entrée du roy Louis Treizième, de glorieuse mémoire, et de Anne d'Austriche » à Paris, 1616 (fol. 368). — « Articles particulliers accordéz par les depputéz envoyéz par le Roy en la conférence de Lodun [Loudun] à Mgr le prince de Condé et autres joinctz avec luy », 1616 (fol. 393). — « Mémoire sur la formalité d'escrire entre le Roy et l'Archiduc » (fol. 397).

Traité de mariage entre Alexandre de Médicis, duc de Florence, et Marguerite d'Autriche, fille de Charles-Quint, 1537 (fol. 403). — « Donatio facta per reginam duci Alexandro » (fol. 415). — « Enumeratio bonorum relictorum ab Alexandro, duce Florentie », 1537 (fol. 419). — « Promissio pro parte reginae [Catherine de Médicis] praesentata sub die decima martis 1548 », procédure engagée à Rome entre Catherine et Cosme de Médicis, 1548-1574 (fol. 437). — « Cessio seu donatio facta per illustrissimam D. Catherinam de Medicis in favorem ducis Alexandri de Medicis » (fol. 455). — « Litterae S. D. N. Pii papae V super creatione Cosmi Medices in Magnum Ducem Provinciae Etruriae ei subjectae. Romae, 1569 », in-fol., *impr.* (fol. 461). — Acte de prise de possession du palais de Médicis à Rome par un délégué de Catherine de Médicis, 1572 (fol. 463). — « Valleur des biens de la maison ancienne de Medici en Toscanne apartenantz à la Reyne mère du Roy, selon qu'ils m'ont esté monstréz par le chevalier Marignol, à ce commis par Son Altesse, en l'année 1572 » (fol. 465). — « Resolutio Rotae super concordia inter serenissimam Reginam et serenissimam Madamam ac DD. creditores bo. me. Hippoliti, cardinalis de Medicis », 1582-1585 (tol. 467). — « Dubia in causa nullitatis et rescissionis transactionis, movenda per christianissimam Reginam contra illustrissimam D. Margaretam ab Austria » (fol. 487). — « Raport du voyage que le docteur [plus tard cardinal] d'Ossat ha fait vers le grand duc de Toscane pour le service de la Reyne, mère du Roy », 1586, *orig.* (fol. 509), et autres pièces relatives à la succession de Médicis (fol. 520). — « Consultation du sieur Quistelli pour la Reine et le Grand Duc contre les sieurs de Farnese » (fol. 548). — « Copie des mémoires qui furont bailléz à M. le chevalier d'Elbène par Monsr Brané » (fol. 556). — Mémoire de Claude de L'Aubespine relatif à la dite succession, 1586, *orig.* (fol. 558). — 559 feuillets. 370 sur 260 millimètres.

Tome II (**2**). Années 1617-1645. — Lettres de Louis XIII, testament de Richelieu, etc.

Lettres, ordonnances, etc., la plupart en copies de « Louis » XIII, 1617-1643 [13 lettres, dont plusieurs lettres de cachet] (fol. 1, 43, 53, 56, etc.), — Charles Ier de Gonzague-Clèves, duc de Nevers, 1617 (fol. 17), — Henri de La Tour d'Auvergne, duc de Bouillon, maréchal de France, 1618 (fol. 41, 45 v°, 87), — Marie de Médicis, 1618-1638 [9 lettres] (fol. 49, 56, 57, etc.), — Jean-Louis de Noga-ret de La Valette, duc d'Épernon, 1619 (fol. 51), — Henri de Schomberg, 1619 (fol. 61), — « Guy Bentivole », « il cardinale Bentivoglio », archevêque de Rhodes, nonce du pape, 1619 (fol. 63, 315), — du P. Arnoux (fol. 76), — François de Bonne de Lesdiguières, maréchal de France, 1621 (fol. 78), — Charles d'Albert, duc de Luynes, connétable de France, 1621 (fol. 81), — « Théophile » de Viau, 1623 (fol. 89, 90, 92), — Henri II, duc de « Montmorency, » 1623 (fol. 93), — des consuls de Milhau, 1627 (fol. 121), — « Henry de Bourbon », prince de Condé, 1628-1639 (fol. 169, 322), — Henri de Rohan, duc de Rohan, 1628 (fol. 170), — Armand-Jean Du Plessis, cardinal de Richelieu, 1631-1643 (fol. 185, 411), — Gaston d'Orléans, 1632 (fol. 191), — Piccolo-mini, général de l'empereur, 1639 (fol. 316), — Manassès de Pas, sieur de Feuquières, 1639 (fol. 317), — « Louis de Bourbon », comte de Soissons (fol. 318), — François Sublet « de Noyers », 1641-1643 [4 lettres] (fol. 403, 413, 449, 466), — « Honorato [Gri-maldi], principe di Monaco », 1642 (fol. 408), — « Le cardinal Mazariny », 1643 (fol. 426), — Charles de La Porte, maréchal de « La Melleraie », 1643 (fol. 427), — « Louis » XIV, 1643 (fol. 429, 452, 456), — Henri Robert de La Marck, duc de Bouillon, 1645 (fol. 476).

Déclaration des princes sur le gouvernement du royaume, 1617 (fol. 17, 21). — « Instructions de Monsieur [Henri] de Schomberg, comte de Nanteuil, pour son voyage d'Allemagne, » par le cardi-nal de Richelieu (fol. 23). — Commission de Marie de Médicis à César de Bourbon, duc de Vendôme, pour se procurer les de-niers nécessaires à l'entretien des troupes, 1620 (fol. 66). — « Articles accordéz par Messieurs les cardinal [François] de La Rochefoucault et [Philippe] de Béthune, au nom du Roy Louis, à la Royne Mère » à Angoulême (fol. 70). — Relation de la cam-pagne de Louis XIII en Bas-Poitou contre M. de Soubise, 1622 fol. 81). — Interrogatoire à faire subir à Théophile de Viau (fol. 94). — « Instruction à la reine Marie de Médicis à sa fille [Henriette de France], reine d'Angleterre, faite par le cardinal de Bérulle, » 1625 (fol. 107). — « Acte de ce qui s'est passé en Pro-vence entre le Parlement et M. [Charles de Lorraine, duc] de Guyse, touchant la réception du viguier de Marseille, » 1625 (fol. 117).

« Relation véritable de ce qui s'est passé en l'ordre de la surprise de la ville de La Rochelle, » 1628 (fol. 125). — « Relation de M. de Beaulieu » sur ce qui s'est passé en l'île de Ré, 1627 (fol. 129). — « Journal ou histoire journalière de tout ce qui s'est passé dans l'isle de Ré depuis l'entrée des Anglois jusques au jour de leur défaitte et de leur fuitte, par un gentilhomme ayant esté en toutes les occasions arrivées dans ledit siège, » 20 juillet-14 novembre 1627 (fol. 143).

« Relation de ce qui s'est passé à Compiègne, Mrs. le mareschal de Schomberg et de Roissi y estans alléz trouver la Royne Mère, de la part du Roy, le 22 may 1631 » (fol. 171). — « Relation de M. de Guron touschant la Lorayne » (fol. 195). — « Articles proposéz de la part du Roi à Monsieur [Gaston d'Orléans] par le s^r [Claude] de Bullion, surintendant des finances, » 1632 (fol. 204). — « Mémoire sur les affaires géniralles de la Chrestienté, » avril 1633 (fol. 207). — Traité de Bruxelles entre Gaston d'Orléans et Philippe IV, roi d'Espagne, 1634 (fol. 237). — Discours au Parlement « contenant les justes causes des armes du Roy contre l'Espagne, » avec annotation du procureur général Molé (fol. 246). — « Relation particulière de tout ce qui s'est passé à la réception du duc de Parme en ce royaume, » 1636 (fol. 257). — Assemblée tenue en l'Hôtel de Ville de Paris pour donner secours à Henri IV, 1597 (fol. 271). — « Relation des différentz de M^r [Nicolas, de L'Hospital, maréchal] de Vitry et de M^r l'archevesque de Bordeaux [François d'Escoubleau de Sourdis] sur l'attaque des isles de Saint-Honorat, » 1638 (fol. 277). — « Relation véritable de ce qui s'est passé au siège de Fontarabie, » 1638 (fol. 285). — « Response au s^r Knuith, Hollandois, envoié par la Reine, mère du Roi vers Sa Majesté le 13e novembre 1638 » (fol. 289). — « Relation de ce qui s'est passé au siège levé devant Thionville, » 1639 (fol. 297). — « La vérité du siège de Mouzon. A Mouzon, ce 20 juin 1639, » in-fol., *impr.* (fol. 311).

Fragment de la *Succincte narration des grandes actions du roi,* par le cardinal de Richelieu, 1639-1641, avec corrections supposées de la main de Richelieu, et commençant ainsi : « Bien que l'année 1639 ait esté meslée de roses... » (fol. 325); *imprimé* par Michaud et Poujoulat, *Nouvelle collection des Mémoires pour servir à l'histoire de France,* 2e série, t. IX, p. 344-354.

« Les articles de la réduction d'Arras à l'obéissance du Roy. Du

Bureau d'adresse, le 16 aoust 1640, » in-fol., *impr.* (fol. 379).
— « Relation succinte du siège et reddition d'Arras, envoyée
d'Amiens. Paris, 1640, » in-fol., *impr.* (fol. 385). — « Procès verbal de ce qui s'est tenu au parlement de Provence, le 8 mars
1641 » (fol. 390). — « Relation de ce qui s'est passé au combat
du secours de Tarragonne, 1641 » (fol. 397). — « Relation de la
bataille de Honcourt en Picardie, donnée entre l'armée du Roy,
conduite par M. le mareschal de Guiche, contre D. Francisco de
Mello, 25 may 1642 » (fol. 404). — Discours de Molé au Parlement à propos de l'enregistrement de la déclaration de Louis XIII
contre Gaston d'Orléans (fol. 422). — « Inscription sur le décèz
de la royne Marie de Médicis, arrivé à Cologne le 3 juillet 1642 »
(fol. 425). — Relation de la dernière audience et des obsèques
de Louis XIII, par Molé ; *autographe* (fol. 431, 434). — Lit de
justice de Louis XIV : relation adressée de l'Hôtel de Nevers à
Louis et Scévole de Sainte-Marthe, frères jumeaux, historiographes
du roi, 1643 (fol. 439). — « Articles accordéz entre M. le conte de
Briennes, fondé de pouvoir spécial du Roy et M. le duc de Vandosme, » 1643 (fol. 450). — « Ab excessu cardinalis Richelii ad
pacem rerum a Gallis gestarum liber primus » (fol. 457). —
« Relation du combat qui s'est fait le xve de ce mois proche de la
ville de Lérida, » 1644 (fol. 470). — « Relation de la bataille
gaignée par M^r le Prince proche Nortlinguen, » 1645 (fol. 474). —
479 feuillets. 360 sur 220 millimètres.

Tome III (3). Années 1648-1665. — Lettres et mémoires concernant particulièrement la Fronde.

Lettres, pour la plupart *originales*, de Louis XIV, 1649-1654
[19 lettres] (fol. 15, 17, 25, etc.), — « Louis de Bourbon, » prince
de Condé, 1649 [6 lettres] (fol. 23, 118, 120, etc.), — cardinal
Bichi, 1649 (fol. 70), — « Les officiers de la sénéchaucée et
présidial d'Anjou, de La Bigotière, Le Marié, conseillers syndicz
du présidial, » 1649 (fol. 74), — « Les gens tenans la cour de
parlement de Normandie, » 1649 (fol. 76), — Pompone II de
« Bellièvre, » 1649 [6 lettres] (fol. 78, 82, 84, etc.), — « Henry
d'Orléans, » duc de Longueville, 1649 (fol. 80, 130), — « Gaston »
d'Orléans, 1649-1653 (fol. 97, 417), — Michel « Le Tellier, »
secrétaire d'État, 1649 [29 lettres] (fol. 127, 129, 131, etc.), —
Louis de La Trémoille, marquis de Noirmoutier, 1649 (fol. 133),

— Molé (fol. 137), — André Potier « de Novion, » président du parlement [12 lettres] (fol. 138, 140, 195, etc.), — « de Cauménil, mareschal de camp en l'armée de Monsieur de Longueville » (fol. 158), — Pierre de « Caumont, marquis de Cugnac » (fol. 165), — « Frage » (fol. 167), — François-Marie de « Vitry », fils du maréchal, 1649 (fol. 168), — Charles d'Escoubleau, marquis « d'Alluye » (fol. 170), — « Le comte de Maure, » Louis de Rochechouart (fol. 171), — « Le mareschal [Philippe, comte] de La Motte »-Houdancourt (fol. 173), — « Henry de La Trémoille, » duc de Thouars (fol. 174, 282), — Frédéric-Maurice de La Tour, duc de Bouillon (fol. 177), — François de Vendôme, duc de Beaufort (fol. 178), — « Charles de Lorraine, duc d'Elbeuf » (fol. 181, 183), — « Le conte de Rieux, » François de Lorraine (fol. 185 ; cf. fol. 179), — « Armand de Bourbon, » prince de Conti, 1649 [7 lettres] (fol. 187-192, 242, etc.), — « de Champlastreux » (fol. 193), — « Louis François Miron, député de Normandie, » 1649 (fol. 202), — « Charle de Lorraine, prince d'Harcour, » 1649 (fol. 230, 232), — « Anne » d'Autriche, 1649 (fol. 259, 311), — « Les Essars » (fol. 271), — « Les maire et eschevins de la ville d'Angers » (fol. 275), — Urbain de Maillé, marquis « de Brézé, » 1649 (fol. 277), — « Claude de La Noue, » 1649 (fol. 286), — « de Mesgrigny, » président au Parlement de Provence, 1649 (fol. 321), — « de Sainctot, » 1649 (fol. 325, 328, 329), — Nicolas « Rigault », ancien garde de la Bibliothèque du Roi, 1652 (fol. 394), — « Millotet, Quarré, advocatz généraux au parlement de Bourgogne, » 1652 (fol. 400), — « Turquant, » 1652 (fol. 401), — « De Fieubet, » premier président au parlement de Toulouse, 1653 (fol. 419, 443), — Christine de Suède, 1654 (fol. 427), — « Il cardinale Mazariny, » 1654 (fol. 434), — « M[arguerite] de Gondy, la duchesse de Brissac, » 1654 (fol. 437, 441).

Extraits des registres du Parlement pendant la guerre civile, avec des remarques de la main du premier président Molé, 24 novembre 1648-16 janvier 1649 (fol. 1, 27), 23 janvier (fol. 53), 27 février (fol. 58), 28 février-1er mars, expédition authentique sur parchemin (fol. 71, 73). — « Lettres et déclaration du Roy sur le sujet de sa sortie de Paris. S. Germain en Laye, 1649, » in-fol., *impr.* (fol. 15). — Acte d'union des chefs de la Fronde, 1649 ; copie de la main de Molé (fol. 44). — « Déclaration du

Roy, par laquelle les princes, ducs, seigneurs et leurs adhérans
qui ont pris les armes contre son service, sont déclaréz criminels
de lèze-majesté. S. Germain en Laye, 1649, » in-fol., *impr.*
(fol. 45). — Remontrances du Parlement, le 25 février 1649 ; texte
de la main de Molé (fol. 62) : et réponse de Louis XIV (fol. 64).
— « Articles arrestés et signés à Ruel le 11 mars » 1649, avec les
signatures autographes de Gaston d'Orléans, Mazarin, les princes
de Condé, Conti, etc., « Messieurs du Parlement..., de la Chambre
des comptes..., de la Cour des Aides..., de la Ville » (fol. 92). —
« Interrogatoires faits par nous, Henry Gamin,... intendant de la
province de Picardie,... à la personne de René Le Meneust, sieur
de Berquigny, [écuyer du prince de Conti], arresté en ceste
ville de La Fère, » 1649 (fol. 100). — Dépêche espagnole relative
aux négociations du Parlement avec la Cour (fol. 135). —
Relation des conférences de Saint-Germain par Molé, 16-30 mars
1649 (fol. 142). — « Déclaration faite en Parlement par Monseigneur le prince de Conty et M^{rs} les généraux contre le cardinal
Mazarin, du 20 mars 1649. Paris, 1649, » in-fol., *impr.* (fol. 206).
— « Lettre du Roy aux prévost des marchands et eschevins de
Paris ensuite des articles arrestéz à Ruel. » 1649, in-fol., *impr.*
(fol. 234). — « Déclaration du roy, pour faire cesser les mouvemens et restablir le repos et la tranquilité de son royaume.
Paris, 1649, » in-4°, *impr.* (fol. 246). — « Mémoire des personnes
qui ont esté contraintes de sortir de Sedan par les ordres du
s^r Fabert » (fol. 330). — « Le courier Bourdelois, apportant
toutes les nouvelles de Bourdeaux. Paris, 1649, » in-fol., *impr.*
(fol. 344). — « Suitte de la conférence du Parisien et du Bordelois » (fol. 348). — Mémoire de Thomas Moran, maître des
requêtes, chargé d'informer des désordres commis dans les
généralités de Bordeaux et Montauban, 1650 (fol. 353, 366). —
Arrêt du Parlement de Toulouse à ce sujet, 1650 (fol. 355). —
Cassation de l'arrêt par le Conseil d'État (fol. 358). — « Arrests
notables du parlement de Tholoze, des 30 avril et 5 may 1650,
donnéz contre le sieur Moran, maistre des requestes, et autres
soy prétendans intendans de justice. Paris », 1650, in-fol., *impr.*
(fol. 372). — « Déclaration du Roy contre Madame la duchesse
de Longueville, les sieurs ducs de Bouïllon, mareschal de Turenne,
prince de Marsillac et leurs adhérans. Paris, 1650 », in-fol., *impr.*
(fol. 379). — « Union de la Noblesse, » signée de 212 gentils

hommes. 1651, in-fol., *impr.* (fol. 387). — « Advis sur l'arrest donné à Paris au Parlement contre le card. Mazarin le 30 décembre 1651 » (fol. 395). — Récit de la journée du 4 juillet 1652 à l'Hostel de Ville (fol. 409). — « Articles et conditions accordées soubz le bon plaisir du Roy entre Monsieur de La Ferté Senneterre, mareschal de France, gouverneur des provinces de Lorraine et Barrois, Vic et Moienvic, et lieutenant général des armées de Sa Majesté..., et Monsieur le marquis de Sillery, gouverneur de Danvillers, pour empescher les courses de la garnison dudit Danvillers », 1653 (fol. 414). — « Relation de ce qui s'est passé à Sainte-Menehould depuis le départ du Roy », 1653 (fol. 421). — « Relation du siège de Villefranche en Catalogne par M^r le prince de Conty » (fol. 428). — « Histoire du siège de Dunkerque, par M. le chevalier de Clerville, » 1658 (fol. 445-500). — « Relacion del renquentro que tubieron las dos Armadas catholica y christianissima cerca de Dunquerque este año de 1658... Glossa verdadera-texto falso. » *S. l. n. d.*, in-fol., *impr.* (fol. 501). — « Recueil de la cérémonie qui se doibt garder, lorsque le Roy fait des chevaliers du Saint-Esprit, observée l'an 1661, par Desfontaines, intendant des devises et inscriptions » (fol. 506). — « Mémoire pour moustrer que Mademoiselle n'a rien fait d'indigne de son rang, en se mettant à genoux devant le Roy, par M. de Sallo, » 1664 (fol. 520). — « Maximes généralles pour bien gouverner le royaume durant la paix, tirées en partie de la vie de Henry 4e », par le P. Le Cointre, de l'Oratoire (fol. 528). — vi-537 feuillets. 360 sur 240 millimètres.

Tome IV (4). Années 1359-1639. — Lettres-patentes et arrêts du Conseil d'État.

Lettres-patentes, etc., en copies et imprimés, de Charles V : libertés, droits et usages attachés à la fonction de concierge du Palais, 1359 (fol. 1); ordonnance sur le fait des gens d'armes, 1374 (fol. 24); « Lettres de Charles Cinquième, surnommé le Sage, et de Philippe, gentil-homme de Picardie, seigneur de Maisières en Sangters, et chancelier du royaume de Cypre, pour faire recevoir et célébrer la feste de la Présentation de la Très-Saincte Vierge en l'Eglise Latine, à l'imitation de l'Eglise Grecque, qui l'a solemnisée de tout temps immémorial, tirées de l'église de Metz... Metz, 1638 », in-4°, *impr.* (fol. 44). — Charles VI : con-

vocation du ban et de l'arrière-ban, 1411 (fol. 8). — Charles VII :
octroi au duc de Savoie d'un droit de 2 pour 100 sur le transit
entre la Corse et la France, 1426 (fol. 12) ; création des francs-
archers, 1448 (fol. 16) ; provisions d'huissier des requêtes, 1454
(fol. 114). — Louis XI : liberté de trafiquer à La Rochelle nonobstant la guerre, 1472 (fol. 32) ; tutelle de ses enfants, François
Phébus, prince de Navarre, et Catherine, accordée à Magdeleine,
princesse de Vienne, 1473 (fol. 36) ; amnistie aux partisans de
Charles, duc de Guyenne, 1479 (fol. 40) ; exemption des droits
de franc-fief, marc d'argent, etc. dans les duchés de Bourbonnais,
Auvergne, etc., 1465 (fol. 192). — François Ier : permission aux
administrateurs de l'Hôtel-Dieu de Paris de construire sur pilotis
dans la Seine pour agrandir l'hôpital, 1516 (fol. 58) ; répression
du crime de péculat, 1546 (fol. 60).

Henri II : ordonnance portant que les deniers de la reine sont
privilégiés comme les propres deniers du roi, 1550 (fol. 61) ; déclaration contenant que la reine est reçue à plaider en parlement
par son procureur, 1549 (fol. 64) ; création d'un maître par métier
pour la décoration de Paris lors de l'entrée du roi, 1549 (fol. 65) ;
réglementation pour les fontaines de Paris, 1554 (fol. 68) ; clôture
du couvent de l'Ave Maria à Paris, 1556 (fol. 69). — François II :
défense aux gouverneurs de provinces de recevoir dons et pré-
sents des provinces, 1560 (fol. 77). — Charles IX : érection d'un
siège de bailli à Langres, 1561 (fol. 81) ; exemption accordée aux
habitants de Magny de la juridiction de la châtellenie de Chaumont en Vexin, 1564 (fol. 83) ; lettres en faveur de son frère Henri
pour succéder à la Couronne, 1573 (fol. 89) ; attribution donnée
au prévôt des marchands de juger le différend survenu entre le
capitaine des arquebusiers et un des capitaines des archers, lors
de l'exécution de La Mole et Coconnas, 1574 (fol. 93). — Henri III,
d'abord roi de Pologne : provisions de procureur général de ses
procès et affaires en faveur de Jean du Vair, 1568, et Antoine
Matharel, 1573 (fol. 87, 91) ; réformation des forêts d'Orléans,
Beaugency et Buisson, 1582 (fol. 108) ; union de l'office de prévôt de Béthisy à celui de lieutenant particulier du duché de
Valois, 1585 (fol. 112). — Catherine de Médicis : fondation d'obits
à Saint-Denis pour l'âme du roi Henri II, 1582 (fol. 94).

Henri IV : permission à Louis de L'Hospital, sieur de Vitry-
Gobert, d'ajouter une fleur de lis à ses armes, 1594 (fol. 116) ; con-

firmation des privilèges dont jouissent les officiers du régiment des Gardes, 1605-1609 (fol. 117-126); établissement de manufactures d'étoffes de soie, d'or et d'argent à Paris, 1603 (fol. 128); règlement du nombre des marchands et gens de métier suivant la Cour, 1606 (fol. 134); règlement pour l'Hôtel-Dieu de Paris, 1607, *impr.*, in-fol. (fol. 138); légitimation de Jeanne, fille du roi et de Charlotte des Essarts, 1608 (fol. 144); suppression des fontaines particulières à Paris, 1608 (fol. 150); tutelle de César de Vendôme, 1599 (fol. 175).

Louis XIII : don de bois de chauffage au sieur de Verdun, premier président, 1611 (fol. 154); création, à l'occasion de la majorité du roi, de deux maîtrises par chaque art et métier dans toutes les villes, 1615 (fol. 156); nomination d'Ollier comme surintendant de justice et police à Lyon, 1617 (fol. 158); réformation des Jacobins (fol. 168); incorporation de diverses juridictions particulières au bailliage de Dammartin (fol. 168 v°); évaluation du comté de Clermont (fol. 169); commission d'intendant de Champagne pour M. de Laffemas (fol. 170 v°); amnistie pour les rebelles du Languedoc (fol. 172); lettres de protection pour le patriarche d'Ocride (fol. 173 v°); pouvoirs pour Antoine de Pas, marquis de Feuquières, ambassadeur extraordinaire en Allemagne (fol. 174); destitution de Henri II d'Orléans, duc de Longueville, de la charge de gouverneur de Normandie, 1620 (fol. 179); rémission accordée à Henri de Bonneval (fol. 181; cf. fol. 166); circulaire annonçant qu'il abandonne le siège de Montauban (fol. 182); règlements sur les pensions à servir par les monastères aux soldats estropiés, 1620-1623 (fol. 185, 191); tutelle des enfants de Henri de La Tour, duc de Bouillon, et Élisabeth de Nassau, 1623 (fol. 187, 204); nomination de Charlotte de Villers-Saint-Pol, comtesse de Lannoy, ancienne gouvernante de la reine d'Espagne, comme dame d'honneur d'Anne d'Autriche, 1624 (fol. 189); exemption, aux habitants de l'Auvergne, des droits de francs-fiefs et nouveaux acquêts, 1623 (fol. 193); édit contre l'émigration des provinciaux à Paris, 1625 (fol. 198); poursuites contre Charles, marquis de la Vieuville, évadé du château d'Amboise (fol. 205-209); provisions de la charge de surintendant des finances pour Antoine Coiffier-Ruzé, marquis d'Effiat, 1626 (fol. 210); poursuite des malversations commises dans le service de l'armée et des garnisons de Picardie (fol. 212); tutelle de

Mademoiselle de Montpensier, donnée à Gaston d'Orléans, 1627
(fol. 238); déclaration en faveur des avocats et procureurs des
généralités, 1628 (fol. 244); information sur les usurpations de
bénéfices dans le diocèse de Reims, 1629 (fol. 246); mise en
liberté de Marguerite de Béthune, duchesse de Rohan, de sa fille
Marguerite et de Mademoiselle de La Moussaye (fol. 250); ordonnance contre les Français au service du duc de Savoie, 1630
(fol. 252); absolution à Gaston d'Orléans pour sa sortie du
royaume (fol. 254); rémission aux sergents qui ont signifié un
arrêt du Parlement attentatoire à l'autorité royale, 1631 (fol. 256);
institution d'une commission pour remplacer la Cour des Aides
durant son interdiction (fol. 260); autorisation au marquis
d'Effiat de fortifier le bourg d'Effiat (fol. 262); « lettres patentes
du Roy, portant continuation aux Ecclésiastiques de rachepter
pendant cinq années les biens de leurs bénéfices qui ont esté
cy-devant vendus. A Paris, 1626, » in-4°, *impr.* (fol. 264); « lettres
patentes du Roy, portant confirmation des immunitéz... du clergé
de France. Paris, 1627, » in-4°, *impr.* (fol. 275); réduction des
portions congrues, 1633 (fol. 283); délai accordé aux condamnés
par contumace (fol. 312); confirmation de la possession de la seigneurie de Mitry au cardinal de Richelieu, 1633 (fol. 316); rémission à Henri de Foucault, sieur de Saint-Germain-Beaupré
(fol. 318), que dame Louise de Barbanssois accusait de crime
d'assassinat commis contre Pierre du Rieu, vicomte du Dongnon,
son fils (fol. 319); édit sur la réduction des rentes (fol. 324);
établissement de l'Académie française, 1635 (fol. 336); don du
village de Saint-Mandé aux religieuses de l'Annonciade de Saint-
Nicolas de Melun, 1633 (fol. 348); institution de commissaires
chargés d'inventorier le trésor de l'abbaye de Saint-Denis, 1634
(fol. 350); édit sur les poudres et salpêtres, 1637 (fol. 356); évocation au parlement de Paris d'un procès pendant au parlement
de Toulouse (fol. 366); « déclaration du Roy, par laquelle Sa
Majesté déclare qu'elle a pris la très Saincte et très glorieuse
Vierge pour protectrice spéciale de son royaume. Paris, 1638, »
in-4°, *impr.* (fol. 374); taxes imposées aux receveurs des rentes
de la ville de Paris (fol. 380); amnistie aux gentilshommes et
autres faisant profession des armes, à l'occasion de la naissance
du Dauphin, *orig.* (fol. 384); droits honorifiques concédés à
Claude de Gadagne et Éléonore de Coligny, sa femme, pour leur

fief de Charbonnières en Bourbonnais (fol. 385) ; fondation d'un obit à Notre-Dame de Chartres pour le repos de l'âme de Henri IV (fol. 389) ; achèvement du canal de Briare (fol. 399) ; cassation de l'arrêt du Parlement rendu en faveur du comte d'Harcourt contre la duchesse d'Elbeuf, sa mère, 1639 (fol. 411) ; désignation de commissaires pour l'examen de constructions nouvelles projetées au Palais (fol. 415).

Extrait du testament de Henri de La Tour, duc de Bouillon, maréchal de France, 1613 (fol. 202). — Requête d'Élisabeth de Nassau, duchesse douairière de Bouillon, pour l'entérinement de ses lettres de tutelle (fol. 204). — « Statuts et règlemens de l'Académie françoise » (fol. 340). — « Noms des quarante qui sont de l'Académie françoise et des jours qui doibvent faire leur discours chacun » (fol. 346). — Avertissement signifié à l'adjudicataire des revenus du duché de Rethelois par Scipion Agnelli Maffei, évêque de Casal, mandataire de la princesse de Mantoue, 1638 (fol. 393).

Recueil d'arrêts du conseil d'État, 1607-1639 (fol. 425). — Ces arrêts concernent, entre autres, l'église de Notre-Dame de Boulogne, 1615 (fol. 435), le paiement des rentes sur le clergé, 1619 (fol. 439), les procès de Germain Chalange, secrétaire du roi (fol. 443), le conflit entre le duc de Roannès et le marquis de Choisy, 1624 (fol. 449), l'interdiction du premier président du parlement de Dijon, 1626 (fol. 454), la mairie de Troyes, 1628 (fol. 460), la contestation entre les sieurs Le Coigneux et de Montescot pour la charge de chancelier de Gaston d'Orléans, 1628 (fol. 468), la défense, contresignée par Louis de Bourbon, comte de Soissons, de vendre des armes et des munitions sans permission, 1632, placard *impr.* (fol. 478), la défense de « receler » les partisans de Gaston d'Orléans et de la reine mère, 1632, placard *impr.* (fol. 481), la défense à tous libraires et imprimeurs d'imprimer sans permission, 1636, *impr.* (fol. 490), le droit levé sur les maisons où il y a des jeux de boule et de billard, 1636 (fol. 496), la surséance aux poursuites contre Derio Deodati, 1637 (fol. 498), création d'un office de président en chaque baillage (fol. 500), les forêts de Sainte-Menehould, 1638 (fol. 504), l'amnistie pour les déserteurs, à la condition qu'ils rentrent au corps, 1639 (fol. 507), le transport du corps du cardinal de La Vallette, Louis d'Épernon, de Saint-Sernin à Cadillac (fol. 511), la construction du Pont-au-Change, 1639, in-fol., *impr.* (fol. 519). — 520 feuillets. 365 sur 230 millimètres.

Tome V (5). Années 1616-1641. — Lettres de Louis XIII, Marie de Médicis et Anne d'Autriche.

Lettres de cachet *originales* de « Louis » XIII adressées au Parlement, au procureur général Mathieu Molé, aux premiers présidents Nicolas de Verdun, Jérôme de Hacqueville, seigneur d'Onsen-Bray, Nicolas Le Jay, 1616-1641 [263 lettres] (fol. 1 et suiv.).

Lettres *originales* de « Marie » de Médicis, 1620-1628 [5 lettres] (fol. 64, 126, 141, 178, 220), — « Anne » d'Autriche, 1620-1623 [3 lettres] (fol. 75, 114, 119), — Étienne d'Aligre, chancelier de France, 1625 (fol. 160). — Note de Molé (fol. 242). — Discours prononcé au Parlement par le sieur Du Chastelet (fol. 243). — 318 feuillets. 370 sur 225 millimètres.

Tome VI (6). Années 1232-1640. — Correspondance du procureur général Molé (1616-1640) et Arrêts du Parlement (1232-1638).

Partie I. Lettres *originales* et pour la plupart *autographes*, adressées au procureur général Molé par le chancelier Nicolas « Brulart », marquis de Sillery, 1616 1623 [9 lettres] (fol. 2, 4, 6, etc.), — le garde des sceaux, « G[uillaume] du Vair », 1619 [7 lettres] (fol. 16, 17, 19, etc.), — le garde des sceaux Louis Le Fèvre, seigneur de « Caumartin », 1622 [3 lettres] (fol. 29, 31, 32), — le garde des sceaux, plus tard chancelier Étienne d'« Haligre », 1624 [10 lettres] (fol. 34, 35, 36, etc.), — le surintendant des finances, plus tard garde des sceaux, Michel « de Marillac », 1624-1630 [84 lettres] (fol. 47, 49, 50, etc.), avec les minutes des réponses de Molé [38 lettres] (fol. 52, 53, 73, etc.), — « Senault », 1630 (fol. 200), — le secrétaire d'État Raymond « Phelipeaux », 1623 (fol. 212), — le garde des sceaux, puis chancelier, Pierre « Seguier », 1635-1636 [15 lettres] (fol. 214, 217, 220, etc.), — « Le card[inal] de Richelieu », 1626-1640 [25 lettres] (fol. 242, 243, 244, etc.), — le premier président « A[chille] de Harlay », 1604 (fol. 271), — le président Antoine « Séguier » (fol. 273). — « Mémoires sur les difficultéz que l'on objecte pour empescher la promotion de F. Michel de Marillac, capucin, à l'éveché de St Malo » (fol. 210).

Partie II. Arrêts du Parlement de Paris (1232-1638).

Ordonnances sur la guerre avec l'Angleterre, 1296-1302 (fol. 276), le luxe, 1283 (fol. 277), les forêts et les monnaies, 1241 (fol. 284), les baillis (fol. 288), etc. — Ordonnance de Raymond VII, comte de Toulouse, sur la répression de l'hérésie, 1232 (fol. 281). — « Arrest prononcé en robe rouge par monsieur le Président Seguier sur l'interprétation de l'ordonnance de la réduction des rentes constituées et appellées volantes à pris d'argent à raison du denier douze de Charles Neufiesme (1565) », *impr.* in-4° (fol. 292). — Rentes immobilières constituées à Orléans, 1577 (fol. 296). — Pirateries commises depuis le dernier traité avec l'Espagne, 1569 (fol. 302). — Poursuites contre les malfaiteurs qui s'étaient emparés du château de Dian, appartenant à François Allegrain, 1569 (fol. 303). — Aumônerie de l'abbaye de Saint-Denis, 1576 (fol. 304). — Exemption du droit de franc-fief en faveur des gens du tiers-état du Bourbonnais, 1574 (fol. 311). — Maintien de la Loi Salique, 1593 (fol. 312). — Arrêt en faveur des médecins contre les apothicaires, barbiers et chirurgiens, 1597 (fol. 317). — Réduction des rentes, 1601 (fol. 322, 324). — Interdiction aux Capucins de recevoir dans leur couvent les fils d'un président aux enquêtes et du secrétaire du roi Claude Josse, 1602, 1606 (fol. 323, 325). — Arrêts contre les cessionnaires, 1608 (fol. 326), contre le livre de Mariana, *De rege et regis institutione*, 1610 (fol. 334). — Restitution d'épices, 1608-1614 (fol. 336). — Outrages commis par Henri de Bonneval, député de la noblesse, contre Jacques Chavaille, député du tiers, 1615 (fol. 339). — Arrêt contre le libelle intitulé : *Cassandre françoise*, 1615 (fol. 340). — Réparations du château de Château-Thierry, 1616 (fol. 341). — Doyenné de Saint-Quentin, 1622 (fol. 345). — Règlement d'un bureau d'aumône en faveur des pauvres de Dieppe, 1623 (fol. 353). — Différends entre ecclésiastiques, 1624 (fol. 357). — Chambre de justice pour le jugement des malversations (fol. 361). — Plainte contre les cassations fréquentes des arrêts du Parlement, 1625 (fol. 362). — Remontrances contre la Chambre de l'Arsenal, 1631 (fol. 364, 368). — Frontispice du portail de Notre-Dame de Liesse, 1633 (fol. 371). — Délimitation des paroisses de Saint-Germain l'Auxerrois et Saint-Roch, à Paris, 1635 (fol. 380). — Commanderie du Temple, à Paris, 1637 (fol. 383). — Haute justice de l'évêque de Poitiers (fol. 387). — Substitution du marquisat de Curton pour Henri de Chabanne (fol. 389). — Prétendu arrêt « au proffict d'une damoiselle sur la naissance d'un sien filz arrivé quatre ans après l'absance de son mary » (fol. 399). — De la noblesse des chanoines comtes de l'église Saint-Julien de Brioude, 1639 (fol. 405). — Conflit entre les curés de Saint-Sulpice et Saint-Côme (fol. 409). — Noms des prisonniers qui ont usé du privilège de Saint-Romain, à Rouen, 1497-1607 (fol. 411). — Poursuites contre les meurtriers du comte de Charlus et contre Jean de Lamet, qui devaient bénéficier du privilège de Saint-Romain, 1621 (fol. 424 et suivants). — Annulations de mariages clandestins, 1602-1638 (fol. 444-490), entre autres, de Louis de Brouilly, marquis de Pienne, René de Carnoisin, Marc de Brion. — 491 feuillets. 360 sur 235 millimètres.

XVe-XVII^c siècle. Papier et parchemin. 6 volumes. Rel. maroquin rouge, aux armes de Colbert.

7-12 Recueil de lettres et mémoires *originaux*, adressés pour la plupart aux ROIS DE FRANCE (1530-1641).

Tome I (**7**). Années 1530-1575.
Extraits des comptes de la Maison des reines de France, Éléonore d'Autriche, 1530 (p. 1), 1547 (p. 25 et 55), Élisabeth d'Autriche (p. 81, 391), Marie Stuart, 1559 (p. 91), en copies collationnées de l'année 1570, Catherine de Médicis, 1569 (p. 201).

Lettres *originales* adressées pour la plupart à Charles IX, Henri III, Catherine de Médicis, de 1569 à 1575, par : « F[rançoise] du Bouchet », maréchale de Cossé (p. 121), — « Françoys », duc d'Alençon, puis d'Anjou, frère du roi [10 lettres] (p. 125, 131, 139, etc.), — « les gens tenans vostre Parlement » (p. 129), — « L[aurent], cardinal Strozzi » (p. 143), — Jacques de Goyon de « Matignon » (p. 171), — « Caterine » de Médicis [9 lettres] (p. 173, 617, 633, etc.) — « René de Sanzay » (p. 175, 179), — « Christofle de Thou », premier président du Parlement [6 lettres] (p. 183-191, 491), — « H. de Varade et Vaterre, Mazille », médecins du duc d'Alençon (p. 193), — Louis Prévôt de « Sansac » (p. 197), — Jacques « Viart », président au parlement de Metz (p. 229), — « Caspar de Schonberg », colonel de réitres [9 lettres] (p. 231, 333, 703, etc.), — « Henri du Chastellet » (p. 233, 717), — Louis de Saint-Gelais, sieur de « Lanssac », surintendant de la maison de

Catherine de Médicis (p. 235, 373), — Charles de La Rochefoucauld, seigneur de « Barbezieulx » (p. 237), — « Don Frances de
Alava » (p. 241), — de « Vanton » (p. 245), — le président « Via-
lar » (p. 247), — « Guy de Daillon », comte du Lude (p. 261), —
« Artus » ou « A[rtus] de Cossé », maréchal de France [4 lettres]
(p. 263, 369, 371, etc.), — Gaspard de Coligny, sieur de « Chastillon », amiral de France (p. 265, 267), — Pompone I de « Bellièvre » [8 lettres] (p. 269, 281, 283, etc.) — « Scipione Fiesco »,
résident près de l'Empereur (p. 277, 303), — Albert « de Gondy »,
comte, puis duc de Retz [7 lettres] (p. 287, 305, 353, etc.), —
« Henry de Mesmes », sieur de Roissy (p. 309, 311), — Nicolas
« de Neufville » de Villeroy (p. 317), — « Henry » III [5 lettres]
(p. 321, 501, 603, etc.), — « J[ean] Lamark, abbé de Saint-Hubert
en Ardenne » (p. 323), — « Charles [III] de Lorraine » (p. 325,
687), — « Claude de France », duchesse de Lorraine (p. 329), —
François de Scepeaux, sieur de « Vieilleville », maréchal de
France (p. 331), — Gilbert Gouffier « de Boysy » (p. 349), —
« Les prévost des marchans et eschevins de vostre ville de Paris »
(p. 355), — « Les officiers de vostre Chastelet de Paris » (p. 357),
— Jean de « Tevallé » (p. 359), — « J[ean] de Morvillier, S[ébas-
tien] de Laubespine, é[vêque] de Lymoges, R[ené] de Birago »
(p. 365), — « Robert de La Mark », duc de Bouillon (p. 379, 507),
— « S[ébastien] de Laubespine, é[vêque] de Lymoges » (p. 383,
509), — « Charles » IX [5 lettres] (p. 415, 433, 435, etc.), — « Léonor d'Orléans », duc de Longueville (p. 417, 421), — Jean de
« Monluc, é[vêque de] Valance » (p. 429, 447), — « La Vieuville »
(p. 437), — « C[harles d'Angennes], cardinal de Rambouillet »
(p. 441), — « Gio. Galeazzo Fregoso » (p. 445), — « Henry de Lorraine », duc de Guise (p. 461), — Guillaume de Saulx, vicomte de
« Tavanes » (p. 487), — Grégoire XIII (p. 549), — « Henry [I] de
Bourbon », prince de Condé (p. 555), — « Charles, comte de Mansfeldt » (p. 559, 747), — « Maximilianus » II, empereur [4 lettres]
(p. 563, 567, 649, etc.), — « Charles de Hallwin », sieur de
« Piennes » [8 lettres] (p. 571, 579, 607, 609, etc.), — de « Mondreville » (p. 573, 577), — « Lodovico Gonzaga », duc de Nevers
p. 583, 587, 593), — « Charles de Bony, évesque d'Angolesme »
p. 661), — « N[icolas] d'Angennes », sieur de Rambouillet
(p. 699), — « Dietherich de Schonberg, Bassompierre, Charles,
conte de Mansfeldt », colonels de reitres (p. 747), — « De Lieu-

dieu » (p. 750), — « Françoise de Bourbon », duchesse de Bouillon (p. 757), — « J[ean] Casimir », duc de Bavière, comte Palatin (p. 761), — « Otto, edler von Platho » (p. 781), — « Charles de Lorraine », duc de Mayenne (p. 783), — « Les orphèvres, changeurs et joyauliers du Pont au Change » (p. 787), — « Jehan de Cinq-Arbres, [Jean] Pellerin, [Gilbert] Genebrard, Gorge Duret, N[icolas] Goulu, [Jean] Passerat, J[acques] Hélias », professeurs au Collège de France (p. 791).

« Articles... pour l'observation de l'eedict » de pacification, 1570 (p. 291). — « Minute de brevet pour le passage des marchandises d'Italie par Saint-Pion », 1570 (p. 313). — « Estat au vray des recepte et despence faictes par M° Francois de Vigny, secrétaire de la Chambre du roi et commis par Sa Majesté à recevoir les deniers ordonnéz estre levéz pour le payement des reistres », 1571 (p. 337, 361). — Instructions données au sieur de Changy, envoyé au sieur de Villiers-Lespaux sur la frontière de Champagne, contenant une apologie de la Saint-Barthélemy, 27 août 1572 (p. 425). — Instructions données au seigneur Copola, envoyé vers le Roi par « H[enri] de Montmorency », comte de Damville, 1573 (p. 475). — Promesses souscrites par Oudet de Repoux, sieur de « Pennault », nommé chevalier de l'Ordre de Saint-Michel (p. 519). — Contrat entre les représentants du roi Henri III et ceux des comtes Palatins, duc des Deux-Ponts, comte Wolrad de Mansfeldt, etc., 1574 (p. 541, 551). — Convention passée entre Catherine de Médicis et François, duc d'Anjou, 1575 (p. 625, 667). — État des joyaux de la couronne donnés en gage au duc de Lorraine et au prince de Vaudémont, 1575 (p. 639). — « Instruction pour les sieurs de Beauvoir et des Bessons envoiéz par Monseigneur [François, duc d'Anjou] vers la Royne, sa très honorée dame et mère », 1575 (p. 689). — 791 pages.

Tome II (8). Années 1576-juillet 1577.

Lettres *originales* adressées pour la plupart à Catherine de Médicis, Henri III et François, duc d'Anjou, par Pompone Ier de « Bellièvre » [14 lettres] (fol. 1, 7, 9, etc.), — Charles de Malain, sieur de « Myssery » (fol. 1, 7, 9, 69), — « Jaquelyne de Rohan » (fol. 3, 4), — « Caspar de Schomberg » [8 lettres] (fol. 5, 129, 304, etc.), — « Charles, conte de Mansfeldt » [4 lettres] (fol. 13, 479, 4, etc.), — « Charles de Lorraine », duc de Mayenne

[27 lettres] (fol. 14, 18, 30, etc.), — « Chrestienne » ou Christine, duchesse douairière de Lorraine (fol. 16), — « Sarra Martinengo » (fol. 17), — « C[harles] d'Escars, é[vêque] de Langres » (fol. 22, 45, 66), — Charles de Hallwin, sieur de « Piennes » [4 lettres] (fol. 28, 35, 190, etc.), — « Françoys », duc d'Anjou [6 lettres] (fol. 32, 178, 240, etc.), — Maximilien « de Saint-Symon » (fol. 33), — Léonor Chabot, comte de « Charny » [7 lettres] (fol. 34, 43, 47, etc.), — « Françoise de Bourbon », duchesse de Bouillon (fol. 46), — Sorel de « Saint-Géran » (fol. 48), — « Jehan de Luxembourg », comte de Brienne (fol. 51), — François de La Baume, comte de « Suze » (fol. 52, 67), — Puygaillard ou « Puygalliart » (fol. 53), — Philibert de « La Guiche » (fol. 62), — le baron de Saint-Rémy (fol. 63), — « Joseph Chevalier » (fol. 64), — « Cothenan » (fol. 68), — Médavy (fol. 76), — Guillaume de Saulx, vicomte de « Tavanes » (fol. 77, 78, 326), — Jacques de Goyon, comte de « Matignon » (fol. 80, 82), — « J[ean] de Moy » de la Meilleraye (fol. 81, 217), — « Sainct Héran » (fol. 84), — Armand de Gontaut, baron de « Biron » (fol. 86, 214, 215), — Georges de Bueil, vice-amiral de « Bouyllé » (fol. 92, 104, 106), — « Nicolas de Lorraine », prince de Vaudémont (fol. 93). — « Charles [III] de Lorraine » [7 lettres] (fol. 94, 151, 176, etc.), — « Henry » III [17 lettres] (fol. 97, 138, 186, etc.), — « Les eschevins et habitans de la ville de Desize » (fol. 99), — « Les maire et eschevins de vostre ville de Tours » (fol. 105), — Jean Groignet de « Vassé » (fol. 108, 114), — « J[ean] Casimir », duc de Bavière [10 lettres] (fol. 109, 117, 127, etc.), — de « Mondreville » [4 lettres] (fol. 112, 139, 166, etc.), — « Dietherich de Schonberg » (fol. 115, 456), — François de Balzac, sieur « d'Entraigues » (fol. 116), — « Caterine » de Médicis [4 lettres] (fol. 119, 120, 389, etc.), — « C[hristophe] de Harlay » [8 lettres] (fol. 132, 147, 162, etc.), — François de « Bryon » [4 lettres] (fol. 141, 346, 360, etc.), — Jacques « Viart » (fol. 143), — « Henry [I] de Bourbon », prince de Condé (fol. 158, 338), — « Zacarie Gaudart » (fol. 198), — « Françoys Cenamy et Alessandro Franciotti, députés par les Lucquoys » (fol. 200), — « Les depputéz de la nation genevoyse [génoise], Antonio di Negro » (fol. 202), — « Les marchans des villes impérialles estant à présent à Lion, Michel Sailer, P. Andrea Willibaldo in Curia, » etc. (fol. 204), — « J[ean] d'Escars », le jeune (fol. 206, 276), — « Jan de Mérode » (fol. 208), — « D. De-

fosséz » (fol. 218), — « Wilhelm » IV, landgrave de Hesse-Cassel
(fol. 222), — « Maximilian » II, empereur (fol. 236), — Nicolas
« Molé », trésorier (fol. 268), — « de Brosse » (fol. 272, 273), —
« Lodovico Gonzaga », duc de Nevers (fol. 292), — « Loys de
Lorraine », archevêque de Reims (fol. 298), — « Bourckart, conte
de Barby » (fol. 302), — « Bassompierre » (fol. 316), — Charles
de La Rochefoucauld, seigneur de « Barbezieulx » (fol. 324, 330),
— « George de La Guiche » (fol. 328), — « Chrestien de Savigny-
Rosne » (fol. 332), — les colonels « Bassompierre, Dietherich von
Schonberg, Otto, edler von Platho » (fol. 334, 421), — Albert « de
Gondy », duc de Retz (fol. 345), — Du May « de Quinquempois »
(fol. 348), — « Loys de Bourbon », duc de Montpensier (fol. 350,
354, 355), — « Françoys de Bourbon », fils du précédent et plus
tard duc de Montpensier (fol. 352), — « François de Luxembourg » (fol. 356), — « Lois de Crilon » (fol. 374), — « R. de
Wiray » (fol. 380), — « François de Mandelot » (fol. 388), —
« H[enri] de Montmorency », comte de Damville (fol. 395, 430,
435), — Gilbert de Lévis, comte, puis duc de « Vantadour »
(fol. 412), — Christophe « de Chavanhac » et « d'Aulteyrat »
(fol. 418), — « L'arcivescovo [Julien] de Medici, vescovo di Alby »
(fol. 423), — Anne de « Joyeuse » (fol. 428), — « De Lieudieu »,
gouverneur de Verdun (fol. 433), — « Roger [de Saint-Lary,
maréchal] de Bellegarde » (fol. 439), — « H[ubert] de Vins »
(fol. 441), — Jean de Pontevès, comte de « Carcès » (fol. 443), —
« Henry de Lorraine », duc de Guise (fol. 445), — Jean de « Monluc, é[vêque] de Valance » (fol. 447, 448), — « Ysabel » ou Élisabeth d'Autriche (fol. 450, 451, 452).

« Estat des compaignyes de gens de pied estans dans le gouvernement du sieur de Matignon » (fol. 83). — « Articles et
remonstrances que les primicier, doyen et chappitre de Metz
font au roy pour les différens qu'ilz ont avec Monseigneur de
Lorraine » (fol. 88, 223). — « Articles lesquelx le docteur Beutterich, conseillier de Monseigneur le duc Jean Casimir, palatin,
etc., a chargé de fère liquider et en raporter au plustost la résolution audit seigneur » (fol. 122). — « Es provinces de Champaigne, Metz, pays Messin et Bourgongne, ont esté départies les
compagnies de gens de guerre à pied... » (fol. 133). — État de
répartition semblable pour la Normandie (fol. 135). — « Recueil
des propos que Monsieur le duc Casimir m'ha tenus ce jourd'huy,

23 de may 76 », consignés par le trésorier Nicolas Molé (fol. 137).
— Instruction de Henri III au sieur de La Mothe-Fénelon, envoyé
en Lorraine (fol. 160). — « Advertissement et instruction pour
les affaires de Hauzinnes à l'endroict de l'église Saint-Médard-
lez-Soissons contre le doyen de Liège » (fol. 210). — Supplique
adressée à M. de Piennes par les protestants du pays Messin
(fol. 238). — « Discours sur l'émotion populaire advenue à
Lengres, le mercredy vingt cinquiesme jour du moys de juillet
1576 » (fol. 244). — « Procès verbal du bailliaige d'Amboise touchant l'exécution de l'édict de paciffication » (fol. 260). — Enga-
gement des bagues de la Couronne (fol. 269). — « Mémoire du
duc de Lorraine touchant les seuretés pour le cautionnement de
deux millions envers les reistres » (fol. 278). — Reddition du
château de Lordon, le 1er septembre 1576 (fol. 280). — « Estat
des compaignies de gens de pied » (fol. 290). — « Articles accordéz par le duc Jean-Casimir pour le fait des ostages » (fol. 306).
— « Licencyement du collonel Phiffer et ses cappitaines » (fol.
310). — « Articles contenuz en la requeste présentée par les
commis et depputéz de l'estat ecclésiastique de ce royaulme »
(fol. 318). — « Articles que nous soubzsignéz, gentilzhommes
de la province de Champaigne, du baillage de Troyes, avons
accordéz et promis au Roy », mars 1577 (fol. 364). — « Remonstrances... extraictes du cayer du baillaige de Troyes » (fol. 366),
« de la noblesse de Champaigne et Brye » (fol. 370). — « Estat
particulier des forces, tant de cheval que de pied, qui sont des-
tinées pour La Charité » (fol. 372). — Ordonnance de François,
duc d'Anjou, sur la police de son armée (fol. 384); état de ses
forces durant la campagne d'Auvergne (fol. 402, 403). — « Estat
des forces que le Roy a ordonnées prèz Monsieur le mareschal de
Dampville pour le Languedoc » (fol. 408). — 463 feuillets.

Tome III (9). Années 1577 3 août-1585.

Lettres *originales* adressées pour la plupart à Catherine de
Médicis et Henri III par « Henry de Lorraine », duc de Guise
[9 lettres] (fol. 1, 22, 25, etc.), — « Caspar de Schomberg » [9
lettres] (fol. 3, 23, 33, etc.), — le sieur « de La Croix » (fol. 5), —
« H[enri] de Montmorency », maréchal de Damville [7 lettres]
(fol. 7, 9, 13, etc.), — « Henry » III [10 lettres] (fol. 17, 76, 80,
etc.), — Albert « de Gondy », duc de Retz [6 lettres] (fol. 18,

164, 168, etc.), — « L'arcivescovo [Julien] de Medici, vescovo di
Alby » (fol. 20), — Antoine de La Tour, baron de « Sainct Vidal »
(fol. 21), — « G[eorges], cardinal d'Armaignac » [5 lettres] (fol.
24, 155, 156, etc.), — « De Montcal » (fol. 26), — « J[ean] Casimir », duc de Bavière (fol. 28, 89), — François de « La Barge »
(fol. 29), — de « Luynes » (fol. 31), — « P[ierre] de Villars,
a[rchevêque] de Vienne » (fol. 32, 170), — Bertrand de Salignac,
sieur « de La Mothe Fénelon » (fol. 32 *bis*, 57, 58), — Jean
Ébrard de « Saint Suplice » (fol. 36, 37), — Nicolas « Molé »
(fol. 38), — d' « Espaulx » (fol. 39), — François, duc de « Montmorency » (fol. 40), — « Charles, cardinal de Bourbon » (fol. 44,
55), — Louis de Beauvoir de « Chastellus » (fol. 45), — « Camus,
Saint Bonnet, C. Marcel » (fol. 49), — « Christofle de Thou »
[4 lettres] (fol. 50, 59, 62, etc.), — « Loys de Bourbon », duc de
Montpensier (fol. 53), — Jacques « d'Escars » (fol. 63), — « J[eanne]
de Montmorency », dame de la Trémoille (fol. 65), — François
Du Plessis, seigneur de « Richelieu » (fol. 67, 68), — Tanneguy
Le Veneur, baron de « Carouges » (fol. 70), — Léonor Chabot,
comte de « Charny » [5 lettres] (fol. 82, 237, 323, etc.), — « De
Praillon » (fol. 84, 86), — « François du Lyon » [4 lettres] (fol.
87, 100, 105, etc.), — Charles de La Rochefoucauld, seigneur de
« Barbezieulx » (fol. 90), — Jacques « Viart » [4 lettres] (fol. 92,
295, 351), — « Loys [de Lorraine], cardinal de Guise » (fol. 93),
— Henri de La Tour, vicomte de « Turenne » (fol. 98), — « Bassompierre » (fol. 102), — « François de Bourbon », prince dauphin d'Auvergne [4 lettres] (fol. 109, 115, 256, etc.), — « Ysabel »
ou Elisabeth d'Autriche (fol. 112), — « Laurière » [4 lettres]
(fol. 121, 224, 351, etc.), — « Bonivet », sieur de Crèvecœur
[8 lettres] (fol. 130, 132, 134, etc.), — « Rencon » (fol. 137), —
« de Trumelet » (fol. 139), — « F. de Saint Val » (fol. 141), —
François de Coligny, sieur de « Chastillon » (fol. 146), — « de
Revest » (fol. 147), — Armand de Gontault, maréchal de « Biron »
(fol. 151, 152), — Nicolas « de Neufville », sieur de Villeroy (fol.
159), — « Henry », roi de Navarre, plus tard Henri IV (fol. 171,
194, 195), — « Charles » III de Lorraine [5 lettres] (fol. 174, 179,
303, etc.), — Geoffroi « Camus », sieur de Pontcarré (fol. 184,
199), — « G[iovambattista] de Gadaygne » (fol. 186), — Antoine-
Scipion, duc de « Joyeuse » (fol. 197), — « Philippe du Bec,
évêque de Nantes » (fol. 214), — Jean « du Chastellet » (fol. 219),

— « Heugueville » (fol. 220), — Pierre de « La Vieuville » (fol. 221), — « Robert de La Marck », duc de Bouillon [9 lettres] (fol. 226, 230, 231, etc.), — de « Fargis » (fol. 228), — « François de Luxembourg » (fol. 233), — « R. de Bourgneuf » (fol. 240, 250), — « A. de La Fontaine », sieur d'Oignon (fol. 242, 244), — « Ph[ilippe-] Emanuel de Lorraine », duc de Mercœur (fol. 246), — « Laroute, Myssart, Laroutte, de Foz » (fol. 248), — des « Arpentis » (fol. 252), — « François de Mandelot » (fol. 254), — « J. de Coucy » (fol. 261, 262), — le procureur du roi à Mouzon (fol. 266), — Antoine, marquis « d'Estrées » (fol. 280), — Jean d' « Arcy », sieur de Gouy (fol. 284), — « Romé » (fol. 286), — « P[ierre] de Meleun », prince d'Espinoy (fol. 290, 294), — « Françoise de Bourbon », duchesse de Bouillon (fol. 297, 374, 382), — « Sandras » (fol. 300), — « De Marle Versigné, maistre d'hostel du roy » (fol. 302), — Charles de Lorraine, duc de Mayenne (fol. 306), — « Charles [de Lorraine], cardinal de Vaudémont » (fol. 320), — « Les maire et eschevins de la ville d'Auxonne » [4 lettres] (fol. 325, 356, 358, etc.), — Jean de Saulx, « le vicomte de Tavanes » (fol. 336), — Guillaume de Saulx, comte de « Tavanes » (fol. 360), — Claude de « La Chastre » (fol. 368), — « Rochefort » de Pleuvot (fol. 380), — « J[ean-]Louis de La Valette », duc d'Epernon (fol. 394, 398, 400), — « Les gens de vostre cour de parlement de Dijon » (fol. 408).

« Estat des compagnies de gens de pied que le Roy a ordonnées au sieur de Lancosme » (fol. 2). — « Instruction de Monseigneur de Dampville,... gouverneur en Languedoc, à Seigneuret, son secrétaire, dépesché de sa part vers le Roy. » 1577 (fol. 9, 13). — Accord entre le comte de Quélus et Bussy d'Amboise (fol. 104). — Commission chargée d'examiner les articles présentés par les États assemblés à Amboise (fol. 108). — « Estat... des domaine et finances de la royne Ysabel, » 1581 (fol. 125). — Mémoire concernant la ville de Lodève (fol. 128). — Mémoire de Bonnivet de Crèvecœur sur les garnisons de la frontière du nord, 1583 (fol. 132). — « Estat des douze compaignies des ordonnances, » 1584 (fol. 144, 199). — « Advis » sur les menées des Guise (fol. 153). — Licenciement des troupes en Languedoc (fol. 181, 182). — Mémoire relatif à la principauté d'Orange, 1585 (fol. 190). — Privilèges de Bourges (fol. 205). — « Déclaration des causes qui ont meu Monseigneur le cardinal de Bourbon et les ... catholiques de ce royaulme de France de s'armer contre ceulx qui veullent subvertir la religion et l'Estat » (fol. 210). — Levée de 75 compagnies (fol. 223). — « Pour succintement entendre comme les mayeur et eschevins d'Abeville sont crééz » (fol. 310). — « Ce sont les causes qui ont mehu les habitans de la ville d'Auxonne de se saisir de la personne de Monseigneur le vicomte de Tavanes » (fol. 327). — Procès-verbal de la délivrance des prisons de Sedan de quelques soldats de la garnison de Mouzon (fol. 340). — Catholiques et protestants à Metz (fol. 363). — « Articles sur les difficultéz qui se présentent en l'exécution de l'eedict de juillet dernier pour la réduction des subjectz du Roy » (fol. 366). — « Extraict du livre ancien des Atours de Metz, de l'establissement du maistre eschevin et des amans » (fol. 402). — 415 feuillets.

Tome IV (**10**). Années 1586-1641.

Lettres *originales* adressées pour la plupart à Henri III et Catherine de Médicis, entre les années 1586 et 1588, par Léonor Chabot, comte de « Charny » [7 lettres] (fol. 12, 31, 48, etc.), — Rochefort de Pleuvot (fol. 14, 54, 76), — « Les maire, eschevins, manans et habitans de vostre ville d'Auxonne » (fol. 16, 52, 123), — « Henry » III [9 lettres] (fol. 18, 19, 44, etc.), — René de Tournemine, baron de La Hunaudaie (fol. 20), — « Caspar de Schomberg » [15 lettres] (fol. 22, 25, 29, etc.), — « Francoise de Bourbon », duchesse de Bouillon (fol. 40), — « Robert de La Marck », duc de Bouillon [5 lettres] (fol. 42, 154, 156, etc.), — « Moncassin » (fol. 59, 140), — Claude de « La Chastre » (fol. 67), — Guillaume de Hautemer, seigneur de « Farvaques » [Fervaques] (fol. 69), — « C. Berdizet » (fol. 78), — « Philippe Emanuel de Lorraine », duc de Mercœur (fol. 83, 104, 106), — « Charles [III] de Lorraine » [12 lettres] (fol. 89, 91, 119, etc.), — « Les vénérables princier, doyen et chappitre de l'église cathédrale de Metz » (fol. 93, 94), — « Les maistre eschevin et treizes jurés de la cité de Metz » (fol. 99, 112), — « Les gouverneurs et président de Luxembourg » (fol. 102), — Claude « Pinart », secrétaire d'État (fol. 110, 147), — de La Fontaine (fol. 116), — « Claude de France », duchesse de Lorraine [8 lettres] (fol. 144, 146, 234, etc.), — « Grangier » (fol. 148), — la reine « Loyse » de Vaudémont (fol. 150), — « Caterine » de Médicis [8 lettres] (fol. 151, 159, 161, etc.), — Charles de « Lamet », gouverneur de Coucy (fol. 152, 199), — « Henry de Lorraine », duc de Guise [14 lettres] (fol. 155, 201, 256, etc.), — Antoine, marquis « d'Estrées » (fol. 182, 195, 320), — « Les maieur, prévost et eschevins de vostre ville d'Amyens » (fol. 186), — « G[eoffroi] de La Martonie, é[vêque] d'Amyens » (fol. 188), — « Bernet » (fol. 190, 193), — « Nicolas [Fumée], é[vêque] c[omte] de Beauvays » (fol. 192), — « Charles de Lorraine », duc d'Aumale (fol. 197), — « Charles de Saveuses » (fol. 200), — « Charles de Lorraine », duc de Mayenne [4 lettres] (fol. 208, 212, 249, etc.), — « Anne, [duc] de Joyeuse » (fol. 218), — « Philippe, cardinal de Lenoncourt » (fol. 240), — « Charles de Lorraine », marquis d'Elbeuf (fol. 250), — Pierre de « La Vieuville » (fol. 279), — Antoine-Scipion, duc de « Joyeuse » (fol. 322), — « J[ean-]Louis de La Valette », duc d'Épernon (fol. 324, 333), — Joachim « d'Inteville » (fol. 326), — « de Revest » (fol. 328, 336), — « Charon », sieur de La Guierche (fol. 334), — « Diane, l[égitimée] de France », duchesse de Montmorency (fol. 341).

« Pour respondre aux objectz que l'on peult faire pour empescher la réception de M⁰ Anthoine Le Cirier, doyen de Paris » (fol. 1). — Mémoire pour le logement de la Maison du roi (fol. 4). — « Extrait des dames, filles, damoyselles, gentilzhommes et autres officiers... en l'estat de Madame » (fol. 6). — « Se ensuivent les noms des soubz maistres, chantres, chappelains, clercs de la chappelle de musicque et oratoire du roy » Henri III (fol. 10). — Récépissé signé de « Caspar de Schonberg, Jorge, conte de Westerburgk, Fri[deric], contte du Rhein, Anthoine, sieur d'Eltz, Bassompierre », de « l'auritgelt » versé pour la levée de 900 réitres, 1586 (fol. 27). — Agitation protestante dans le Nivernais (fol. 50). — « Pour acommoder le faict du différent d'entre Monsieur de Matignon et le baron de Flers » (fol. 70). — Mémoire de Jacques de Savoie, duc de Nemours, revendiquant le droit de préséance sur Henri d'Orléans, duc de Longueville (fol. 74). — Entérinement de lettres de Charles VII engageant à Georges de La Trémoille Amboise, Montrichard et Bléré, 1432 (fol. 108). — Demande aux petits États de Bretagne de la somme nécessaire pour équiper cinq vaisseaux, 1586 (fol. 114). — Négociations entre le Conseil royal et les reitres (fol. 162-178). — « Advis et instructions » envoyés d'Allemagne à Henri III sur les menées des protestants (fol. 179). —

« Les noms des présidens et conseillers de la court de parlement de Bretaigne » (fol. 202). — « Estat des compagnies de gendarmes dont le Roy entend se servir en Champaigne » (fol 277). — « Résulta[t] du Conseil d'Estat tenu à Paris le xxᵉ jour de novembre mil Vᶜ quatre vingtz sept » (fol. 281). — « Articles présentées à Messieurs de la Court [de Bretagne] par les gens du roy pour estre délibérés, jugées aux mercurialles » (fol. 286). — « Reiglement [du roi] à sa Chambre des comptes de Bretaigne » (fol. 288). — « Remonstrances... des trois estatz... de Bretaigne » (fol. 290), « de la ville et cité de Metz » (fol. 298), — autres requêtes des catholiques et du clergé de Metz (fol. 300, 306). — Liste des « maistres des requestes et maistres des comptes qui doivent aller par les provinces avec Messieurs les gouverneurs et mareschaulx de France » pour l'édit de pacification (fol. 310). — « Deppartement des lieux et provinces ausquelles Messeigneurs les mareschaux de France sont commandéz d'aller » (fol. 312). — Mémoire de « D. Weier » et « J. de Brankenstein » en faveur des Protestants, adressé à Henri III au nom du duc Casimir de Bavière (fol. 314). — Contrat de mariage de Henri d'Orléans, duc de Longueville, avec Catherine de Gonzague, dite Mademoiselle de Nevers, 1588 (fol. 318). — « Estat des forces de Monsieur de Randan, qu'est en l'hault Auvergne, à deux lieues prèz d'Aurilhac, recogneuz le xiiiᵉ juing 1588 » (fol. 331). — « Mémoire des choses que Messieurs les princes catholicques demandent » (fol. 343). — « Estat au vray des... garnisons de ce royaulme » (fol. 345).

« La proposition faicte aux députéz de Paris le xviiᵉ jour de may 1593 » (fol. 348). — Réponses des États de la Ligue aux propositions de Henri IV et du duc de Feria (fol. 350), et des seigneurs catholiques, partisans de Henri IV, à ceux de la Ligue, 1593 (fol. 352). — Copie de lettres patentes de Louis XIII pour Jean-Jacques de Mesmes, 1624 (fol. 360), contre .les menées criminelles de Louis de Bourbon, comte de Soissons, etc., 1641 (fol. 374). — Procès de César, duc de Vendôme, 1641 (fol. 362), avec copie de la lettre du cardinal de Richelieu sur cette affaire fol. 364 vº). — « Advis important pour entreprendre sur la Franche-Comté », 1641 (fol. 366). — « Lazari suscitati conciones », pamphlet paraissant dirigé contre Jean-Pierre Camus, évêque de Belley (fol. 380). — Petites pièces de vers latins intitulés : « Sur la statue du Roi, Belgis, Burgundis » (fol. 382). — 383 feuillets.

Tome V (**11**). Années 1589-1599.

Lettres, en majeure partie *originales*, adressées à Pierre Beringhen, valet de chambre de Henri IV, au président de Thou, etc.
par Henri IV [8 lettres] (fol. 86, 141, 143, etc.), — « Proconsules
et senatores urbis Hamburgensis » (fol. 104), — « Le Buisson »
(fol. 115), — André « Hurault de Maisse », ambassadeur à Venise
(fol. 119), — Philippe « Duplessis »-Mornay [9 lettres] (fol. 127,
194, 211, etc.), — « Alphonce de Dornano » (fol. 138), — Philippe II, roi d'Espagne (fol. 142), — Jacques Davy « du Perron »
(fol. 152) et « A[rnaud] d'Ossat », ambassadeurs près du Saint-
Siège (fol. 152, 153), — « M[éry] de Vic » (fol. 166), — Henri de
Bourbon, prince de Condé (fol. 167), — Henri, duc de Montmorency (fol. 167), — Gaspard de « Schonberg » [34 lettres] (fol. 171,
193, 218, etc.), — « Degaultier La Fontaine » (fol. 204), — André,
fils de Ferdinand II d'Alsace, dit le cardinal d'Autriche (fol. 206,
328 *bis*), — Clément VIII [3 brefs] (fol. 207, 207 v°, 208), —
Antoine de « La Rochepot » (fol. 244, 274), — « Cussé » (fol. 263,
273, 291), — Charles de Cossé, maréchal de « Brissac » [4 lettres]
(fol. 268, 271, 284, etc.), — « Decoquerel », agent à Constantinople, puis consul au Caire [4 lettres] (fol. 275, 277, 309, etc.), —
Saint-« Gommart », commandant l'armée du roi en Bretagne
(fol. 281), — Louis « Potier » de Gesvres (fol. 287, 296), — « Justinus de Nassau » (fol. 302, 307, 367), — François Savary de
« Brèves », ambassadeur à Constantinople (fol. 311), — « Nicolas
Rapin » [5 lettres] (fol. 312, 324, 330, etc.), — « Claude, [duc] de
La Trémoille » (fol. 328, 354), — « Pietrequin », agent à Constantinople (fol. 333).

Bataille de Senlis, 1589 (fol. 1). — Copie du contrat de mariage
de Christine de Lorraine et de Ferdinand de Médicis, grand duc de
Toscane (fol. 8). — Lit de justice où Henri III transféra le Parlement de Paris à Tours (fol. 11). — « Ambassade de [que] Monsieur
de Fresne Forget feist en Espaigne par le commandement du roy
Henry 3e, incontinant après la mort du duc de Guyse » (fol. 14).
— « Instruction au sieur de Chombert [Schomberg], allant de
présent en Allemaigne pour le service de Sa Majesté » (fol. 34).
— « La charge et créance donnée à Monsieur le cardinal [Pierre]
de Gondy alant devers Sa Sainteté, » 1588 (fol. 40). — « Discours
d'un gentilhomme francois à un sien amy sur les advis d'Italie ;...
abrégé de mémoires plus amples de la légation d'Italie des

années 90 et 91,... par le président de Provins, lors servant à ladite légation » (fol. 49). — Contrat de mariage de Charles de Valois, comte d'Auvergne, puis duc d'Angoulême, fils naturel de Charles IX, avec Charlotte de Montmorency, 1591 (fol. 88). — « Articles accordés par le Roy aux habitans de la ville de Chartres » (fol. 92, 102). — « Deffaicte de quelques troupes de l'armée du duc de Nemours, par le sieur de Bernay, fils de M^r [Chasteigner] d'Abain » (fol. 94). — « Discours de la deffaicte de Saint-Hirier la Perche en Limosin, faicte par les sieurs de Pampadou [Pompadour] et Montpezat » (fol. 100). — Remontrances du clergé (fol. 107). — Opérations d'Alexandre Farnèse, duc de Parme, en France; relation en latin, 1592 (fol. 113). — Contrat de mariage de Henri, duc de Montmorency, et Louise de Budos, 1593 (fol. 121). — Campagne contre les Turcs en Hongrie : relation en italien tirée des papiers de Silvio Piccolomini, 1594 (fol. 131). — Serment prononcé par Henri IV le jour de son sacre (fol. 139). — Requête de « N[icolas] de Thou », évêque de Chartres, au Conseil d'État au sujet des oblations du sacre (fol. 140). — Relations de la réduction de Lyon en l'obéissance du roi Henri IV (fol. 145, 150). — Relation d'une tentative d'assassinat contre le duc d'Épernon à Brignoles, 1595 (fol. 168). — « Estat de la despence que le Roy veult et ordonne estre faicte... pour les solde et entretenement des gens de guerre... en Bretaigne, » 1596 (fol. 173). — Arrêt du Parlement sur la requête de Charlotte-Catherine de La Trémoille (fol. 191). — Supplique de la dame de Beauvoir, dame de Tiffauges, aux députés réunis à Chenonceaux « pour le traicter de la réunion au service du roy de Monseigneur le duc de Merceur et de l'estat des provinces de Bretaigne, Poictou et Anjou » (fol. 195). — Mémoire de la comtesse de Laval aux « députéz du roy pour conférer et traicter avecq Monsieur de Mercœur » (fol. 199). — « Articles généraux de Monsieur de Mercœur et les responces » (fol. 200, 228, 339). — Testament de Jean de Vivonne, marquis de Pisani (fol. 209). — « Articles présentés au roy de la part des trois estatz du pays de la Comté Venaissin par le sieur de Caderousse,... leur députté » (fol. 215). — Péages levés sur la Loire (fol. 216). — Instructions données à Gaspard de Schomberg et Christophe de Thou, envoyés pour préparer la soumission du duc de Mercœur (fol. 219). — Harangue de Henri IV à l'assemblée des notables à Rouen (fol. 230). —

Déposition relative au complot d'un chartreux, nommé Pierre Audouyn, contre la vie de Henri IV, 1598 (fol. 365). — Sentence de dissolution du mariage de Henri IV et Marguerite de France, 1599 (fol. 369). — 370 feuillets.

Tome VI (**12**). — Années 1600-1616.

Lettres, en partie *originales*, adressées à Pierre Beringhen, aux présidents de Thou et de Boissise, etc. par « Decoquerel », consul en Égypte (fol. 1), — « Justinus de Nassau » (fol. 15, 29), — Henri IV [4 lettres-patentes] (fol. 26, 47, 51, etc.), — « Ana » ou Anne d'Autriche (fol. 142), — Louis XIII [3 lettres-patentes] (fol. 158, 186, 286), — Henri II, duc de « Montmorency » (fol. 163, 179), — le maréchal François de Bonne, duc de Lesdiguières (fol. 182, 320), — « Marie » de Médicis [6 lettres] (fol. 192, 194, 201, etc.), — Antoine Potier, sieur de Sceaux, ou « Seaus », secrétaire d'État [4 lettres] (fol. 193, 203, 221, etc.), — Nicolas « de Neufville » de Villeroy (fol. 197, 209), — le président Jacques-Auguste de Thou (fol. 198, 219), — « L[ouis] Dollé » (fol. 206), — François, « le cardinal de Joyeuse » (fol. 210, 229), — le président « P[ierre] Jeannin » [4 lettres] (fol. 213, 232, 233, etc.), — Guy de Rieux de « Chasteauneuf » (fol. 214), — Anne de Lévis, duc de Ventadour, ou « Vantadour » [4 lettres] (fol. 232, 233, 234, etc.), — « Henry de Bourbon », prince de Condé [5 lettres] (fol. 237, 247, 262, etc.), — Antoine « de Loménie », secrétaire d'État (fol. 244, 246), — Charles « de Rambures » (fol. 248, 253), — Henri de la Tour d'Auvergne, maréchal duc de Bouillon (fol. 261), — Raymond ou « P. Phelipeaux », secrétaire d'État (fol. 289).

Traité de reddition de Chambéry, 1600 (fol. 3). — Testament de François-Louis d'Aguerre, comte de Sault, 1600 (fol. 7). — Arrêt du Parlement sur le procès criminel de Keurs, contrôleur de l'artillerie à Metz, 1601 (fol. 17). — Fondation du collège de La Flèche, 1602 (fol. 18). — Arrêts contre Guy Eder de La Fontenelle, commandant au fort de l'île Tristan à Douarnenez, 1602 (fol. 20), les complices des menées du duc de Bouillon, voulant venger la mort du maréchal de Biron, 1605 (fol. 31). — Relation, par le sieur de Bullion, de divers propos de Henri IV, notamment au sujet de Charles de Créquy, plus tard duc de Lesdiguières, 1606 (fol. 37). — « Arrest de la Cour de parlement de Tolose, du

septiesme juin 1606. A Tolose », in-fol., *impr.* ; défense d'user
des « messels impriméz aux villes de Paris, Bourdeaux et Lyon »
(fol. 41). — Liquidation des dettes de feu François, duc d'Anjou,
1607 (fol. 45). — Testaments d'Henriette de Savoie, duchesse de
Mayenne, 1608-1610 (fol. 59), Chrestienne d'Aguerre, comtesse de
Sault, 1609 (fol. 64). — Extrait de la relation de voyage de Henri II
de Bourbon, prince de Condé, en Flandre et Allemagne (25
novembre 1609-16 juillet 1610), par « son conseiller, premier
secrétaire ayant eu l'honneur de l'accompaigner au voiage,...
Virey » (fol. 66). — « Relation de ce qui se passa à Rome entre
M. [François Savary] de Brèves, ambassadeur pour le Roy à
Rome, et dom Francesco de Castro, ambassadeur d'Espagne,
pour la préséance », 1609 (fol. 75). — Propos et indices recueillis
en Flandres et à Cologne « touchant François Ravaillac » et
l'assassinat de Henri IV, 1610 (fol. 77, 79, 98). — Interrogatoire
de Ravaillac (fol. 80, 94). — « Copie du sermon du Jésuiste Gon-
tier, faict à St Gervais, collacionnée sur l'original tombé de
sa poche chez M. de Roquelaure » (fol. 100). — « Apologie du
sénat de la ville impériale et libre de Colongne contre les calumnies d'un certain autheur François... que le meurtre du roy très-
chrestien Henry quatriesme... auroit esté loüé publiquement.
Colongne, anno 1611 », in-4°, *impr.* (fol. 104). — « Discorso a'
Francesi dopo il caso seguito con morte d'Enrico IIII », que l'agent
« Vialardus mittit » (fol. 117). — Différend entre le prince de
Conti, le duc de Guise et le comte de Soissons (fol. 123). — Testament de François de Luxembourg, duc de Piney, 1612 (fol. 129).
— Contrat de mariage de Louis XIII et Anne d'Autriche (fol. 134).
— « Raguaglio di Parnaso delli dui matrimonii di Francia et di
Spagna » (fol. 143). — « Requeste présentée à la reyne par les
parens de l'abbé du Boys, Sa Majesté entrant à Sainct-Victor, le
samedy 14 janvier 1612 ». *Impr.* in-4° (fol. 147). — Testament et
épitaphe de Nicolas Lefebvre, précepteur de Louis XIII (fol. 149,
155). — Contrat de mariage de Henri II, duc de Montmorency,
et Marie-Félicie des Ursins (fol. 160). — Procès-verbal de l'assemblée de la faculté de théologie à la Sorbonne, le 1er juin 1612,
pour l'élection d'un syndic en remplacement de Richer (fol. 165,
167, 171). — « Mémoire de ce qui s'est passé à La Rochelle » du
2 au 12 janvier 1613 (fol. 173). — Situation du Languedoc (fol.
180). — Déclaration de Charles, duc de Nevers, relative à la cita-

delle de Mézières, 1614 (fol. 184). — Proposition du prince de Condé relative à Mézières (fol. 200). — Procès-verbal du duc de Roanès sur les évènements survenus à Mézières (fol. 256). — « Extraict des registres du greffe du bailliage de Sedan ; » interrogatoire du P. Johannet Spiet, S. J. (fol. 265). — Arrêt contre Balthasar Flotte de Montauban, comte de la Roche, et ses complices (fol. 266, 268). — Conditions posées par le prince de Condé relativement à Bordeaux (fol. 276). — Adresse du tiers-état de Provence au roi, 1615 (fol. 277). — Sentence arbitrale du sieur de Parabère sur le différend des ducs de Rohan et de La Trémoille, pour la préséance aux États de Bretagne (fol. 279). — « Remonstrance faite par l'ambassadeur du roy de la Grande-Bretagne au roy » (fol. 280, 282). — Articles présentés au roi par le prince de Condé et ses partisans, 1616 (fol. 292). — Traité de Loudun (fol. 293). — « Raisons pour lesquelles M. de Nemours a pris les armes contre le duc de Savoie » (fol. 316). — Négociations de Charles d'Angennes, marquis de Rambouillet, ambassadeur près du duc de Savoie (fol. 323). — « Projet de la forme du licentiement » de l'armée de Condé (fol. 325). — 325 feuillets.

Des analyses, de la main de Pierre Dupuy, figurent en tête d'un grand nombre de pièces de ce recueil.

XVI° et XVII° siècles. Papier et parchemin. 345 sur 225 millimètres. 6 volumes. Rel. maroquin rouge, aux armes de Colbert.

13. « ESTATS GÉNÉRAUX et Assemblées des notables, depuis [1484, et non] 1560, jusqu'en 1627. »

« De l'origine de la convocation des trois Estatz de France, » 1581 (fol. 2). — « Des assemblées des Estatz » (fol. 12). — « Estatz de France assembléz à Tours, en l'an 1483 » [1484 n. st.], rédaction latine, signée de Masselin ; xv° siècle (fol. 24) : publiée sous le titre de *Journal des États généraux de France tenus à Tours en 1484 sous le règne de Charles VIII, rédigé en latin par Jehan Masselin, député du bailliage de Rouen.* Publié et traduit par A. Bernier. Paris, 1835, in-4 (Collection des documents inédits). — « L'ordre et séance gardéz en la convocation et assemblée des trois Estatz du royaume... en la ville d'Orléans », 1560 (fol. 103). — « Harengue prononcée par le Roy [Henri IV] aux Estats de Rouen, » 1597 (fol. 156). — « Cahier de l'assemblée tenue à Rouen, le 25 janvier 1597 » (fol. 158). — Description de la procession faite avant la tenue des Estatz de 1614 (fol. 197).— Procès-verbal de l'assemblée des États de 1614 (fol. 201). — Bref de Paul V adressé « nobilibus viris, ordini nobilium regni Franciæ in commitiis generalibus, » 1615 (fol. 215). — Cahier de la noblesse aux États assemblés, en 1615 (fol. 216). — « Lettres patentes du Roy pour la convocation de l'Assemblée. Paris, 1617, » in-4°, *impr.* (p. 313). — Lettres de Louis XIII donnant la présidence de l'assemblée des notables, à Rouen, à son frère Gaston (fol. 321), et nommant membre de l'assemblée le procureur général Mathieu Molé, 1617 (fol. 323). — Relation de ladite assemblée par Molé, 1617 (fol. 324). — Avis et remontrances de cette assemblée (fol. 334). — Édit dressé à la suite de ces remonstrances, avec annotations de Molé, 1618 (fol. 368).— « Cahier des remontrances de l'assemblée générale du clergé de France, présenté au Roy le xive febvrier 1626 » (fol. 411). — « Relation de ce qui s'est passé à l'ouverture de l'assemblée des notables, tenüe à Paris le 2 décembre 1626 » (fol. 449). — « Catalogue des archeveschés et éveschés de France selon leur ordre, 1624 » (fol. 452). — Lettres-patentes de Louis XIII prescrivant la levée d'une aide de 44.000 livres pour payer les frais de l'assemblée des notables, 1627 (fol. 454).

XVe-XVIIe siècle. Papier. 455 feuillets. 360 sur 235 millimètres. Rel. maroquin rouge, aux armes de Colbert.

14. Recueil de copies de pièces sur la Ligue (1593-1595).

Ces pièces concernent, entre autres : une « exortation » du légat Philippe de Sega, cardinal de Plaisance, aux catholiques de France (fol. 1), — les conférences de Suresnes, entre les députés de Henri IV et ceux du duc de Mayenne (fol. 9 et suiv.), et du Louvre, entre le cardinal Nicolas de Pellevé et le duc de Feria, ambassadeur d'Espagne (fol. 75), — la conversion de Henri IV (fol. 89, 106), — les pourparlers entre le duc de Mayenne et le Parlement (fol. 99), — les États tenus à Paris (fol. 104), — la trêve générale (fol. 108, 507), — l'ambassade d'Isaïe Bochard de La Clielle en Toscane (fol. 114) et à Rome (fol. 124), Louis de Gonzague-Clèves, duc de Nevers, à Rome (fol. 137, et Jean de Vivonne, marquis de Pisani, à

Rome (fol. 160),— le blâme infligé par les Réformés à la conversion du roi (fol. 178), — les marchandises dont Henri IV permet le libre commerce (fol. 322), — le manifeste de Louis de L'Hospital, marquis de Vitry, à la noblesse de France (fol. 328), — les réductions ou soumissions de Lyon (fol. 338), Paris (fol. 360), Laon (fol. 371), Saint-Malo (fol. 425), Sens (fol. 444), Orléans (fol. 448), Vienne (fol. 485), les prises de Calais (fol. 486) et Cambrai (fol. 489), par les Espagnols, — le rétablissement de la chambre mi-partie en Languedoc (fol. 341), — l'assemblée d'Orléans (fol. 346), — le retour du Parlement, de Tours à Paris (fol. 365), — la mort du capitaine Saint-Paul (fol. 369), — les arrérages des rentes (fol. 378, 484), — la soumission des Guise (fol. 398), — la tentative d'assassinat de Jean Chastel contre Henri IV (fol. 411), — les négociations de paix de Henri IV avec les ducs de Lorraine (fol. 434) et de Savoie (fol. 438), — l'aliénation du domaine (fol. 439), — la convocation du ban et de l'arrière-ban (fol. 457), — les offices héréditaires de regrattiers, 1588 (fol. 469), — l'ambassade de Jacques Davy Du Perron à Rome (fol. 486, 489), — le combat de Fontaine-Française (fol. 510), — les greniers à sel (fol. 538) et les gabelles (fol. 546).

XVII° siècle. Papier. 550 feuillets. 350 sur 215 millimètres. Rel. maroquin rouge, aux armes de Colbert.

15. Recueil de copies de pièces, sur la Ligue, les États généraux de 1593, des négociations en Cour de Rome, en Hollande, etc. (1589-1626).

« Mémoires des choses plus remarquables qui se sont passées en la ville de Troyes, despuis le commencement des derniers troubles » (fol. 1), à Chartres (fol. 11). — Instructions données par le duc de Mayenne au commandeur de Diou, 1589 (fol. 16 v°), et au doyen Frison (fol. 26 v°), envoyés vers le pape. — Lettres du cardinal de Joyeuse à Henri III (fol. 31-73). — Noms des députés aux États généraux (fol. 74), et autres pièces sur les États généraux, publiées par Auguste Bernard, *Procès-verbaux des États généraux de 1593* (Collection de documents inédits. Paris, 1842, in-4°, pages 1, 211, 288). — Négociations du duc de Feria avec les États, 1593 (fol. 93, 104, 106). — Assemblée du clergé à

Chartres, 1593 (fol. 108). — Instructions au sieur de Luxembourg, ambassadeur de la Ligue à Rome, 1591 (fol. 130), à Louis de Gonzague-Clèves, duc de Nevers (fol. 152, 174), et Jean de Vivonne, marquis de Pisani, ambassadeurs de Henri IV à Rome, 1593 (fol. 185, 196 v°), ainsi que diverses lettres de Henri IV au pape, aux cardinaux Montalto, d'Ossat, de Gondi, au duc de Mantoue, etc. (fol. 176 et suiv.). — Instructions de Morlas, envoyé en Angleterre, 1593 (fol. 207). — Ligue de Troyes, 1593 (fol. 228).

Ambassade et négociations du président Jeannin aux Pays-Bas, 1609 (fol. 243-290); imprimés dans *Négociations du président Jeannin*, éd. Michaud et Poujoulat, *Nouvelle série de mémoires pour servir à l'histoire de France*, 1re série, t. IV, p. 621-626, 639, 658, 660. — Négociations de Denis-Simon de Marquemont, archevêque de Lyon, à Rome, 1617-1626 (fol. 291).

XVIIe siècle. Papier. 362 feuillets. 430 sur 270 millimètres. Rel. maroquin rouge, aux armes suivantes : de... à la flamme d'or, mouvant d'un croissant en pointe, accompagnée de deux étoiles en chef, une fasce brochant sur le tout.

16-20. « Meslanges de diverses lettres, pièces et mémoires concernant les AFFAIRES DE FRANCE » (1458-1635).

Tome I (**16**). Années 1458-1608.

Lettres, en *originaux* et copies, adressées pour la plupart à Hotman, par de L'Isle, ambassadeur à Rome, 1561 (fol. 74), — « Jaqueline Dantremont, » 1572 (fol. 100, — Catherine de Médicis, 1573 (fol. 101), — Henri III, 1574-1588 (fol. 103, 128 *bis*, 267), -- Marguerite de Valois, reine de Navarre (fol. 170), — Charles de Birague, 1579 (fol. 123), — Guy-Paul de Coligny, comte de « Laval », 1585 (fol. 199), — François de Coligny, sieur de « Chastillon, » 1585 (fol. 203), — François de La Noue, 1585 (fol. 210), — Henri IV, d'abord roi de Navarre, 1585-1596 [4 lettres] (fol. 214, 330, 364, etc.), — Claude-Antoine de Vienne, baron de « Clervaut, » 1586 (fol. 217), — Frère Alessandro Franceschi, 1587 (fol. 241), — Cardinal Pierre de Gondi, 1587 (fol. 241), — de Bouillon, 1587 (fol. 247), — Pompone de Bellièvre, 1588 (fol. 249), — Alexandre Farnèse, duc de Parme, 1591 [5 lettres] (fol. 269, 271, 294, etc.), — Diego de Ibarra, 1591-1592 [5 lettres] (fol. 294

v⁰-300), — Pierre « Brulart », secrétaire d'Etat, 1592 (fol. 304), — Elisabeth d'Angleterre, 1593 (fol. 329), — Charles de Gontaut, maréchal de Biron (fol. 400), — Cardinal Jacques Davy Du Perron (fol. 412), — Sidney, comte de Leicester, 1607 (fol. 441).

Confirmation, par Charles VII, de la « chartre aux Normans, » 1458 (fol. 1). — Remontrances du Parlement à la régente Louise de Savoie, 1525 (fol. 11). — Procédures contre le connétable Charles de Bourbon (fol. 19). — « Le voiage de l'admiral [Coligny] devers l'empereur et le roy Philippe pour la rattiffication de la trefve » de Vauxelles, 1556 (fol. 42). — Traité de Cateau-Cambrésis, 1559 (fol. 46). — « Factum faisant mention des services rendus par feu Monsʳ Hotman Hᵗᵉ et par le sʳ de Villiers, son fils, à Messeigneurs les princes de Condé » (fol. 70). — Harangue des députés de Paris au roi d'Espagne, 1560 (fol. 72). — « Advertissement donné à Messieurs les députéz des provinces du royaulme pous l'assemblée des Estatz généraulx, » 1561 (fol. 80). — Relation de la mort du cardinal de Chastillon, 1568 (fol. 86). — « Advis sur les désordres de France au temps du cardinal de Lorraine, » 1569 (fol. 88). — « Ligue et association faite entre les princes, seigneurs, gentilhommes et autres, tant de l'estat ecclésiastique que du tiers estat, sujets et habitans du païs et duché de N[ormandie], » 1576 (fol. 104). — « Articoli secreti fatti et accordati tra la regina madre del Re et il re di Navarra, Monsʳ, il principe di Condé e gentilhuomini della religione pretensa riformata, » 1577 (fol. 110). — Différend du maréchal de Bellegarde avec la Cour, 1579 (fol. 116). — « Lettera venuta de Delfinato delle cose del marchesato di Saluzzo » (fol. 121). — « Quello che pare che Monsignore [François, duc d'Anjou] deverria fare passando in Inghilterra » (fol. 125). — Fondation du collège de La Flèche (fol. 129). — « De l'origine de la convocation des trois estats de France » (fol. 133). — « De l'estat du domaine du Roy » (fol. 149). — « Mandata a serenissimo rege Navarreno [le futur Henri IV] tradita domino Jacobo Segurio, Pardaliano baroni, ipsius legato ad... imperii electores, » 1583 (fol. 160). — « Discours sur la conférence du roy de Navarre avec M. d'Épernon, » 1584 (fol. 171). — Déclarations de Henri III sur la révocation de l'édit de paix, 1585 (fol. 204). — « Bref discours sur la Ligue, » 1586 (fol. 215). — « Concion et harangue faitte à Chalon, le 26 jour de mars [1586] par Monsieur le duc de Guise, en la présence des chefs et capitaines

de son armée » (fol. 219). — Instruction à Paul Choart de Buzenval
envoyé par le roi de Navarre en Angleterre (fol. 221). — « Aucunes difficultéz proposées sur le fait de la prise des armes, » par
Henri Ier, duc de Guise (fol. 225). — Entrevue du futur Henri IV
et Catherine de Médicis, au château de Saint-Bry (fol. 232). —
« Advis de l'archevesque de Lyon [Pierre d'Espinac], donné à
Monsieur de Guise sur son retour à la Cour, » 1587 (fol. 235). —
« Extraict du livre de l'advocat breton qui feust pendu, » 1587
(fol. 243). — Histoire de la Ligue, du 2 janvier 1585 au 12 mai
1588, par Nicolas Poulain (fol. 252). — Allocution de Sixte-
Quint sur la mort du cardinal de Guise (fol. 259). — « Instruction au seigneur commandeur de Chatte, gouverneur de Dieppe,
sur la mort du duc de Guize » (fol. 261). — Arrêts de la section
royaliste du parlement de Normandie, séant à Caen, 1589
(fol. 265). — Instructions de Philippe II à ses agents à Paris,
1590 (fol. 268). — Relation de l'entrevue de Henri IV avec les
députés de Paris, 1591 (fol. 283). — « Dialogue de Messieurs de
Rosni [Sully] et de Revel, qui, s'estans retiréz en un jardin du
village de Surenne, un clerc des vivres... gaigna par le moien d'un
bateau un coin de muraille et recueillit de leur discours ce qui
s'ensuit » (fol. 305). — Propositions des seigneurs catholiques au
duc de Mayenne, » 1593 (fol. 311). — « Articles accordéz pour la
trève générale. A Paris, 1593, » in-4°, *impr.* (fol. 314). — « Manifeste du conseil, consulz, eschevins et habitans de Lyon sur la
prinse des armes pour la conservation de la dicte ville soubz
l'obéissance de la Saincte Unyon » (fol. 322). — État de la France
en 1598 : liste des seigneurs et officiers, chevaliers des Ordres,
etc. (fol. 332). — Traité de Vervins (fol. 356). — État des finances
en 1599 (fol. 365). — « Mémoire touchant les cérémonies » (fol.
369 v°).

Pouvoirs donnés à Jacques Davy Du Perron et d'Ossat (fol. 372)
et au cardinal de Gondi, envoyés à Rome, 1596 et 1598 (fol. 377),
à Gaspard de Schomberg, ambassadeur en Allemagne, 1589
(fol. 373). — Différends entre le sieur de Marcilly et le président
Chevalier, 1600 (fol. 387), entre le vidame de Chartres et le marquis d'Allègre, 1605 (fol. 389). — Mémoires et complaintes sur la
mort du maréchal de Biron, 1602 (fol. 391-410). — Menées du duc
de Bouillon (fol. 411). — Pamphlet et sonnet contre Sully
(fol. 413). — « Le gentilhomme allemant au très invincible roy

Henry IV », au sujet des places de sûreté, 1605 (fol. 423). — Abolition des poursuites contre la marquise de Verneuil (fol. 429). — Mariage d'Éléonore de Bourbon-Condé avec le prince d'Orange, 1606 (fol. 431). — Arrêt du parlement de Bordeaux contre François d'Escoubleau, cardinal de Sourdis (fol. 432). — Édit pour l'établissement d'une chambre de justice pour la recherche des financiers, 1607 (fol. 434). — Édit sur la réunion du domaine particulier au domaine de la Couronne (fol. 436). — Défense à « Maistre George Criton, soy disant jurisconsulte, professeur du roy en la langue grecque, » de soutenir certaines thèses aux écoles de decret (fol. 440). — Arrêt du parlement de Bordeaux pour la punition du crime de lèse-majesté commis sur un magistrat par François d'Hautefort de Saint-Chamans, 1608 (fol. 443). — 445 feuillets.

Tome II (**17**). Années 1609-1628.

Lettres, en *originaux* et copies, de H[otman], 1609 (fol. 3), — « duc de Sully, » 1609-1620 (fol. 4, 22, 288), — Henri II de Bourbon, prince de Condé, 1609-1628 [6 lettres] (fol. 7, 94, 106, etc.), — Louis XIII, 1610-1628 [15 lettres] (fol. 15, 83, 93, etc.), — « Henry de la Tour, » duc de Bouillon, 1610-1619 [4 lettres] (fol. 19, 32, 39, etc.), — Charles « Brulart » de Léon, 1611 (fol. 33), — du procureur général de Paris (fol. 36), — « de Borstel, » 1611 (fol. 37), — Caffel, 1613 (fol. 53), — cardinal Jacques Davy Du Perron, 1614 (fol. 61), — Marie de Médicis, 1614-1619 [5 lettres] (fol. 62, 262, 264, etc.), — Nicolas de Neufville de Villeroy, 1614 (fol. 63), — Paul V, pape, 1615 (fol. 75, 77), — États généraux des Pays-Bas, 1614 (fol. 85, 86, 86 v°), — duc de Nevers, 1614 (fol. 86 v°), — Nicolas Brûlart de Sillery, chancelier de France, 1615 (fol. 111), — François, cardinal de Joyeuse, 1615 (fol. 113), — Le Verger, 1615 (fol. 118), — Jacques Ier d'Angleterre, 1615 (fol. 122), — Nicolas de Verdun, premier président du Parlement, 1615, (fol. 123, 123 v°), — « Ceux de la religion » réformée à Grenoble, 1615 (fol. 133), — « Messieurs de l'assemblée de Nismes, » 1615-1616 (fol. 140-172), — Philippe Du Plessis-Mornay, 1615-1622 [6 lettres] (fol. 144, 194, 280, etc.), — Henri de Nogaret d'Épernon ou de Foix, comte de Candale (fol. 145, 171), — Gaspard de Coligny, maréchal de « Chastillon, » 1616-1626 (fol. 171, 378), — « de Beaulieu, » 1616 (fol. 176), — Guillaume

Du Vair, garde des sceaux, 1616 (fol. 199), — François de Bonne, maréchal de Lesdiguières, 1616 (fol. 204, 205), — Armand Du Plessis, évêque de Luçon, plus tard cardinal de Richelieu, 1617 (fol. 218), — Nicolas de L'Hospital, maréchal de Vitry, 1617 (fol. 232), — Henry de Lorraine, duc de Mayenne (fol. 257, 264), -- Louis de Lorraine, 3e cardinal de Guise, 1619 (fol. 276), — Jean-Louis de Nogaret, duc d'Epernon, 1621 (fol. 294), — « Henry [duc] de Rohan, » 1621-1628 (fol. 296, 435), — Président du Cros, 1622 (fol. 312), — François-Annibal d'Estrées, marquis de Cœuvres, 1622 (fol. 314), — « Députés généraux des Églizes réformées, » 1625 (fol. 319), — de Belhyon, baron de Coppet, 1625 (fol. 321), — Maire et échevins de La Rochelle, 1626 (fol. 322), — J. David, maire de La Rochelle (fol. 323), — Holland, D. Carlotton, ambassadeurs d'Angleterre, 1626 (fol. 343, 345), — Urbain VIII, pape, 1626-1627 (fol. 380, 418, 419), — Christophe, prince de Portugal, 1626 (fol. 382), — Philippe Cospeau, dit Cospéan, évêque de Nantes, 1626 (fol. 387), — Louis, maréchal de Marillac (fol. 388), — George Villiers, duc de Buckingam, 1627 (fol. 392, 396, 430), — Charles, marquis de La Vieuville, 1627 (fol. 408), — Consuls de Milhau, 1627 (fol. 410), — de Comans, 1627 (fol. 420), — J. Guitton, maire de La Rochelle, 1628 (fol. 432).

« Remonstrance faicte au Conseil d'Estat par de Bretignères, scindicq des Estats de Normandie, en febvrier 1609 » (fol. 1). — Sommation faite à Henri de Bourbon, prince de Condé, par ordre de Henri IV, de revenir en France, 1610 (fol. 8). — « Nouvelles de Paris au 13e juillet 1610 » (fol. 10). — Sonnet de P. Ronsard (fol. 11 v°). — « Harangue faite à la Reyne mère sur la mort du feu roy Henry le Grand, par les ambassadeurs de Messieurs les princes de l'Union, » 1610 (fol. 13). — Conjectures sur la mort de Henri IV, par de Villiers-Hotman, datées de Dusseldorf, 1611 (fol. 17). — « Warhaffte Ablehnung einer verlogener *Attestation*, so wegen einer Cöln auff S. Petri und Pauli Tag in der Kirchen zu S. Marien *in Capitolio* gehaltener Predig im selbigen Jahr in Druck auszgeben und spargist Worden. Gefertiget durch... P. F. Ambrosium Aldenkirchen. Gedruckt zu Cöln, 1610, » in-4°, *impr.* (fol. 19 *bis*). — « Apologie du sénat de la ville impériale et libre de Colongne contre les calumnies d'un certain autheur françois sans nom..., que le meurtre du Roi très-chrestien Henri qua-

triesme, Roy de France, auroit esté loué publiquement et en
pleine prédication, ce cousentant et approuvant le Magistrat de
lad. ville. A Colongne, 1611, » in-4°, *impr.* (fol. 19 *ter*). — « Advis
donné à la Reyne en l'année 1611, » par Neufville de Villeroy
(fol. 28, 40). — « Articles et conventions arrestées en France par
l'illustrissime seigneur duc de Pastrana et le seigneur Dom
Innego de Cordenas, sur le mariage de Dom Philippe, prince
d'Espagne, avec Madame Élisabeth de France, » 1612 (fol. 48). —
« Sententia præpositi Parisiensis in librum inscriptum : *Apologia
Adolphi Schulkenii* » (fol. 52). — Différend entre les sieurs de
Rochefort et de Marsillac (fol. 57). — « Articles accordéz par le
sieur duc de Ventadour... et les sieurs de Thou, Jannin, Boissise
et de Bullion, tous conseillers d'Estat. Paris, 1614, » in-8°, *impr.*
(fol. 65, 184). — « Sommaire de la harangue de M^r le cardinal du
Perron en la chambre de la Noblesse des Estats généraux, le
31 décembre 1614 » (fol. 69). — « Remonstrance faicte par l'ambassadeur de la Grand'Bretaigne au roy. » Juin 1615 (fol. 91). —
Relations de l'assemblée des princes à Mézières (fol. 98), du différend du Parlement avec Marie de Médicis (fol. 102), des remontrances faites au prince de Condé (fol. 104). — « Articles que
M. de La Haye proposera et promettera à MM^{rs} de l'assemblée de
Grenoble » (fol. 109). — « Articles accordéz entre Mgr le prince
et les députéz de l'Assemblée générale de Nismes au nom de ceux
de la Religion » (fol. 129). — Assemblée de Grenoble (fol. 136). —
« Apologie du sieur de La Noue sur l'article du tiers estat, »
1617 (fol. 159). — Relation de la conférence de Saumur, 1616
(fol. 175). — Articles accordés entre le maréchal de Brissac et le
prince de Condé pour la pacification des troubles (fol. 182). —
« De l'ordonnance et arrest de quatorze cens fidelles de cette ville
[de Poitiers] hardiement résollus de mourir pour la manutention
de la foy catholicque » (fol. 188). — « Remonstrances envoyées au
Roy par Messeigneurs les princes, ducz, pairs et officiers de la
couronne sur l'inciville détention de Monseigneur le Prince »
(fol. 195). — « Contraventions manifestes aux maximes du feu
roy, » par le sieur de Villiers-Hotman (fol. 202). — Interrogatoire de Claude Godin, dit Vaugray, accusé de tentative d'assassinat sur le duc de Mayenne, 1617 (fol. 206). — Capitulation de
Rhetel (fol. 220). — Charge contre Concino Concini (fol. 222). —
Assemblée de Rouen (fol. 233, 242). — « Advis mandéz à la

Reyne, » par Richelieu, alors évêque de Luçon (fol. 236). — Arresté des Estas de Languedoc tenus à Béziers (1617) sur la crëue de 37 s. sur le minot de sel » (fol. 238). — Discours du feu sieur de Hautefontaine sur l'état des affaires publiques (fol. 240). — Arrêt en faveur des Jésuites contre l'Université, 1618 (fol. 246). — Querelle de préséance entre le garde des sceaux et le duc d'Epernon et autres pairs (fol. 251). — « Plaintes de la Reyne mère contre les favoritz » (fol. 252, 266). — Différend entre Thomas Maurand, intendant de la justice en Normandie, et le parlement de Rouen (fol. 259). — Harangue latine du recteur de l'Université au garde des sceaux contre les Jésuites (fol. 260). — Requête de Claude de Valles au roi à l'effet d'être commis à « recueillir l'estat au vray de tous les gentilshommes et nobles, leurs armes et blasons. » In-4°, *impr.* (fol. 281). — Harangue de l'avocat général Louis Servin au roi, lors du lit de justice du 18 février 1620 (fol. 283). — « Articles accordés par le Roy à la Royne mère et, en sa faveur, à ceux qui l'ont assistée en ces derniers mouvemens » (fol. 285). — Arrêt contre le droit annuel (fol. 287). — Libre discours au roi sur les affaires de l'État (fol. 289). — Siège de Montauban, 1621 (fol. 299). — Notice sur la vie et les crimes de François Martel, curé d'Estran près de Dieppe (fol. 317). — Avis de Harlay de Sancy sur l'organisation des forces militaires du royaume, 1625 (fol. 324). — Assemblée de Fontainebleau (fol. 326). — « Discours sommaire de l'establissement ancien de la charge d'admiral de mer de Levant » (fol. 331). — « Très humble remonstrance au Roy par les Pères Jésuittes, » signée du P. Pierre Cotton, 1626 (fol. 341). — Création de la Compagnie de la Nacelle de Saint-Pierre fleurdelisée, 1626 (fol. 351). — « Récit de ce qui s'est passé lors que M. le recteur a esté veoir le roy, » 1627 (fol. 393). — « Manifeste de Mʳ le duc de Bukingam, général de l'armée du sérénissime roy de la Grande Bretagne, contenant une déclaration des intentions de S. M. en ce présent armement » (fol. 396). — « Manifeste contenant les causes et raisons qui ont obligé ceux de La Rochelle de prendre les armes » (fol. 398). — « Véritable relation de ce qui s'est fait en l'isle de Ré, le 6ᵉ novembre 1627 » (fol. 412). — « Très humble remonstrance des depputéz de La Rochelle au sérénissime roy de la Grande Bretagne, » 1628 (fol. 422). — « Harangue de Monsieur Becher à ceux de La Rochelle » (fol. 424). — 435 feuillets.

Tome III (18). Années 1573-1595.

Registre de lettres de Henri IV au pape (fol. 141, 142, 148, 161 v°, etc.), aux cardinaux Montalto (fol. 143), Sforza (fol. 144), del Monte (fol. 145), Morosini (fol. 145 v°), Serafini (fol. 147, 166), d'Ossat (fol. 147 v°, 166 v°), à Pietro Aldobrandini (fol. 149, 176), Cinthio Aldobrandini (fol. 149 v°, 164, 177), cardinal de Gondi (fol. 149 v°), Albert de Gondi de Retz (fol. 150), Venise (fol. 151, 163 v°), Hurault de Maisse (fol. 152, 164), comtes de Raingrande (fol. 152 v°), marquis de Pisani (fol. 153, 159), aux ducs de Ferrare (fol. 163), de Mantoue (fol. 163).

Copies de lettres de François, duc de Montmorency, 1573 (fol. 213), — Henri de Montmorency-Damville, 1576 (fol. 214), — Jacques de Savoie, duc de Nemours (fol. 215), — François de Valois, duc d'Anjou, 1583 (fol. 216, 217), ainsi que son testament, 1584 (fol. 223), — François de La Noue (fol. 218), — cardinal Du Perron (fol. 276), — Alexandre Farnèse, prince de Parme, 1592 (fol. 318), — Ochoa de Salazar, évêque de Plaisance (fol. 324), — Guillaume Rose, évêque de Senlis, 1592 (fol. 326), — Claude de La Chastre (fol. 362), — Neufville de Villeroy, 1594 (fol. 363).

Instructions aux ambassadeurs et envoyés suivants : Claude d'Angennes de Rambouillet, évêque du Mans, envoyé vers le pape (fol. 1), — Guillaume de Baradat, allant en Allemagne (fol. 26), — André Hurault de Maisse, en Italie (fol. 31), — Henri de La Tour d'Auvergne, vicomte de Turenne, en Angleterre (fol. 37) et en Allemagne (fol. 42), — Paul Choart de Buzanval, aux Pays-Bas (fol. 63), — Honoré Mauroy de La Verrière, en Suisse (fol. 67), — au sieur de La Borde, envoyé en Guyenne (fol. 70), — au sieur de Lambert, envoyé à Bordeaux vers le maréchal de Matignon (fol. 75), — Jean de La Fin, envoyé dans le Lyonnais (fol. 80, 94), — à Isaïe Brochard de La Clielle, ambassadeur en Toscane (fol. 109) et en Italie (fol. 194), — Louis de Gonzague-Clèves, de Nevers, en Italie (fol. 122), — Pierre Forget de Fresnes, en Espagne (fol. 178), — Du Belloy et Giron, en Languedoc (fol. 200, 204).

Presque toutes les pièces ci-dessus, lettres et instructions, se trouvent aussi dans le ms. français 3956.

Mémoire envoyé au duc d'Épernon (fol. 206).—« Mémoires touchant les cérémonies » (fol. 210). — Déclaration du cardinal

Charles de Bourbon, 1585 (fol. 225). — « Advis de ce qui a esté faict en Angleterre par Monsieur de Bellièvre et de ce qui s'est passé sur les affaires de la royne d'Escosse, ce moys de novembre et décembre 1586 et janvier 1587 » (fol. 232 v°). — « Remonstran faictes au roy d'Espagne pour prétexte d'entreprendre la g e et envahir le royaume d'Angleterre l'année 1588 » (fol. 262). — « Advis de Monsieur de Villeroy à Monsieur du Maine tost après la mort du feu roy » (fol. 284). — « Récit faict au duc de Savoye par Panigarolles de l'estat des affaires de France, » 1590 (fol. 302). — « Lectre du Père Jésuiste aux eschevins d'Orléans sur le subject des divisions d'icelle, » 1591 (fol. 315 v°). — « La charge et créance donné au Père Matthieu Aquarius par ceulx de la Sorbonne de Paris » (fol. 332). — « Remonstrances faictes à Monsieur de Mayenne » (fol. 338).— Déclaration de Charles de Lorraine, duc de Mayenne, 1589 (fol. 353 v°). — « Responces des députéz de la Ligue à ceulx du Roy » (fol. 355). — « Manifeste de Monsieur de Vitry [Louis de L'Hospital] à la noblesse de France, » 1594 (fol. 364). — Déclaration de guerre contre l'Espagne, 1595 (fol. 368). — Ordonnance concernant la gendarmerie (fol. 371 v°). — Mémoire sur les conditions nécessaires pour le bon fonctionnement de « la machine de l'Estat » (fol. 376). — 396 feuillets.

Tome IV (**19**). Années 1589-1599.

« Suscripsions de lettres aux princes et seigneurs estrangers » (fol. 1). — « Vérification du domaine » (fol. 4).

Copies de lettres de Jean-Louis de Nogaret, duc d'Épernon, 1594-1599 (fol. 28, 29, 140), — Henri III, 1589 [36 lettres, la plupart adressées aux parlements de Toulouse et de Provence, aux villes et gentilshommes de Provence, etc.] (fol. 51 et suiv.), — François, cardinal de Joyeuse, 1589 (fol. 77),— Henri IV [23 lettres, dont plusieurs adressées à Élisabeth d'Angleterre] (fol. 86 et suiv.), — des princes du sang, pairs et officiers de la Couronne au doge de Venise (fol. 97, 126), au pape, 1591 (fol. 109, 123), au sieur de Luxembourg allant à Rome, 1591 (fol. 112), au grand duc de Toscane (fol. 126 v°), — Pompone de Bellièvre (fol. 143).

Relation de l'ambassade d'Antoine Séguier, dit le président de Villiers, à Venise, 1598 (fol. 35 v°). — Instructions à Nicolas de Harlay de Sancy, allant en Suisse (fol. 44, 74). — « Vente des bagues de M. de Sancy, » 1589 (fol. 77 v°). — Dépêches en Levant en faveur du prince de Valachie et de Jean Bogdan, prince de Moldavie (fol. 97 v°, 100). — Instruction au sieur de Morlans, ambassadeur en Angleterre, 1593 (fol. 127).— « Apologie de Monsieur de Pibrac à la royne de Navarre » (fol. 159). — « Première apologie de Monsieur [Nicolas de Neufville] de Villeroy... Faict à Villeroy, le huictiesme jour d'apvril 1589. De Neufville »(fol. 188). — Autre « apologie de Monsieur de Villeroy, contenant les causes qui le contraignirent de se ranger au party de la Ligue » (fol. 232). — 391 feuillets.

Tome V (**20**). Années 1629-1635. — De plus, histoire d'Angleterre (1066-1585).

Lettres, presque toutes en copies, adressées à Louis XIII, Marie de Médicis, Richelieu, Gaston d'Orléans, Mazarin, par Louis XIII, 1629-1634 [8 lettres] fol. 11, 19, 39, etc.), — « Streuff, » 1629 (fol. 12), — Urbain VIII, 1630 (fol. 14), — le P. Chantelouve, 1631 (fol. 20, 22, 26), — Marie de Médicis, 1631-1635 [8 lettres] (fol. 36, 38, 42, etc.), — Gaston d'Orléans, 1631-1632 [6 lettres] (fol. 43, 55, 57, etc.), — Roger de Saint-Lary, duc de Bellegarde, 1631 (fol. 62), — La Bastide aux pasteurs de l'église réformée de Montauban, 1631 (fol. 68), — le cardinal de Richelieu, 1631 (fol. 71), — Charles de Valois, duc d'Angoulême, 1632 (fol. 73, 75), — Louis de Marillac, maréchal de France, 1630 (fol. 81, 84), — les parents du maréchal de Marillac (fol. 100).

« Apologie de Monsieur le duc [Henri] de Rohan sur les derniers troubles » (fol. 1). — « Harangue faite au Roy à Dijon par Mr Fouré » ou Fevret, 1630 (fol. 17). — Actes du synode des églises réformées de France à Charenton, 1631 (fol. 66). — Appel aux armes contre Richelieu, 1632 (fol. 80). — Condamnation et épitaphe de Henri, duc de Montmorency (fol. 117-120). — « Bref discours par lequel chacun peult estre esclarci des justes procédures de ceulx de la religion réformée » (fol. 124). — « Ordonnance de Messieurs les intendans de la justice... de Languedoc, » relative à l'exercice du culte protestant, 1634 (fol. 150). — Requête de Guillaume Rivet de Champvernon pour les ministres réformés de Saintonge, Aulnis et Angoumois, 1635 (fol. 153).

Abrégé de l'histoire d'Angleterre, depuis Guillaume le Conquérant jusqu'à Henri IV (1066-1411), par François de Villiers-Hotman, brouillon *autographe* (fol. 317) : « Le surpluz de cet extrait et traduction a esté perdu pendant la Ligue de France en l'an 1591, avec mes autres papiers d'importance. — Hotman Villiers » (fol. 358 v°). — Noblesse et clergé d'Angleterre et d'Écosse, par le même (fol. 359). — Relation de l'entreprise du comte d'Angus, 1585 (fol. 373). — « The order of the arraynement of sir Nicholas Throgmorton, Knight, in the gylde maioll at London the xvii[th] apryll anno 1554; » procédures contre le chevalier Trockmorton (fol. 379). — « A collectione of certayne reasones... to have the restitutione of Callis, the iii of apriell » 1559 (fol. 399). — « Instructions for sir Thomas Smith, Knight, being sent into Fraunce, » 1566, 1572 (fol. 408, 410). — « Againste Edward, duke of Somerset » (fol. 417). — « A note of the consultation had att Grenewich primo maii 1561... that the abbott of Martinengo beinge nuncio from the Pope come into the realme » (fol. 419). — « A coppie of the devise for alteratione of religione at the firste year of queene Elizabeth » (fol. 421). — Correspondance entre Thomas Smith, ambassadeur en France (fol. 424, 450) et la reine Elisabeth, 1567-1571 (fol. 446, 449). — Harangues diverses, en anglais, sur le mariage de la reine Elisabeth, par Spitewod (fol. 451 v°), « Philoxinos » (fol. 455 v°), « Axenos » (fol. 468), Thomas Smith (fol. 478). — « The araignment of Thomas Howarde, duke of Norfolke, » 1571 (fol. 482). — Feuillets 1-159, 316-487. Les feuillets intermédiaires manquent.

XVIe-XVIIe siècles. Papier. 5 volumes. 335 sur 23o millimètres. Rel. maroquin rouge, aux armes de Colbert.

21. « Lettres de Messire Pierre [CASTELNAU] DE CLERMONT [-LODÈVE], vicomte de Nebouzan et lieutenant pour le Roy en Languedoc, escrites au roy François Premier et à Monsieur le Grand Maistre [Anne] de Montmorency environ l'année MDXXVIII. »

Copie exécutée en 1669. — Les originaux sont conservé actuellement sous les numéros 3073 et 3074 du fonds français.

XVIIe siècle. Papier. 644 pages. 35o sur 230 millimètres. Rel. maroquin rouge, aux armes de Colbert, avec les colliers des Ordres.

22. « La prinse et délivrance du Roy [FRANÇOIS Ier] ; venüe

de la Reyne, seur aisnée de l'Empereur, en France, et recouvrement de Messeigneurs les Dauphin et duc d'Orléans »
(1524-1530), par Sébastien MOREAU, de Villefranche en Beaujoloys, référendaire général du duché de Milan. »

Dédiée à Gilbert Bayard, conseiller du roi et secrétaire des finances, et au grand maître Anne de Montmorency, 1er janvier 1532, n. st. — Copie; l'original porte le numéro 5497 du fonds français. — *La prinse et délivrance du roy* a été publiée par Cimber et Danjou, dans les *Archives curieuses de l'histoire de France*, 1re série, t. II, p. 255-451.

XVIIe siècle. Papier. 165 feuillets. 355 sur 230 millimètres. Rel. maroquin rouge, aux armes de Colbert, avec les colliers des Ordres.

23. « Recueil de letres et despesches escrites par diverses personnes à Monsieur [Jean] D'HUMIÈRES, gouverneur de Monsieur le Dauphin, fils du roy Henry II, » lieutenant du roi en Piémont, gouverneur de Péronne (1537-1559).

Copies exécutées en 1669 des lettres adressées à Jean d'Humyères et à sa femme par le comte de Pontresme, Clausse, J. Breton de Villandry, l'amiral de Brion-Chabot, Guillaume Du Bellay, César Frégose, Anne d'Alençon marquise de Montferrat, Henri II, Catherine de Médicis, Antoine de Bourbon duc de Vendôme, plus tard roi de Navarre, François de Lorraine duc de Guise, Charles cardinal de Lorraine, Claude de Lorraine duc d'Aumale, le connétable Anne de Montmorency et l'amiral Gaspard de Coligny sieur de Chastillon. — Les originaux se trouvent dans les manuscrits français 3120, 3155 et 3144.

XVIIe siècle. Papier. 266 feuillets. 355 sur 230 millimètres. Rel. maroquin rouge, aux armes de Colbert, avec les colliers des Ordres.

24. Recueil de lettres et pièces *originales* relatives aux GUERRES DE RELIGION (1562-1572), et concernant particulièrement Artus de Cossé, sieur de GONNORT, surintendant des finances.

Lettres adressées en 1562-1563 à Artus de Cossé, sieur de Gon-

nort, surintendant des finances, par : « Loys [I] de Bourbon, »
prince de Condé [5 lettres] (fol. 1, 223, 225-231), — l'amiral Gaspard de Coligny, sieur de « Chastillon » [4] (fol. 3, 26, 246, 249),
— « Catherine » de Médicis [49] (fol. 6, etc.), — « Charles, » cardinal « de Bourbon » [4] (fol. 19, 109, 167, 173), — « François de
Lorraine, » duc de Guise [10 lettres et 2 quittances] (fol. 21, 37,
55, etc.), — Louis de Lorraine, cardinal de Guise [2] (fol. 79, 99),
— « E. Philibert, » duc de Savoie [3] (fol. 78, 183, 191), — « F[lo-
rimond] Robertet » (fol. 97), — « Antoine » de Bourbon, roi de
Navarre (fol. 113), — le connétable Anne de « Montmorency » [5]
(fol. 120, 138, 140, 161, etc.), — le maréchal de « Brissac » (fol.
126), — « Jaques de Savoye » (fol. 134), — « Charles » IX (fol. 145),
— « M[ichel] de L'Ospital » [3] (fol. 153, 159, 207), — « C[harles],
cardinal de Lorraine » [2] (fol. 157, 171), — « Marguerite de
France, » duchesse de Savoie [4] (fol. 175, 188, 194, 199), — François de Scepeaux, maréchal de « Vieilleville » et Jean « de Tou-
teville » d'[Estouville], sieur de Villebon (fol. 202).

« Estatz et appoinctemens des... officiers des bandes fran-
coises... devant la ville de Bourges, » juin-août 1562 (fol. 233),
« au camp devant Rouen, » septembre 1562 (fol. 235), « à la suitte
du camp et armée dont est lieutenant général Monsieur le duc de
Guyse, » 1558 (fol. 239).

Lettres de François de Coligny, sieur d' « Andelot, » à M. de
Grantmont à Calais, 1557-1558 [2] (fol. 243, 250).

Lettres et pièces relatives aux guerres de religion de 1567 à
1570. Elles émanent de « Henry, » duc d'Anjou, plus tard
Henri III [9] (fol. 251, 279, 296, etc.), — « Caterine » de Médicis
(fol. 255), — « Charles » IX [20] (fol. 256, 260, 262, etc.), —
« Loys [I] de Bourbon », prince de Condé [18] (fol. 266, 274,
281, etc.), — « Jaqueline de Rohan, » marquise de Rothelin [2]
(fol. 276, 277), — l'amiral Gaspard de Coligny, sieur de « Chastillon » [15] (fol. 294, 321, 329, etc.), — Odet de Coligny, « le cardinal de Chastillon » [4] (fol. 305, 307, 357, 359), — Georges de
Bueil, sieur de « Bouyllé, » vice-amiral de Bretagne (fol. 337), —
« Jehanne, » reine de Navarre [2] (fol. 339, 374), — des Rochelais [3] (fol. 350, 355, 361), — « Montjay » (fol. 363), — François, »
duc d'Alençon, frère de Charles IX (fol. 364), — « Saint-Hermyne »
(fol. 367), — « Saint-Mesme » (fol. 375), — « Loys de Bourbon, »
duc de Montpensier [2] (fol. 387, 397), — Nicolas « de Neufville, »

sieur de Villeroy [2] (fol. 396, 402), — Jean de « Monluc, é[vêque]
de Valance » (fol. 421).

Ordre de marche de l'armée du duc d'Anjou, 6 décembre 1567
(fol. 270), — « Papiers trouvéz sur le prince de Condé, quand
il fut tué le 13 mars 1569 » (fol. 362-376). — « Relation de la
bataille de Jarnac » (fol. 378). — Procès-verbal de la publication,
dans le ressort de Montpellier, de la lettre de Charles IX mandant
la mort de Coligny, 1572 (fol. 423).

XVIᵉ siècle. Papier. 43o feuillets. 365 sur 25o millimètres. Rel. veau
rac.

25. Registre *minutier* de Jean-Louis de La Valette, duc
d'Épernon, pair et colonel général de France, gouverneur de
Boulogne, lieutenant-général en Provence et amiral des mers
du Levant (mars-décembre 1586).

Lettres adressées, entre autres, au dey d'Alger (85), à MM « d'An-
tiboul (96), d'Arcy (2), de Beaujeu (101); de Bellièvre [Pom-
pone Iᵉʳ] (52, 160, 163, etc.), de Cadenet » (38, 69), — aux
consuls d'Aix (111, 152), Allemagne (95), Arles (30), Claret (173),
Digne (118), Draguignan (98), Fréjus (41, 100), Grenoble (23),
Lyonnais (6), Manosque (54), Pertuys (55), Provence (112),
Salon (56), — à MM. « de Crevecueur (3), Du Bernet, lieutenant à
Boulogne (4), d'Estrées (5,8), de Fontenay (57), Foucault (73), de
Fréjus (102), de Gourdan » (7), — au roi Henri III (27, 32, etc.,
127-149), — à MM. « de La Grolière (25), de Laubrière (21, 66),
de La Valette, mon frère (94), de Mandelot (59), de Montmorency » (71), — aux parlements de Dauphiné (78) et de Provence
(15, 75, 110, etc.), — au duc de Savoie, [Charles-Emmanuel] (122),
à « Mʳ de Termes, mon oncle » (102), au vice-légat (37, 65, etc.),
à Mʳ de « Villeroy » [Nicolas de Neufville, sieur de] (28, 29,
31, etc.), à « Mʳ de Vins » (74), au capitaine Arnaud Ycard (117).

Police de Marseille (87, 88, 90), démolition du château de
Montbrun (155), garde de La Seyne (123, 150), sauvegarde pour
le château de Vitrolles (106), etc. — Lettres de Henri III (9, 13, 64).

XVIᵉ siècle. Papier. 189 feuillets. 33o sur 225 millimètres. Rel. veau
fauve.

26. « Les Gestes d'Anne de Montmorency, connestable de
France, ensemble les Mémoires de l'estat des affaires de
France soubz la fin du règne de Henry second et un discours
de l'Empire d'Allemagne. »

Copies. — « Les Gestes de très illustre seigneur Anne de Montmorency, grand maistre et connestable de France » (fol. 1), ont été
copiés, d'après la mention de l'en-tête, sur un manuscrit de Mor-
temart, actuellement ms. français 23391, fol. 323. Cf. Francis
Decrue, *Anne de Montmorency, grand maître et connétable de
France*. Paris, 1885, in-8°, p. ii. — Les « Mémoires de l'estat des
affaires de France soubz la fin du règne de Henry second » (fol.
60), se retrouvent, entre autres, dans le ms. français 4738. —
« Discours de l'empire d'Allemagne » (fol. 196).

XVIIe siècle. Papier. 264 feuillets. 430 sur 280 millimètres. Rel. maroquin rouge aux mêmes armes que le n° 15.

27. Recueil de lettres *originales* relatives aux Troubles
de France (1560-avril 1561), et adressées à François II et
Charles IX, Catherine de Médicis, François de Lorraine, duc
de Guise, Charles, cardinal de Lorraine, etc.

Lettres des personnages suivants : « François » II [31] (fol. 1,
3, etc.), nombreuses minutes, — « el vescovo di Lucca, Vicenzo »,
vice-légat d'Avignon (fol. 7), — le « maire d'Angiers » [3] (fol. 9, 11,
29), — Charles du Bec, sieur de « Burye », lieutenant général en
Guyenne [10] (fol. 26, 142, 144, etc.), — « Claude » de Savoie,
comte « de Tande », gouverneur de Provence [7] (fol. 31, 116,
197, etc.), — « G[eorges], cardinal d'Armaignac » (fol. 33, 34), —
« Antoine » de Bourbon, roi de Navarre [4] (fol. 35, 47, 53, 62), —
« Honorat de Savoye » (fol. 38), — « Pierre Bon » [2] (fol. 45, 190), —
Gilbert de Lévis, comte de « Vantadour » (fol. 49), — comte de « Vil-
lars », lieutenant général en Languedoc [9] (fol. 51, 60, 100, etc.),
— « Henry de Rohan » [2] (fol. 54, 56), — maréchal « Paule de
Termes » [7] (fol. 58, 66, 68, etc.), — « François de Foyx, » comte
de Candale [3] (fol. 64, 183, 265), — Melchior des Prez, seigneur
de « Montpezat » [2] (fol. 80, 112), — Louis « Castagner de La
« Roc[hepozay] » [3] (fol. 82, 186, 209), — maréchal Guillaume de
« Joyeuse » (fol. 102), — « Le Vygen », François Du Fou, sieur

du Vigean (fol. 108), — capitaines des bandes françaises (fol. 114),
— « A[ntoine Ier] de Créquy » -Canaples, « é[vêque] de Nantes »
(fol. 120), — « Jehan » de La Brosse, duc d'Étampes, gouverneur
« de Bretagne » [6] (fol. 122 et suiv., 301, etc.), — Armand de Gon-
taut-« Biron » [3] (fol. 132, 134, 310), — Parlement de Bordeaux
[8] (fol. 136, 169, 220, etc.), — Antoine de « Noailles, » gouverneur de Bordeaux (fol. 140), — « Janus Frégose, évesque d'Agen »
(fol. 146), — officiers du roi en la sénéchaussée du Rouergue (fol.
148), — connétable Anne de « Montmorency » [3] (fol. 157, 193,
195), — « les habitans dudit Sommières » en Languedoc (fol. 160),
— « Guy de Daillon, » comte du Lude [2] (fol. 162, 211), — Georges
de Bueil, sieur de « Bouyllé, » vice-amiral de Bretagne [6] (fol.
165, 171, 204, etc.), — « Guy Chabot, » sieur de Jarnac [2] (fol.
188, 202), — « Caterine » de Médicis [2] (fol. 216, 235), — « S[ébas-
tien] de Laubespine, é[vêque] de Lymoges » (fol. 243), — « J[ean]
Nicot » (fol. 253), — consuls de Marseille (fol. 255), — « Charles»
IX [11] (fol. 289, 303, 312, etc.), — parlement de Nantes (fol. 291),
— Jean « Deirose, » lieutenant général de la sénéchaussée des
Lannes (fol. 293), — parlement de Toulouse [2] (fol. 304, 317), —
« Blaise de Monluc » (fol. 315), — Jacques Prévot, sieur de « Sansac »
[2] (fol. 325, 335), — Jeanne, reine de Portugal (fol. 334), — lieu-
tenant et procureur du roi à Cognac (fol. 337), — « E. Philibert, »
duc de Savoie [2] (fol. 344, 351).

« Advertissement du pays de Languedoc » (fol. 38). — « Narration sommaire de ce qui est advenu en la ville de Nantes » (fol.
88, 222). — Remontrances des députés de la noblesse (fol. 273),
du clergé de Guyenne (fol. 324), des États tenus à Paris (fol.
349).

Ce manuscrit provient de Jacques-Auguste de Thou.

XVIe siècle. Papier. 356 feuillets, in-folio. Rel. veau fauve.

28. Registre de copies de lettres et pièces diplomatiques
pour les règnes de HENRI II et FRANÇOIS II (1558-1560). —
Instructions du chancelier DE CHEVERNY à son fils (1588-1589),
etc.

Négociations des années 1558-1560, entre Antoine de Bourbon,
roi de Navarre, et les rois Henri II (fol. 1, 3 v°, 7) et François II

(fol. 27, 30, 44, 46). — Lettres et instructions de Henri II à François, cardinal de Tournon (fol. 2), à Jean de La Vigne, ambassadeur à Constantinople (fol. 5 v°), au sieur de La Marque, envoyé en Angleterre (fol. 8 v°, 10 v°), à Antoine et Paul Richiendz, résidant à Castellanne (fol. 16), au grand prieur René de Lorraine, marquis d'Elbeuf (fol. 18). — Lettres de François de Noailles, évêque de Dax, ambassadeur à Venise (fol. 6 v°), — Soliman II (fol· 12 v°), — Blaise de Monluc (fol. 17 v°), — maréchal Guillaume de Joyeuse (fol. 43), — Frère Melchior de Flavin, gardien de Toulouse (fol. 47).

« Articles proposéz à Mgr le cardinal de Lorraine [Charles] au nom de Mgr le duc de Savoie, » Emmanuel-Philibert (fol. 26). — « Les Estatz de France, opprimés par la tirannye de Guise, au Roy » (fol. 32 v°). — « Conseil général tenu en la maison consullaire de Nismes, » 20 ' avril 1560 (fol. 38). — « Les conditions du traicté faict pour la pacification des choses d'Angleterre » (fol. 49). — « Choses notables et qui semblent dignes de l'histoire, advenues aux premiers troubles, » 1568-1582 (fol. 53). — « Coppie de l'Instruction faicte par Mgr le chancellier [Philippe Hurault], comte de Cheverny,... à M^r le comte de Cheverny, son fils aîné, » 1588-1589 (fol. 1-77).

Ce manuscrit, provenant de J.-A. de Thou, est décrit dans le *Catalogus bibliothecae Thuanae*, t. II, p. 468.

XVIe siècle. Papier. 64 et 77 feuillets. 3ı0 sur 22o millimètres. Rel. parchemin.

29. Recueil de lettres *originales* et de copies de pièces relatives aux GUERRES DE RELIGION, à la GUERRE DE SUCCESSION DE PORTUGAL etc. (1574-1584).

Lettres originales de « Henry » III [29] (fol. 211, 217, etc.), — « Caterine de Médicis [9] (fol. 213, 275, 278, etc.) — Charles, cardinal de Bourbon [2] (fol. 215, 747), — « Françoys », duc d'Alençon, puis d'Anjou [4] (fol. 283, 284, 287, 289), — « Elizabeth », reine d'Angleterre [2] (fol. 290, 292), — « Henry » IV, alors roi de Navarre [8] (fol. 293, 295 et suiv.), — « Loys de Bourbon »-Vendôme, duc de Montpensier (fol. 319), — « Henry [Ier] de Bourbon », prince de Condé (fol. 430, — « Guillaume de Nassau », prince d'Orange [5] (fol. 450, 725, 727, 737, 742), — « Nicolas de

Salzede » (fol. 512), — Guy du Faur, sieur de « Pibrac » (fol. 518),
— Don Antonio de Crato, « Rey », roi de Portugal (fol. 713), —
« J[ean-] Casimir », duc de Bavière [2] (fol. 721, 723), — « Marguerite » de Valois, reine de Navarre [6] (fol. 733, 734, 739, 751 et suiv.).

Entre autres pièces, on remarque : une relation du retour de Pologne de Henri III (fol. 1), — Négociation du maréchal Henri de Montmorency-Dampville, lieutenant général en Languedoc, et chef du parti des Politiques, avec les Protestants et la Cour (fol. 13 et suiv., 222, 406). — Mémoire sur les affaires du marquisat de Saluces, 1579 (fol. 236 v°). — « Exploictz de guerre faictz par Mathieu de Merle », 1568-1580 (fol. 268). — Avis donnés au roi sur le fait de la paix ou de la guerre (1577), par le chancelier de Birague, Jean de Morvilliers, Sébastien de Laubespine, Philippe de Lenoncourt, Hurault de Cheverny, Pompone de Bellièvre, Catherine de Médicis, François d'Alençon, François de Bourbon-Vendôme, Charles cardinal de Bourbon, Louis cardinal de Guise, Henri de Guise, Charles de Mayenne, maréchal Artus de Cossé, Biron, président Fauchet (fol. 303, 321). — « Edict... sur le faict des usures... Paris, 1577, » petit in-4°, *impr.* (fol. 340). — Cartel entre Louis d'Amboise, sieur de Bussy, et Lion d'Oraison, sieur de Varles (fol. 374). — Traités de Nîmes, 1578 (fol. 378), 1575 (fol. 402). — « Discours du trouble advenu en Picardie à cause de la surprise de La Fère par M^r le prince de Condé et de la reprise par M^r le maréchal de Matignon, l'an 1580 » (fol. 433). — Circulaire de François, duc d'Alençon, aux Parlements, 1581 (fol. 439). — Assemblée des Réformés à Montauban, mai 1581 (fol. 453). — Inventaire des titres prouvant la noblesse de la maison de Joyeuse, fourni par l'amiral Anne de Joyeuse au président de Thou (fol. 480). — Règlement du Parlement de Guyenne taxant les honoraires des greffiers, 10 mars 1582, in-8°, *impr.* (fol. 517). — « Lettres du roy pour l'establissement de la cour de la Justice en ses païs et duché de Guyenne, Bordeaux, 1582, » in-8°, *impr.* (fol. 540).

Recueil de pièces sur Antoine, prieur de Crato, prétendant au trône de Portugal, et les expéditions de Philippe Strozzi et Aymar de Chastes à Terceire, 1581-1583 (fol. 574), partiellement publiées par M. le Cte Baguenault de Puchesse, *Lettres de Catherine de Médicis*, t. VIII, p. 388. — Assemblée de Saint-Germain, 1583 (fol.

626). — Rapport sur le roi de Navarre, Henri IV (fol. 664), etc.

Ce manuscrit, provenant de J.-A. de Thou, est décrit dans le *Catalogus bibliothecae Thuanae*, t. II, p. 469-472.

XVIe siècle. Papier. 753 feuillets, in-folio. Rel. parchemin.

30. Recueil de copies de pièces relatives à la Guerre des TROIS HENRI (1584-1589).

On remarque entre autres pièces :

« Discours à Mgr le duc de Guyse sur le faict de la paix ou de la guerre, » par le sieur de Serre (fol. 7). — « Discours adressé à MM. les eclesiasticques... contre le Roy » (fol. 24). — Lettre d'Henri, roi de Navarre, à Henri III (fol. 28). — Mémoires du maréchal Claude de La Chastre sur l'entreprise du duc Henri Ier de Guise contre Sedan (fol. 38), le voyage du duc Charles de Mayenne en Guyenne (fol. 42), le voyage de Mme de Soissons allant trouver Henri IV (fol. 48). — Avis de Strasbourg (fol. 50). — Prises de Milhau (fol. 56) et Montélimar, 1587 (fol. 72). — « Discours de ce qui c'est passé en l'armée estrangère envoyée par M. de Chastilhon au roy de Navarre » (fol. 82). — Procès-verbal de la Ligue, de 1585 à 1588, par Nicolas Poulain, lieutenant de la prévôté de l'Ile-de-France (fol. 107) ; imprimé dans les *Mémoires-Journaux de Pierre de L'Estoile*, éd. Brunet, Champollion, etc., t. III, p. 345-371. — Assemblée des protestants à La Rochelle, 1588 (fol. 125). — Avis du chanoine Cochlée (fol. 179). — Négociations de la Ligue avec le pape, les cantons Suisses, etc. 1589 (fol. 191, 341). — Ambassades de Claude d'Angennes, évêque du Mans, à Rome (fol. 219), de Pierre de Fresne-Forget en Espagne (fol. 257), d'Isaïe Bochard de La Clielle en Toscane (fol. 269), — de Guillaume de Baradat en Allemagne (fol. 317). — Mémoires de Nicolas de Neufville, sieur de Villeroy, 8 avril 1589 (fol. 285), du doyen de Beauvais (fol. 313), de Nicolas de Harlay de Sancy, envoyé en Suisse (fol. 335). — « Protestation des Catholiques de Paris, qui n'ont faict leur prouffit des deniers publics, » placards *impr.* (fol 351).

Ce manuscrit, provenant de J.-A. de Thou, est décrit dans le *Catalogus bibliothecae Thuanae*, t. II, p. 472-474.

XVIe-XVIIe siècle. Papier. 351 feuillets, in-folio. Rel. parchemin.

31. Recueil de lettres *originales* et de copies de pièces relatives aux guerres de la Ligue (1589-1594).

Lettres *originales* d' « A[ntoine-]Scipion de Joyeuse, » grand prieur de Toulouse [7] (fol. 344-356).

Les documents compris dans ce volume concernent, entre autres : les négociations de Gaspar de Schomberg, Nicolas de Harlay de Sancy, Henri de La Tour, vicomte de Turenne et maréchal de Bouillon, en Allemagne (fol. 1, 5, 111, etc.), — du cardinal légat Gaëtani en France (fol. 15 et suiv.), — et de Piney, duc de Luxembourg, Jean de Vivonne, marquis de Pisani, et Louis de Gonzague, duc de Nevers, à Rome (fol. 196, 483, 497), — du sieur de Morlas en Angleterre (fol. 204, 541), — d'Isaïe Bochard de La Clielle en Italie et particulièrement en Toscane (fol. 250, 266, 471, etc.).

Relations du siège de Meulan (fol. 66), — de la bataille d'Ivry ou Garennes (fol. 80, 89), — de « ce qui advint en Bretagne en l'année 1590 » (fol. 101), — « delle cose di Francia al ser^mo di Savoya » (fol. 154). — Lettres interceptées de Desportes et Scipion Balbani, agents du duc de Mayenne (fol. 172). — Dépêches adressées au sultan et aux pachas en faveur des princes de Valachie et de Moldavie (fol. 192). — Assemblée du clergé à Mantes et à Chartres (fol. 212). — Négociations d'Alexandre Farnèse, duc de Parme (fol. 230) et des Espagnols avec Mayenne (fol. 395 et suiv.). — Mémoires sur les troubles de Provence (fol. 285) et de Languedoc (fol. 313). — « Caroli Borbonii, S. R. E. cardinalis, elogium, Papirio Massono advocato in Regia auctore. Lutetiae, apud Federicum Morellum, 1594, » in-4°, *impr.* (fol. 467). — Discours du siège de Blaye (fol. 557).

Ce manuscrit, provenant de J.-A. de Thou, est décrit dans le *Catalogus bibliothecae Thuanae*, t. II, p. 474-477.

XVIe-XVIIe siècle. Papier. 570 feuillets, in-folio. Rel. parchemin.

32. Copies de pièces sur la Ligue et le règne de Henri IV ; correspondance du président Jacques-Auguste de Thou (1594-1602).

Lettres *originales* adressées, pour la plupart, de 1597 à 1602, au président Jacques-Auguste de Thou et à Soffrey de Calignon

par Jean-Louis de Nogaret, duc d'Épernon (fol. 42), — « les deput-
tés des églises réformées de France en l'assemblée généralle tenant
à Chastelleraut » [5 lettres] (fol. 247, 262, 270, etc.), — Pompone Ier
de « Bellièvre » (fol. 257), — Pierre « Forget », sieur de « Fresnes »
(fol. 271), — Gilles de « Souvré » (fol. 287), — « Les maire et
eschevins de Tours » (fol. 288), — « Les présidens et trésoriers
généraulx de France en Poictou, de Saincte-Marthe, » etc. (fol.
306), — Nicolas « de Neufville » de Villeroy (fol. 308, 493), —
« Henry » IV (fol. 309), — « L'évesque de Lavaur, » Horace de
Birague (fol. 336), — « A[rnaud], cardinal d'Ossat » (fol. 348), —
« Emanuel de Loraine », duc de Mercœur (fol. 363), — « Dom
Phillipes de Savoye, » placard *impr.* (fol. 375), — « G[uillaume]
Du Vair » (fol. 479), — Henri de La Tour, vicomte de Turenne,
maréchal duc de Bouillon (fol. 487). — Minutes des réponses de
J.-A. de Thou et S. de Calignon (fol. 249, 260, 273, etc.).

On remarque, entre autres pièces : Concessions de Henri IV au
maréchal de Balagny pour la citadelle de Cambrai, 1594 (fol. 3).
— Déclaration faite par La Chastre aux habitants d'Orléans (fol.
23). — « Noms de ceulx qui sortiront de la ville de Paris suivant
la volonté du Roy » (fol. 28). — « Mémoire de ce qui advint à
Abbeville incontinent après que le Roy fut entré dans Paris, le
xxiie jour de mars 1594 » (fol. 30). — Siège de Laon (fol. 32). —
« Instruction baillée au sieur de La Fin et Sainct-André, s'en allans
en Lionnois pour praticquer la réduction de Lion en l'obéyssance
du Roy » (fol. 46 v°). — « Dépesche baillée au s^r de Bordeille
[Bourdeille] pour commander en Périgord » (fol. 53 v°). — « Dépesche envoyée à Madame d'Angoulesme [Diane de France] pour
le gouvernement de Limosin » (fol. 55). — Lettres de Henri IV au
roi de Fez et à l'empereur de Moscovie (fol. 57 v°, 58). — Reddition de Ham aux Espagnols, 1594 (fol. 60). — « Articles envoiéz
par Monsieur de Mayenne à l'archiduc Ernest » (fol. 62). — Rapports
de « Don Diego de Ibarra (fol. 68), Jo. Battista de Tassis (fol. 72,
80), Ernesto », archiduc (fol. 84) à Philippe II d'Espagne. — « Le
discours de ce qui c'est passé aux estatz de Béarn, tenuz en la ville
de Pau au mois d'aoust 1594, sur le faict de la Religion » (fol. 92).
— « Arrest de la Cour, ensemble les vers et discours latins escrits
sur marbre noir en lettres d'or, és quatre faces de la base de la
Pyramide dressée devant la grande porte du Palais à Paris, » à la
suite de l'attentat de Jean Chatel. Paris, 1601, placard *impr.* (fol.

104). — Mémoires historiques de Villars-Oudan, 1593-1595 (fol.
105), Lazare Coqueles, 1595 (fol. 113). — Arrêt contre Charles de
Lorraine, duc d'Aumale, 1595 (fol. 117). — « Discours de Monsieur Ludovico Guonzague, duc de Nevers, sur le secours de
Cambray contre Monsieur de Bourbon » (fol. 121). — Élargissement de Charlotte-Catherine de La Trémoille, princesse de Condé,
détenue à Saint-Jean d'Angély sous l'inculpation d'empoisonne-
ment sur la personne de son mari, Henri de Bourbon, prince de
Condé (fol. 130). — Arrêts divers du Parlement, dont l'un relatif
à Louise de Vaudémont, reine douairière, veuve de Henri III,
1596 (fol. 147), l'autre aux bulles du légat, Alexandre de Médicis,
cardinal de Florence, plus tard Léon XI (fol. 148, 149). — « Mémoire de ce qui s'est passé dans le pays d'Arthois, l'année 1596, en
l'armée conduicte par Monsieur le mareschal de Biron » (fol. 151).
— « Remonstrances faites au Roy par Messieurs de la Cour après
la prise d'Amyens » (fol. 161). — Enquête du conseiller Robert
Miron contre Mathurin Charretier, ancien secrétaire du connétable
et du maréchal de Bellegarde (fol. 165). — « Deniers qui ont esté
donnéz aux ligueurs... pour se désister de la Ligue » (fol. 203).
— Mémoire de Philippe Duplessis-Mornay sur les affaires de Bretagne, 1593-1596 (fol. 205). — Articles convenus entre les commissaires du roi et les députés des églises réformées assemblés à
Châtellerault, 1598 (fol. 300). — « Edict du Roy sur les articles
accordéz à Monsieur le duc de Mercœur. A Paris, 1598, » in-4°,
impr. (fol. 315). — Condamnation du livre de Guillaume Roze,
évêque de Senlis, intitulé *Ludovici d'Orléans... pro catholica fide ex-
postulatio* (fol. 330). — Condamnation de Nicolas Langlois, dit
Arsenne, natif de Saint-Mihiel, à être roué pour projet d'attentat
contre le roi, 1599 (fol. 334). — Procuration de Marguerite de
Valois, reine de Navarre, pour consentir à la dissolution de son
mariage avec Henri IV (fol. 356). — Érection du duché de Thouars
(fol. 367) et de la terre d'Aiguillon (fol. 371) en pairies. — « Discours véritable de ce qui s'est passé au combat d'entre le seigneur
Dom Philippes de Savoye et le seigneur de Créquy; » copie et
impr. (fol. 376, 386, 408). — « Le seigneur de Créqui au seigneur
Dom Philippes de Savoye. A Grenoble, ce 20 d'avril 1599. » Placard, in-fol., *impr.* (fol. 399). — Rapport, en italien, sur l'attaque
de l'escadre anglaise contre Cadix; « di Sivilia, a 9 luglio 1596 » (fol.
422). — « Harangue de Monsieur le président Séguier, ambassa-

deur à Venise, sur la guerre du marquisat de Saluces, le sixième septembre 1600 » (fol. 425). — « Harangue faicte par Monsieur Du Vair à l'arivée de la royne [Marie de Médicis] à Marseille » (fol. 431). — Pouvoirs du légat Aldobrandini (fol. 433). — Information sur une alerte advenue à Marseille à l'approche d'une flotte espagnole, 1601 (fol. 445). — Arrêt du Parlement de Provence sur l'appel comme d'abus d'un jugement rendu par l'official d'Arles dans un cas de sodomie (fol. 459). — « Requeste du sieur de La Force, assisté des sieurs de Sainct-Blancard, comte de Roussy, de Chasteauneuf..., pour saulver la vie du sieur de Biron », 1602 (fol. 481). — Autres intercessions de la reine Elisabeth d'Angleterre en faveur du duc de Biron (fol. 485) et des cantons Suisses en faveur du maréchal duc de Bouillon (fol. 491). — « Pourtraict au vif de l'homme cornu, descouvert au pays du Mayne; » estampe de Paulus de la Houve (fol. 495).

XVI⁰ et XVII⁰ siècles. Papier et parchemin. 495 feuillets. 350 sur 235 millimètres. Rel. parchemin.

33. Recueil de lettres *originales* et de pièces relatives aux négociations de la Ligue avec l'Espagne et le Saint-Siège (1588-1594).

Lettres *originales* de Henri des Prez, marquis de « Montpezat » [6] (fol. 527, 531, 533, etc.), — « Pellissier » [3] (fol. 528, 560, 561), — « Mercier » (fol. 535), — commandeur « de Diou » (fol. 537), — « Fr[ançois], car[dinal] de Joyeuse » [4] (fol. 539, chiffrée, 544, 551, 553), — Claude de Bauffremont, baron de « Senecey » [4] (fol. 549, 555, 575, 577), — « Alfonso Vaaz », ambassadeur du duc de Savoie en Espagne (fol. 562), — « Charles de Lorraine », duc de Mayenne [3] (fol. 568, 571, 573), etc.

Les pièces et lettres, dont on trouve des copies dans ce volume, émanent d'Alexandre Farnèse, duc de Parme, François de Laloo, secrétaire d'État, Bernardino de Mendoza, ambassadeur d'Espagne, MM. de Mauléon et de Richebourg, Antonio, prieur de Crato et ex-roi de Portugal, Henrique de Guzman, comte d'Olivarès, Philippe II, roi d'Espagne, du commandeur Moreo, Carlos d'Aragon, Perrenot cardinal de Granvelle, Juan-Battista de Tassis, du duc de Feria, du patriarche d'Alexandrie, etc. — « Deschifrement d'une lettre escrite par le commandeur Moreo au roy d'Espaigne son maistre, du 28 octobre 1589. A Tours, MDLXXXX, » in-4°, *impr.* (fol. 198) ; le déchiffrement est du mathématicien Viète.

Ce manuscrit, provenant de J.-A. de Thou, est décrit dans le *Catalogus bibliothecae Thuanae*, t. II, p. 480.

XVI⁰-XVII⁰ siècle. Papier. 608 feuillets, in-folio. Rel. parchemin.

34. « Appologie et discours de Monsieur DE VILLEROY [Nicolas de Neufville] pour monstrer la paine qu'il a prise de faire la paix entre Sa Majesté et Monsieur Du Mayne » [Mayenne].

Original. Imprimé parmi les *Mémoires d'Estat de Monsieur de Villeroy*, dans la *Nouvelle collection de Mémoires pour servir à l'histoire de France*, par Michaud et Poujoulat, 1ʳᵉ série, t. XI, p. 137-223. — Suivent les copies de trois lettres de Jean-Louis de Nogaret, duc d'Épernon (fol. 259), Pompone I de Bellièvre (fol. 266), Charles de Lorraine, duc de Mayenne (fol. 275).

Ce manuscrit, provenant de J.-A. de Thou, est décrit dans le *Catalogus bibliothecae Thuanae*, t. II, p. 482.

XVI⁰ siècle. Papier. 3oo feuillets. 32o sur 22o millimètres. Rel. parchemin.

35. Recueil de pièces et lettres *originales* relatives aux pays étrangers, ESPAGNE, ITALIE, MAROC, ANGLETERRE, FLANDRES, MOSCOVIE, EMPIRE OTTOMAN (1572-1605).

Lettres *originales* de « J[ean] de Thumery », sieur de Boissise (fol. 268), — « Emanuel Van Meteren, *alias* Demetrius, marchant d'Anvers » (fol. 280), — « Henry » IV [3] (fol. 481-483), — « Justinus de Nassau » (fol. 484, 486), — « Albert, card. Verreychen », archiduc d'Autriche et cardinal (fol. 488), — Jean « de Coquerel », agent à Constantinople, puis consul au Caire [11] (fol. 545-557, 563-570), avec le dessin lavé d'une momie (fol. 569), — François Savary de « Brèves », ambassadeur à Constantinople (fol. 559), — « Pietrequin », agent à Constantinople (fol. 561).

Recueil de pièces sur les pays étrangers : *Espagne* : Façon d'y allumer une guerre intestine ; Statistique de ses revenus ; Grands

d'Espagne (fol. 1). — *Rome* : Conclave qui nomma Clément VIII ;
« Staffetta di Venetia mandata a papa Leone XI, 1605, » en vers
italiens (fol. 84, 106). — *Maroc* : Bataille de Fez, 1595 (fol. 86). —
Malte : État de ses prieurés en France et de leurs revenus ; campa-
gne navale de « Mahomette en Barbarie » (fol. 109, 125). — *Gênes* :
« Flisci... conjuratio, Jacobo Bonfadio auctore » (fol. 128). —
Angleterre : Prétendants à la succession d'Élisabeth (fol. 153) ;
Traité d'alliance entre Charles IX et Élisabeth (fol. 165) ; Négociations de François, duc d'Anjou et d'Alençon, 1581 (fol. 173), de
Nicolas de Harlay de Sancy et de Henri de La Tour, maréchal duc
de Bouillon, 1596 (fol. 223), du conseiller de Maisse, 1597
(fol. 253), et de Christophe de Beaumont de Harlay (fol. 274). —
Écosse : Avis sur la mort de Marie Stuart (fol. 296) ; « De expedi-
tione in Scotiam commentarius » (fol. 303) ; « Comment, durans
les treves accordées dès l'an 1572 entre les S^rs d'Escosse..., ils sont
entréz en pire hostilité que devant, » traduit de l'écossais, mars
1573 (fol. 325). — *Flandres* : Discours de Coligny sur les guerres
de Flandres (fol. 328) ; Remontrance sur le fait de Flandre par
Jean de Morvillier (fol. 338) ; Relation de la campagne de François,
duc d'Anjou, en Flandre, jusqu'au traité de Dendermonde, 1582-
1583 (fol. 360). — *Moscovie* : Annales du 15 janvier 1598 au
15 janvier 1599 ; Boris Godounof (fol. 525, 533). — *Constantinople* :
« Discours des choses advenues à Constantinople à la mort du
sultan Amurat et de l'entrée du nouveau et troisième sultan
Mahomet » (fol. 535).

Ce manuscrit, provenant de J.-A. de Thou, est décrit dans
le *Catalogus bibliothecae Thuanae*, t. II, 482-485.

XVIe-XVIIe siècle. Papier. 573 feuillets. 355 sur 230 millimètres. Rel.
parchemin.

36. Recueil de traités conclus par la France avec l'Espagne,
l'Angleterre, l'Allemagne, l'Italie et les Suisses (1526-1598).

Traités avec l'*Espagne* : Madrid, 1526 (fol. 1), Cambrai, 1529
(fol. 44), Crépy, 1544 (fol. 72), Vauxelles, 1556 (fol. 108) ; — avec
l'*Angleterre* au temps de Henri II (fol. 114) ; — avec la *Saxe* et le
Brandebourg : Chambord, 1552 (fol. 119 v°) ; — avec *Metz* : Metz,
1552 (fol. 126) ; — avec *Florence* : Florence, 1552 (fol. 127) ; — avec

Parme : Amboise, 1551 (fol. 129) ; — avec le comte de *Petigliano*, Nicolo Orsino : Folembray, 1552 (fol. 134) ; — avec *Ferrare* : Ferrare, 1555 (fol. 135) ; — avec les *Grisons*, 1549 (fol. 138) ; — avec *Sienne* : Sienne, 1553 (fol. 153) ; — avec le *Saint-Siège :* Rome, 1555 (fol. 162) ; — avec l'*Angleterre* : Cateau-Cambrésis, 1559 (fol. 169 v•), Troyes, 1564 (fol. 176), négociations de Saint-Maur-des-Fossés, 1567 (fol. 179 v°) ; — Négociations de Cercamp, suivies du traité de Cateau-Cambrésis, 1558-1559 (fol. 185) ; — Avis « sur le faict de la paix avec le roy d'Espaigne » (fol. 265) ; — Traité de Vervins, 1598 (fol. 286).

Ce manuscrit, provenant de J.-A. de Thou, est décrit dans le *Catalogus bibliothecae Thuanae*, t. II, p. 485-486.

XVI⁰ siècle. Papier. 3oo feuillets, in-folio. Rel. parchemin.

37. Recueil de ᴛʀᴀɪᴛᴇ́s conclus par la France avec la Savoie, les ducs de Bᴏᴜʀɢᴏɢɴᴇ, l'Eꜱᴘᴀɢɴᴇ et l'Aɴɢʟᴇᴛᴇʀʀᴇ (1355-1546).

Traités avec la *Savoie*, 1355 (fol. 1) ; — avec les ducs de *Bourgogne :* Arras, 1435 (fol. 25), Conflans, 1465 (fol. 48), Péronne, 1468 (fol. 56), Soleure, 1475 (fol. 87) ; — avec l'*Espagne* : Senlis, 1494 (fol. 101), Bruxelles, 1498 (fol. 127), Paris, 1515 (fol. 136), Noyon, 1516 (fol. 162), Bruxelles, 1516 (fol. 196), Cambrai, 1529 (fol. 206), Madrid, 1527 (fol. 242), Thérouanne, 1537 (fol. 297), Monson, 1536 (fol. 307), Nice, 1538 (fol. 329), suivi des instructions à Antoine de Castelnau, évêque de Tarbes, ambassadeur de France en Espagne (fol. 353) et de Jean de Saint-Mauris, ambassadeur impérial, 1542 (fol. 363) ; — entre le duc de *Clèves* et l'*Empereur* (fol. 381) ; — avec l'*Angleterre* [1546] (fol. 383).

Reçu de François Iᵉʳ de pièces délivrées par la Chambre des comptes, 1530 (fol. 296), et inventaire de pièces envoyées à ladite Chambre, 1499 (fol. 377).

Ce manuscrit, provenant de J.-A. de Thou, est décrit dans le *Catalogus bibliothecae Thuanae*, t. II, p. 486-487.

XVI⁰ siècle. Papier. 3gɪ feuillets, in-folio. Rel. parchemin.

38. « Recueil de ce qui s'est passé tant aux affaires généralles de Sᴜɪꜱꜱᴇ, Genève et Savoye que autres lieux, où Monseigneur [Nicolas Bʀᴜʟᴀʀᴛ] ᴅᴇ Sɪʟʟᴇʀʏ, conseiller du Roy en

son conseil d'Estat et son ambassadeur ausdictes Ligues a
esté emploié » (août 1587-juillet 1593).

Fol. 314. « De statu Rhœtice. »
Ce manuscrit, provenant de J.-A. de Thou, est décrit dans le
Catalogus bibliothecae Thuanae, t. II, p. 488.

XVIe siècle. Papier. 319 pages. 315 sur 225 millimètres. Rel. parchemin.

39. Recueil des TRAITÉS d'alliance des cantons SUISSES entre
eux et avec l'étranger, AUTRICHE, FRANCE ou SAVOIE (1315-
1607).

Alliances successives entre les divers cantons Suisses qui for-
mèrent la fédération des Treize cantons, 1315-1532 (fol. 1). —
Combourgeoisies du Valais, 1528 (fol. 86), de Berne et Fribourg,
1480 (fol. 104). — Alliances des cantons Suisses avec Maximilien
d'Autriche, 1512 (fol. 89), François Ier, 1516 (pl. 111 vº), Henri II,
1549 (fol. 122), la Savoie, 1560 (fol. 130 vº), Pie IV, 1565 (fol. 153),
Charles IX, 1564 (fol. 157), François, duc d'Anjou, 1580 (fol. 165),
la Savoie, 1564 (fol. 179), Henri III, 1582 (fol. 203), Henri IV, 1602
(fol. 215).— Propositions des députés des Ligues grises à Henri IV,
dirigées contre le comte de Fuentès, gouverneur de Milan, 1607
(fol. 217). — Mémoires relatifs aux prétentions des ducs de Savoie
sur Genève (fol. 220 et suiv.).

Ce manuscrit, provenant de J.-A. de Thou, est décrit dans le
Catalogus bibliothecae Thuanae, t. II, p. 488-490.

XVIIe siècle. Papier. 250 feuillets, in-fol. Rel. parchemin.

40. Recueil de pièces relatives à la HONGRIE, la SUÈDE, la
LIVONIE, la POLOGNE et la PRUSSE (1598-1608).

Copies. — « Querelae, excusationes et protestatio regni Hunga-
riae » (fol. 10). — Actes de Christian II, électeur de Saxe (fol. 47),
Mathias, archiduc d'Autriche, 1608 (fol. 49), Rodolphe II, empereur,
1604 (fol. 56). — « De rebus Sueciae et Poloniae anno 1598 :
Georgii Carew, Anglici legati, relatio » (fol. 62). — Histoire de
Livonie, de 1599 à 1602, en allemand, avec la traduction française

(fol. 74, 128), suivie de lettres des généraux Jean, comte de Nassau, et Jean Zamoiski (fol. 154). — Avis de Pologne, 1606 (fol. 165). — « Brevis narratio eorum que acta sunt in conventu provinciali inter legatos ill^mi electoris Bran[d]enburgensis et ordines ducatus Prussiæ, » 1607 (fol. 175). — Édits des villes de Dantzig et de Thorn contre les Jésuites, 1606 (fol. 181), suivis d'un hymne en vers latins sur les Jésuites, adressé de Venise (fol. 185). — « Propositio et suplicatio... Michaelis, woiewodae Transalpinae, porrecta Pragae imperatori, » 1601 (fol. 186). — « Exemplum litterarum imperatoris Tartarici ad palatinum Walachiae » (fol. 192). — Lettre écrite de Dantzig par un marchand qui s'est sauvé de Moscovie (fol. 196), etc.

Ce manuscrit, provenant de J.-A. de Thou, est décrit dans le *Catalogus bibliothecae Thuanae*, t. II, p. 491-492.

XVIIe siècle. Papier. 200 feuillets, in-folio. Rel. parchemin.

41. Constitutions de RENTES sur les recettes de la France (1561-1573). — Réformes financières de SULLY. — État de l'AMIRAUTÉ du Ponant (1584).

Constitutions de rentes gagées de 1561 à 1573, sur les recettes suivantes : biens ou dons du clergé (fol. 1, 3, 5, 13), — plus-values des cinq sols par muid de vin perçus à Paris (fol. 7, 23, 29), de la ferme de la Buche (fol. 7) et des aides et gabelles de Paris (fol. 9, 19), — fermes des domaines, droit d'entrée des épiceries en Normandie et Champagne (fol. 11), — plus-value des aides dans les élections de Paris, Mantes et Montfort (fol. 15), — traite foraine d'Anjou (fol. 17), — aides et équivalents dans les généralités d'Amiens, Caen et Bourges (fol. 27), — recette générale de Paris (fol. 31, 35), — impôts et billots de Bretagne (fol. 33), — plus-values des domaines à Amiens, Poitiers et Toulouse (fol. 37) et des fermes des droits sur le poisson de mer et les draps en gros vendus à Paris (fol. 41), — droit d'entrée des épiceries à Marseille (fol. 43).

Vérification des rentes constituées sur l'Hôtel-de-Ville de Paris (fol. 45). — État de la recette de François de Vigny, receveur de la ville de Paris, pour le paiement des rentes (fol. 51). — Moyens proposés à Sully pour le rachat des rentes, 1604 (fol. 71 et suiv.). — Estimation de la ferme de l'imposition foraine, drogueries et épiceries (fol. 83). — État des levées de deniers en la généralité de Tours, 1597 (fol. 85). — « Projet du reiglement à faire aux finances » (fol. 87). — « Mémoire sur le faict de l'assemblée convocquée à Rouen » (fol. 93). — Cahiers des remontrances de la noblesse d'Anjou, 1601 (fol. 111).

État des officiers entretenus en la marine de Ponant, 1584 (fol. 118). — « Advis donné au roy pour l'aliénation du bien de l'Église » (fol. 121). — « S'ensuit les abus et malversations qui ont estéz faicte envers Sa Majesté depuys seize ans » par les trésoriers-payeurs des bandes allemandes (fol. 132). — Avis de Denis Bergeron sur le fait des monnaies (fol. 145). — Mémoire au roi Henri III sur l'institution des offices de la Couronne (fol. 157). — Mémoire au roi pour la fondation d'un hospice à Paris (fol. 181), etc.

Ce manuscrit, provenant de J.-A de Thou, est décrit dans le *Catalogus bibliothecae Thuanae*, t. II, p. 492-493.

XVIe-XVIIe siècle. Papier. 184 feuillets. 365 sur 230 millimètres. Rel. parchemin.

42. TRAITÉS de paix entre FRANÇOIS Ier et CHARLES-QUINT (1515-1538).

Traités de Paris, 1515 (fol. 1), Noyon, 1516 (fol. 18 v°), Bruxelles, 1516 (fol. 39), Tolède, 1538 (fol. 56), Cambrai, 1529 (fol. 81 v°), Madrid, 1527 (fol. 114). — Trèves marchandes de Soleure entre Louis XI et Charles Le Téméraire, 1475 (fol. 45).

Ce manuscrit, provenant de J.-A. de Thou, est décrit dans le *Catalogus bibliothecae Thuanae*, t. II, p. 494.

XVe siècle. Papier. 152 feuillets. 320 sur 215 millimètres. Rel. parchemin.

43. « MÉMOIRES des années 1614, 1615 [et 1616] concernans les mouvemens de M^r le prince de CONDÉ, » Henri II de Bourbon.

Copies. — Lettres du prince, du duc de Ventadour, de J.-A. de Thou, du président Jeannin, de J. de Thumery et de Claude de Bullion, députés près de lui par la reine, du cardinal Du Perron,

de Marie de Médicis, de Louis XIII, de Henri de Lorraine, duc de
Mayenne, etc. — Lettres de jussion à la Chambre des comptes ;
arrêts des parlements de Paris et Bordeaux. — États généraux ;
procès de Balthasar Flotte, comte de La Roche ; manifeste d'habitants de Poitiers, partisans de Condé ; traité de Loudun, etc.

Ce manuscrit semble provenir de J.-A. de Thou, *Catalogus
bibliothecae Thuanae*, t. II, p. 507.

XVIIe siècle. Papier. 5o5 feuillets. 35o sur 22o millimètres. Rel. veau
fauve.

44. « MÉMOIRES du duc [Henri II] de ROHAN, sur les troubles
advenus en France despuis la mort de Henry le Grand jusques
à la paix faicte avec les Réforméz au moys de juin 1629. »

Copie. — Imprimé, sous ce titre, dans la *Nouvelle collection des
Mémoires pour servir à l'Histoire de France*, par Michaud et Poujoulat, 2e série, t. V, p. 485-608.

XVIIe siècle. Papier. 2g6 feuillets. 42o sur 275 millimètres. Rel. maro·
quin rouge, aux armes du volume 15.

45-46. « Divers MÉMOIRES, lettres et pièces concernant les
affaires de France » (1638-1639) : correspondance du cardinal
de RICHELIEU avec les généraux d'armées, les ambassadeurs
et les princes étrangers.

I (**45**). États des armées de terre et de mer en 1639. — Correspondance entre le cardinal et le duc Claude de Saint-Simon, le
comte Henri de Gramont, Jean de Gassion, les maréchaux Charles
de La Meilleraye, de Chastillon et Manassès de Feuquières, la
maréchale Arnauld de Feuquières, le général Piccolomini, l'intendant d'Arpajon, les maréchaux Du Plessis-Praslin et de Schomberg, le prince Henri de Condé, le marquis de Sourdis. — Ambas·
sades de La Haye-Ventelet à Constantinople, J.-B. Cosquiel à
Tunis et Alger, expédition du chef d'escadre de Poincy à l'île
Saint-Christophe, etc. — 509 feuillets.

II (**46**). Correspondance du cardinal, relative au retour en
France de la duchesse de Chevreuse et de Marie de Médicis, aux

affaires d'Angleterre, de Hollande et d'Allemagne, avec Charles Ier
et Henriette-Marie d'Angleterre, Nicolas de Bellièvre, ambassadeur en Angleterre, Bouthillier de Chavigny, le prince Palatin et
la princesse de Phalzbourg, le maréchal de camp de Canisy,
Henri de Nassau, prince d'Orange, et la princesse Amélie de Nassau, d'Amontot, ambassadeur en Hollande, le maréchal d'Estrades, l'amiral Tromp, Claude d'Avaux, ambassadeur en Allemagne, le nonce Bologneti, le marquis Du Hallier envoyé en
Lorraine, le maréchal de camp de Guébriant, Bernard de Weimar,
le colonel d'Erlach, Henri II d'Orléans, duc de Longueville, etc.
— 426 feuillets.

Copies. — De nombreuses lettres et pièces ont été publiées par
Avenel, *Lettres, instructions diplomatiques et papiers d'État du
cardinal de Richelieu* (Coll. de Documents inédits), t. VI.

XVIIe siècle. Papier. 335 sur 235 millimètres. Rel. maroquin rouge.

47. « HISTOIRE des derniers troubles de France » (1642-
1652), par François, duc DE LA ROCHEFOUCAULD.

Cette rédaction des Mémoires de La Rochefoucauld, semblable
à celle du ms. français 5822, est conforme, sauf de légers détails,
à l'édition publiée sous le titre : *Mémoires de M. D. L. R. sur les
briques à la mort de Louis XIII, les guerres de Paris et de
Guyenne et la guerre des princes.* Cologne, 1662, in-4°.

XVIIe siècle. Papier. 2o6 feuillets. 335 sur 22o millimètres. Rel. maroquin rouge.

48. Lettres du cardinal MAZARIN à Le Tellier (4 juin-30 décembre 1650).

Publiées pour la plupart par Chéruel, d'après le ms. français
4208, *Lettres du cardinal Mazarin,* t. III, p. 551, etc. En outre,
une lettre du maréchal Du Plessis (fol. 10 v°), et trois lettres de
Hugues de Lionne (fol. 40 v°, 280, 283). — Copies.

XVIIe siècle. Papier. 5o4 feuillets. 345 sur 24o millimètres. Rel. maroquin rouge.

49. Accroissement du DOMAINE de la Couronne. — De

l'intérêt des États de la Chrétienté, dédié à Richelieu (1634), etc.

« De l'union au Domaine des duchéz, comtéz et autres grandes seigneuries du royaume de France » (fol. 2). — « Par quels moyens... les roys de France ont possédé... Provence, Nice, Savoye, Piedmond, Bresse, Gennes, Savonne, Florence, Pise, Lucques, Espagne, Milan, Naples » (fol. 24). — « Discours du droict que le roy a ez royaumes d'Aragon, Maillorque, Minorque et ez comtéz de Rossillon et Sardaigne » (fol. 39 v°). — « De l'interest des princes et Estatz de la Chrestienté ; » mémoire dédié au cardinal de Richelieu. Paris, 1ᵉʳ août 1634 (fol. 56), et suivi de discours sur la Ligue (fol. 78), la guerre de Savoie (fol. 88), le différend entre Paul V et Venise, 1605 (fol. 91), la trêve des Pays-Bas avec l'Espagne (fol. 101), la succession de Clèves et Juliers (fol. 107), l'élection de l'Électeur Palatin au trône de Bohême (fol. 112), la succession du duché de Mantoue et du Montferrat (fol. 119 v°). — Traités de la France avec l'Angleterre, 1259-1370 (fol. 127), Lyon, 1307 (fol. 146), l'Espagne, 1500-1506 (fol. 158), la reine de Hongrie, 1538 (fol. 186), les Pays-Bas, 1630 (fol. 204). — Duchéspairies de France, 1641 (fol. 215), et d'Espagne, selon « Gabriel Lasso de La Vega, coronista de Su Majestad » (fol. 274).

XVIIᵉ siècle. Papier. 292 feuillets. 430 sur 280 millimètres. Rel. maroquin rouge, aux mêmes armes que le n° 15.

50. « Recherche du Domaine de la branche de Bourbon, particulièrement du second rameau du tiltre de Vandosme, duquel le Roy à present regnant est issu,... par Mʳ Auguste Galland. »

Cf. le ms. français 23976.

XVIIᵉ siècle. Papier. 230 feuillets. 350 sur 230 millimètres. Rel. maroquin rouge, aux armes de Colbert.

51. « Réunions à la Couronne de France des Domaines donnéz par les roys de France à vie, à temps ou à volonté. Édits, déclarations et pouvoirs pour les alliénations, ventes et engagemens des Domaines à faculté de rachapt » (1349-1651).

Copies.

XVII° siècle. Papier. 577 feuillets. 33o sur 23o millimètres. Rel. maroquin rouge.

52-54. Domaine royal (xiii°-xvii° siècle). — États de la Maison royale (1490-1651).

1 (**52**). *Bretagne* : Hommages des ducs Arthur .Ier, 1202, Jean sans Terre, 1204, Pierre Mauclerc, 1229, et Jean IV, 1366 et 1381 (fol. 2) ; Traités de Guérande, 1364 et 1380 (fol. 5 et 31), registre sur parchemin, xive siècle ; Procès entre Claude de Bretagne, comte d'Avaugour, et Jean de Rieux, marquis d'Assérac, 1624 (fol. 36). — *Fontainebleau* : Échange des terres du Monceau et d'Avon avec la châtellenie d'Yèvre, puis acquisition de ces terres pour l'embellissement de Fontainebleau, 1538 (fol. 40). — *Aspre-mont* : Procès relatifs à la possession d'Aspremont entre les barons d'Aspremont, les ducs de Nevers, de Mantoue et de Lorraine, lettres des empereurs Ferdinand et Maximilien II, commission de l'archevêque de Trèves, arrêts du Conseil, inventaire de titres, 1243-1638 (fol. 63). — *Guise* : Généalogie des comtes, xie-xvie siècle (fol. 173). — *Nemours* : Pièces relatives à la réunion de ce duché à la Couronne, 1623-1629 (fol. 183). — *La Ferté-au-Vidame* : Examen des titres et baux, 1624 (fol. 231). — *La-Tasse-aux-Noyers*, près du château de Raiz : Procès entre le Domaine et les héritiers Viole, 1628, pièces manuscrites et imprimées (fol. 278). — 356 feuillets.

II (**53**). *Auxerre* : Lettres patentes de Charles V, 1371, et Louis XI, 1477, relatives à l'achat du comté et à sa réunion à la Couronne (fol. 2). — *Angoulême* : Jouissance du comté par Louise de Savoie, 1518, et par Charles de Valois, comte d'Auvergne et fils naturel de Charles IX, 1619-1635 (fol. 8, 22, 387). — *Auvers* : « Moyens et raisons pour monstrer que la terre et seigneurie d'Auvers est mouvante du Roy et non pas de l'abbé de Sainct-Denys : Monsieur de La Nauve, rapporteur, » in-4°, *impr.* (fol. 14). — *Aulbin* : Lettres de Louis XI donnant cette seigneurie à Guillaume de Menipeny, 1477 (fol. 18). — *Amiens* (fol. 28). — *Armenonville* : Adjudication de cette terre à Charles de Machault, 1637 (fol. 31). — *Amblainville* : Mouvance du roi, 1627 (fol. 32). — *Armagnac* :

« Factum pour Dame Marie de Gontaut de Sainct-Geniés contre Dame Catherine de Bégole : Mr N. Chevalier, rapporteur, » in-fol., *impr.* (fol. 38); Mémoires de Catherine de Bégole et de divers comtes d'Armagnac pour leurs différends avec le Domaine (fol. 46).

Biron : Don des terres du maréchal de Biron à son frère Jean de Gontault de Biron, 1602 (fol. 84). — *Boulogne* : Hommage de Louis XI à Notre-Dame-de-Boulogne, 1478 (fol. 87). — *Bar-sur-Seine* : Don du comté à Jeanne d'Orléans, 1523 (fol. 91). — *Lescar* : Extraits des registres de la connétablie de Bordeaux et actes de Gaston de Béarn, produits dans un procès entre Jean de Salette, évêque de Lescar, et l'avocat Pierre du Sorber, 1613 (fol. 95).

Clisson : Prétendue terre du domaine de Bretagne (fol. 102). — *Clermont en Auvergne* : Procès entre l'évêque Guillaume III du Prat et la reine Catherine de Médicis, acte du comte Gui, 1202, et mé-moires des deux parties, xvie siècle (fol. 106). — *Concressaut*, 1187 (fol. 120, 148) ; cf. le *Catalogue des actes de Philippe-Auguste*, par M. L. Delisle. Paris, 1856, 8°, n° 204. — *Caen, Falaise* et *Bayeux* : Vente de ces comtés à Alphonse d'Este, duc de Ferrare, 1528 (fol. 121). — *Châteaurenavlt* : Lettres originales de Louis XIII, 1632 (fol. 130). — *Civray, Usson, Melle, Chizay, Saint-Maixent* : Lettres de François Ier, 1533 (fol. 138). — *Chastel-sur-Moselle* : Cession des droits royaux par François Ier, 1517-1518 (fol. 142). — *Chalon-sur-Saône* : Prétention de l'évêque Jacques de Neufchèze au titre de comte de Chalon, 1635; Lettres originales adressées à Molé (fol. 152). — *Châteauneuf-en-Thimerais* : Contrat entre Charles IX et Ludovic de Gonzague, duc de Mantoue, 1564 (fol. 172). — *Champrond* : Terre domaniale possédée par Henri de Bourbon, prince de Condé, 1614-1634 (fol. 180). — *Chartres* : Revenus du duché donné en apanage à Madame Renée de France (fol. 184). — *Compiègne* : « Ce sont les raisons et moyens pourquoy les marchans adjudicateres des boys de la Croix Saint-Oyan, estans en la forest de Compiengne prétendent diminution des places widdes estans esdits bois » (fol. 189). — *Crécy-en-Brie* : Lettres patentes de Louis XIII permettant des ventes de bois pour racheter le Domaine, 1614-1615 (fol. 192). — *Carlat* : Arrêt dans un procès entre le Domaine et l'abbaye d'Aurillac, 1480 (fol. 210).

Dammartin : Don du comté au grand écuyer d'Effiat de Cinq-Mars, 1640 (fol. 222). — *Preumont, Audencourt, Troisvilles*, aliénées par Henri IV : Certificat du bailli de la haute cour du palais archiépiscopal de Cambrai, 1606 (fol. 228). — *Fontaine-Saint-Martin* : Lettres de don de Charles, comte du Maine, 1466 (fol. 230). — *Gisors* : « Contract de dot et appannage du comté de Gisors » pour Renée de France (1528), in-4°, *impr.* (fol. 239). — *La Londe*, vicomté de Rouen : Aveu et dénombrement de 1457 (fol. 243). — *Lesdain* : dénombrement de 1607 (fol. 249). — *Laval* : Arrêt en faveur de Guy, comte de Laval, pupille de Charlotte de Nassau, sa mère, 1619 (fol. 287). — *Montmorency* : Lettres de Louis XIII donnant les biens de Henry, duc de Montmorency, au prince de Condé, 1633 (fol. 289). — *Martigues*, vicomté sujette à réversion, 1568 (fol. 293). — *Mondoubleau*, vendu en 1593 (fol. 295). — *Montyon*, prieuré au diocèse de Meaux : Transaction concernant sa haute justice, 1532 (fol. 301). — *Montfort l'Amaury* : Mémoires concernant les taillis nommés les Claires Noues, dépendant de la forêt de Montfort, 1621 (fol. 309). — *Mouzon* : Lettres patentes de Charles V, 1379, Charles VI, 1381 (fol. 319). — *Malleval* et *Virieu*, 1517-1625 : Lettres patentes de François Ier, 1533 (fol. 323, 330). — Forêt de *Brioudan* et terre de *Millanée* : Arrêt dans le procès entre Charlotte des Essarts, dame de Romorantin, et Georges d'Aubusson, comte de La Feuillade, 1624 (fol. 334). — *Montpensier* : Rapport original, sur parchemin, du conseiller Courtin sur le testament du duc de Montpensier, 1608 (fol. 344). — *Navarre* et *Béarn* : Leur union à la Couronne, 1620 (fol. 350). — *Oléron* : Lettres patentes de Charles V, 1373 : « Sommaire de l'instance pendante au Conseil entre M. Estienne Goute, chargé par le Roy du rachat des isles d'Oléron et Marenes, demandeur en requeste et Messire Isaac Martel : Monsieur d'Ormesson, rapporteur, » in-4°, *impr.* (fol. 366, 368). — *Hôtel Saint-Paul* à Paris et appartenances, 1360-1398 (fol. 391). — *Pont* et *Nogent-sur-Seine*, 1630 (fol. 393). — *Quintin* : Procès entre le Domaine, le duc Henry de La Trémoille et le baron Claude d'Avaugour, seigneurs de Quintin, 1635 (fol. 395). — *Rocroy* : Plan de la place (fol. 427, 433). — *Ré* : Lettres patentes de Charles VI, 1404, et Charles VII, 1459 (fol. 439). — *Saint-Denis* : Arrêt adjugeant des bois à l'abbaye, 1617 (fol. 449). — *Rumilly* : Bois donné à l'abbaye de Molesme, suivant acte de Thibaud, roi de Navarre, 1250, vidimé par Philippe VI, 1328 ; copie collationnée de la main de François de Montmorency, abbé de Molesme, 1618 (fol. 453). — *Séverac* : Mémoire sur cette baronnie du Rouergue possédée par le seigneur d'Arpajon (fol. 457). — *Courtenay* (fol. 465). — 468 feuillets.]

III (**54**). *Soissons*, 1411-1621 : Lettres-patentes, extraits du greffe du bailliage de Vermandois, etc. (fol. 1). — *Amboise* : Arrêt contre Louis d'Amboise, 1432 (fol. 48). — *Thouars*, 1432-1599 : Union à la Couronne, érection en pairie (fol. 52). — *Fontainebleau* : Acquisition par François Ier de la maison du chancelier Duprat, 1540 (fol. 66). — *Aumale* : Aliénation du Domaine pour le duc d'Aumale, 1548 (fol. 70). — *Tende*, comté, 1576-1579 (fol. 74). — *Vaucouleurs* : Mémoire sur Vaucouleurs « pour le service du Roy » (fol. 80). — « État général des domaines de France, faict par l'ordonnance du roy Henry troisiesme, » 1581 (fol. 86). — Entérinement par le Parlement des lettres patentes portant disjonction entre le Domaine royal en Navarre et Béarn et le Domaine de la Couronne en France, 1591 (fol. 129). — *Vendôme*, 1598-1607 : donation du duché à César, fils naturel de Henri IV (fol. 130). — *Varey* et *Jesurieu*, réunis à la Couronne, 1605 (fol. 136). — *Montargis*, acheté pour le roi en 1612 (fol. 142).

Procès-verbal de transfert à la Bibliothèque royale des manuscrits de feu Philippe Hurault, évêque de Chartres, 1622 (fol. 146). — *Chasteaurenaud, Linchamp*, terres acquises de la princesse de Conti, 1629-1659 (fol. 150). — *Yèvre-le-Chasteau*, 1634 (fol. 214). — Acte de renonciation de Gaston d'Orléans à la succession de Henri IV moyennant un apanage, 1635 (fol. 223). — *Dammartin* : Donation de ce comté au grand écuyer d'Effiat de Cinq-Mars, 1640 (fol. 224 *bis*). — *Languedoc* : « Edict du roy pour la vente et revente de ses domaines de Languedoc, Quercy, Guyenne, Navarre et de la feüe reyne Marguerite... 1640. A Bourdeaux, 1641 », in-4°, *impr.* (fol. 226). — *Forez* : « Arrest contradictoire du Conseil d'Estat, par lequel la reyne régente, mère du roy, a esté maintenüe en la... jouissance du domaine du comté de Forests... 1644. A Paris, 1646 », in-4°, *impr.* (fol. 236). — *Stenay* : « Lettres patentes du roy du don fait par Sa Majesté à M^r le prince de Condé... de Stenay, Dun, Jamets et Clermont, » 1648-1661, fol. *impr.* (fol. 247 *bis*). — « Déclaration du roy pour les deniers dotaux... de la reyne... mère. A Paris, 1651 », in-4°, *impr.* (fol. 248 *ter*). — *Languedoc* : Revenus du Domaine en Languedoc, Guyenne et Bigorre sous Louis XIII (fol. 264). — « Acceptation du don faict à S. M. de deux mille volumes manuscrits originaux, tableaux, crayons, statües et bustes, par Monsieur de Béthune, » 1663 (fol. 322).

États des maisons des rois, reines et enfants de France : Charles VIII, 1490 (fol. 326), — Charles-Orland, fils de Charles VIII, 1495 (fol. 329), — Anne de Bretagne, 1498 (fol. 332), — Charles IX, compte de l'écurie, 1571 (fol. 336), compte de la vénerie, 1571 (fol. 348), — Marie-Élisabeth de France, fille de Charles IX, 1574 (fol. 360), — Henri III, règlements et états originaux, signés du roi, de ses chapelles de musique, 1578 (fol. 363), 1587 (fol. 373), compte des toiles de chasse (fol. 367), compte de l'écurie, 1581 (fol. 369), — Henri IV, 1608 (fol. 381), — Louis XIII, 1614 (fol. 387), — la grande Mademoiselle, fille de Gaston d'Orléans, 1652 (fol. 391), — Louis XIV, lettres patentes portant établissement d'une chapelle au Louvre. Paris, 1653, in-4°, *impr.* (fol. 399), et extraits sur la chapelle des rois d'Espagne (fol. 403). — 406 feuillets.

XIVᵉ-XVIIᵉ siècle. Papier et parchemin. 3 volumes in-folio. Rel. maroquin rouge, aux armes de Colbert.

55. « Estat des Domaines du Roy dans l'estendue du comté de Champagne, contenant la concistance, la valleur et les revenus, les charges et le temps de la réunion à la Couronne, des principalles terres domaniales dépendantes dudict comté, avec le nombre des fiefs qui en sont mouvantz, le nom des vassaux qui les possèdent et l'érection des terres tiltrées en dignité; recherché et recueilly des antiens comptes, baux,... par le Sʳ Le Gorlier de Verneuil, conseiller et procureur du roy au Bureau des finances et en la Chambre du Domaine en Champagne » (1670).

Dédié à Colbert. — Original.

XVIIᵉ siècle. Papier. 280 pages. 365 sur 240 millimètres. Rel. maroquin rouge.

56-58. « *Registrum Principum Campaniae.* » Recueil des chartes royales et seigneuriales concernant la Champagne (1167-1273).

I (**56**). — 315 feuillets.

II (**57**). — 593 pages.

III (**58**). — 274 feuillets.

Table alphabétique des matières à la fin de chaque volume. — Copie.

XVIIᵉ siècle. Papier. 44o sur 285 millimètres. Rel. maroquin rouge, aux armes de Colbert.

59-63. « Suitte du Registre *Principum*, ou Chartulaire de Champagne » (xiiᵉ-xiiiᵉ siècle).

Copie des mss. latins 5993ᴬ et 5992.

I (**59**). Actes pontificaux, archiépiscopaux et épiscopaux, suivis d'une table. — 320 feuillets.

Copie du ms. latin 5993ᴬ, fol. i à cliiii.

II (**60**). Actes épiscopaux et abbatiaux, suivis d'une table incomplète. — 301 feuillets.

Copie du ms. latin 5993ᴬ, fol. cliiii à ccclxiii.

III (**61**). Actes abbatiaux, etc., suivis d'une table incomplète. — 272 feuillets.

Copie du ms. latin 5993ᴬ, fol. ccclxiii à vᶜix.

IV (**62**). Actes pontificaux, royaux, seigneuriaux, ecclésiastiques, etc. — 292 feuillets.

Fol. 1 à 59. Copie du ms. latin 5993ᴬ, fol. vᶜix à la fin.

Fol. 60 à 292. Copie du ms. latin 5992, fol. 3 à 185 rº.

V (**63**). Actes pontificaux, royaux, seigneuriaux, ecclésiastiques, etc. — 279 feuillets.

Copie du ms. latin 5992, fol. 185 rº à 356 vº, la dernière pièce exceptée.

XVIIᵉ siècle. Papier. 5 volumes. 43o sur 275 millimètres. Rel. maroquin rouge, aux armes de Colbert.

64. Recueil de copies d'actes relatifs à la Bourgogne et à la Franche-Comté (790-1601, mais principalement xiiiᵉ-xvᵉ siècle).

Ces actes concernent, entre autres, les localités ou les personnages suivants : Alphonse V d'Aragon, 1455 (p. 923), — Edouard III, 1360-1364 (p. 163, 170), et Henri V d'Angleterre, 1414 (p. 520), — l'abbesse de Sᵗ-Andoche, 1377 (p. 214), — Arbois, 1385 (p. 335), — le traité d'Arras, 1435 (p. 622, 685), — Guy Armenier, président au parlement de Besançon, 1408 (p. 428), — Hugues Aubriot, prévôt de Paris, 1379 (p. 219), — les évêques d'Autun, 1311-1463 (p. 36, 43, 129, 232 et suiv., 594, 810), — Jean de Chalon, comte d'Auxerre, 1322 (p. 117), — Auxonne, 1356-1479 (p. 138, 790, 902), — Bagelongne, 1308 (p. 45), — Bar-sur-Seine, 1179-1333 (p. 104, 517, 619), — Bavière, 1417-1420 (p. 540 et suiv.), — la Madeleine de Beaune, 1302 (p. 5), — Beauvoir, 1301 (p. 3), — Besançon, 1264-1451 (p. 435-498), — Jean Blosset, 1477 (p. 890), — maréchal de Boucicaut, le père, 1366 (p. 206), — la comté de Bourgogne, 1295-1316 (p. 1, 2, 11, 53, 875), — le duché de Bourgogne, 1272-1479 (p. 17, 26, 43, etc.), — le Brabaut, 1423-1424 (p. 547, 552), — l'abbé de La Bussière, 1338 (p. 110), — Cecy, 1442 (p. 719), — Antoine de Chabannes, 1470-1475 (p. 856-863, 883), — Michel de Changey, seigneur de Roussillon, 1480 (p. 910), — Chalon, 1423-1477 (p. 209, 895), — Charles VI. 1411 (p. 513), — les Chartreux, 1378-1411 (p. 214, 288-326, 496, 602), — Châtillon-sur-Seine, 1423-1585 (p. 582, 939), — Cluny, 1119-1456 (p. 297, 788), — Philippe de Courcelles, 1467 (p. 851), — Jeanne de Dampierre, 1317 (p. 53), — Dijon, 1308-1477 (p. 40, 58, 206, 518, etc.), — Dôle, 1408 (p. 419), — hôpital de Dracy Sᵗ-Loup, 1460 (p. 810), — Robert de Dreux, 1335 (p. 104), — les abbayes de Fontenoy, 1333 (p. 104) et de Flavigny, 1442 (p. 724), — Fresne Sᵗ-Mammès, 1454 (p. 784), — le duc de Glocester, 1424 (p. 547), — Grenoble, 1161 (p. 155), — Jacqueline de Hainaut, 1433 (p. 599), — le marquis de Hochberg, 1462 (p. 213), — le chancelier Hugonet, 1477 (p. 891), — Philippe Musnier, dit Josquin, 1417 (p. 557), — le rappel des Juifs, 1384 (p. 408), — Langres, 1179-1443 (p. 5, 51, 368, 618, 726), — Humbert de La Platière, 1387 (p. 350), — Louhans (p. 351), — Louis XI, 1467-1482 (p. 852, 890), — Louis XII, 1505 (p. 892), — Jean de Maligny, 1319 (p. 54), — l'abbaye de Maloise, 1253 (p. 142), — Marguerite de Bourgogne, 1404 (p. 392), — Thomas de Saint-Séverin, comte de Marsico, 1322 (p. 56), — le pape Martin V, 1423 (p. 582), — Mâcon (p. 773), — Moncenis, 1437 (p. 700), — Guillaume de Montagu, 1272 (p. 160), — la comtesse de Montbéliard, 1441 (p. 708), — Jacques de Montmor, 1409

(p. 493), — Ponce du Mont-Saint-Jean, 1222 (p. 620), — Philippe, roi de Navarre, 1332 (p. 93), — le duc de Nemours, 1478 (p. 893), — Mile de Noyers, 1303-1333 (p. 11, 104), — le sire de Paigny, 1441 (p. 708), — Paray-le-Monial, 1473 (p. 872), — le pape Pie II, 1460 (p. 912), — Pollans, 1338-1392 (p. 70, 366), — l'abbaye de Pontigny, 1333 (p. 97), — l'abbaye de Pouthières, 1323 (p. 62), — Ravières, 1325 (p. 44), — René II d'Anjou et de Lorraine, 1436-1473 (p. 699, 732, 875), — Rougemont, 1383 (p. 260), — Rouvre, 1341 (p. 117, 123), — les rois de France, Philippe VI, 1338 (p. 108), Jean II, 1363 (p. 186), Charles V, 1366 (p. 170), Charles VI, 1383-1411 (p. 249, 260, 513), — Saint-Bénigne, 1307-1424 (p. 30, 92, 119, 398, etc.), — Saint-Claude : Diplôme de Charlemagne, 790 (p. 140). — Saint-Étienne d'Auxerre, 1423 (p. 577), — Sainte-Eufraigne, 1442 (p. 716), — Jean de Saint-George, 1336 (p. 108), — le connétable de Saint-Pol, 1473 (p. 882), — les abbayes de Saint-Seine, 1325 (p. 64), Saint-Sauveur, 1314 (p. 152), Saint-Sulpice, 1359 (p. 142), — le seigneur de Savigny, 1395 (p. 304), — les ducs de Savoie, 1253-1434 (p. 142, 152, 603), — les sires de Saulx, 1198-1378 (p. 5, 50, 204), et de Sennecey, 1479 (p. 909), — Sermare, 1379 (p. 222), — Tanlay, 1325-1486 (p. 44, 939), — Thil, 1321-1337 (p. 110), — Gautier de Dinteville et autres, ambassadeurs en Suisse, 1512 (p. 892), — la chapelle de la Toison d'Or, 1332 (p. 69, 598), — les comtes de Tonnerre, 1323-1339 (p. 62, 97, 116), — Antoine de Toulongeon, 1427 (p. 592), — l'évêque de Tournay, 1455 (p. 926), — les sires de La Trémoille, 1333-1512 (p. 104, 892), — Troyes, 1393 (p. 374), — Claude de Vauldrey, 1497 (p. 891), — Venieri, doge de Venise, 1396 (p. 375), — Verdun, 1363-1379 (p. 190, 207, 222), — Vergy, 1270-1462 (p. 208 et suiv.), — Vesines, 1321 (p. 110).

XVIIe siècle. Papier. xxii-949 pages. 430 sur 285 millimètres. Rel. maroquin rouge, aux armes de Colbert.

65. Recueil d'actes, copies ou imprimés, relatifs aux droits du roi sur la Franche-Comté, le Brabant, l'Artois, Dunkerque, Avignon, Le Puy, la principauté d'Orange, le pays de Gex, Genève, la Bidassoa, la Catalogne et l'Aragon.

Franche-Comté : Aubains, bénéfices, limites, marchandises, neutralité, terres de surséance, xviiᵉ siècle (fol. 2, 6 et suiv., 12 et suiv., 219 et suiv.). — Château de *Coiffy*, 1564-1628 (fol. 20, 155). — Baronnie de *Saint-Loup* : Inventaires des pièces du xiiiᵉ au xviiᵉ siècle produites par les commissaires du roi et par les archiducs comtes de Bourgogne, 1611-1634 (fol. 23-154).— *Magnoncourt*, 1628 (fol. 57). — *Colombey*, copies de Théodore Godefroy, 1604 (fol. 199). — *Vaucouleurs*, 1628 (fol. 203). — *Passavant*, 1578-1601 (fol. 205). — *Richecourt*, 1623 (fol. 216). — Villages du ressort du Parlement de Paris et du détroit de l'archevêché de Besançon (fol. 225). — *Charolais*, 1390-1529 (fol. 229). -- Mémoire original, signé de J. de Tinteville [Dinteville], sur les terres de surséance, xviᵉ siècle (fol. 233). — *Monthueux-sur-Saône* et limites de la Champagne (fol. 238). — « Deductio ex qua probatur clarissimis argumentis non esse jus devolutionis in ducatu *Brabantiae*, » in-4°, *impr.* (fol. 253). — *Artois*, 1237-1621 (fol. 282). — *Tournehem* et *Bredenardes*, 1659 (fol. 294). — *Dunkerque* : « Déclaration du roy, portant establissement d'un siège de l'Admirauté à Dunkerque. Paris, 1647, » in-4°, *impr.* ; « Déclaration du roy pour le maintien des droits, privilèges et exemptions de Dunkerque. Paris, 1662, » in-4°, *impr.* (fol. 302, 306). — *Avignon* et *Comtat Venaissin* : Mémoires de Baluze, 1662 (fol. 312), Doujat (fol. 355), de Denonville (fol. 363). — *Le Puy* : « Raisons pour lesquelles la ville du Puy ne doit point avoir de gouverneur, et surtout de la maison de Polignac, » in-fol, *impr.* (fol. 379). — Principauté d'*Orange* (fol. 381). — *Gex* : « Le roy de France peut et a droit, par bons titres, de se mettre en possession de... Gex, usurpé par la ville de Genève, » in-fol., *impr.* (fol. 385). — *Genève* (fol. 402). — *Bidassoa* : « Mémoire sur le différant qui est entre les roys de France et d'Espagne touchant la souveraineté de la rivière de Vidassoa » (fol. 406) ; « Mémoire touchant la rivière de Bidasso, qui sépare la France d'avec l'Espagne, » in-4°, *impr.* (fol. 430). — *Catalogne* : « Des droicts du Roy sur la principauté de Catalogne et le royaume d'Arragon, 1642 » (fol. 436).

XVIᵉ-XVIIᵉ siècle. Papier et parchemin. vi-457 feuillets, in-folio. Rel. maroquin rouge, aux armes de Colbert.

66. Mémoire sur les droits du roi sur le duché de Bourgogne et les comtés d'Auxerre et d'Auxonne, avec une généalogie des ducs et comtes.

Duché de Bourgogne (fol. 1). — Comtés d'Auxerre et de Mâcon,
et seigneurie de Bar-sur-Seine (fol. 23). — Comté d'Auxonne et
ressort de Saint-Laurent-lez-Chalon (fol. 34).

XVIIᵉ siècle. Papier. 41 feuillets. 355 sur 225 millimètres. Rel. parchemin, aux armes de Mazarin.

67. Numéro non employé. — Voir l'inventaire du
xviiiᵉ siècle (Nouv. acq. franç. 5693). *cf. latin 9365, fol. 265, n° 269*

68. « Inventaire des lettres, titres et chartres de Bretaigne,
trouvées en la Chambre du trésor desdites lettres et chartres,
estante en la tour neufve du chasteau de Nantes, faict par
nous René de Bourgneuff, chevalier, seigneur de Cucé,
conseiller au conseil privé du Roy et premier président en sa
court de parlement dudict pays, commissaire à ceste fin député
tant par lettres patentes du roy Charles neufième, des derniers jours de décembre 1565 et vingtungième d'octobre
1568, que du roy Henry à présent regnant, données à Paris
le cinquième de juillet 1578; présentz... Nicolas Blanchet,
trésorier et garde desdites chartres... »

« Inventaire faict et arresté le dernier jour de septembre 1579; »
original signé de R. de Bourgneuff (fol. 384 v°). — « Inventaire des
aveuz et minuz, autrefois renduz et présentez au baron de Retz
par plusieurs de ses subjectz et vassaux, trouvéz en la Chambre
des chartres du chasteau de Nantes..., faict par nous Jean Morin,
sieur de Boyas, conseiller du roy et premier président en sa
Chambre des comptes de Bretaigne, pour estre mis entre les mains
et en la possession de monsieur le mareschal comte de Retz,
pour s'en servir comme de chose propre à luy, » suivant commission royale en date des 17 mars et 12 juin 1579. Copie du temps.

XVIᵉ siècle. Papier. 384, 14 et 7 feuillets. 410 sur 275 millimètres.
Rel. maroquin rouge, aux armes de Colbert.

69. Procès-verbal d'estimation du comté de Saint-Pol par
Thibault de Longuejoe, maître des requêtes de l'Hôtel, et Jean
Billon, maître ordinaire de la Chambre des comptes, commis-

saires royaux en cette partie, aux fins d'échange avec le comté
de Montfort (22 avril-2 mai 1537).

Copie collationnée, en date de 1629.

XVII⁰ siècle. Papier. 332 feuillets. 290 sur 195 millimètres. Rel. maroquin rouge, aux armes de Colbert.

70. Procès-verbal des limites du comté de Saint-Pol, par
« Loys Le Fèvre, sieur de Caumartin, conseiller du roy en son
conseil d'Estat et président en son Grand Conseil, et Claude
Mango, aussy conseiller de Sa Majesté et maistre des
requestes ordinaire de son hostel, et commissaires députéz
par sa dicte Majesté, et Henry Le Bailly, conseiller ordinaire
au conseil provincial d'Arthois, et Charles Malmeus, conseiller
et fyscal au conseil d'admiraulté, commissaires députéz des
archiducqs, estans assembléz en la ville de Saint-Ricquier
pour terminer les différens demeuréz indécis par le traicté de
paix fait à Vrevin. » (1602-1603.)

Original.

XVII⁰ siècle. Papier. ııᶜxvıı feuillets. 340 sur 225 millimètres. Rel.
maroquin rouge, aux armes de Colbert.

71. Procès-verbal de règlement des frontières d'Artois et
de Flandres, à la suite du traité du 7 novembre 1659, par
Honoré Courtin et Claude Talon, commissaires du roi de
France, Eustache Wiltheim et Anthoine Colins, commissaires
du roi d'Espagne (Saint-Omer, 1660-1661).

Copie.

XVII⁰ siècle. Papier. 587 feuillets. 350 sur 225 millimètres. Rel. veau
rac., aux armes de France et de Navarre.

72. Procès-verbal de règlement des frontières de Hainaut,
en exécution du traité du 7 novembre 1659, par Honoré Courtin et Claude Talon, commissaires du roi de France, et Anthoine Colins, commissaire du roi d'Espagne (Mons, 1661-
1662).

Copie. — Fol. 193. Continuation du procès-verbal de règlement
des limites du Luxembourg, par les mêmes commissaires, plus
Eustache Wiltheim, commissaire pour l'Espagne (Metz, 1662);
copie contresignée de Courtin et Talon.

XVIIe siècle. Papier. 452 feuillets. 350 sur 225 milimètres. Rel. veau
rac., aux armes de France et de Navarre.

73. Procès-verbal de règlement pour les affaires des particuliers en Flandre, Artois, Hainaut et Luxembourg, à la suite
du traité de paix du 7 novembre 1659; Honoré Courtin et
Claude Talon, commissaires pour le roi de France, Eustache
Wiltheim et Anthoine Colins, commissaires pour le roi d'Espagne (Saint-Omer, 1660-Metz, 1662).

Copie, contresignée de Courtin et Talon.

XVIIe siècle. Papier. 196 feuillets. 350 sur 225 millimètres. Rel. veau
rac., aux armes de France et de Navarre.

74. « Preuves de la souveraineté du Roy sur le duché de
Bar. »

Actes passés entre les rois de France et les ducs de Lorraine :
François Ier, 1539 (fol. 8), Antoine de Lorraine, 1541 (fol. 16, 18),
Charles IX, 1571-1573 (fol. 20-33), Henri III, 1575-1576 (fol. 34,
40), Henri IV, 1594-1609 (fol. 52-66), Louis XIII, 1611 (fol. 67). —
« Response aux contredicts de la part du duc de Lorraine contre
les lettres patentes d'Antoine et François, ducs de Lorraine et de
Bar, » 1541 (fol. 73). — « Arrests de Parlement..., et les advis
des sieurs Cappel et Marion, advocats généraux..., du sieur de La
Guesle, procureur général du roy, contre l'aliénation des droicts
royaux au duché de Bar » (fol. 88). — « Adveus et recongnois-
sances pour le duché de Bar, tenu... de la Couronne de France, »
1301-1541 (fol. 123); copies collationnées et certifiées par Molé,
procureur général, trésorier et garde des chartes de France. —
« Le testament de René II, duc de Lorraine, en l'an 1506, et ce
qui s'est faict en conséquence du dict testament, ès années 1508,
1530, 1625, 1626 et 1632 » (fol. 177).

XVIIe siècle. Papier. 220 feuillets. 340 sur 220 millimètres. Rel. veau
gr.

75. « Inventaire des titres de Lorraine, du Barrois et des éveschéz de Metz, Toul et Verdun, qui sont dans six coffres, rapportéz de La Motte à Nancy l'an 1634 ; depuis transportéz dudict Nancy à Paris l'an 1635 et mis au Trésor des chartes du Roy à la Saincte Chappelle, » par Théodore Godefroy.

On lit au fol. 3 : « M. Godefroy a faict cet inventaire des tiltres qu'il a faict aporter de Nancy et qui ont esté mis au thrésor des chartres. 1637. »

XVIIᵉ siècle. Papier. 237 feuillets. 350 sur 215 millimètres. Rel. maroquin rouge, aux armes de Colbert.

76. « Inventaire général de tous les tiltres, registres, papiers et enseignements de la ville de Metz, lesquelz se sont trouvéz au trésor d'icelle, faict par ordre de Messieurs de Choisy et Ravaulx, commissaires députéz par S. M., suivant ses lettres patantes du 10 septembre 1663 pour la recherche des tiltres... des droicts acquis à la Couronne de France par le traicté de Munster ; ledict inventaire faict par sieur Thirion-Chavais, cy devant conseiller eschevin..., rédigé par escrit par Claude Vigy » (1665).

Original.

XVIIᵉ siècle. Papier. 399 feuillets. 365 sur 265 millimètres. Rel. maroquin rouge, aux armes de Colbert.

77. « Minute de l'inventaire des papiers, tiltres et enseignement de l'évesché de Metz, que j'ay fait à Vic l'an 1634, par la commission qu'il a plu au roy m'en donner. »

Cf., sur la nomination des commissaires Marescot et Fouquet, le ms. des nouv. acq. franç. 7431, vol. 101 de la collection De Camps.

XVIIᵉ siècle. Papier. 457 feuillets. 320 sur 215 millimètres. Rel. parchemin.

78. Recueil de pièces relatives aux droits des rois de

France sur NAPLES, la LORRAINE et la FRANCHE-COMTÉ; en particulier des mémoires du P. LE COINTE, de Th. GODEFROY et DE MARCA.

Mémoires du P. Le Cointe sur les royaumes de Naples et de Sicile (fol. 6), la souveraineté des rois de France sur le royaume de Lorraine (fol. 58, 176, 456), les Pays-Bas et la comté de Bourgogne (fol. 162). — Avis donné par Harlay de Sancy à Louis XIII de conquérir la comté de Bourgogne, 1628 (fol. 169). — Autre dessein sur la Franche-Comté, 1644 (fol. 171). — Inventaire de titres concernant la Lorraine et le Barrois (fol. 224). — Octrois aux ducs de Lorraine des droits de régale dans le Barrois, 1539 (fol. 230), 1575 (fol. 234). — « Traitté fait entre Monsieur le cardinal duc de Richelieu pour le Roy, et Monsieur le duc Charles de Lorraine. A Paris, le vingt-neufiesme mars mil six cens quarante un, » in-fol., *impr.* (fol. 251). — Lettres du duc Charles IV de Lorraine, 1646 (fol. 256). — Projet de traité entre le duc et le roi, signé du cardinal Mazarin. Pontoise, 1652 (fol. 308). — « Remarques des rencontres du temps passé et du présent par le fidel Patriot sur le manifeste du duc de Loraine, publié à Warem en Hesbaye l'an 1654, le 5 janvier. Imprimé à l'Enseigne de la Vérité, 1654, » in-fol., *impr.* (fol. 312). — Manifeste de Léopold-Guillaume, archiduc d'Autriche, 1654 (fol. 326). — « Réflexions sur la déclaration de S. A. Nicolas-François de Lorraine sur le restablissement de sa Maison. Bruxelles, chez Hubert-Antoine Velpius, 1654, » in-4°, *impr.* (fol. 356). — Traité de Lorraine, 28 février 1661 (fol. 382). — Mémoire autographe do M. de Marca sur la cession de la Lorraine à la France, 12 février 1662 (fol. 402). — Très humbles remontrances du parlement de Metz, 1664 (fol. 406). — Description de Metz (fol. 414). — Mémoire « pour faire voir que les terres de l'abbaye de Gorze ne doivent pas estre comprises dans le gouvernement de Lorraine, » in-fol., *impr.* (fol. 424). — « Mémoire du feu s^r Godefroy pour monstrer que le Roy doit jouyr du droict de nomination sur les eveschéz... de Metz, Toul et Verdun » (fol. 430). — « Réflections du s^r Ravaulx, conseiller au Parlement de Metz, sur les traictéz de Munster, Osnabruc et de Norimberg » (fol. 434). — « Mémoire du P. Le Cointe des principaux endroits de la négociation de Munster, où il est parlé des trois Éveschéz » (fol. 468, 472). — « Coppie d'une lettre escripte par feu M. le comte de Servien à un officier du parlement de Metz » (fol. 476). — « Raisons pour prouver que le Roy doit assiéger Marsal » (fol. 490).

XVIIe siècle. Papier. 495 feuillets, in-folio. Rel. veau rac.; aux armes de Colbert.

79. Recueil de pièces sur la souveraineté du royaume de NAPLES (1311-1557). — Chronologie des ligues de SUISSE (1250-1621), par le maréchal DE BASSOMPIERRE.

Sentence de l'empereur Henri VII contre Robert, roi de Sicile, 1311 (fol. 2). — Adoption de Louis, duc d'Anjou, par Jeanne I de Sicile, 1380 (fol. 12). — « Advis au roy sur la succession de la royalle maison de Bourbon au royaume de Naples, par Jean de Remond » (fol. 34). — Adoption d'Alphonse d'Aragon par Jeanne II de Sicile, 1433 (fol. 83). — Traité de Jean Maynier, sieur d'Oppède, sur les droits du roi au royaume de Naples, 1481 (fol. 86, 128). — Protestation contre le titre de roi de Sicile que prend René II de Lorraine, 1493 (fol. 120). — Investiture du royaume de Naples, donnée par Alexandre VI à Charles VIII (fol. 129). — Députations napolitaines envoyées à Louis XII, 1502 (fol. 133, 140). — Traité entre Paul IV et Henri II; commission de lieutenant général à François, duc de Guise, envoyé dans le royaume de Naples, 1555-1557 (fol. 169 et suiv.)

Traités entre Philippe II et III d'Espagne et les cantons Suisses, 1587-1604 (fol. 211-228). — Chronologie des ligues de Suisse, par le maréchal de Bassompierre, 1250-1621 (fol. 234).

XVIIe siècle. Papier. 281 feuillets. 430 sur 285 millimètres. Rel. maroquin rouge, aux armes du n° 15.

80. Inventaire des titres de la Chambre des comptes de NAVARRE (XIIIe-XVIe siècle).

« Navarre (fol. 1), Béarn (fol. 38), Albret, Tartas, Gavre et Florance (fol. 105), Foix et Castelbon (fol. 137), Armaignac (fol. 263), Bigorre, Barbasan et Esparros (fol. 283), Périgort et Limosin (fol. 316), Marsan, Tursan, Gavardan, Nebouzan et Aspect (fol. 332), Lautrec et Villeneuve (fol. 356), Vendosme (fol. 388). »

Au fol. 393, on lit : « Extraict de son original, qui a esté porté

sur le bureau de la Chambre des comptes de Navarre et collationné sur iceluy par nous, conseiller du roy, greffier en chef
et secrétaire en ladicte chambre ; et ledit original a esté raporté
après au trésor de Sa Majesté, à Pau, le vingt neufiesme janvier
mil six cens soixante quatre. » Signé : « Dufour. »

XVIIe siècle. Papier. 393 feuillets. 425 sur 280 millimètres. Rel. veau
rac.

81. Apanages donnés aux enfants de France (1237-1630). —
Testaments notables (1225-1664).

Fol. 1. Apanages donnés à Robert, comte d'Artois, et à Jean,
frère et fils de saint Louis ; Jean, duc de Berry, fils de Jean II ;
Louis, duc d'Orléans, fils de Charles V ; Charles, duc de Guyenne,
frère de Louis XI ; Suzanne de Bourbon, femme de Charles, duc
d'Alençon ; Charles, duc d'Orléans, fils de François Ier ; Henri, duc
d'Anjou, plus tard roi sous le nom de Henri III ; et son frère
François, duc d'Alençon, puis d'Anjou ; Gaston, duc d'Orléans,
fils de Louis XIII. — Fol. 124. Testaments de Louis VIII ; Bertrand
de La Tour (1286) ; Jeanne de Navarre, femme de Philippe le Bel
(1304) ; Bernard de La Tour (1317) ; Jean de Poupincourt (1403) ;
Jean de Chalon, prince d'Orange (1417) ; Louis, comte de Valentinois (1419) ; René II d'Anjou, roi de Sicile (1474) ; Claude,
duchesse de Bretagne (1524) ; Michel de L'Hospital, chancelier de
France (1573) ; Anne d'Este ; Catherine de Médicis (1589) ; Louise
de Clermont, duchesse d'Uzès (1596) ; Philippe II d'Espagne (1598) ;
Nicolas Lefebvre, précepteur de Louis XIII (1612) ; Madame Claude
de Laubespine (1613) ; Marguerite de Valois (1615) ; « Illustrissimi
viri Jac. Aug. Thuani testamentum » (1616), in-fol., *impr.* ; Phi-
lippe-Guillaume, prince d'Orange (1618) ; Guillaume Du Vair,
évêque de Lisieux et chancelier (1620) ; Jean de Moisset, secrétaire
du roi (1620) ; « R. de M[arillac] faict au camp devant Montauban,
le cinquiesme jour de septembre mil six cens vingt-un, » in-4°,
impr. ; président Séguier (1624) ; Anne Molé, veuve de David
Arnauld (1628) ; Henriette de Balsac, marquise de Verneuil (1632) ;
François II de Lorraine (1632) ; « Testament de messire Anthoine
Séguier, ...abbé de Sainct-Jean d'Amyens » (1633), in-4°, *impr.* ;
Bernard de Saxe-Weimar (1639) ; Vincenzo Martinozzi (1640) ;

cardinal de Richelieu (1642) ; Marie de Médicis (1642) ; « Testament de feu Monseigneur le prince de Condé, premier prince du sang, » Henri de Bourbon (1646), in-fol., *impr.* ; Gabriel Choart, avocat en Parlement (1652) ; Henriette-Catherine de Joyeuse, duchesse de Guise (1655), in-4°, *impr.* ; Jean IV, roi de Portugal (1656), suivi d'une harangue au roi Alphonse VI par Antonio de Souza ; cardinal Mazarin (1661), suivi de « La fondation du collège Mazarin » (1661), in-4°, *impr.* ; Bernard de La Valette, duc d'Épernon (1661) ; Françoise d'Orléans, dite Madame Royale de Savoie (1664); Armand de Bourbon, prince de Conti (1664).

Copies ou imprimés. — Table des matières en tête du volume.

XVIIe siècle. Papier. 432 feuillets. 370 sur 225 millimètres. Rel. maroquin rouge, aux armes de Colbert.

82. Traités de MARIAGES de divers membres de la famille royale de FRANCE, de la famille ducale de SAVOIE et de la maison de la Tour d'AUVERGNE (1303-1664).

Contrats de mariages des ducs de Savoie avec les filles de France ; entre Bernard de La Tour d'Auvergne et Béatrix, fille de Henri, comte de Rodez (1303) ; Philippe VI de Valois et Jeanne de Bourgogne (1328) ; Charles de Valois et Marie d'Espagne (1336) ; Bertrand de La Tour et Matha de Beaufort (1353) ; Bertrand de La Tour et Marie de Boulogne (1388) ; Anne de Laval et Jean de Montfort (1405); Bertrand de La Tour et Jacquette du Peschin (1416); Louis de Bourbon, comte de Montpensier, et Gabrielle de La Tour (1443) ; Bertrand de La Tour et Louise de La Trémoille (1445) ; Jean de Créquy et Louise de La Tour (1446) ; Guillaume de Bretagne et Isabeau de La Tour (1450) ; Louis XI et Charlotte de Savoie (1452); Gilbert de Chabannes et Françoise de Boulogne (1469) ; Jean de Boulogne et Jeanne de Bourbon (1495) ; Anne de Bretagne, veuve de Charles VIII, douaire (1498) ; Charles de Rohan, vicomte de Fronsac, et Magdeleine-Charlotte d'Armagnac (1504) ; Jean Stuart, duc d'Albany, et Anne de Boulogne (1505) ; Henri II, alors dauphin, et Catherine de Médicis (1533) ; Philippe II, alors infant d'Espagne, et Marie, reine d'Angleterre (1554); François II, alors dauphin, et Marie Stuart (1558) ; Emmanuel-Philibert, duc de Savoie et Marguerite de France

(1559); Charles IX et Isabeau ou Élisabeth d'Autriche (1570), avec la renonciation d'Élisabeth à la succession de son père; Élisabeth, reine d'Angleterre, et François, duc d'Anjou (1581); Henri II de Lorraine et Catherine de France, sœur de Henri IV (1598); Henri IV et Marguerite de Valois, dissolution de mariage (1599); Marie de Médicis, constitution de douaire (1611); Philippe IV, alors infant d'Espagne, et Élisabeth de France (1612), nombreuses pièces sur les formalités de ce mariage; Louis XIII et Anne d'Autriche (1612); le prince de Piémont et Chrétienne de France (1619); Antoine de Nicolaï et Marie Amelot (1627); « Contract de mariage de Monsieur le prince de Condé [Louis II de Bourbon], avec Damoiselle Claire-Clémence de Maillé. » (1641), in-fol., *impr.*; Charles-Amédée de Savoie, duc de Nemours, et Élisabeth, fille de César de Vendôme (1643); Gaston d'Orléans et Marguerite de Lorraine (1643); « Contract de mariage du roy de Pologne [Vladislas] avec la princesse Marie » [Louise-Marie de Gonzague de Clèves, princesse de Mantoue]. A Paris, 1645, in-fol., *impr.*; le duc d'Enghien, et Françoise, fille de Gaston d'Orléans (1651); Henri II, duc de Guise, et Anne, princesse de Mantoue (1636); « Esclaircissemens sur le prétendu mariage entre Monseigneur le duc de Guyse et Madame Honorée de Berghes; » in-fol., *impr.*; Philippe, duc d'Orléans, frère de Louis XIV et Henriette-Anne d'Angleterre (1661); Cosme III, duc, alors prince de Toscane, et Marguerite-Louise d'Orléans (1661); Charles III, duc de Lorraine et Marie-Anne Pajot (1662); Charles-Emmanuel II, duc de Savoie, et Françoise, fille de Gaston d'Orléans (1663); Christian-Louis, duc de Mecklembourg, et Isabelle-Angélique de Montmorency, duchesse de Châtillon (1664), suivi d'un Mémoire de Christine de Gustro, épouse délaissée de Christian-Louis de Mecklembourg, contre Isabelle-Angélique (1665).

Copies et imprimés. — Les contrats de mariage de la famille de La Tour d'Auvergne sont des copies en forme authentique, datées de 1618 et extraites des archives du château de Mercurol. — Table alphabétiqne en tête du volume.

XVIIe siècle. Papier. 4io feuillets, in-folio. Rel. maroquin rouge, aux armes de Colbert.

83. « Discours, mémoires et arrests touchant le mariage de

Monsr le duc d'ORLÉANS [Gaston] avec la princesse Marguerite de Lorraine » (1630-1634).

On remarque, entre autres pièces, des avis sur la validité du susdit mariage, par l'assemblée du Clergé (fol. 44), le P. Rabardeau, S. J. (fol. 54), Lescot, plus tard évêque de Chartres (fol. 76), Pierre Dupuy (fol. 148), Gervais Bigeon (fol. 170), le P. Gabriel de Saint-Joseph, carme (fol. 204), Duval (fol. 346). — Enquête des conseillers Antoine Bouchet et Samuel de La Nauve sur le « rapt commis en la personne de Monsieur, frère unique du Roy » (fol. 240). — « Faicts bailléz par le procureur général du Roy, » Molé (fol. 328). — Lettres de Gaston d'Orléans (fol. 330, 334), Louis XIII (fol. 335), cardinal de Richelieu (fol. 336, 343, orig.).

XVIIe siècle. Papier et parchemin. 364 feuillets. 360 sur 230 millimètres. Rel. maroquin rouge, aux armes de Colbert.

84. Recueil de lettres adressées particulièrement à Artus de Cossé, sieur de GONNORT (1er janvier 1562-18 juin 1563).

Lettres de Catherine de Médicis, Louis I de Bourbon, prince de Condé, Michel de L'Hospital, l'amiral Gaspard de Coligny, du maréchal de Brissac, etc. — Copie partielle du volume **24** des V^c Colbert.

XVIIe siècle. Papier. 285 pages. 360 sur 235 millimètres. Rel. veau rac., aux armes de Colbert.

85. Procès-verbal de l'état du domaine de MARGUERITE de France, reine DE NAVARRE, devant Denis de Hervé, conseiller au Parlement (1606).

Original.

XVIIe siècle. Papier. 502 feuillets. 350 sur 220 millimètres. Rel. maroquin rouge, aux armes de Colbert.

86-89. Registres des lettres missives de la reine MARIE DE MÉDICIS (1601-1617).

    86. Années 1601-1605.   —   325 feuillets.
    87.   —   1606-1609.   —   380   —

88. Années 1610-1612. — 309 feuillets.
89. — 1612-1617. — 314 —

XVIIe siècle. Papier. 4 volumes. 355 sur 230 millimètres. Rel. veau rac., aux armes de Colbert.

90-94. Registres administratifs de la reine MARIE DE MÉDICIS (1606-1619).

90. « Registre des dépesches et expéditions qui sont résolues et arrestées au conseil de la Royne pour les affaires et service de Sa Majesté, » 1610-1618 (fol. 1). — « Mémoires des dépesches, attaches, passeportz et autres diverses expéditions de la Reyne régente, faicte à cause de son gouvernement de Normandye, » 1613-1618 (fol. 129). — « Roolle des expéditions qui ont esté faictes et délivrées par le commandement de la Royne pour ce qui concerne les affaires de la seigneurie de Monceaux, » 1606-1618 (fol. 153). — « Roolle des expéditions faictes par la Royne concernans les casuelz de Bretagne, » 1611-1617 (fol. 163). — « Roolle des bénéfices, cappitaineryes, conciergeries, gardes des chasteaux et maisons appartenans à la Royne, » 1612-1613 (fol. 235). — « Roolles des brevetz et autres expéditions, qui ont esté faictes pour le service de la Reyne, pour dons, commissions, » etc., 1612-1619 (fol. 251). — 292 feuillets.

91. « Roolle des provisions, retenües et brevetz de don, pension ou entretenement, promesses et quittances faites par la Reyne, » 1611-1619 (fol. 1). — « Certiffications et dispences de services, commissions particulières, mandements, vallidations, consentemens, promesses, passeportz, sauvegardes et autres diverses expéditions, » 1611-1619 (fol. 151). — 280 feuillets.

92. « Acquitz et ordonnances servans à la descharge du trésorier général de la maison de la Reine, » Florent d'Argouges, 1611-1619. — 215 feuillets.

93. « Estat des aumosnes faictes par le commandement de la Royne à plusieurs pauvres prisonniers, au mois de novembre 1609, lors de l'accouchement de S. M. » (fol. 1). — « Estat des récompences que la Royne a ordonné à M. Florent d'Argouges... de payer aux officiers de son gobelet et cuisine bouche, » 1610, etc. (fol. 13, 207 v°). — « Estat de ce qui est nécessaire de faire présentement pour l'esquipage de la gallère de la Royne, » 1611 (fol. 63). — « Estat des terres et seigneuries qui ont esté baillées et délaissées par le Roy à la Royne régente sa mère pour partie de l'assignat de son dot et douaire, » 1612 (fol. 71). — « Roolle des prisonniers qui ont esté choisis par commandement de la Royne, pour estre eslargis des prisons de Paris le vendredy sainct, » 1612 et suiv. (fol. 72, 155, 196, etc.). — « Estat par estimation de la recepte et despence... de la Reyne, » 1613 (fol. 124). — « Estat... de la maison de la Royne, » 1613 (fol. 139). — « Acquitz, ordonnances et décharges servans au Trésorier général de la maison, » 1613-1615 (fol. 158, 213, 291). — « Menu général de la despence de la Chambre aux deniers de la Royne, » 1615 (fol. 253). — 321 feuillets.

94. « Estat... de la maison de la Royne, » 1616-1619 (fol. 1, 20 v°, 36, etc.). — « Roolle de... la chapelle » (fol. 14). — Rôles de prisonniers élargis à Tours, Paris, Blois (fol. 30, 92, 187). — « Estat de... tous les Suisses de la garde du corps du Roy » (fol. 79). — « Estat de la despence en la Chambre aux deniers » (fol. 153). — 296 feuillets.

XVIIe siècle. Papier. 5 volumes. 355 sur 235 millimètres. Rel. veau rac., aux armes de Colbert.

95. « Extrait des résolutions prises avec Monseigneur le président de Blancmesnil, chancelier de la Royne mère du Roy [MARIE DE MÉDICIS], sur les affaires particulières de la maison de ladite dame Royne » (12 juillet 1617-14 janvier 1619).

Registre *original*, signé, à chaque délibération, par les conseillers Potier d'Ocquerre, Arnauld, Marescot, le chancelier de Blancmesnil et le trésorier d'Argouges.

XVIIe siècle. Papier. 19 feuillets. 335 sur 210 millimètres. Rel. parchemin.

96. Registre de copies des lettres adressées au sieur DE MODÈNE, ambassadeur extraordinaire de France en ITALIE (1617-1622).

Les signataires sont : Louis XIII (p. 1-38, 41), — Pierre Brulart, vicomte de Puysieux (p. 38), — Charles-Emmanuel, duc de Savoie (p. 43-80, 89), — Victor-Amédée Ier, prince de Piémont, plus tard duc de Savoie (p. 94-97), — le cardinal Maurice (p. 98-114), le prince Philbert (p. 114) et la princesse Isabelle de Savoie (p. 116), — le comte de Verrue (p. 117), — François d'Escoubleau, cardinal de Sourdis (p. 118-166), — le cardinal Guido Bentivoglio (p. 117-218), — Grégoire XV (p. 219), — le cardinal François de La Rochefoucault (p. 223), Jacques Davy, cardinal Du Perron (p. 225), Ubaldini (p. 228), Pierre de Gondi, cardinal de Retz (p. 229-235), Jean de Bonzy et ses frères Thomas et Clément (p. 236-247), Philnardi (p. 247), Louis de Nogaret, cardinal de La Valette (p. 249), Guillaume Du Nozet (p. 266), et Denys-Simon, cardinal de Marquemont, archevêque de Lyon (p. 279), — Cadenet (p. 301), — Hercule de Rohan, duc de Montbazon (p. 303-318), — la connétable de Lesdiguières, Marie Vignon (p. 321), — Catherine-Henriette de Balzac d'Entraigues, marquise de Verneuil (p. 324-337), — Henri II de Bourbon, prince de Condé (p. 338), — César de Vendôme (p. 339), — Henri de Bourbon, évêque de Metz (p. 339), — Charles de Valois, comte d'Auvergne, duc d'Angoulême (p. 341-351), — Maurice de Nassau, prince d'Orange (p. 351), — Alof de Vignacourt, grand-maître de Malte (p. 353), — François d'Orléans, comte de Saint-Pol, gouverneur d'Orléans (p. 354), — Charles de Lorraine, duc de Guise (p. 355-366), — Charles de Gonzague, duc de Nevers (p. 366), — Henri de Savoie, duc de Nemours (p. 367-369), — Claude de Lorraine, duc de Chevreuse (p. 369), — Henri II, duc de Montmorency (p. 369), — Jean-Louis de Nogaret, duc d'Épernon (p. 371), — Sully (p. 372), — le Rhingrave? (p. 372-377), — Roger de Saint-Lary, duc de Bellegarde (p. 377), — Urbain de Laval, marquis de Sablé (p. 379-380).

XVIIe siècle. Papier. 380 pages. 285 sur 280 millimètres. Rel. maroquin rouge, aux armes de Colbert.

97. Recueil de lettres de Louis XIII, Marie de Médicis et des principaux officiers de l'État relatives aux négociations de Philippe, comte de Béthune, pour la paix d'Angoulême (1619).

Originaux et copies.

Les signataires sont : Louis XIII [18 lettres] (fol. 1, 25, 29, etc.), — Jean-Louis de Nogaret de La Valette, duc d'Épernon [5] (fol. 6, 8, 12, 119, 187), — Marie de Médicis [26] (fol. 10, 14, 15, etc.), — Timoléon d'Espinay, marquis de Saint-Luc, gouverneur de Brouage [2] (fol. 18, 20), — Henri de Lorraine, duc de Mayenne (fol. 24), — Philippe, comte de Béthune [20] (fol. 30, 42, 47, etc.), — Henri II, duc de Montmorency, amiral de France [3] (fol. 51, 70, 130), — Charles d'Albert de Luynes, depuis connétable [6] (fol. 53, 81, 100, etc.), — Paul Phélipeaux de Pontchartrain, secrétaire d'Etat [3] (fol. 59, 184, 200), — comte, puis duc de La Rochefoucault [6] (fol. 61-69, 72), — Henri, duc de Rohan [4] (fol. 74, 114-117), — le maréchal Henri de La Tour d'Auvergne, duc de Bouillon (fol. 76), — le maréchal Gilles de Souvré [2] (fol. 84, 85), — le marquis d'Alincourt, gouverneur de Lyon [2] (fol. 87, 89), — le maréchal François de Lesdiguières, plus tard connétable [2] (fol. 90, 126), — Maximilien de Béthune, duc de Sully [2] (fol. 94, 96), — le P. Arnoux, S. J. [4] (fol. 106, 145, 148, 198), — le chancelier Nicolas Brûlart de Sillery (fol. 110), — le garde des sceaux Guillaume Du Vair (fol. 112), — le président Jeannin (fol. 113), — le cardinal François d'Escoubleau de Sourdis [2] (fol. 123, 124), — Benjamin de Rohan, seigneur de Soubise (fol. 125), — Henri, comte de Schomberg, plus tard maréchal [9] (fol. 137-143, 162, etc.), — le comte de Foix-Curson (fol. 249).

« Discours au vray de ce qui s'est passé en la ville de Boullongne en Picardie » (fol. 228 ; cf. aussi fol. 259).

XVIIe siècle. Papier. 261 feuillets. 360 sur 240 millimètres. Rel. veau gr., aux armes de Colbert, entourées du double collier des Ordres.

98. Registre de lettres de Louis XIII et de Marie de Médicis (1619-1623).

Copies annotées par un secrétaire du roi (cf. fol. 82). — « Instruction de la reyne Marie de Médicis à sa fille reyne d'Angleterre, faicte par le cardinal de Bérulle, en l'année mil six cens vingt et cinq » (fol. 217). — Lettre *originale* adressée à M. de Ballesdens, aumônier de Louis XIV, 1674 (fol. 233).

Sur le plat de la couverture, on lit le nom de « Paul Cheurol, demourans en la rue des Carmes. »

XVIIe siècle. Papier. 233 feuillets. 345 sur 215 millimètres. Cartonné.

99. Traité de la charge d'AMBASSADEUR.

Fol. 123. « Sommaire du résultat des Estats Généraux des Provinces Unies des Pays-Bas à La Haye, l'an 1639, le 3 décembre, signé, Musch, touchant le rang et prérogative d'honneur de la République. » — *Fol. 177.* « Estat par estimation des train et suite, livrées, équipage et ameublement d'ambassadeur à Rome et de la despence qu'il convient faire en la charge ès trois années que l'ambassade a de coustume de durer. »

XVII⁰ siècle. Papier. 200 feuillets. 340 sur 225 millimètres. Rel. veau rac.

100-101. Recueil d'instructions données aux AMBASSADEURS et agents de la France en Allemagne, en Angleterre, à Constantinople, en Espagne, en Hollande, en Italie, en Savoie et en Suisse (1516-1635).

Copies.

100. Instructions données aux ambasadeurs. En *Angleterre* : Jean, cardinal Du Bellay, 1535 (fol. 2, 5, 10). — A *Rome* : de Malras, 1571 (fol. 22); Louis de Chastaigner d'Abain, 1576 (fol. 58); J.-B. cardinal de Gondy, 1588 (fol. 66); pour la Ligue, le commandeur de Diou, 1589 (fol. 141). — En *Allemagne* : Gaspard de Schomberg, 1572 (fol. 33). — En *Savoie* : François I de Clèves, duc de Nevers, le grand prieur de France, de Birague et Simon de Sauves pour la restitution de Pignerol, 1544 (fol. 37) ; Nicolas Brûlart de Sillery et maréchal Charles de Gontaut, baron de Biron, 1593 (fol. 244); Jean de La Croix de Chevrières, 1607 (fol. 316); André de Cochefilet de Vaucelas, 1607 (fol. 337). — En *Espagne* : Pierre de Fresne-Forget, 1589 (fol. 78, 99); Pompone de Bellièvre et Nicolas Brûlart de Sillery pour la paix de Vervins, 1598 (fol. 259); Henri Clutin d'Oysel, 1563 (fol. 276); Sébastien de L'Aubespine et Jean Évrard de Saint-Sulpice, 1564 (fol. 305, 306) ; Raymond de Rouer de Beccarie de Pavie, baron de Fourquevaux (fol. 314). — A *Constantinople* : François Savary de Brèves, 1592 (fol. 170). — En *Italie* : Isaïe Brochard de La Clièle, 1593 (fol. 227). — A *Florence* : Jean Delfino, cardinal de Vicence, 1609 (fol. 349). — En *Hollande* : Paul Choart de Buzanval, 1607 (fol. 359). — 391 feuillets.

101. En *Espagne* : Artus Gouffier de Boissy, Etienne de Poncher, évêque de Paris, et maître Jacques Ollivier, 1516 (fol. 2) ; l'évêque de Bayonne pour les différends entre les gens de Baigorry et ceux de Valderio (fol. 120). — En *Angleterre* : le cardinal Jean Du Bellay, le maréchal Oudard Du Biez, le président Pierre Remon, Claude de L'Aubespine, l'amiral d'Annebault et Bochetel, 1544 (fol. 20, 26, 39) ; Antoine de Loménie (fol. 94, 98). — Ambassade en *France* de Roger Williams, ambassadeur d'Élisabeth d'Angleterre, 1595 (fol. 94). — A *Florence* : Jean Delfino, cardinal de Vicence, 1609 (fol. 102). — En *Flandre* : François-Annibal d'Estrées, marquis de Cœuvres, 1610 (fol. 111). — En *Allemagne* : Henri de Schomberg, 1616 (fol. 124). — En *Suisse* : traités avec Berne et Soleure, 1569 (fol. 160), Zurich, 1579 (fol. 169), entre Zurich et Genève, 1605 (fol. 171). — A *Genève* : lettres de naturalité française aux habitants, négociations diverses d'Eustache de Refuge, Guillaume de Montholon, de Morintru, affaire du Clausel, 1598-1631 (fol. 176-232). — Affaire de la *Valteline* : lettres et mémoires de Pierre Brûlart, vicomte de Puysieux, Robert Miron ambassadeur en Suisse, du nonce Ottavio Corsini, Henri Ier de Rohan ; instructions à Philippe de Béthune et François-Annibal d'Estrées, marquis de Cœuvres, 1624-1635 (fol. 233-427). — 434 feuillets.

XVIIe siècle. Papier. 2 volumes. 420 sur 280 millimètres. Rel. maroquin rouge, aux armes du n° 15.

102. « Instructions et mémoires pour AMBASSADEURS et envoyéz, tant du dedans de la France qu'aux princes estrangers et desdits princes estrangers à autres. »

Copies.
Instructions de divers envoyés, expédiés à la Cour par Ludovic de Birague, 1563 (fol. 3), Montberon, 1579 (fol. 13), Henri d'Anjou, plus tard le roi Henri III, 1569 (fol. 17, 19), le maréchal Artus de Cossé (fol. 23), l'amiral Honorat de Savoie (fol. 25), le roi Henri de Navarre (fol. 27), le sieur de Longueville (fol. 37), Roger de Saint-Lary, maréchal de Bellegarde, 1579 (fol. 39), Jean de Pontevès, comte de Carces, 1579 (fol. 47), Henri I de Bourbon, prince de Condé, 1581 (fol 59), François de Mandelot

(fol. 65), le maréchal Claude de La Chastre (fol. 75, 77, 379), les villes de Basse-Auvergne (fol. 83), Charles de Créquy, maréchal duc de Lesdiguières (fol. 85, 87). — Instructions à Florimond Robertet, sieur d'Alluye, allant réclamer en *Angleterre* la restitution du Havre, 1563 (fol. 7), à l'abbé J.-B. de Gadagne envoyé vers les Rochelais, 1572 (fol. 31), à Cadet, envoyé en Dauphiné (fol. 61).

Instructions aux ambassadeurs français à *Rome* : Scaramutia Trivulce, cardinal de Côme, et François de Castelnau, cardinal de Narbonne, 1522 (fol. 93), le cardinal François de Tournon, 1566 (fol. 95), Ascanio de La Corna, 1551 (fol. 99), Charles d'Angennes, cardinal de Rambouillet, 1570 (fol. 109), Mario Bandini, 1585 (fol. 119), Philibert Babou de La Bourdaisière, 1558 (fol. 131), François de Luxembourg, duc de Piney, 1589 (fol. 139), abbé Du Bois, 1611 (fol. 145), Noël Brûlart, commandeur de Sillery, 1622 (fol. 151), sieur de Marossans (fol. 173, 193), cardinal Bentivoglio, 1636 (fol. 179), Guillaume Du Nozet (fol. 183), Louis de Nogaret, cardinal de La Valette, 1621 (fol. 189). — En *Savoie* : Biron (fol. 201), Nicolas Brûlart de Sillery, 1599 (fol. 205), Charles de Créquy, maréchal duc de Lesdiguières, et Claude de Bullion, 1609-1611 (fol. 215). — En *Espagne* : Charles d'Angennes, sieur du Fargis, comte de La Rochepot, 1600 (fol. 259), Poulain, 1614 (fol. 277), sieur de Seaux, 1617 (fol. 283). — Dans les *Pays-Bas* : Claude de Mondoucet, 1574 (fol. 293), vicomte d'Auchy (fol. 297). — En *Lorraine* : marquis de La Vieuville, 1606 (fol. 393), Claude, baron de La Chastre, 1608 (fol. 307), Blainville, 1619 (fol. 311). — En *Suisse* : président Robert Miron, 1617 (fol. 317), Henri Valier, 1617 (fol. 323) ; de plus, instructions des Ligues, des Grisons et du canton du Valais à leurs députés, 1621 (fol. 329, 331). — En *Allemagne* : George de Selve, évêque de Lavaur, et Antoine Heslin, 1540 (fol. 339), sieur de Montereau (fol. 345, 383), Jacques de Bongars, allant vers le marquis d'Anspach, 1593 (fol. 350, 356), à Strasbourg, 1595 (fol. 363) et dans les États d'Allemagne, 1599 (fol. 367) ; de plus, instructions du roi de Bohême et des princes allemands au sieur de Borstel, 1620-1622 (fol. 385, 389, 395), et des ambassadeurs anglais en Allemagne, en particulier du vicomte de Doncaster, 1619 (fol. 401, 403). — En *Hongrie* : sieur de Sigogne, 1620 (fol. 409). — En *Angleterre* : de Dourrière (fol. 415), Jean de Selve (fol. 421) ; de plus, instructions de Marie Stuart à lord

Fleming, ambassadeur en France, 1568 (fol. 425), remontrances de lord Colville et N. Becher au roi de France (fol. 431, 434). — En *Turquie* : sieur de Sanzay, 1571 (fol. 441), Fiacre Hugon de La Tricquerie (fol. 445), Jacques Savary de Lancosme, 1585 (fol. 449), avec les noms des gentilhommes de sa suite (fol. 458), et des lettres de lui, Jean de Gontaut, baron de Salagnac, 1604 (fol. 465), sieur de Nans, 1618 (fol. 477). — Instructions du garde des sceaux Michel de Marillac aux maîtres des requêtes allant faire leurs chevauchées dans les provinces (fol. 487).

XVIIe siècle. Papier. xvi-488 feuillets. 355 sur 235 millimètres. Rel. veau rac., aux armes de Colbert.

103-105. Recueil d'instructions relatives aux opérations militaires de la GUERRE DE TRENTE ANS pour les années 1643-1646.

103. « Instructions données aux généraux d'armées et autres, depuis la campagne de l'année 1643 jusques à la fin de l'année 1644 » : Louis II de Bourbon, duc d'Enghien [le grand Condé] (fol. 5, 26, 115, 131, 147, 157). — Du Plessis-Besançon, maréchal de bataille (fol. 8, 50, 90, 165). — Charles de La Porte, maréchal de La Meilleraye (fol. 13). — Louis Potier, marquis de Gesvres (fol. 16-21). — Joseph Andrault, comte de Langeron (fol. 22). — Gaspard III de Coligny, maréchal de Chastillon (fol. 31). — Jean-Baptiste Budes, maréchal de Guébriant (fol. 41). — Moinerie, allant en Irlande lever des troupes (fol. 45). — Turenne (fol. 50, 109, 126). — Charles, marquis d'Aumont (fol. 72). — Jean, comte de Marsin (fol. 84). — Pierre de Marca (fol. 93). — Alexandre de Tracy (fol. 105). — Jean, maréchal de Gassion (fol. 117). — De Beauvais-Plesian (fol. 120). — François de Créquy, duc de Lesdiguières (fol. 137). — Gaston d'Orléans (fol. 140, 144). — Magalotti (fol. 153, 166). — 175 feuillets.

104. « Instructions et despesches importantes faictes pour le service du Roy dans le deppartement de M. Le Tellier, en l'année 1645 », et adressées aux personnages suivants : César de Choiseul, comte Du Plessis-Praslin (fol. 1, 60 v°, 112, 144, 168, 194). — Henri de Lorraine, comte d'Harcourt (fol. 12, 40 v°, 53 v°, 63, 101 v°, 173, 213, 230). — Abraham Fabert (fol. 30 v°). —

Alexandre de Tracy (fol. 43). — Marsin (fol. 45, 59, 87 v°, 114 v°, 130 v°). — De Massicamp (fol. 46 v°). — De Bellenave maréchal, de camp (fol. 49). — Turenne (fol. 50 v°, 132, 146, 254). — Paul Lascaris, grand maître de Malte (fol. 55). — Mémoire sur la réduction des monnaies en Catalogne (fol. 56 v°). — Pierre de Marca (fol. 64). — Peny, chargé de l'échange des prisonniers en Flandre (fol. 64 v°-84). — Maréchal de Gassion (fol. 84, 89, 115 v°, 151 v°, 246 et suiv.). — Magalotti (fol. 86, 113 v°, 192). — De Beaussan (fol. 91). — Isaac Arnaud, maître de camp (fol. 99 v°, 250). — Le commandeur des Gouttes (fol. 101). — De Beauvais-Plesian (fol. 117, 125). — D'Espenan (fol. 133 v°, 179 v°). — Claude de Mesme, comte d'Avaux, et Abel Servien (fol. 136 v°). — Léonard Torstenson, général suédois (fol. 138). — De Vauxtorte (fol. 142 v°, 181 v°). — Duc d'Enghien [le grand Condé] (fol. 155). — Louis-Emmanuel de Valois, comte d'Alais (fol. 174 v°). — Jean-Louis d'Erlach (fol. 175 v°). — Prince Thomas de Savoie-Carignan (fol. 193, 218, 240). — Nicolas de Neufville, marquis de Villeroy (fol. 199, 209, 218 v°, 220 v°, 223). — Josias, maréchal comte de Rantzau (fol. 201 v°, 207 v°). — Gaston d'Orléans (fol. 214 v°, 216). — Marquis Ville, lieutenant général (fol. 217 v°). — Henri de La Ferté-Senneterre (fol. 224, 228 v°). — Marquis d'Uxelles (fol. 225 v°). — Vidame d'Amiens (fol. 227 v°, 248). — D'Hocquincourt (fol. 250 v°). — Baron de Bonicausen (fol. 257). — Abbé Buquet (fol. 260 v°). — 268 feuillets.

105. « Instructions et despesches importantes faictes pour le service du Roy dans le deppartement de M. Le Tellier, en l'année 1646, » et adressées aux personnages suivants : Du Moulin, allant en Irlande lever des gens de guerre (fol. 1). — Jean, maréchal de Gassion (fol. 16). — Brachet, intendant des finances des armées de terre et de mer (fol. 20 v°, 351). — D'Infreville, intendant de marine (fol. 25 v°). — Alexandre de Tracy (fol. 35). — Jean-Louis d'Erlach (fol. 45). — Armand, duc de Brezé (fol. 47-96, 151). — Prince Thomas de Savoie-Carignan (fol. 96, 176, 177, 188, 224). — Du Mesnil, résident à Gênes (fol. 100). — Cardinal Grimaldi (fol. 101 v°, 103, 178). — Gueffier, résident à Rome (fol. 104, 337 v°). — Ferdinand II, grand duc de Toscane (fol. 105). — De Ronette, sergent de bataille allant en Hollande (fol. 113). — Turenne (fol. 122 v°). — Ordonnance pour le retranchement des dépenses superflues et abus qui se commettent dans les armées royales (fol. 125). — Henri de La Ferté-Senneterre (fol. 129, 141, 222, 234, 236). — Henri de Lorraine, comte d'Harcourt (fol. 133, 180, 184, 198, 231, 237, 248, 276, 315 v°). — Gaston d'Orléans et Condé (fol. 150). — De Villeneuve, sergent de bataille (fol. 158). — César de Choiseul, maréchal Du Plessis-Praslin (fol. 176 v°, 189, 254). — D'Argenson (fol. 179, 361). — Colonel Veyler (fol. 185). — Marquis Ville (fol. 191, 214 v°, 234 v°). — Pierre de Marca (fol. 202 v°, 232 v°, 249). — Du Plessis-Besançon (fol. 212). — De Peny (fol. 215, 238 v°, 280, 344). — Comte de Noailles (fol. 240). — Don Joseph Marguerith (fol. 249). — Le duc d'Enghien, le grand Condé (fol. 252, 303 v°). — Suspension d'armes pour la Franche-Comté (fol. 253). — Charles de La Porte, maréchal de La Melleraye (fol. 265, 286, 294 v°, 299, 310, 340). — Talon (fol. 284, 349). — Fouquet (fol. 345). — 364 feuillets.

XVII⁰ siècle. Papier. 3 volumes. 340 sur 230 millimètres. Rel. maroquin rouge, aux armes de Mazarin.

106. Comptes de l'épargne (1609-1611, 1649, 1651-1654, 1657, 1661).

Originaux et copies.

Extrait du compte de Raymond Phelippeaux, 1609-22 février 1611 (fol. 1). — Apostille au compte de 1640 (fol. 103). — Rôles des trésoriers de l'épargne, Nicolas Jeannin de Castille, 1649 (fol. 108), 1652 (fol. 243), 1661 (fol. 611), Claude de Guénégaud, 1651 (fol. 114), 1654 (fol. 563), 1657 (fol. 587), Macé Bertrand de la Bazinière, 1653 (fol. 320-562) : la plupart de ces comptes sont en original et portent les signatures des conseillers d'État Séguier, Molé, Servien, Foucquet, Le Camus, Le Tellier, d'Aligre, Bordier, etc. (fol. 231 v°, 317, 379, 544, 559, 581, 605), de Louis XIV et de Séguier, d'Aligre, Colbert, Le Tonnelier, etc. (fol. 653). — Gages et pensions (fol. 658).

XVII⁰ siècle. Papier. 713 feuillets. 370 sur 245 millimètres. Rel. parchemin, aux armes de Colbert entourées du double collier des Ordres.

107. Recueil d'instructions données aux ambassadeurs de France (1574-1626).

Copies.

Instructions données aux ambassadeurs à *Constantinople* : François Savary de Brèves, 1592 (fol. 1). — En *Pologne* : Antoine d'Estrées, allant trouver Henri III, 1574 (fol. 31). — A *Rome* : Jacques Davy Du Perron et Arnaud d'Ossat allant demander pour Henri IV l'absolution pontificale, 1595 (fol. 37, 53); Charles de Neuville d'Halincourt, 1605 (fol. 55); Savary de Brèves, 1608 (fol. 81); Charles de Gonzague, duc de Nevers, 1609 (fol. 93); François-Annibal d'Estrées, marquis de Cœuvres, 1618 (fol. 165). — En *Angleterre* : baron du Tour, 1605 (fol. 63); Antoine Lefèvre de La Boderie, 1609 (fol. 138). — En *Allemagne* : de Monglas, 1606 (fol. 69); Jean de Thumery de Boissise (fol. 123). — A *Florence* : Jean Delfino, cardinal de Vicence, 1609 (fol. 97). — En *Savoie* : Jean de La Croix de Chevrières, 1607 (fol. 101); Claude de Bullion, 1609-1610 (fol. 107, 117); avec des mémoires sur les différends des maisons de Savoie et de Mantoue, 1613 (fol. 153). — En *Lorraine* : Isaïe Brochard de La Clièle (fol. 139). — En *Suisse* : Louis Lefèvre de Caumartin, 1604 (fol. 181); Jeannin de Castille, 1610 (fol. 191); Robert Miron, 1617 (fol. 197). — Aux *Grisons* : Charles Pascal, 1604 (fol. 189). — En *Valteline* : François-Annibal d'Estrées, marquis de Cœuvres, 1624 (fol. 203). — A *Venise* : Charles de L'Aubespine, marquis de Châteauneuf, et Claude de Bullion, 1626 (fol. 223).

XVII⁰ siècle. Papier. 239 feuillets. 285 sur 210 millimètres. Rel. parchemin.

108-116. Registres de copies des lettres adressées à Jean-Baptiste Budes, comte de GUÉBRIANT, maréchal de France (1637-1644).

108. Lettres de François Sublet de Noyers, secrétaire d'État au département de la guerre, 1637-1643; quelques-unes sont adressées au duc Bernard de Saxe-Weimar (fol. 59), et à la maréchale de Guébriant, Renée du Bec-Crespin (fol. 105). — Lettres des secrétaires d'État Louis de La Vrillière (fol. 163) et Michel Le Tellier, 1643 (fol. 165-176). — 176 feuillets.

109. Lettres de Louis XIII, Anne d'Autriche et Louis XIV, 1637-1644. — État des troupes du maréchal de Guébriant, 17 mars 1638 (fol. 19). — 121 feuillets.

110. Lettres de Henri Ier, duc de Rohan, 1637 (fol. 1-36), Jean d'Étampes de Valençay (fol. 37, 53), des syndics de Genève (fol. 39-45), Charles de Damas, baron de Thianges (fol. 47-50), Henri II de Bourbon, prince de Condé (fol. 51). — 53 feuillets.

111. Lettres de Paul Le Prévost, baron d'Oysonville, 1641-1643 (fol. 1-75), et de Jean-Louis d'Erlach, gouverneur de Brisach, 1643 (fol. 76-90). — 96 feuillets.

112. Lettres d'Amélie-Élisabeth, landgrave de Hesse, 1641-1643 (fol. 1-36), Gaspar comte d'Eberstein, général lieutenant de la landgrave, 1643 (fol. 37-42), colonel Motz (fol. 43-46), De Beauregard, résident en Allemagne, commissaire près l'armée suédoise, 1642-1643 (fol. 47-101) ; minute de lettre du maréchal de Guébriant (fol. 102). — 103 feuillets.

113. Lettres de Claude de Mesmes, comte d'Avaux, ambassadeur en Allemagne, 1641-1643 (fol. 1-38), Christine de Suède, 1642 (fol. 39), des résidents de France, Melchior de Harod de Saint-Romain, 1642-1643 (fol. 43-50) et de Meulles, 1643, à Hambourg (fol. 51-54), Gaspar Coignet de La Thuillerie (fol. 55-58) et Brasset, à La Haye, 1642 (fol. 59). — 60 feuillets.

114. Lettres des secrétaires d'État Léon Le Bouthillier, comte de Chavigny, 1637-1643 (fol. 1-72) et Henri-Auguste de Loménie, comte de Brienne, 1643 (fol. 73-79). — 79 feuillets.

115. Lettres de Louis Lefèvre de Caumartin, ambassadeur de France en Suisse, de sa femme et de ses secrétaires, 1637-1643 (pages 5, 9, 13-48), des bourgmestre et conseil de Zurich, 1643 (p. 10), préteur et sénat de Strasbourg (p. 49, 57-103, 129, 167), magistrat et conseil de Colmar (p. 53, 105, 121), Melchior de L'Isle, à Strasbourg (p. 109-116, 137, 143), chefs et députés de la noblesse de Basse-Alsace, 1645 (p. 117, 125), Walth, à Colmar (p. 139), Jésuites de Molsheim, 1643 (p. 147), du colonel Widerholt (p. 151, 209), Bernard de Saxe-Weimar (p. 155), commandant de place à Duren (p. 159), viguier de Nancy (p. 163), gouverneur de Wesel (p. 171, 217), Isaac Arnauld, maistre de camp (p. 175), colonel Philippe Betz (p. 179), François de Mercy (p. 183, 191), Gaspar de Mercy (p. 187), Charles, marquis de Razilly (p. 195), le comte de Fürstemberg (p. 199), Henri de La Ferté-Senneterre

(p. 203), de Batilly (p. 207), de Pesselière (p. 213), Charles, marquis de Montauzier (p. 221). — 222 pages.

116. Lettres des cardinaux de Richelieu, 1639-1642 (p. 1-36) et
Mazarin, 1643 (p. 37-92), de Gaston d'Orléans, 1643 (p. 93-99),
Louis II de Bourbon, prince de Condé (p. 101-116), Charles IV,
duc de Lorraine (p. 117), Henri d'Orléans, duc de Longueville
(p. 119-134), Henri de Lorraine, duc de Guise (p. 135-142), Marie
de Rohan, duchesse de Chevreuse (p. 143-150), Frédéric-Henri de
Nassau, prince d'Orange (p. 151), Louis de La Vrillière (p. 155),
Augustin Potier, évêque de Beauvais (p. 159-166), Claude Bouthillier (p. 167), président de Bailleul (p. 171), duc de La Valette
(p. 175), Bernard de Nogaret, duc d'Épernon (p. 183), Chrestienne
de Croy, princesse de Salm (p. 187-194), Claude de Rouvroy, duc
de Saint-Simon (p. 195), intendant Jean de Choisy (p. 199-206),
Josias, comte de Rantzau (p. 207-218), Alexandre de Tracy
(p. 219-242), D'Effiat de Cinq-Mars (p. 243), François-Auguste de
Thou (p. 247), François Du Val, marquis de Fontenay, ambassadeur à Rome (p. 257-268), président Nicolas de Bellièvre (p. 269),
de Tilladet (p. 273-280), de Castelnau, maréchal de camp (p. 281),
Arnauld, abbé de Saint-Nicolas (p. 285), de La Croisette (p. 289),
le P. J.-B. Rolin, Jésuite (p. 294). — 295 pages.

XVIIᵉ siècle. Papier. 9 volumes. 290 sur 215 millimètres. Rel. parchemin.

117-121. Dépêches de Gaspard III de Coligny, duc de
CHATILLON, maréchal de France, adressées à la Cour, avec les
réponses du roi et des secrétaires d'État (1637-1641).

Copies.

117. Dépêches du maréchal, pendant son emploi en Champagne (1637). — 649 pages.

118. Dépêches du maréchal, général de l'armée du roi en
Flandre (1638). — 166 feuillets.

119. Dépêches du maréchal, lieutenant général de l'armée du
roi aux frontières de Picardie et de Champagne (1639). — 183
feuillets.

120. Dépêches du maréchal, commandant des armées du roi dans l'Artois (1640). — 193 feuillets.

121. Dépêches du maréchal, commandant des armées du roi en Champagne (1641). — 109 feuillets.

XVIIe siècle. Papier. 5 volumes. 295 sur 190 millimètres. Rel. veau rac.

122-125. Rapports, dépêches, cartes et plans, en *originaux* et copies, du chevalier Louis-Nicolas DE CLERVILLE, ingénieur militaire chargé d'inspecter les FRONTIÈRES de terre et de mer (1664, 1669-1671).

122. « Rapport sur les ports de Picardie et Normandie et sur quelques affaires du commerce » (1664). Copie. — 39 feuillets.

123. Année 1669. — 48 lettres *originales* du chevalier de Clerville. — Cartes, plans, profils suivants : pont du Rhône à Lyon (fol. 9), — cap, jetée et port de Cette (fol. 14-16, 49), — canal de la jonction des mers, de Trebes à l'étang de Thau (fol. 28), — Rochefort et son « esteuve » (fol. 33-35), — façade du château d'Auxonne (fol. 39), — marais d'Aigues-Mortes (fol. 53), — écluses du canal de la jonction des mers (fol. 58), — canal à faire entre le Petit Rhône et le canal de Sauveréal (fol. 59), — mine de cuivre de Gudane (fol. 87), — cap de Ceppède et rades de Toulon (fol. 113), — infirmerie à construire à Saint-Mandrien (*sic*) (fol. 114, 133), — mines de Languedoc (fol. 121), — ancienne ville de Toulon (fol. 145), — détour proposé pour les rivières de l'Esgoutier et de l'As (fol. 150), — face de la galerie appliquée au bâtiment de l'étuve à Toulon (fol. 151), — campement pour six mille hommes au mont de la Ramette (fol. 156, 157), — construction d'un arsenal de marine à Toulon (fol. 163, 180) et de la corderie de Venise, (fol. 164), — bastion du roi et épaisseur de la nouvelle enceinte du Château-Trompette, à Bordeaux (fol. 208, 209, 232, 239), — brèche d'un des bastions de Porto-Longone (fol. 213), — tampes ou pièces de bois à mettre aux écluses du Lot (fol. 221). — XII-248 feuillets.

124. Année 1670. — 30 lettres *originales* du chevalier de Clerville. — Cartes, plans, profils suivants : ouvrages construits au

Château-Trompette, sous la direction de M. d'Argencour (fol. 23), plan du château (fol. 38, 52), vue de cette partie de Bordeaux (fol. 55) et projet d'un débarcadère contigu au château (fol. 56), — Brisach, avec divers projets de forts (fol. 80, 81). — Benfeldt (fol. 82), — bastions, parapets, casernes, clôture, maisons de Brisach (fol. 87, 114-118, 123, 128, 139, 141, 203), — Philipsbourg (fol. 116, 136-138, 200), — Eisenberg ou la Butte du Rhin (fol. 134, 135), — Höhinghen ou le Château du Chêne (fol. 140), — Vic, Moyenvic et Marsal (fol. 154), — Marsal (fol. 160, 161), — Moyenvic (fol. 162), — Auxonne (fol. 167, 168). — xii-208 feuillets.

125. Année 1670-1671 octobre. — 42 lettres *originales* du chevalier de Clerville. — 23 plans et profils d'ouvrages exécutés à Brisach et Philipsbourg. — vii-314 feuillets.

XVIIe siècle. Papier. 4 volumes in-folio, le premier relié en veau rac., aux armes de Colbert, les trois derniers reliés en maroquin rouge, aux armes de Colbert, entourées du double collier des Ordres.

126. « Registre contenant diverses expéditions et dépesches dont les minuttes sont de la main de Monseigneur » Colbert, et relatif à la guerre navale contre l'Angleterre (1666-1667).

Ces dépêches de Louis XIV et de Colbert, dont quelques-unes ont été imprimées par Pierre Clément, dans les *Lettres, instructions et mémoires de Colbert*, sont adressées à l'amiral François de Vendôme, duc de Beaufort (fol. 1, 19 v°-26, 33 v°, 95, etc. ; Clément, t. III¹, 69) ; — Godefroy, comte d'Estrades, ambassadeur en Hollande (fol. 6 v°, 33 v°, 54 v°, 91 v°, etc.) ; — Job Forant, chef d'escadre (fol. 9 v°) ; — Dumas, commissaire de marine (fol. 13, 60, 82, 99 v₀ ; Clément, t. III¹, 34) ; — de Meautrix, capitaine du garde-côtes l'*Hermine* (fol. 17) ; — Claude Colbert de Terron, intendant de marine (fol. 27, 135 v°, 146 v°, 149 v°, etc. ; Clément, t. III¹, 76, 82) ; — Du Moulin, allant à Tunis (fol. 48) ; — Georges de La Feuillade, archevêque d'Embrun (fol. 73 v°) ; — Pierre Chertemps de Seuil, commissaire général de marine (fol. 84 v°) ; — Abraham Du Quesne (fol. 86 v°, 103, 133, 147 v° ; Clément, t. III¹, 62) ; — Nacquart, lieutenant de l'amiral à Dunkerque (fol. 88 v°) ; — capitaines de vaisseau de Guinant (fol. 106)

et Henri Massué, marquis de Ruvigny (fol. 128 v°) ; — Philippe
de Montaut-Bénac, duc de Navailles (fol. 131) ; — Louis de
Béthune, comte de Charost (fol. 142, 174, 218) ; — Conrad Van
Beuningen, ambassadeur de Hollande en France (fol. 143) ; —
Melchior de Harod, abbé de Saint-Romain, ambassadeur en Portugal (fol. 148) ; — Louis-Victor de Rochechouart, comte de
Vivonne, général des galères (fol. 156) ; — Antoine d'Aumont,
marquis de Villequier (fol. 167 v°, 172) ; — maires de Brest (fol.
182 v°) et Saint-Malo (fol. 184 v°) ; — René, marquis de Coëtlogon
(fol. 185) ; — capitaines de vaisseau des Rabesnières de Treillebois
(fol. 186, 194, 206, etc. ; Clément, III², p. 398), de Turelles-Thi-
ballier (fol. 186 v°, 211), de Villepars (fol. 187), de Préaux-Mercey
(fol. 187 v°, 207) ; — François de Beauvillier, duc de Saint-Aignan
(fol. 188) ; — César, duc de Vendôme (fol. 202 v°) ; — Brodard,
commissaire général de la marine (fol. 206 v°, 250 v°) ; — capitaines de vaisseau de La Roche-Fontiès (fol. 208) et de Buous
(fol. 212) ; — comte de La Bourélie (fol. 219) ; — de Chambellé
(fol. 220) ; — François Mouslier, envoyé en Suisse (fol. 231 v°) ; —
Oeillard (fol. 241) ; — Pannetier, chef d'escadre (fol. 254).

XVIIᵉ siècle. Papier. xvi-272 feuillets. 355 sur 235 millimètres. Rel.
maroquin rouge, aux armes de Colbert, entourées du double collier des
Ordres.

127. Inventaire *original* des joyaux, tapisseries, livres et
vaisselle de Philippe le Bon, duc de Bourgogne, à Dijon
(1420-1424).

« Inventoire des joyaulx d'or et d'argent, reliques, aournemens
et autres choses de chappelle, appartenans à Monsieur le duc de
Bourgoingne..., fait à Dijon, par l'ordonnance de mondit seigneur,
par maistre Jehan Bonost, conseiller et maistre de la Chambre
des comptes dudit lieu, et Jacques de Templeuve, secrétaire, et
bailléz par inventoire et en garde à Jehan de La Chesnel, dit
Bouloigne, garde des joyaulx de mondit seigneur, le xiiᵉ jour de
juillet l'an mil CCCC et vint » (fol. 1). — « Inventoire de la tapi-
cerie » (fol. 121). — « Inventoire de l'armeurerie » (fol. 139). —
« Inventoire fait des livres et rommans, » 1420 (fol. 147). —
« Inventoire de la vaisselle d'or et d'argent servant en l'office de
l'eschanconnerie,... fait à Dijon, le xxviiiᵉ jour de juillet l'an de

grace mil CCCC vint et quatre, par Jacques de Templeuve » (fol.
170). — Mémoire de livres « prêtés à feu maistre Geffroy Malpointe,
phisicien du feu M. le duc Jehan » (fol. 180).

Des extraits de cet inventaire ont été publiés par le comte de
Laborde, *Les ducs de Bourgogne*, t. II, p. 235.

XVe siècle. Papier. 180 feuillets. 305 sur 215 millimètres. Rel. maroquin rouge, aux armes de Colbert, entourées du double collier des Ordres.

128. Inventaire *original* des joyaux, tapisseries, livres et
vaisselle de l'archiduchesse MARGUERITE I D'AUTRICHE, à Malines
(1523-1524).

Le titre est : « Inventoire des vaicelles d'or et d'argent, et
aultres joyaulx, tappisseries de drapt d'or et d'orfevrerier que
aultres riches tappisseries et painctures, ensemble de tous
aultres meubles estans et appartenans à ... Madame Marguerite,
archiduchesse d'Austrice,... par les s^{rs} de Rosimboz..., Philippe
de Souastre..., Jehan de Marnix..., et Charles Ourssin » (9 juillet
1523-17 avril 1524), et signé de Marguerite (fol. VI^{xx}xviii v°).

On y remarque une liste des « Accoustremens de plumes venuz
des Indes, présentées de par l'Empereur à Madame, à Bruxelles,
le xxe jour d'aoust xv^cxxiii » (fol. 4); avec des annotations postérieures des années 1529 (fol. CXIV v°) et 1530 (fol. VI^{xx}xix).

Publié par H. Michelant, dans le t. XII, 3e série des *Bulletins de
la Commission royale d'histoire de Belgique*, et tirage à part
(1870), in-8°.

XVIe siècle. Papier. vii^{xx}xi (141) feuillets. 295 sur 205 millimètres. Rel. maroquin rouge, aux armes de Colbert, entourées du double collier des Ordres.

129. Inventaire des joyaux, tapisseries, livres et vaisselle
de CHARLES-QUINT à Bruxelles (1536).

Copies collationnées par Rebreviette, en 1567-1570. — Le titre
est : « Inventoire fait en la ville de Bruxelles ou mois de mey
mil cincq cens trente six, par Messeigneurs Anthoine de Croy...,
Philippe de Lannoy..., Hugues de Buleux..., Guillaume Le

Blancq..., et M⁰ Guillaume Pensart..., de toutes les riches
baghes, aornemens d'église, pierres, vaisselle, tapisserie, livres
et autres joyaulx appertenans à icelluy sʳ Empereur et délivréz à
Pierre Damant, garde desdits joyaulx. » — Remise au garde des
joyaux, d'un coffre de linge, lors du départ de la reine Marie
de Hongrie pour l'Espagne, 1555 (fol. 116) et de meubles venant
de Turnhout, 1560 (fol. 117) ; liste d'objets pris « pour l'accou-
trement de la naviere, en laquelle la royne nostra Señora est passé
pour Espaigne, » 1570 (fol. 119 v⁰). — Quittances, en *original*, délivrées au garde des joyaux et signées par « Philippe » II d'Espagne
(fol. 127, 130-137, 139, 144-147, 150), « Margareta, » Marguerite II
d'Autriche, duchesse de Parme (fol. 129, 138), « Charles »-Quint
(fol. 140, 152), « Jehan Nicolay, » tapissier de l'empereur, 1555
(fol. 141), « Marie », reine douairière de Hongrie (fol. 142, 148).

L'*Inventaire des joyaux, etc.*, de *Charles-Quint* (mai 1536), a été
publié par H. Michelant dans les *Bulletins de la Commission royale
d'histoire de Belgique*, 3ᵉ série, t. XIII et XIV, et tirage à part, in-8°.

XVIᵉ siècle. Papier. 153 feuillets. 340 sur 220 millimètres. Rel. maroquin rouge, aux armes de Colbert, entourées du double collier des
Ordres.

130. Inventaire *original* des joyaux, tapisseries, livres et
vaisselle de Philippe II, roi d'Espagne, à Bruxelles (1569).

Le titre est : « Inventoire faict en la ville de Bruxelles, au mois
de mars mil cincq cens soixante huict avant Pasques, par Messeigneurs Charles baron de Berlaymont..., Philippe sieur de Sainte-
Aldegonde et de Noircarmes..., Roeland Longin..., Mᵉˢ Jehan de
Rebreviettes..., Jehan de Langhe... et Jacques Reingoult..., de
toutes les riches bagues, ornemens d'église, pierres, vaisselle,
tapisserie, livres et autres joyaulx appertenans à icelluy sʳ Roy...
et délivrées à Franchois de Hannart, garde desdits joyaulx. » —
A la suite, deux récépissés de Hannart et des trésoriers du roi
(1572).

L'*Inventaire des bagues, etc.*, de *Philippe II* (mars 1568-1569),
a été publiée par H. Michelant dans les *Bulletins de la Commission royale d'histoire de Belgique*, 3ᵉ série, t. XIV, et tirage à part.

XVIᵉ siècle. Papier. 151 feuillets. 345 sur 215 millimètres. Rel. maro-

quin rouge, aux armes de Colbert, entourées du double collier des
Ordres.

131. Inventaire *original* des joyaux, tapisseries, ornements
d'église, livres, linge et vaisselle de PHILIPPE II, roi d'Espagne
à Bruxelles (1598).

Le titre est : « Inventoire faict en la ville de Bruxelles, ès années
XVᶜ quatre vingtz dix sept et quatre vingtz dix huict, par Messire
Charles, conte d'Arembergh..., Messires Jehan de Drenckwairt
de Dormale..., Benoit Charreton..., Philippe Stercke et Philippe
d'Ayala..., Jehan Van der Stegen... et Paul de Croonendale..., de
toutes les parties d'aornemens d'esglise, vasselle, linge, tapisseries, libvres et aultres appertenans à sadicte Majesté..., délivrées
à Philippe Borlut, à présent conseillier et garde desdits joyaulx,
pour les garder. — Aussi sont en cedit inventoire comprinses et
couchées les parties de joyaulx que l'an XVᶜLXXVIII furent en-
gaigées à la royne d'Angleterre, que les Estatz généraulx lors
assambléz ont promis rachapter » (fol. LXXXIX).

XVIᵉ siècle. Papier. IIIᶜXLIX (349) feuillets. 355 sur 235 millimètres.
Rel. parchemin.

132. « Viceroys, gouverneurs, lieutenants généraux, bail-
lifs et seneschaux des royaumes et provinces de l'EUROPE, par
Pierre Gaucher dit Scévole DE SAINTE-MARTHE, escuyer, seigneur de Meré et des Lyonnières, conseiller du roy en ses
conseils, maistre d'hostel de Sa Majesté, historiographe de
France (1675). »

Tome Iᵉʳ. « Les XII premiers gouvernements du royaume de
France. »

XVIIᵉ siècle. Papier. 265 feuillets. 350 sur 220 millimètres. Rel. veau
gr., aux armes de Colbert, entourées du double collier des Ordres.

133. « Histoire de la pairrie de France, » par LE LABOUREUR.

Première partie.

XVIIᵉ siècle. Papier. 138 feuillets. 355 sur 240 millimètres. Rel. maroquin rouge, aux armes de Colbert, entourées du double collier des
Ordres.

134. « Mémoire par abbrégé des duchéz et pairies de France, leurs érections, suppressions, et réunions d'aucunes d'icelles au domaine de la Couronne, avec divers traictéz concernans l'origine, rang, dignité et auctorité des pairs. »

Fol. V. « Des douze anciens pairs de France et de leur origine. »

XVII⁰ siècle. Papier. lxi-239 pages. 355 sur 230 millimètres. Rel. veau rac., aux armes de Colbert.

135. Érections de principautés, duchés, pairies, comtés et baronnies (1404-1588).

Baronnie de Quintin, 1451 (fol. 1) ; — duchés de Longueville, 1505 (fol. 3), Vendomois, 1515 (fol. 7), Chartres, 1528 (fol. 9), Guise, 1528 (fol. 11), Nivernais, 1539 (fol. 15), Montpensier, 1544 (fol. 19), Albret (fol. 21), Aumale, 1548 (fol. 25), Montmorency, 1551 (fol. 27) ; — principauté de Joinville, 1551 (fol. 31) ; — comté de la Suze, 1566 (fol. 37) ; — duchés de Penthièvre, 1569 (fol. 39), Uzès, 1572 (fol. 47), Mayenne-la-Juhel, 1573 (fol. 53) ; — marquisat de Chaussins, 1576 (fol. 57) ; — duchés de Mercœur, 1576 (fol. 59), Saint-Fargeau, 1576 (fol. 65), Pigney, 1577 (fol. 71), Joyeuse, 1581 (fol. 77), Épernon, 1581 (fol. 83), Réthelois, 1581 (fol. 86), Retz, 1581 (fol. 93), Nemours, 1404 (fol. 101) ; — principauté de Chimay, érigée par l'empereur Maximilien, 1486 (fol. 103) ; — comté de Randan, 1566 (fol. 105) ; — duchés de Hallwyn, dit de Maignelèz, 1588 (fol. 106 v°), Ventadour, 1578 (fol. 111) ; — comté de Laval, 1482 (fol. 118).

XVI⁰ siècle. Papier. 123 feuillets. 320 sur 215 millimètres. Rel. veau brun.

136. Recueil de pièces, lettres de commissions, etc. concernant les GRANDS OFFICIERS de la Couronne, connétables, amiraux, maréchaux, grands chambriers, chanceliers, gardes des sceaux, grands maîtres de l'artillerie, grands aumôniers, secrétaires d'Etat (xiv⁰-xvii⁰ siècle).

Connétables, xiv⁰ siècle-1627 (fol. 11). « Extraict d'un sac intitulé *Specialia*, estant en la Chambre des comptes. Ce sont les droicts que le connestable de France doibt avoir... », de la main de Pierre Dupuy (fol. 11). — Amiraux, 1536-1627 (fol. 67). Lettres *originales* de Louis XIII notifiant la création de la charge de Grand Maître de la navigation, 1627 (fol. 67-70). — Maréchaux, 1639-1654 (fol. 89). « Raisons de Messieurs les mareschaux de France pour maintenir l'arrest du Conseil du Roy, donné en leur faveur, pour la dispensation des deniers du taillon. A Paris, 1654, » in-fol., *impr.* (fol. 103). — Grands Chambriers, 1488 (fol. 115). — Grands Maîtres de l'artillerie, 1610-1651 (fol. 117). — Grands Aumôniers (fol. 135). « Considérations pour lesquelles les pauvres prisonniers suplient très humblement sa Majesté de ne permettre point à d'autres qu'à ses Aumosniers de les ouyr dans leurs interrogatoires en l'occasion de sa grace, » in-fol., *impr.* (fol. 139). « Ordonnance du roy Henri IV à Monsieur le Grand Aumosnier pour tirer les prisonniers à cause de son entrée en sa ville de Caën, le 17 septembre 1603, » et autres libérations de prisonniers à La Rochelle, 1629, Metz, 1569, Calais, 1601, in-fol., *impr.* (fol. 141). « Exemples... pour justifier comme Messieurs les Grands Aumosniers de France... ont élargi les prisonniers », in-fol., *impr.* (fol. 143). « Réponse au mémoire présenté au roy par Messieurs les Maistres des requestes de son Hostel concernans l'élargissement des prisonniers, » in-fol., *impr.* (fol. 145). —Superintendants des finances (fol. 154). — Chanceliers (fol. 161). « Ordinatio cancellarie, » extrait du registre *Croix* de la Chambre des comptes (fol. 197). — Gardes des sceaux, 1542-1645 (fol. 254).

« Mémoires de l'establissement des secretaires d'Estat et des clercs, notaires et secretaires du roy et secretaires des finances, » et notices biographiques sur les secrétaires d'État, 1547-1647 (fol. 347).

XVII⁰ siècle. Papier. 519 feuillets. 365 sur 235 millimètres. Rel. maroquin rouge, aux armes de Colbert.

137-138. « Recherches de l'ancienne NOBLESSE du royaume de France du ban et arrière ban. »

Nombreuses analyses de quittances des xiv⁰ et xv⁰ siècles, avec description des sceaux. — Table alphabétique en tête du tome I.

XVIIe siècle. Papier. LXIII-392 feuillets. 435 sur 275 millimètres. Rel. veau fauve, aux armes et chiffre de Colbert.

139. « Divers mémoires concernant les rangs entre les Grands et autres personnes, les CÉRÉMONIES observées aux processions, *Te Deum,* jurement de paix, pompes funèbres ; les personnes à qui le prévost des marchands doit faire le serment, le roy absent ; et les différends pour les rangs des ambassadeurs. »

Divers conflits de préséance, intéressant particulièrement Henri de Savoie, duc de Nemours (fol. 20), le grand prieur de France, Henri d'Angoulême, fils naturel de Henri II (fol. 46), le maréchal Charles de Cossé, duc de Brissac, et le grand écuyer Roger de Saint-Lary, duc de Bellegarde (fol. 48), les ducs de Longueville (fol. 56-83), les religieux de Sainte-Geneviève (fol. 88), le sceau du roi (fol. 97). — Édit d'Albert VII d'Autriche, souverain des Pays-Bas, sur les armoiries, 1616 (fol. 101). — Cérémonies observées aux processions et *Te Deum* (fol. 111). — « Déclaration du roy par laquelle Sa Majesté déclare qu'elle a pris la très-saincte et très-glorieuse Vierge pour protectrice spéciale de son royaume. A Paris, 1638, » in-4°, *impr.* (fol. 193). — Lettres patentes, en *original* ou copie, de Louis XIII, 1628-1641 (fol. 201, 215, 218, etc.). — « Mandement de Monseigneur l'illustrissime et reverendissime archevesque de Paris [Jean-François de Gondy] pour le vœu de Sa Majesté. A Paris, 1638, » in-fol., *impr.* (fol. 202). — « N° 121. L'heureuse naissance de Monseigneur le Daufin [Louis XIV]. Du Bureau d'adresse, le 5 septembre 1638 » et « N° 122. Particularitéz de la naissance de Monseigneur le Daufin [Louis XIV]. Du Bureau d'adresse, le 10 septembre 1638. » In-fol., *impr.* (fol. 249, 247). « Lettre du Roy [Louis XIII]... sur la naissance de Monsieur le Dauphin, 1638. A Rouen, » in-fol., *impr.* (fol. 251). — Lettre patente *originale* de Marie de Médicis, 1629 (fol. 280). — « Ordre des séances et de ce qui s'est passé en la cérémonie des pompes funèbres, faictes pour feu Monsieur Victor-Amedé, duc de Savoie, en l'église cathédralle de Paris, le 28e et 29e octobre de l'an 1637 » (fol. 289). — « Extraict des registres de la Ville de Paris touchant le scrutin et prestation

de serment de Messieurs les prevostz des marchans et eschevins, » 1411-1639 (fol. 317). — « L'ordre tenu à la réception des
ambassadeurs de France par les princes d'Italie » (fol. 328). —
« Mémoire de ce qui s'est passé touchant la visite première des
frères et neveux des papes avec les ambassadeurs de Sa Majesté, »
1605-1662 (fol. 332). — Mémoire du duc de Bracciano sur la prétention qu'il a d'avoir la « mandritta in casa dell' Ambasciatore »
de France à Rome, 1647 (fol. 344). — « Essame delle preeminenze
reali pretese dalla republica di Genova nella corte di Roma »
(fol. 348). — Préséance des ambassadeurs de France (fol. 360,
380). — « Procès verbal contenant la déclaration que le marquis de
de la Fuente, ambassadeur extraordinaire du Roy Catholique près
du Roy, a faite... pour satisfaire Sa Majesté sur ce qui estoit arrivé
en la ville de Londres, le dixième octobre de l'année dernière
1661, entre les ambassadeurs de France et d'Espagne. A Paris,
1662, » in-fol., *impr.* (fol. 384). — « Mémoire sur le différant qui
est entre le Roy et les Vénitiens » (fol. 390). — « Mémoire touchant la presséance de Venise et Savoye » (fol. 403). — « De la
presséance entre les rois de France et les autres princes chrestiens, par Jean Domat, 1645 » (fol. 412). — « Plan d'une responce
latine aux traittéz escrits en mesme langue par Ferdinand Vasquez de Menchaca, etc., touchant la presséance des rois d'Espagne » (p. 434).

XVIIe siècle. Papier. 442 feuillets. 365 sur 235 millimètres. Rel. maroquin rouge, aux armes de Colbert.

140. Recueil de pièces et copies de pièces sur les CÉRÉMONIES
d'entrées des rois de France et des ambassadeurs français et
étrangers (1551-1612).

Ces entrées ont eu lieu, sauf indications contraires, à Paris et
sont relatées d'après les registres de l'Hôtel de ville.

Entrées des rois et reines de France ou princes du sang, François II, à Reims, 1559 (fol. 535) et Orléans, 1560 (fol. 513). — Élisabeth de Valois, sa sœur, reine d'Espagne, à Roncevaux, 1560
(fol. 519), Saint-Jean-de-Luz et Bayonne, 1565 (fol. 454) ; « Brief
discours de l'arrivée de la royne d'Espaigne à Sainct Jehan de
Luz. A Paris, 1565, » petit in-4°, *impr.* (fol. 462) ; — Charles IX,
à Rouen, 1563 (fol. 501), Bayonne, 1564 (fol. 495), Toulouse, 1565

(fol. 485), Paris, 1571 (fol. 364) ; « Remonstrance du Parlement au roy Charles IX sur ce que le garde des sceaux de Birague prétendait précéder le Parlement à l'entrée du roi » (fol. 332) ; « Entier discours des choses qui se sont passées en la réception de la Royne et mariage du Roy, par Papirius Masson. A Paris, 1570, » petit in-4°, *impr.* (fol. 336) ; — « Partement de la reine Elisabet, veufve du roy Charles IX, » 1575 (fol. 259) ; — Henri III, roi de Pologne, à Paris, 1573 et 1587 (fol. 274, 198), Reims (fol. 256) ; — François, duc d'Anjou, son frère, en Flandre, 1582 (fol. 232), à Paris, 1584 (fol. 222) ; — Henri IV, à Tours, 1589 (fol. 186), Paris, 1594, 1597 (fol. 156) ; — Marie de Médicis, à Marseille, 1600 (fol. 110).

Entrées des ambassadeurs de France : « Relation de la venue et entrée solennelle en la ville de Rome, au 25 du mois de novembre 1608, de... Charles de Gonsague de Cleves, duc de Nevers... A Paris, 1609, » petit in-4°, *impr.* (fol. 42) ; — De Seissac et Louis de Chasteigner d'Abain, à Florence, 1589 (fol. 192) ; — Claude de Lorraine, prince de Joinville, à Londres, 1607 (fol. 54) ; — Charles de Gontaut-Biron, Pompone de Bellièvre et Nicolas Brûlart de Sillery aux Pays-Bas, 1598 (fol. 148).

Entrées des ambassadeurs étrangers, à Paris principalement : cardinaux-légats de Saint-George, Jérôme Capo-di-Ferro, 1553 (fol. 574), Pole, 1554 (fol. 566), Charles Caraffa, 1556 (fol. 560), Antoine Trivulce, avec lettre *originale* de Henri II, 1557 (fol. 554), Nicolas et Henri Caetani, 1570 et 1590 (fol. 446, 184), François des Ursins, 1572 (fol. 326), Alexandre de Médicis, archevêque de Florence, 1596 (fol. 166), Aldobrandini, 1599 (fol. 130) ; — ambassadeurs d'Angleterre, 1551 (fol. 576), 1555 (fol. 572), « Milor Houdeston, » 1564 (fol. 493), et entrée du roi Jacques Ier à Londres, 1604 (fol. 56) ; — ambassadeurs d'Espagne, 1556 (fol. 562), 1559 (fol. 543), duc de Pastrana, 1612, avec protocole signé de Marie de Médicis (fol. 4) ; — Grand Maître de Malte à Rome, 1581 (fol. 252) ; — ambassadeurs du tsar Moscovite à Rome, 1582 (fol. 230) ; — des princes Palatins, 1566 (fol. 452) ; — de Pologne (fol. 216, 267) ; — des ducs de Savoie, 1559 (fol. 539), à Lyon, 1599 (fol. 142) ; — de Guillaume de Saxe, 1558 (fol. 552) ; — de Suisse, 1559 (fol. 539), 1575 (fol. 263), 1582 (fol. 224), 1602 (fol. 64) ; — de Venise, 1560 (fol. 517), 1575 (fol. 261).

XVIe et XVIIe siècles. Papier. 582 feuillets. 390 sur 250 millimètres.

Rel. maroquin rouge, aux armes royales, entourées du double collier des Ordres.

141. Relation *originale* de diverses CÉRÉMONIES du règne de Louis XIV, par DESGRANGES, maître des cérémonies (1672-1698), suivie d'extraits des registres de SAINCTOT, autre maître des cérémonies (1646-1668).

Mariages de Léopold, duc de Lorraine, et Élisabeth d'Orléans, 1698 (fol. 1), Louis-Auguste, duc du Maine, et Louise-Bénédicte de Bourbon, dite Mademoiselle de Charolais, 1692 (fol. 5), Philippe d'Orléans, duc de Chartres, et Marie-Françoise de Bourbon, dite Mademoiselle de Blois, 1692 (fol. 9), Louis, duc de Bourbon-Condé, et Louise-Françoise de Bourbon, dite Mademoiselle de Nantes, 1685 (fol. 17), Victor-Amédée II, duc de Savoie, et Anne d'Orléans, 1684 (fol. 21). — Audience à l'Académie Française, 1672 (fol. 35). — Te Deum après les combats de Seulkein et Tabago, 1677 (fol. 37, 38), la paix avec le Danemark, 1679 (fol. 39), la prise de Courtray (fol. 47), la paix avec l'Empire, 1679 (fol. 48), la prise de Saint-Guillain, Saint-Omer, Cambrai, Valenciennes, 1677, Bouchain, 1676 (fol. 49 et suiv.), Condé, Dinant, Limbourg, 1675, Gray, 1674 (fol. 64 et suiv.), les victoires de Ensheim (fol. 70), Senef, 1674 (fol. 71), la prise de Maestricht, 1673 (fol. 75), Fribourg, 1677 (fol. 82), etc., la naissance du duc d'Anjou, 1668 (fol. 86), la conquête de la Franche-Comté, 1668 (fol. 87), la prise de Lille, Courtray, 1667 (fol. 91 et suiv.), la naissance de Marie-Anne-Élisabeth de France, 1662 (fol. 97) et du Dauphin, 1661 (fol. 99), la paix avec l'Espagne, 1660 (fol. 103), la victoire de Lens, 1648 (fol. 109), la prise de Courtrai, 1646 (fol. 111).

XVIIᵉ siècle. Papier. 124 feuillets. 380 sur 245 millimètres. Rel. maroquin rouge, aux armes du roi.

142. POMPES FUNÈBRES, d'après les registres de SAINCTOT, maître des cérémonies (1637-1689).

Pompes funèbres de Louise d'Orléans, reine d'Espagne, 1689 (fol. 1), Anne-Marie-Louise d'Orléans, duchesse de Montpensier (fol. 7), Louis de Bourbon, le Grand Condé, 1686 (fol. 13), la princesse Palatine, 1684 (fol. 27), Marie-Thérèse d'Autriche, reine de France, 1683 (fol. 31; cf. aussi 21), chancelier Séguier, 1672 (fol. 161), Anne Martinozzi, princesse de Conti, 1672 (fol. 163), Marie-Henriette d'Angleterre, 1669 (fol. 165), Philippe-Charles, duc de Valois, 1666 (fol. 175), Anne d'Autriche, reine de France, 1666 (fol. 179), Philippe IV, roi d'Espagne, 1665 (fol. 207), Gaston d'Orléans, 1661 (fol. 215), Jean IV, roi de Portugal, 1657 (fol. 217), Élisabeth, reine d'Espagne, 1644 (fol. 219), Victor-Amédée, duc de Savoie, 1637 (fol. 251).

XVIIe siècle. Papier. 263 feuillets. 395 sur 250 millimètres. Rel. maroquin rouge, aux armes du roi.

143. PROCESSIONS, d'après les registres de SAINCTOT, maître des cérémonies de la Cour, les registres de l'Hôtel de ville et ceux du Parlement (1571-1684).

Processions à Valenciennes, en présence de Louis XIV, 1684 (fol. 1), à Paris, reposoir au Palais Royal, 1648 (fol. 16), à Amiens, en présence de Louis XIV et Anne d'Autriche, 1646 (fol. 26), à Aix en Provence, 1636 (fol. 28), en mémoire de la réduction de Paris à Henri IV, 1594-1636 (fol. 34), pour la santé de la reine Anne d'Autriche, 1620 (fol. 81), pour la tenue des États-Généraux, 1614 (fol. 101); — « Ordre et cérémonie observée tant en la descente de la chasse Madame Saincte Geneviefve qu'en la procession d'icelle, par E. Le Liepvre Paris. A Paris, 1611 », petit in-4°, *impr.* (fol. 154); — Processions pour la naissance du Dauphin, 1601 (fol. 207), à Tours, 1589 (fol. 241), pour la victoire de Henri III, 1587 (fol. 249), pour la convalescence de Monsieur, François, duc d'Anjou, 1584 (fol. 257), pour le retour de Henri III en France, 1574 (fol. 285), pour la victoire de Lépante, 1571 (fol. 291), etc.

XVIIe siècle. Papier. 294 feuillets. 395 sur 250 millimètres. Rel. maroquin rouge, aux armes royales.

144-149. Recueil de pièces, contrats, procès, lettres-patentes, comptes, concernant particulièrement de grandes familles françaises, ARMAGNAC, LA TOUR D'AUVERGNE, CONCRES-

sault, Laval, etc., et rangés par ordre chronologique (1202-
1660).

Table des matières en tête de chaque volume.

144. Tome I. Années 1202- 1536. — Comtes d'Armagnac, 1380
et 1446 (fol. 121). — Succession de Bérard, Dauphin d'Auvergne,
1451 (fol. 191) ; « Extraict d'une vieille peau de parchemin, atta-
chée à un cadre de bois de chaisne, fort vieille et deschirée en
aucuns endroicts, escripte d'une lettre antique et ancienne, contenant les obits... des comtes de Boloigne, d'Auvergne et barons de
La Tour, trouvée dans la sacristie de la Sainte Chappelle de Vic
le Comte » (fol. 345) ; « Procès-verbal d'enqueste par turbes sur
l'usage au païs d'Auvergne contraire à l'art. 19 des donations
inséré en la nouvelle rédaction de la coustume d'Auvergne de
l'an 1510 », copie en forme authentique extraite des archives du
château de Mercurol en 1622 par P. Dupuy (fol. 379). — Mahault,
comtesse de Boulogne, 1234 (fol. 23). — Alix de Vergy, duchesse
de Bourgogne, 1218 (fol. 15). — Pierre Mauclerc, duc de Bretagne, 1234 (fol. 27). — Châteaulandon, 1477 (fol. 325). — Concressault, 1351-1480 (fol. 101, 113, 129, 141, 331). — Jean, comte
de Dunois, 1458-1465 (fol. 267, 293). — Jean Stuart, comte d'Evreux,
1426 (fol. 163). — Archambaud, comte de Foix, 1402 (fol. 137).
— Gençay : Compte de 1487 (fol. 343). — Renaud, comte de
Gueldre, 1372-1382 (fol. 115). — Comtes de La Marche, 1309 et
1461 (fol. 31 et 285). — Maison de La Tour d'Auvergne, 1316-
1536 (fol. 33-92, 109, 165, 275, 335) : Copies extraites des archives
du château de Mercurol, en 1618, par P. Dupuy. — François de
Laval, 1467 : lettres de Louis XI (fol. 297). - Église Saint-Sil-
vain de Leuroux, 1501 (fol. 357). — Comte de Montbéliard, 1301
(fol. 29). — Gaston de Foix, vicomte de Narbonne, 1507 (fol. 371).
— Rois de Navarre, 1404-1414 (fol. 143, 147, 152). — Jacques
d'Armagnac, duc de Nemours, 1470-1477 (fol. 299, 325). —
Mahault, comtesse de Nevers, 1221 (fol. 17). — Duché de Normandie donné à Jean II le Bon, avant son avènement, 1347 :
lettres *orig.* de Philippe VI (fol. 99, 100). — Oléron, 1224-1450
(fol. 19, 184). — Duché d'Orléans, 1505-1509 : lettres de Louis XII
(fol. 359). — Rivière d'Ourcq, 1338-1348 : lettres de Philippe VI
(fol. 95). — Livre des fiefs de Poitou baillés à Jean duc de Berry,

1405 (fol. 145). — Donation de Catherine de Saint-Belin à Jacques d'Amboise, son fils, 1511 (fol. 375). — Hôpital et cimetière de La Trinité, à Paris, 1202-1253 (fol. 9, 107). — Jean de Vaudaignon, 1477 (fol. 323). — Pierre d'Urfé, 1501 (fol. 349). — 436 feuillets.

145. Tome II. Années 1514-1570. — John Stuart, duc d'Albany, 1518-1534 : transactions avec le duc d'Urbin, François Ier, Catherine de Médicis, Jean de La Chambre, Jean de Chabannes, etc. (fol. 23, 39, 65, etc.). — Duché d'Alençon, 1535 et 1563 : « inventaire des lettres, pièces, tiltres et enseignemens, que produict... le procureur général... contre Monsieur le duc de Vendosmoys » (fol. 239). — Auvergne, 1531 : enquête pour le procès entre le duc d'Albany et Catherine de Médicis, extraite par P. Dupuy des archives de Mercurol, 1622 (fol. 133). — Bouillon et Sedan, 1521, 1549 (fol. 31, 371). — Duché de Chartres, 1528 (fol. 85). — Châteaubriant, 1525 et 1561, déposition du président de Thou (fol. 69, 416). — Concressault, 1533-1559 (fol. 231, 356, 398). — Jean, duc d'Étampes, 1555 (fol. 383). — Renée de France (fol. 452). — Obsèques de François Ier, 1547 (fol. 358). — « Comme Philippe de Vitré, dame de Laval, succéda à André, son frère, et de la généallogye de Guy de Laval, son mary » (fol. 301), suivi de la « généallogye des roys, ducz et princes de Bretaigne, depuis l'an 386 jusques à l'an présent que nous disons 1486 », par Pierre Le Baud, dédiée à Marguerite, duchesse de Bretagne (fol. 337 v°). — Inventaire, par Robert de Montdoucet et Martin de Baulne, des titres concernant le comté de Montfort au trésor des chartes de Bretagne, 1561 (fol. 404). — Duché de Nemours, 1515-1528 (fol. 15, 17, 47) : « Contract de cession et transport du duché de Nemours, » in-4°, *impr.* (fol. 103). — Oléron, 1530 (fol. 119). — Parthenay, 1555 (fol. 397). — Louise de Savoie, 1525 (fol. 81). — Hôpital de La Trinité, à Paris, 1553 (fol. 377). — Duché de Vendômois, 1515 (fol. 7). — Arthus de Villequier, 1514 (fol. 9, 33). — 460 feuillets.

146. Tome III. Années 1570-1587. — « Du droict de Louis, duc de Montpensier, au comté d'Auvergne, contre la reine Catherine de Médicis, par Symon Marion, advocat », 1572 (fol. 226). — Bonneval, 1582 (fol. 308). — Ventes faites par Catherine de Médicis à François de Chabannes, 1583, 1587 (fol. 334, 340). — Procès entre Charles IX et Renée de France, duchesse de Ferrare, 1570-

1576 (fol. 31, 282, 288). — Comté de Lauraguais donné à Chrestienne de Lorraine, 1587 (fol. 346). — Droit de battre monnaie à Trévoux donné à Louis, duc de Montpensier, 1575 (fol. 278). — « L'occasion du desmenty que Monsieur le duc de Nevers, pair de France, fit donner ce mois de mars dernier 1580 » au duc de Montpensier, in-4°, *impr.* (fol. 300). — Oléron, 1572 (fol. 276). — Procès entre le roi de France et le duc de Savoie, pour le comté de Nice, le Piedmont, Versoy, etc., 1571 (fol. 180). — 347 feuillets.

147. Tome IV. Années 1597-1618. — Comté d'Armagnac, 1470, 1584 (fol. 7).— Comtés d'Auvergne et Lauraguais et baronnie de La Tour d'Auvergne, 1605 et 1618 : pièces de procédure d'un procès entre le roi, le duc de Nevers et la duchesse de Guise (fol. 68, 289, 303, etc.). — Procès à l'occasion de l'entrée de François de Donadieu, évêque d'Auxerre, dans sa ville épiscopale, 1601 (fol. 43). — Nicolas de Bellièvre, procureur général, 1612 (fol. 179). — « Inventaire des tiltres, papiers et enseignemens consernans le domaine et seigneurie de Bonneval » (fol. 227). — Bouillon, 1606-1609 (fol. 82). — Champrond, 1600 (fol. 33). — Châteaurenaud, 1616 (fol. 243). — Concressault, 1597-1615 (fol. 14, 23, 176, 217). — Les sires de Courtenay, ex-princes du sang, 1609-1616 (fol. 150, 158, 172). — Enghien et autres fiefs du comté de Hainaut, 1597-1615 (fol. 10). — Maréchal de Fervaques, 1608 (fol. 98). — Généalogie des comtes de Fleix (fol. 106). — Succession de Jean Grepin, 1613 (fol. 182). — Plaidoyer de Galland pour damoiselle Claude Le Moyne (fol. 110). — Arrêts en faveur de la reine Marguerite de Navarre contre l'évêque de Langres, de Ventadour et de Champdenier, 1601-1617 (fol. 53, 59, 247, 271). — Le chevalier Miron, lieutenant civil, 1605-1610 (fol. 169). — Molé, nommé procureur général, 1614 (fol. 189). — Mademoiselle de Montpensier, 1615 (fol. 193). — Quintin (fol. 205).— Succession de Rieux, 1615 (fol. 196). — Jacques de Rivière, conseiller au Parlement, 1597 (fol. 15). — Abbaye de Saint-Denis, 1610-1612 (fol. 167). — Sedan, 1606-1616 (fol. 156, 241). — Sully, grand voyer de France, 1599 (fol. 27). — César de Vendôme, 1598-1610 (fol. 19, 96, 160). — Wilermin, baron de Montricher, 1607 (fol. 213). — 400 feuillets.

148. Tome V. Années 1618-1640. — Prétentions de Catherine

de Begolles sur le comté d'Armagnac, 1626 (fol. 256). — Enlève-
ment de Marguerite Boucquart, 1639 (fol. 465). — Bouillon, 1619
(fol. 207). — Testament de Cecill, Anglais, 1627 (fol. 304). — Châteauneuf en Thimerais, 1634 (fol. 434). — Châteauroux, 1619 (fol.
33). — Comté de Civray, 1625 (fol. 232). — Église de Clermont,
1629 (fol. 322). — Concressault, 1622 (fol. 211). — Henri II de
Bourbon, prince de Condé, 1619 (fol. 203). — Dupomey, trésorier
à Lyon, 1628 (fol. 313). — Marguerite Chabot, duchesse douairière d'Elbeuf, 1635-1639 (fol. 435). — Inventaire des pièces
produites en Parlement par Bernard de Forbin, demandeur du
marquisat de Pont-à-Mousson, 1638 (fol. 441). — La Ferté-au-
Vidame, 1631 (fol. 424). — Cardinal Ludovisi, 1622 (fol. 216). —
Succession de la reine Marguerite de Navarre, 1618 (fol. 19). —
Duché de Nemours, 1623-1638 (fol. 220, 248, 437). — Apanage de
Gaston d'Orléans, 1626 (fol. 284). — Jacques de Piédefer, sieur
de Saint-Mardz, 1631 (fol. 428). — Charles de Poutrincourt, 1638
(fol. 436). — Marquisat de Sillery, 1631 (fol. 432). — Cardinal de
Richelieu, 1624-1628 (fol. 230, 286). — Abbaye de Saint-Denis,
1622-1628 (fol. 215, 308). — Versoy, 1619 (fol. 31). — « Second
factum pour Messire Maximilian de Béthune, duc de Sully...
contre Messire Nicolas Denets, évesque d'Orléans. » In-fol., *impr.*
(fol. 7). — M. de Thémines, 1626 (fol. 280). — Hôpital de la Trinité à Paris, 1630 (fol. 385). — « Arrests de la cour de Parlement...
au profit de monsieur Valladier,... abbé de l'abbaye royale de
S. Arnoul » de Metz. 1626, in-4°, *impr.* (fol. 272). — Comte et comtesse de Vertus, 1629 (fol. 321). — 468 feuillets.

149. Tome VI. Années 1640-1660. — Académie de 20 gentilshommes (fol. 33). — Arras, 1641 (fol. 15). — François-Jacques
d'Amboise, comte d'Aubijoux, Louis d'Astarac, sieur de Fontrailles, Benjamin de Lévy, sieur de Montmor, 1643 (fol. 131). —
Marquis du Bec, 1643 (fol. 125). — Frédéric-Maurice de La Tour,
duc de Bouillon, 1641-1652 (fol. 23). — Armand de Maillé-Brezé,
nommé maréchal de France, 1643 (fol. 89). — Amiral de Brion-
Chabot, 1543 (fol. 133). — Factum de la princesse de Carignan
contre le duc et la duchesse de Nemours, par Maître Michel Langlois, in-4°, *impr.* (fol. 293). — Bouthillier, comte de Chavigny,
1643 (fol. 109). — René, marquis de Coëtlogon, 1640 (fol. 7). —
« Partage de Messeigneurs les princes de Condé et de Conty », et

nombreux factums relatifs à ce partage, 1651, in-fol., *impr.* (fol. 180, 216 et suiv.). — « Mémoire servant d'instruction sur la demande faite par Dame Magdelène de Pas de Feuquières, veuve de Messire Louys d'Orthe..., et Dame Anne d'Orthe, femme de Messire David de Dompierre, comme estans seigneurs... de Courcelles », in-fol., *impr.* (fol. 261).— « Arrest de la Cour... au profit de Monsieur le duc de Vandosme contre Monsieur le duc et Madame la duchesse d'Elbeuf. A Paris, 1655, » in-4°, *impr.* (fol. 192). — Bernard de La Vallette, duc d'Épernon, 1643 (fol. 105). — Requête des courriers et messagers de Flandre, in-fol., *impr.* (fol. 287). — Louis d'Estrac, ou Astarac, sieur de Fontrailles, et Charles de Bourdeilles, sieur de Matha, 1650 (fol. 178). — Henri de Lorraine, duc de Guise, 1641-1643 (fol. 29). — De Laffémas, lieutenant civil de la prévôté de Paris, 1640 (fol. 13). — « Estat des sommes que les traittants de Roüargue ont déclaré avoir payé au sieur de la Terrière,... 1643, » in-fol., *impr.* (fol. 143). — Marquisat de Lezay, 1642 (fol. 67). — Duc de Longueville, 1643 (fol. 93). — François de Machault, 1654 (fol. 265). — « Factum pour messire Jules cardinal Mazarini, abbé et comte de Corbie,... contre Maistre Jean Joly, prévost royal de Foulloy,... » in-fol., *impr.* (fol. 313).— « Défense du duc de Richelieu contre les violences de Madame la duchesse d'Aiguillon. » 1654, in-fol., *impr.* (fol. 277). — « Actus processus in Belgio inter Remigium Rubeum, secretarium, ex una parte, et Laurentium de Mena, regis Hispaniae computatorem in dicto Belgio, 1657 (fol. 327). — Pièces d'un procès entre Marie Pigoreau, veuve de Beaulieu, et Claude de La Guiche, comte de Saint-Géran, 1657, in-fol., *impr.* (fol. 295). — « Déclaration du chevalier Thomas Sandys touchant son employ en France », 1648 (fol. 147). — « Estat sommaire des droicts et revenus... de Sedan et Raucourt... 1641, » in-fol., *impr.* (fol. 65). — « Arrest touchant la succession de Tournon, » 1654, in-fol., *impr.* (fol. 267). — Lettres de Louis XIII concernant César de Vendôme, 1643 (fol. 95-99). — 391 feuillets.

XVIe et XVIIe siècles. Papier et parchemin. 6 volumes. 335 sur 230 millimètres. Rel. maroquin rouge, aux armes de Colbert.

150-151. « Inventaire des tiltres du trésor de MERCUROL, fait par nous Pierre DUPUY, advocat en la cour de Parlement,

en présence de Messire Jean de La Guesle, conseiller du roy
en ses conseils et gouverneur du chasteau de Mercurol. »
(1622).

Original.

XVII⁰ siècle. Papier. 2 volumes. 418 et 421 feuillets. 300 sur 210 millimètres. Rel. maroquin rouge, aux armes de Colbert.

152. « Terrier des cens de la terre, seigneurie et mandement de Besse, faict et receu par nous Anthoine Nouel et
Guillaume Grouleyre, notaires commis à icellui fere et recevoir par Monseigneur le conte... Bertrand, conte d'Auvergne
et de Lauraguès. » (1485-1492).

Original.

XV⁰ siècle. Papier. 373 feuillets. 285 sur 195 millimètres. Rel. maroquin rouge, aux armes de Colbert.

153-164. Recueil de pièces relatives aux Affaires ecclésiastiques et provenant en partie de Mathieu Molé.

Table des matières en tête de chaque volume.

153. Tome I. Preuves des libertés de l'Église Gallicane, 1235-
1640.

Nombreux arrêts des parlements de Paris, Toulouse, Bordeaux, lettres royales, bulles pontificales, dont on trouvera la
table des matières en tête du volume, et concernant, entre autres,
le cardinal Balue, le maréchal de Bassompierre, les cardinaux
Bellarmin, Bentivoglio, de La Valette et Julien de La Rovère,
Édouard Molé, abbé de Saint-Paul de Verdun, Guillaume de
Saint-Amour, le cardinal François d'Escoubleau de Sourdis, etc.
— « Arrest de la Cour de Parlement de Paris, du trentiesme jour
de mars 1594, sur ce qui s'est passé durant les présens troubles...
A Paris, 1594, » in-4⁰, *impr.* (fol. 179). — « Censura sacrae facul-
tatis theologiae Parisiensis lata in librum qui inscribitur : Antonii
Sanctarelli... tractatus de haeresi... à Paris, 1626, » in-4⁰, *impr.*
(fol. 307). — « Acta in Universitate Parisiensi pro electione recto-
ris, » 1626-1627, in-4⁰, *impr.* (fol. 311). — Sentence d'excommu-

nication de François de Caumartin, évêque d'Amiens, contre les habitants de Montreuil, qui l'ont frappé parce qu'il prenait des reliques de Saint-Wlphly, 1634, placard *impr.* (fol. 367). — « Arrest de la Cour de Parlement sur les informations de vie et mœurs de ceux qui seront à l'advenir nomméz par le Roy aux archeveschéz, éveschéz, abbayes... A Paris, 1629, » in-4°, *impr.* (fol. 402). — xv-467 feuillets.

154. Tome II. Libertés de l'Église Gallicane.

« Les libertéz de l'Église Gallicane, par Pierre Pithou ». In-fol., *impr.* (fol. 2). — « Sur la clause *Regnante Christo* » (fol. 21). — « De l'ancienne forme des élections... aux éveschéz, abbayes » (fol. 32). — Du concordat de François Ier (fol. 39). — « Extraict des Mémoires et arrests du Parlement de Bretaigne, par Noel du Faill. A Rennes, 1579 » (fol. 57). — Lettre de G. Du Vair au vice-légat d'Avignon, 1603 (fol. 73). — Mémoire de P. Dupuy sur l'abbaye de Saint-Antoine de Viennois (fol. 75). — « Super quaestione proposita, pro seculari principe supremo, an bona laicorum..., si ad ecclesiasticos pervenerint, immunia fiant. 1637, » in-fol., *impr.*, dissertation signée de J. Camus, F. de Sainte-Marthe, etc. (fol. 89). — Mémoire sur les droits de nomination aux bénéfices de Metz, Toul et Verdun (fol. 95), suivi d'une lettre de Th. Godefroy, 1638 (fol. 114) et d'un acte original de Louis XIII, 1623 (fol. 118). — Réception du Concile de Trente en France (fol. 124, 140) : articles du Concile contraires aux droits de l'Église Gallicane (fol. 134) : mémoire de P. Dupuy (fol. 150). — Inventaire d'actes relatifs aux droits des rois de France en matière ecclésiastique, 512-1614 (fol. 200). — Réception des légats à latere en France, 1456-1625 (fol. 272) : lettres royales et arrêts de vérification des bulles des cardinaux légats Alain de Coëtivy, 1456 ; Julien de La Rovère, cardinal de Saint-Pierre-aux-Liens, 1480 ; Balue, 1484 ; Georges d'Amboise, 1502 ; François de Clermont, 1514 ; Louis de Canossa, 1514 ; Philippe de Luxembourg, 1516 ; Adrien Gouffier de Boisy, 1519 ; Étienne-Gabriel Merino, archevêque de Bari, 1522 ; Antoine Du Prat, archevêque de Sens, 1529 ; Philbert Ferrier, évêque d'Ivrée, 1538 ; Alexandre Farnèse, 1540 ; Sadolet, 1542 ; Jérôme Capo di Ferro, cardinal de Saint-Georges au Vélabre, 1547 ; Jérôme Verallo, 1551 ; Antoine Trivulce, 1557 ; Jean Salviati, cardinal de

Ferrare, 1561 ; François des Ursins, 1573 ; Mauroceno ; Caetani, 1590 ; Philippe Sega, cardinal de Plaisance, 1592 ; Alexandre de Médicis, cardinal archevêque de Florence, 1596 ; François de Joyeuse, 1606 ; François Barberini, 1625. — On remarque, entre autres pièces : « Déclaration du roy sur les advertissemens donnéz à Sa Majesté d'un cardinal envoyé légat en France. A Tours, 1590 », et « Bulla S. D. N. Clementis papae VIII pro facultatibus .. domini cardinalis Placentini, legati de latere... Parisiis, 1592, » in-4°, *impr.* (fol. 419, 424). « Facultéz octroyées par Nostre Sainct Père le pape Clément VIII au... cardinal de Florence. A Paris, 1596, » in-4°, *impr.* (fol. 431). — ix-466 feuillets.

155. Tome III. Arrêts, mémoires et actes concernant l'infaillibilité du pape, 1659-1665.

« Dissertatio academica de nomine Petri Ecclesiae capiti imposito..., a R. P. Joanne Frontone. Parisiis, 1659, » in-4°, *impr.* (fol. 1). — « Arrest de la Cour de Parlement contre une thèse de théologie, qui devoit estre soustenue le 19 janvier 1663 par Me Gabriel Drouët de Villeneufve. A Paris, 1663, » in-fol., *impr.* (fol. 15) ; Avis du P. Le Cointe (fol. 17), harangues de Denis Talon, avocat du roi (fol. 19), et du procureur général De Harlay (fol. 39), opposition des docteurs de Sorbonne et notes sur chacun d'eux, à l'occasion de cet arrêt du Parlement (fol. 47). — « Arrest de la Cour de Parlement, portant que les propositions contenuës en la déclaration de la Faculté de théologie de Paris, touchant l'autorité du Pape, seront registrées au greffe de ladite Cour, et envoiées aux bailliages et universitéz du ressort. A Paris, 1663, » in-fol., *impr.* (fol. 98). — « La Sorbonne au Roy sur de nouvelles thèses contraires à la vérité, outrageuses aux libertés de l'Église Gallicane... » in-4°, *impr.* (fol. 107). — « Traicté contre la doctrine de l'infaillibilité du pape » (fol. 137). — « Les pernicieuses conséquences de la nouvelle hérésie des Jésuites contre le Roy et contre l'Estat, par un advocat en Parlement. Seconde édition, 1664, » in-4°, *impr.* (fol. 253).

« Différends des rois de France et de quelques princes avec les papes » (fol. 302). — « Relation de l'assassinat commis en la personne du sr Rouvray, escuier de Mr le mareschal d'Estrée, ambassadeur..... 28 d'octobre 1639 » (fol. 389) ; pourparlers avec le nonce Scotti (fol. 397) et mémoire du commandeur de Virville (fol. 407), à l'occasion de cet assassinat. — « Lettre du Roy envoyée à Monsieur le mareschal d'Aumont, gouverneur de la ville de Paris, sur l'attentat commis en la personne de M^r le duc de Crequy, ambassadeur... en la ville de Rome. A Paris, 1662 », in-fol., *impr.* (fol. 433), et nombreuses relations de cette affaire. — « Copia della lettera scritta dal Card. Saccheti al Papa », 1663, in-4°, *impr.* (fol. 505). — VII-513 feuillets.

156. Tome IV. Résidence des évêques, immunité des ecclésiastiques, informations des vie et mœurs des futurs prélats, etc., 1437-1654.

Lettre d'Anthime Cohon, évêque de Nîmes, 1641 (fol. 64). — Procès-verbaux des assemblées du clergé en 1650, 1655, 1660, in-4°, *impr.* (fol. 69 et suiv.). — « ...Urbani... VIII constitutio super residentia Episcoporum, » 1634, placard *impr.* (fol. 186). — Remontrance de Georges d'Aubusson de La Feuillade, archevêque d'Embrun, au roi, 1658 (fol. 140). — Mémoire de M. de Marca sur le procès du cardinal de Retz (fol. 154). — « Extraict des registres de la cour des Grands Jours » à Clermont sur la visite des églises et cloîtres, 1665, placard *impr.* (fol. 233). — Mémoire du P. Le Cointe et « Arrest de la cour de Parlement, sur les informations de vie et mœurs de ceux qui seront à l'advenir nomméz par le Roy aux archeveschéz... A Paris, 1639 », in-4, *impr.* (fol. 240, 257). — Procès entre l'évêque et les officiers du roi au bailliage de Troyes sur leur juridiction respective, 1437 et 1461, copie du temps et *original* (fol. 290, 307). — Contrat pour la chevecerie de l'église Notre-Dame à Paris, 1579 (fol. 310). — « Remonstrances ... que les gens d'église ... occupent maisons en beaucoup plus grand nombre qu'il ne leur est nécessaire », XVIe siècle (fol. 317). — Lettres *orig.* de Louis XIII relatives aux officialités, 1637 (fol. 365). — Traité entre Henri de Baradat, évêque de Noyon, et la prieure de Saint-Nicolas de Pontoise, 1638 (fol. 336). — Lettre de Dom Grégoire Tarrisse, 1640 (fol. 384 *ter*). — « Factum... contre Messire Jean-Baptiste de Croisilles, presbtre, abbé de la Cousture », et sentence contre lui, 1641, in-fol., *impr.* (fol. 393, 398). — « Arrest de la cour de Parlement par lequel les dignitéz des Églises cathédrales sont deschargées des nominations des graduéz. A Paris, 1641 », in-4°, *impr.* (fol. 413). — Écrit de Molé pour Saint-Cyran (fol. 422). — Décret de l'Inquisition con_ damnant certaines propositions de Benedictus de Treglies, régent de la chancellerie de Naples, 1654 (fol. 424). — Déclaration d'Antoine Arnauld sur le livre de la Fréquente Communion, 1644. — vii-425 feuillets.

157. Tome V. Matières bénéficiales en France, Espagne, Portugal, Franche-Comté, Allemagne.

Lettres et brefs apostoliques, dont deux en *originaux*, de Grégoire XV, 1623 (fol. 69) et de Jules III, 1551 (fol. 165). — « Déclaration du roy touchant les Patronats, » 1656, in-fol., *impr.* (fol. 84). — États des revenus temporels de l'archevêché de Paris (fol. 86), du prieuré Sainte-Catherine du Val-des-Écoliers, 1642 (fol. 98 *bis*), des diocèses de Meaux (fol. 99), Senlis (fol. 108), Nevers (fol. 113). — Procès entre l'archevêque de Paris et l'abbé de Coulomb (fol. 117). — Compromis entre Jean-François de Gondy, archevêque de Paris, et Léonor d'Estampes, évêque de Chartres, relativement à Saint-Germain-en-Laye, 1638, *orig.* (fol. 125). — Accord entre le Parlement de Provence et le légat d'Avignon, 1505 (fol. 145). — Arrêt concernant le prieur de Sainte-Tulle, 1653, in-fol., *impr.* (fol. 155). — Pièces et extraits concernant l'évêché de Boulogne, 1566 (fol. 166), l'abbaye de Saint-Arnoul de Metz, 1618 (fol. 168), le cardinal Antoine Barberini, nommé archevêque de Reims, 1662 (fol. 191). — « Observations sommaires pour justifier que l'abbaye de S. Hubert-en-Ardenne doit estre maintenuë dans la neutralité », in-fol., *impr.* (fol. 200). — Le Concordat en Artois (fol. 210). — Pièces, bulles, lettres des rois d'Espagne, concernant l'abbaye de Saint-Waast (fol. 249). — Extraits des registres du chapitre d'Arras (fol. 268). — « Bulla de la Santa Cruzada », 1627, placard *impr.* (fol. 325). — Bulle d'Alexandre VII pour Philippe III d'Espagne, 1662, in-fol., *impr.* (fol. 326). — « Prudentium amicorum princeps epistolae apologeticae cujusdam asserti amici... pro praesentationibus ducis Brigantiae ad ecclesias Portugaliae. Olyssipone, 1656 », in-fol., *impr.* (fol. 338). — vii-368 feuillets.

158. Tome VI. Pragmatique Sanction et Régale.

Histoire contenant l'origine de la Pragmatique Sanction, plus l'origine des Concordats, signée de P. Dupuy (fol. 1). — Remontrance du Parlement (fol. 52), et plaidoyer de Jean Bochart pour l'Université de Paris, opposante à la publication du

Concordat (fol. 124). — Du droit de régale (fol. 179). — Arrêts
concernant les régales, recueil du xve siècle (fol. 197). — « Régale
de Cahors, pour Maistre Louys Germain .. contre Maistre Anthoine
de Vertamont, » in-fol., *impr.* (fol. 255). — « Factum pour les
thresorier, chanoines et chapitre de la Saincte Chappelle du Palais
Royal à Paris, demandeurs en regalle, contre... l'église de
Langres », in-fol., *impr.* (fol. 271). — « Factum du procez d'entre
Maistre Denis Sanguin,... grand prevost de Chablis.., contre
Maistre Charles Tremblier, chanoine de Sainct-Martin de Tours »,
in-4°, *impr.* (fol. 274). — Mémoires sur la régale par Brisson
(fol. 291), M. de Marca, in-4°, *impr.* (fol. 315). — La régale en Bretagne, 1447-1638 (fol. 326) : Lettres de Louis XIII, 1625, in-4°, *impr.*
(fol. 351); Remontrances des États, etc. — Recueil de pièces sur le
différend entre Henri de Sourdis, archevêque de Bordeaux, et Jean-
Louis de La Valette, duc d'Épernon, gouverneur de Guyenne, 1633
(fol. 377) : « Sentence de Monseigneur l'... archevesque de Bourdeaux contre les Pères Feuillans... », in-fol., *impr.* (fol. 394);
« Proposition et demande faite à Monseigneur l'évesque de Nantes,
de la part de Monseigneur le duc d'Espernon », in-4°, *impr.* (fol.
407). — xiii-423 feuillets.

159. Tome VII. Statuts de différents Ordres religieux et réformations de monastères, 858-1629.

Diplômes royaux, bulles pontificales, statuts concernant :
Saint-Martin de Tournai, 1109 (fol. 1); — Saint-Germain-des-
Prés, 1130-1516 (fol. 3-13); — Chaumont et Saint-Denis, 1146-
1522 (fol. 14, 233); — la Maison-Dieu, à Paris, 1324 (fol. 19);
— l'hôpital de la Sainte-Trinité, à Paris (fol. 21); — Chauvigny,
1352 (fol. 24); — Filles Notre-Dame de Soissons, 858 : copie faite
au xve siècle sur l'original d'un décret du concile de Compiègne
(fol. 26); — Saint-Pierre de Corbie, 1400 (fol. 28); — statuts
des Haudriettes, à Paris, 1414 (fol. 31); — religieuses de l'Ave-
Maria, 1492-1622 (fol. 39, 238); — Sainte-Croix de La Breton-
nerie, 1550 (fol. 40); — Pontigny, 1553 (fol. 48); — généraux des
Cordeliers, 1557 (fol. 57, 240, 250); — Prie, Château-Porcien et
Saint-Hubert, 1562-1643 (fol. 63); — Carmes de la place Maubert,
1573 (fol. 80); — Dominicains, 1574, 1629 (fol. 86, 363); — Sainte-
Geneviève, à Paris, 1580-1622 (fol. 91, 266); — Frères de Saint-
Jean de Dieu, 1609 (fol. 94, 116); — bulle de Clément VIII pour

l'institution des Carmélites de France, 1603, in-4°, *impr.* (fol. 98); —
« Lettres patentes du roy... en faveur de la Congrégation de Sainct-
Vanne de Verdun, » 1610, in-4°, *impr.* (fol. 119); — Jésuites de
Pont-à-Mousson, 1611 (fol. 123); — Celles en Berry, 1612-1613
(fol. 125, 127); — Feuillants, à Paris, 1615 (fol. 132); — Made-
lonnettes, à Paris, 1615 (fol. 134); — statuts des Filles de la Congrégation Notre-Dame, à Nancy, 1617 (fol. 139) et de la maison
de Sainte-Marie-Magdeleine (fol. 154, 192); — hôpitaux de l'Ordre
du Saint-Esprit (fol. 168); — Jumièges, 1617 (fol. 180); — Frères
de la Doctrine Chrétienne, 1616-1619 (fol. 188); — Ursulines du
faubourg Saint-Jacques, 1620 (fol. 202); — Pierre de Bérulle,
général de l'Oratoire, 1620, 1628 (fol. 209, 360); — mandement
de Henry-Loys Chastaigner de La Rochepozay, évêque de Poitiers,
1620, placard, *impr.* (fol. 229); — Confrérie Notre-Dame chez les
Jésuites de Poitiers, 1620 (fol. 230); — « Très humble remonstrance à Nosseigneurs de la cour de Parlement pour ce qui se
passe en la réforme des Pères Cordeliers, in-4°, *impr.* (fol. 246);
— Chartreuse d'Orléans, 1622 (fol. 253); — Ordre de la Milice
Chrétienne, 1622 (fol. 259, 260); — abbaye de Ferrières : bref
original de Grégoire XV, 1623 (fol. 272); — expulsion des Carmélites ou Carmélines de Bourges, 1623 (fol. 273) : lettres *originales* du chancelier de Marillac au procureur général Molé, 1623
(fol. 276, 278), lettre de Grégoire XV, in-4°, *impr.* (fol. 289, « Response à la demande de Mr de Marillac », in-4°, *impr.* (fol. 293), lettre d'Urbain VIII à Charlotte de Montmorency, princesse de Condé
(fol. 300, 327), relativement aux Carmélites; — Saint-Victor, à Paris
(fol. 302); — soldats estropiés dans les abbayes, 1624 (fol. 308);
— Janvilliers, 1625 (fol. 317); — annulation de mariage d'un
chevalier de Malte, 1627 (fol. 328); — religieux du monastère de
la Charité Notre-Dame, dit les Billettes, à Paris, 1627 (fol. 330); —
religieux du Saint-Sacrement, 1627 (fol. 334); — fondation d'un
couvent de religieuses de Saint-Augustin par la duchesse de Longueville (fol. 346); — Capucins d'Orléans, 1627 (fol. 349); — Moulins (fol. 368); — Saint-Martin-des-Champs, 1629 (fol. 372). — ix-
380 feuillets.

160. Tome VIII. Statuts de différents Ordres religieux et réformations de monastères, 1629-1660.

Lettres, arrêts, statuts concernant la Congrégation de Saint-

Maur, 1629 (fol. 1-84) : « Confirmatio erectionis Congregationis
S. Mauri... ab Urbano VIII, » 1629, in-4°, *impr.* (fol. 30), et listes
imprimées des moines reçus et dignitaires élus dans les chapitres
de la Congrégation, 1654-1663 (fol. 65) ; — Congrégation de Che-
zal-Benoît (fol. 85, 228) ; — Notre-Dame d'Ardenne, 1630 (fol.
87) ; — les trois Ordres de Saint-François (fol. 94, 332) ; — revenu
de l'hôpital Saint-Jacques (fol. 96) ; — Chalocé en Anjou : lettre
originale du prieur et accord avec le maréchal Henri de Schomberg, 1632 (fol. 97) ; — Cluny : lettres patentes de Louis XIII pour
le cardinal de Richelieu, abbé de Cluny, 1630, *impr.* et lettres du
cardinal, 1636, in-4°, *impr.* (fol. 102, 214) ; — Carmes déchaussés,
1632 (fol. 106) ; — Saint-Vincent-lez-le Mans (fol. 110) ; — Le Para-
clet, 1634 (fol. 112) ; — Arrêt contre les écrits de Jean-Pierre Camus,
évêque de Belley, et recueil de pièces in-4°, *impr.* sur son conflit avec
les Réguliers (fol. 115, 171) ; — Saint-Savin (fol. 116) : requête des
habitants du lieu (fol. 118), et lettres de Henri-Louis de La Rochepozay, évêque de Poitiers, au procureur général, 1639, *orig.* (fol.
141-149) ; — Bernardins, 1635 (fol. 153) ; — « Propositions tirées
d'un livre intitulé : Les heureux succèz de la piété,... par le P. Ives
de Paris, » in-4°, *impr.* (fol. 159) ; — Frères de Saint-Jean de Dieu,
1635 (fol. 210) ; — Saint-Antoine-de-Viennois : arrêt *impr.*, 1636,
in-fol. (fol. 216) ; — Saint-Pierre de Corbie, sentence de l'intendant
de Picardie, 1636, in-4°, *impr.* (fol. 226) ; — Carmes de la place Maubert : arrêt, in-4°, *impr.* (fol. 231), et « Appendix ad Constitutiones
seu statuta Carmelitarum... Collegii Parisiensis in Platea Mauber-
tina. » 1636, in-4°, *impr.* (fol. 233) ; — « Ordre que Monseigneur
[Jean-François de Gondy]... archevesque de Paris, veut estre gardé
en toutes les maisons des religieuses de son diocèse. » 1638, placard
impr. (fol. 244) ; — Sœurs de Saint-Joseph (fol. 246) ; — « Lettre
latine du Révérend P. Général de la Compagnie de Jésus [M. Vi-
telleschi] à religiosissime archevesque de Rouen. » 1639, *impr.*
(fol. 252) ; — « Copie de la lettre du P. Ignace Le Gault, recollet,
envoyée de Paris à Rome, » 1639, in-4°, *impr.* (fol. 255) ; — Mémoire
contre Louis Dony, évêque de Riez (fol. 260) ; — Célestins de
Soissons (fol. 289) ; — Juilly (fol. 290) ; — « Le masque levé de la
prétenduë Réforme... du couvent de l'Observance de Pontoyse »
(fol. 293), et « Déclaration des religieux... du couvent de Pontoise, » in-fol., *impr.* (fol. 302) ; — Beaumont (fol. 306) ; — Saint-
Remy de Reims (fol. 308) ; — Lérins (fol. 311) : — Mont-Saint-

Michel (fol. 313); — Congrégation de l'Oratoire (fol. 315); — Hôtel-Dieu de Laon (fol. 322); — Prêtres de la Mission, 1641 (fol. 335); — Chanoines réguliers de Saint-Augustin (fol. 340); — Epistola... Generalis... Praedicatorum ad Patres conventus Sanctae Mariae Annunciatae Parisiensis. » 1642, in-4°, *impr.* (fol. 341); — Lettre de cachet de Louis XIII en faveur des Jésuites, 1643, *orig.* (fol. 345); — « Arrest... en faveur des religieux de la Doctrine Chrestienne. » 1645, in-4°, *impr.* (fol. 346); « Arrest... portant la désunion des Pères de la Doctrine Chrestienne d'avec les Sommasques d'Italie. » 1646, in-4°, *impr.* (fol. 360); brefs d'Innocent X, 1647 et 1652, et lettres de Louis XIV pour les mêmes Pères, 1647, in-4°, *impr.* (fol. 362, 384); bulle d'Innocent X, 1656, placard *impr.* (fol. 372); — « Factum pour Mᵣᵉ Yves de Quelen... contre René de Quelen, religieux profez, » in-4°, *impr.* (fol. 373); — « Estat présent du trouble de l'ordre de Cisteaux » (fol. 389) : « Preuves sommaires des abus qui se rencontrent dans la préten-duë élection du... Père Dom Claude Vaussin, » in-4°, *impr.* (fol. 402); — « Que le régime de Sᵗ Vanne ne peut estre admis dans le sacré Ordre de Cluny, » in-fol., *impr.* (fol. 419); — Chelles : pièce *originale*, signée de toutes les religieuses, adressée au garde des sceaux Molé, 1651 (fol. 434); — Carmélites de France, 1659 (fol. 435); — « De l'aage, reglé par les Conciles et les Ordonnances, de ceux qui font profession de la vie monastique, » par l'abbé Bourzeix (fol. 439), et par le P. Le Cointe (fol. 458). — x-479 feuillets.

161. Tome IX. Recueil de pièces concernant l'abbaye de Saint-Josse-au-Bois, dite Dommartin en Ponthieu, 1125-1586.

Copies collationnées, datées de 1586, parmi lesquelles on remarque une Vie de saint Josse, « Vita sancti Judoci, filii regis Britonum et confessoris, per Florentium abbatem conscripta » (fol. 1). — En outre des copies, se trouvent les *originaux* suivants : Lettres de Philippe III, roi de France, vidimant des lettres d'Édouard Iᵉʳ d'Angleterre, 1281 (fol. 103 *bis*). — Quittances des commis chargés de lever l'impôt sur les acquêts de fiefs dans la baillie d'Amiens, 1295 (fol. 106 *bis*), 1344 (fol. 113 *bis*), 1345 (fol. 113 *ter*). — Pièce établissant le droit du roi sur l'abbaye, 1521 (fol. 138 *bis*). — Vidimus de lettres de Philippe IV le Bel, de 1295 fol. 138 *ter*). — Lettre de l'abbé de Prémontré, 1586 (fol. 182). — x-231 feuillets.

162. Tome X. Recueil de copies de bulles pontificales, 1201-1637.

Ces bulles concernent, entre autres : le cardinal Louis de Bourbon, 1535 (fol. 4); — Saint-Géraud d'Aurillac, 1661 (fol. 8); — Le cardinal Pierre de Gondy, 1598 (fol. 26); — Sainte-Marie-Majeure, à Pont-à-Mousson, 1617 (fol. 29); — Abbaye de Tiron, 1619 (fol. 39); « S. D. N. D. Gregorii... papae XV constitutio de electione Romani Pontificis. Romae, 1621, » in-4°, *impr.* (fol. 41); — Henri II de Sourdis, évêque de Maillezais, 1621 (fol. 50) ; — Henri de Bourbon, prince de Condé, 1622 (fol. 56) ; François Descageul, abbé de Saint-Paul de Verdun, 1625 (fol. 94); — Jean Molé, 1627 (fol. 104) ; — Monastères de Rumilly, Saint-Joseph de La Roche et Saint-Bernard de Seyssel, 1628 (fol. 105) ; — Cardinal de Richelieu, 1630 (fol. 114) ; — Marquis Mario et Pompei de Frangipani, 1630 (fol. 133) ; — Chelles, 1627 (fol. 146) ; — Saint-Paul de Verdun, 1635 (fol. 148) ; — « Jubilé universel concédé par nostre S. Père Urbain... VIII », 1636, placard *impr.* (fol. 153). — Arrêts et procédures contre les évêques et autres ecclésiastiques, 582-1641 (fol. 160). On remarque : Biographie du cardinal Balue (fol. 236). — Procès de Jacques Hurault, évêque d'Autun, 1523 (fol. 259); Jean de Monluc, évêque de Valence (fol. 276); Odet de Coligny, cardinal de Chastillon, 1568 (fol. 279). — « Question si l'appel du delict commun doibt estre jugé auparavant l'appel du cas privilégié », in-fol. *impr.* (fol. 385), etc. — xi-401 feuillets.

163. Tome XI. Recueil de sermons et de pièces sur des affaires ecclésiastiques, le Jansénisme (1650-1664), les Réformés (1598-1660).

Mémoire de P. Dupuy sur les différentes éditions de la Bible (fol. 3). — « De admittendis in Eclesiam relapsis, R. P. Caesar Baronius, 1596 » (fol. 22). — Oraison, par Isaac Casaubon (fol. 52). — Conférence entre M. de La Place et M. Garnier, ministre à Marchenoir (fol. 64). — « Responce d'un catholique françois aux prétendus advis et notes de Louis Richeome » (fol. 76). — Mémoire du P. Coton (fol. 134). — Abjuration de Mre Claude Despence dans l'église Saint-Merry à Paris, 1543 (fol. 150). — « Epistola canonica Francisci, religiosissimi Rothomagensium archiepiscopi,... ad... Carolum a Sancto Paulo..., episcopum Abrincensem.

Gallioni, 1640, » in-4°, *impr.* (fol. 156). — « Positiones publicae contra dogmata Aristotelica, Paracelsica et Cabalistica, » par « Joannes Bitaudus, Xantonensis. » Lutetiae, 1624, placard *impr.* (fol. 168). — Position des thèses de « Stephanus de Claves doctor medicus, » in-fol., *impr.* (fol. 170) ; — « La response de Messieurs les prieur et docteurs... de Sorbonne sur la postulation... de Mᵍʳ l'archevesque de Roüen... de luy fournir des prédicateurs. A Gaillon, 1640, » in-4°, *impr.* (fol. 174). — Oraison funèbre du cardinal de Bérulle par l'évêque de Nantes, Philippe Cospéan, 1629 (fol. 179). — Sermon du P. Caussin lors de la vêture de Madame de La Fayette (fol. 220). — « Sermon presché dans l'église cathédrale de Metz, par M. l'évesque de Madaure, » 1638, in-fol., *impr.* (fol. 250). — « Declaratio Emundi Richerii super editione libelli sui de ecclesiastica et politica potestate », 1622, in-fol., *impr.* (fol. 278). — « Déclaration et desadveu des Pères Jésuites, » 1633, in-fol., *impr.* (fol. 281). — Lettre *impr.* des agents généraux du Clergé sur la prédication des religieux (fol. 283). — Lettres de Jacques Camus, évêque de Séez, au pape Urbain VIII (fol. 287). — « Quaestio theologica : quae est Agni sponsa ? » par « Robertus Constantin, » 1640, placard *impr.* (fol. 446). — « Advis pour l'union des bénéfices par Monsieur Boutillier, » 1606 (fol. 303). — « Response d'un séculier à la lettre satyrique... contre Monsieur Grandin, syndic de la Faculté de théologie... » 2 mars 1653, in-4°, *impr.* (fol. 306).

Jansénisme (fol. 309) : Relations, par l'archevêque d'Embrun (fol. 327) et M. de Marca, archevêque de Toulouse (fol. 333), de la réunion des prélats à l'occasion de la bulle condamnant les cinq propositions. — Condamnation, par l'Inquisition, des propositions de Jansénius. Rome, 1654, placard *impr.* (fol. 340). — « Lettre escrite à Nosseigneurs du Parlement de D'Auphiné (*sic*), par Monsieur Du Faur, prédicateur du Roy. Au Chasteau du Peron », 1654, in-fol., *impr.* (fol. 343). — Liste des évêques qui ont signé ou non le formulaire (fol. 356).

Protestantisme (fol. 368) : « Articles particuliers extraictz des généraulx que le Roy a acordéz à ceulx de la Religion prétendue Réformée », concernant l'Edit de Nantes, Nantes, 2 mai 1598, *orig.* (fol. 370). — Requête des Réformés flamands au gouverneur de Calais, 1610 (fol. 378). — Avis des assemblées de Milhau et Montpellier, 1620-1621 (fol. 383). — Déclaration de Louis XIII pour l'exécution de l'Édit de Nantes, 1622 (fol. 404). — Mémoire de Vincent, ministre à La Rochelle (fol. 405). — Arrêt défendant l'exercice de la Religion à Champrose, 1642, *impr.* (fol. 412). — Plaintes des habitants catholiques de Montauban (fol. 489). — Mémoire sur les différends entre catholiques et protestants à Nîmes (fol. 495). — Lettre *orig.* de M. de Marca sur les religionnaires de Béarn, 1652 (fol. 504). — Remontrances des religionnaires béarnais, in-fol., *impr.* (fol. 506). — « Apologie des églises réformées du Languedoc », in-4°, *impr.* (fol. 511). — « Les véritables motifs de la conversion... de Monsieur Pierre de Pommiers... » 1660, in-4°, *impr.* (fol. 535). — « Maximes à observer au jugement des partages faits par Messieurs les Commissaires exécuteurs de l'Edict de Nantes », in-fol., *impr.* (fol. 541). — « Au Roy », « Au Fanfaron d'Estat », in-fol., *impr.* (fol. 549 et 553). — vii-556 feuillets.

164. Tome XII. Mémoires et pièces concernant les Universités de Paris, Reims, Richelieu, Leyde.

« Arrests du Parlement pour le règlement de l'ordre à bailler les rangs des licentiéz en Théologie et pour les estudes... des bacheliers, » 1594, in-4°, *impr.* (fol. 11). — Procès-verbal de l'exécution de l'arrêt de réformation de l'Université, 1600 (fol. 22). — Jugement du cardinal de Richelieu sur le différend entre la Sorbonne et le chapitre de Notre-Dame, 1641 (fol. 44). — Déclaration relative à la soutenance de thèse de Michel Bourdaille, 1665, in-fol., *impr.* (fol. 78). — « Factum historique des grands et petits messagers de l'Université de Paris », in-fol., *impr.* (fol. 82). — « Mémoire de l'establissement des lecteurs et professeurs du roy en l'Université de Paris et de leurs droits » (fol. 128). — « De la manière qu'on a gouverné les professeurs », par M. de Flavigny (fol. 178). — Rôles des professeurs, 1594 (fol. 195), 1601 (fol. 198), 1622 (fol. 212), 1665 (fol. 226). — Arrêt en faveur de Cujas (fol. 238). — Arrêt *impr.* relatif aux gradués de droit canon, 1613, in-4° (fol. 242). — « Que la lecture royalle des mathématiques n'est incompatible avec celle de M. Pierre de La Ramée en la mesme profession », in-fol., *impr.* (fol. 243). — Remontrance au roi signée du doyen de la Faculté de médecine contre l'Université de Leyde (fol. 247). — Fondation du collège de Fortet, 1396 (fol. 249). — « Statuta Collegii Turonensis facta anno Domini 1540 per Martinum Ruzé et Nicolaum Brachet » (fol. 257). — Statuts du collège de

Montaigu (fol. 281). — Arrêt relatif à l'expédition des bourses du collège de Dormans, dit de Beauvais, 1524 (fol. 302). — Collège de Boissy, 1358-1626 (fol. 304).

« Arrest de vérification... pour l'érection de l'Université de Reims », 1549, in-4°, *impr.* (fol. 320). — Mémoire *impr.* de l'Université de Reims contre les Jésuites (fol. 324). — « Déclaration du roy portant establissement d'une Académie et Collège royal en la ville de Richelieu. A Paris, 1641 », in-fol., *impr.* (fol. 342).

Lettres de Henri IV et Louis XIII relatives à l'Université de Leyde, 1597-1635 (fol. 354). — viii-362 feuillets.

XVIᵉ et XVIIᵉ siècles. Papier et parchemin. 12 volumes in-folio. Rel. maroquin rouge, aux armes de Colbert.

165-167. « Concilium Parisiense supra caede ducis Aurelianensis a duce Burgundiae perpetrata anno 1407. »

Ces trois volumes ont été insérés anciennement dans le fonds latin, où ils portent le numéro 1486 B, 1-3.

168-169. « Commentarii rerum Urbanarum sub pontificatu Leonis pape X, ab anno 1513 ad annum 1521, authore Paride de Crassis, ceremoniarum apostolicarum magistro. »

Ces deux volumes ont été insérés anciennement dans le fonds latin, où ils portent le numéro 5170, 1-2.

170. « Missale Parisiense. »

Ce volume est aussi inséré anciennement dans le fonds latin, où il porte le numéro 849 B.

171. « Traicté de l'origine des cardinaux du Sainct Siège et particulièrement des cardinaux français, » par Guillaume Du Peyrat.

Publié sous ce titre, mais sans nom d'auteur. Cologne, 1670, in-16.

XVIIᵉ siècle. Papier. 71 feuillets. 380 sur 240 millimètres. Rel. parchemin.

172. « Divers mémoires concernans l'institution des CAR-
DINAUX et leur rang en France. »

« S^mi D. N. D. Innocentii divina providentia papae X constitutio
super recessu S. R. E. cardinalium a statu ecclesiastico... Romae,
1646, » in-fol., *impr.* (fol. 5). — Mémoires de Denis de Sallo à propos
de la suscription d'une lettre écrite au roi par le Collège des cardinaux, 1663 (fol. 25), du P. Le Cointe sur le rang des cardinaux
(fol. 52) et du cardinal de Richelieu « pour la préséance des cardinaux sur les connestable et chancelier » (fol. 160). — « Le faict
des concordats, » par le surintendant des finances de Bullion,
1514 (fol. 196). — « Raisons pour lesquelles Monsieur le cardinal
de Joyeuse ne voulut recevoir l'Ordre du Sainct Esprit après Monsieur le prince de Condé. A Rouen, 1614, » in-fol., *impr.* (fol. 200).
— Brevet *original* de Louis XIII relatif à un conflit entre le duc
d'Enghien [le grand Condé] et le cardinal Mazarin, 1642 (fol. 204).
— Lettre *originale* de Théodore Godefroy à Mazarin, 1642 (fol. 205).
— « Vita dell' eminentissimo cardinale Mazzarino, dal di del suo
natale sino all'anno presente MDCLVII » (fol. 215). — Portrait de
quelques cardinaux de la cour de Rome (fol. 255).

XVIIe siècle. Papier et parchemin, VII-278 feuillets. 340 sur 230 millimètres. Rel. veau rac., aux armes de Colbert.

173. « Mémoires concernans les LÉGATS et leur réception en
France depuis 1501 jusques en 1664. »

Denis de Sallo : « Des légats, traitté sommaire au sujet de la légation du cardinal Chisi » [Chigi] (fol. 1). — Varillas : « Si les
filz de France sont obligéz de donner la droitte aux légats a la-
tere » (fol. 36). — Aubery : Mémoires sur les légations des cardinaux
« Alexandrin », en 1572 (fol. 37), et François « Barberin » en 1625
(fol. 100). — Facultés et relations de voyage en France des légats
Alexandre de Médicis, archevêque de Florence, 1596 (fol. 41),
Aldobrandini, 1599 (fol. 53), François de Joyeuse, 1606 (fol. 63),
François Barberini, 1625 (fol. 75-168), Chigi, 1664 (fol. 169). —
« Facultates reverendissimo D. Francisco... Barberino... legato.
Parisiis, 1625, » in-4°, *impr.* (fol. 118). — « Bulles de la légation
de Mgr l'éminentissime cardinal Chigi. A Paris, 1664, » in-fol.,
impr. (fol. 169).

XVIIe siècle. Papier, III-180 feuillets. 345 sur 235 millimètres. Rel.
veau rac., aux armes de Colbert.

174. « Relation du voyage de France de l'illustrissime François, cardinal Barberin, légat a latere de nostre sainct [Père] le pape Urbain huictiesme, faicte par Messire Melchior de Chevrières, marquis de Sainct-Chamond. »

Copie.

XVIIe siècle. Papier. 117 feuillets. 360 sur 225 millimètres, Rel. maroquin rouge, aux armes de Colbert.

175. « Mémoire du traitement fait par la Maison du Roy à Monsieur le cardinal Chigi, légat a latere en France. » (1664.)

Fol. 8. Plan des bains de Bourbon-Lancy.

XVIIe siècle. Papier. 42 feuillets. 320 sur 220 millimètres. Rel. parchemin.

176. « Des procédures et jugemens contre les évesques pour crime de lèse majesté et autres cas privilégiéz. » (991-1632.)

Procédures contre Arnoul, archevêque de Reims, 991 (fol. 11). — Pierre de Benais, évêque de Bayeux, 1278 (fol. 16), — Bernard Saisset, évêque de Pamiers, 1301 (fol. 16 v°), — Guichard, évêque de Troyes, 1308 (fol. 20 v°), — Robert Porte, évêque d'Avranches, 1378 (fol. 21 v°), — Guillaume de Malestroit, évêque d'Avranches, 1455 (fol. 23 v°), — Geoffroy Hébert, évêque de Coutances, 1480 (fol. 26), — Geoffroy de Pompadour, évêque de Périgueux, et Georges d'Amboise, évêque de Montauban, 1486 (fol. 27 v°), — Antoine de Chabannes, évêque du Puy, et Jacques Hurault, évêque d'Autun, 1523 (fol. 34 v°), — François de Poncher, évêque de Paris, 1527 (fol. 35 v°), — François de Dinteville, évêque d'Auxerre, 1531 (fol. 38), — Bernard de Léodat, évêque de Pamiers, 1537 (fol. 41 v°), — Gilbert Genebrard, archevêque d'Aix, 1596 (fol. 46), — Guillaume Rose, évêque de Senlis, 1598 (fol. 49), — François d'Escoubleau de Sourdis, archevêque de Bordeaux, 1615 (fol. 50 v°), — les évêques et abbés ayant pu conspirer contre Louis XIII, 1632 (fol. 58 v°).

XVIIe siècle. Papier. 60 feuillets. 355 sur 220 millimètres. Rel. parchemin.

177. Procédures contre les ÉVÊQUES et aütres pièces concernant l'épiscopat français (834-1657).

Lettre du cardinal de Retz à l'Assemblée du clergé, 1657 (fol. 1). — Mémoire sur l'impossibilité pour le cardinal de jeter l'interdit sur Paris, 1656 (fol. 9). — Procédures contre les évêques pour crime de lèse-majesté, 991-1633 (fol. 24-77, identiques au volume **176**), et contre ou concernant les évêques et archevêques de Saintes, Louis de Rochechouart, 1481 (fol. 79), Lyon, François de Rohan, 1535 (fol. 82), Noyon, Jean de Hangest, 1555 (fol. 83), Nantes, Guillaume de Malestroit (fol. 84 v°), du Mans, Aldric, 834 (fol. 90 v°), Angers, cardinal Balue, 1469 (fol. 106 v°), Charles de Neufchastel, archevêque de Besançon, 1480 (fol. 117 v°). — Lettres du cardinal François de Joyeuse (fol. 120) et de Claude d'Angennes, évêque du Mans, à Henri III sur la mort du cardinal de Guise, 1589 (fol. 124 v°). — Différend entre l'évêque d'Arras et l'archevêque de Reims, 1380 (fol. 133), etc.

Procès de l'évêque de Zamora (fol. 145 v°). — Bref d'Alexandre VI pour le cardinal Georges d'Amboise, commis à instruire le procès des ecclésiastiques rebelles dans le duché de Milan, 1500 (fol. 149 v°). — Dépositions des serviteurs de l'évêque de Verdun, Haraucourt, sur la conspiration de Charles le Téméraire (fol. 159), et relation de l'ambassade de Guillaume Cousinot à Rome relative au procès de Balue et Haraucourt, 1469 (fol. 173). — Interrogatoire de Charles de Martigny, évêque d'Eaulne, ambassadeur en Angleterre, 1480 (fol. 221). — « Du droit des papes sur le temporel des roys, par feu Mre Daniel de La Mothe, évesque de Mande » (fol. 271).

XVIIe siècle. Papier. 316 feuillets. 390 sur 250 millimètres. Rel. maroquin rouge, aux armes royales, entourées du double collier des Ordres.

178. « Cayer présenté par les dépputtéz de la RELIGION prétendue RÉFORMÉE, assemblés par permission du Roy en la ville de Chastelleraut. » (1597.)

Réponse du roi Henri IV aux articles de ce cahier, original signé du roi, de Forget et de Neufville de Villeroy, 1597 (fol. 30).

XVIe siècle. Papier. 58 feuillets. 365 sur 240 millimètres. Rel. parchemin.

179. Bénédictins de la Congrégation de Saint-Maur. — Assemblée du Clergé de 1605.

Avis signé des docteurs de Sainte-Beuve, Porcher, etc., sur l'intérêt de l'argent prêté, 1667 (p. 1). — Bulles de Paul V, 1605, Grégoire XV, 1621, Urbain VIII, 1527, décret du cardinal Charles de Lorraine, 1629, relatifs à la Congrégation de Saint-Maur (p. 3 et suiv.). — Procès-verbal de l'Assemblée du clergé de France en 1605 (p. 55).

XVIIe siècle. Papier. 316 pages. 310 sur 220 millimètres. Rel. maroquin rouge, aux armes et chiffre de Louis XIV.

180. Concordat de François Ier. — Pouillés de l'évêché de Chartres et des évêchés de Provence, en 1663.

« Raisons qui ont meu la Court de non publier les Concordaz » 1517 (fol. 11). — « Raisons qui ont meu le Roy... de faire les Concordatz, » par le chancelier Duprat, 1517 (fol. 55). — « Sequuntur illa que ex altercationibus super Concordatis sustinendis percipere potui » (fol. 183). — « Mémoyre, en latin, touchant le fait de l'abollicion des ellections, qui fault envoyer à Rome, » xvie siècle (fol. 194).

« Pouillé de tous les bénéfices estans dedans l'évesché de Chartres » (fol. 199). — « Roolle des archeveschés, éveschés, abbayees, prévostéz, doyennéz, canonicatz, bénéficiez et dignittés des chappittres, prieurés, vicairies ou autrement » de Provence, en 1663 : Aix (fol. 258), Fréjus (fol. 287), Riez (fol. 308), Apt (fol. 321), Sisteron (fol. 329), Arles (fol. 343), Marseille (fol. 353), Toulon (fol. 359), Digne (fol. 366), Senez (fol. 379), Glandèves (fol. 385), Grasse (fol. 391), Vence (fol. 397). — Abbayes de Provence (fol. 403). — Grands prieurés, bailliages et commanderies de l'Ordre de Saint-Jean de Jérusalem de l'auberge de Provence (fol. 407).

XVIe et XVIIe siècles. Papier. 410 feuillets. 330 sur 215 millimètres. Rel. maroquin rouge, aux armes de Colbert.

181. Pouillés des bénéfices des diocèses de Rouen, Chartres, Meaux, Sens, Bourges, Paris, Troyes, Amiens, Beauvais, et des abbayes de Bourgueil, Saint-Germer-de-Fly, Saint-Lucien-les-Beauvais, Saint-Jouin-de-Marne, la Trinité de Vendôme, Saint-Denis, Bonneval, Coulombe, Molême, Fontevrault, Saint-Evroult.

Ce manuscrit a été transféré anciennement dans le fonds latin, où il porte le numéro 5199.

182. Recueil relatif aux CONTRIBUTIONS demandées au CLERGÉ en France (1297-1563), Espagne (1519-1568), Allemagne, Pologne (1520-1527), Hongrie (1435-1597), Toscane (1511).

Copies faites pour Théodore Godefroy et annotées par lui. — Table en tête du volume.

XVIIe siècle. Papier. 88 feuillets. 355 sur 23o millimètres. Rel. parchemin.

183. « Que le Roy de sa seule autorité peut, en cas de nécessité, tirer des CONTRIBUTIONS DES ECCLÉSIASTIQUES. »

Traité copié pour Théodore Godefroy et probablement de lui.

XVIIe siècle. Papier. 77 feuillets. 355 sur 23o millimètres. Rel. parchemin.

184. « Des CONTRIBUTIONS et subsides, ausquels les Ecclésiastiques de France sont obligéz envers le Roy, en cas de nécessité de l'Estat, et comme à ce faire, ils y peuvent estre contraincts, sans qu'il soit besoin d'avoir le consentement du pape. »

Copie faite pour Théodore Godefroy de 21 pièces (768-1563) justifiant cette thèse.

XVIIe siècle. Papier. 85 feuillets. 355 sur 22o millimètres. Rel. parchemin.

185. « Mémoires sur les subsides et CONTRIBUTIONS que le

Roy peut lever sur les ECCLÉSIASTIQUES, » par Pierre DUPUY, Théodore GODEFROY, etc.

Nombreuses copies de pièces, bulles pontificales, lettres royales relatives à la bulle de Boniface VIII interdisant les levées de subsides sur le clergé (fol. 17, 63-114). — Impositions sur le clergé en Espagne, 1528-1597 (fol. 46), Allemagne, 1544 (fol. 57), Suède, 1640 (fol. 59). — Extrait de pièces relatives à Clermont et Saint-Flour, 1516-1637 (fol. 115). — Défenses aux ecclésiastiques de Provence de s'assembler sans permission du roi, 1612 (fol. 131). — Rentes sur le clergé sous Charles IX et Henri III (fol. 139). — Taxes du droit d'amortissement, 1639 (fol. 159), etc.

XVIIe siècle. Papier. 173 feuillets. 360 sur 230 millimètres. Rel. veau fauve.

186. « Quatre traictéz concernans les AFFAIRES DU CLERGÉ de France, par le sieur PINETTE. »

« L'origine des affaires du clergé et des prétentions de l'hostel de ville de Paris » (fol. 2). — « Estat des affaires temporelles du clergé de France tant avec le Roy, hostels de ville de Paris et Thoulouze que des officiers des décimes et acquéreurs des gages sur le clergé » (fol. 34). — « Nouvelles impositions mises sur le clergé, » 1580-1657 (fol. 54). — « De la jurisdiction ecclésiastique en ce qui concerne les décimes » (fol. 59).

XVIIe siècle. Papier. 64 feuillets. 360 sur 230 millimètres. Rel. maroquin rouge, aux armes de Colbert.

187. CONTRATS passés entre les rois et le CLERGÉ de France. (1561-1646).

Lettres des rois Charles IX et Henri III et autres actes pour des aliénations de rente, 1561-1580 (fol. 5 et suiv.). — « Contract... entre le Roy et le clergé, » 1636, in-fol., *impr.* (fol. 289). — Autre contract, 1641 (fol. 317). — « Les quatre contracts faits et passés en l'Assemblée générale du clergé. A Paris, 1646, » in-fol., *impr.* (fol. 333).

XVIe et XVIIe siècles. Papier. 353 feuillets. 345 sur 215 millimètres. Rel. parchemin.

188. « Rentes constituées par les roys de France aux prévostz des marchands et eschevins de la ville de Paris, assignées sur le clergé de France, dont les constitutions ont esté vériffiées au Parlement et Chambre des comptes de Paris, ensemble les créations des payeurs et controlleurs desdictes rentes. » (1562-1640.)

Sur le feuillet de garde, on lit le nom d' « Antoine Chauveton, receveur au grenier à sel de Richelieu ».

Table à la fin du volume.

XVII⁰ siècle. Papier. 564 feuillets. 3r5 sur 2ro millimètres. Rel. veau gr.

189. « Recueil contenant les noms de divers particuliers qui jouissent de biens d'Église par bail emphitéotique, la situation de ces biens, ensemble les arrests rendus au Conseil du Roy à ce sujet. » (1678.)

« Table des éveschéz, abbayes, prieurés, chapitres, églises, fabriques, collèges, cures et autres contenus dans ce volume, desquels il a esté allienné des biens à bail emphitéotique » (fol. xxxv). — On lit sur le feuillet de garde : « Acheté à l'inventaire de feu M. l'archevesque de Paris [François de Harlay de Chanvallon], le jeudy 17 novembre 1695. »

XVII⁰ siècle. Papier. cxvii-1209 pages. 440 sur 285 millimètres. Rel. maroquin rouge, aux armes de François de Harlay de Chanvallon.

190. « Inventaire des tiltres de l'abbaye Nostre-Dame du Bec-Hellouin. (1670). »

Table alphabétique des noms de lieux et table des matières en tête du volume.

XVII⁰ siècle. Papier. xx-1793 pages. 355 sur 25o millimètres. Rel. peau verte.

191. « Inventaire général des tiltres du prieuré Notre-Dame de La Charité-sur-Loire, ordre de Cluny,... par les ordres de Monseigneur Messire Jacques-Nicollas Colbert, conseiller du roy en tous ses conseils, archevesque de Rouen, abbé du Bec, seigneur spirituel et temporel du prieuré de La Charité,... achevée en la présente année 1694 par Mᵉ Louis-Joseph Bernot, sieur de Charant, conseiller du Roy, maire de la ville de La Charité..., Edme Bouziat, conseiller procureur du Roy. »

XVIIᵉ siècle. Papier. 478 feuillets. 35o sur 22o millimètres. Rel. maroquin rouge, aux armes de Jacques-Nicolas Colbert.

192. Terrier et censier de la seigneurie de Lady-en-Brie, par Jehan Morant, notaire résidant au bourg de La Chapelle-Thiboust, à la requête de Messire Jacques-Nicolas Colbert, abbé du Bec-Hellouin, seigneur de Lady (1671-1696).

XVIIᵉ siècle. Papier. 232 feuillets. 385 sur 27o millimètres. Rel. parchemin.

193. « Du Conseil du Roy. » (1578-1657.)

« Des chanceliers et gardes des sceaux, » 1514-1658 (fol. 40). — « Que le Parlement est ordonné pour l'administration de la justice et non pour s'employer aux affaires d'Estat » (fol. 125).

XVIIᵉ siècle. Papier. 156 feuillets. 3oo sur 2oo millimètres. Rel. peau verte.

194. « Du Conseil du Roy. »

« Receuil sur la charge de maistres des requestes » (fol. 223). — « Règlemens pour les Conseils d'Estat et privé et pour les cérémonies et rangs », 1585-1661 (fol. 270). — « Ordre à proposer lors qu'il plaira à Dieu donner la paix au royaume », par Bullion, superintendant des finances (fol. 273). — « Règlement fait par le Roy pour la fonction de Messieurs les surintendans Servien et Foucquet », 1654 (fol. 289). — « Règlement pour l'establissement d'un conseil royal des finances », 1661, in-4°, *impr.* (fol. 309).

XVIIᵉ siècle. Papier. 3r2 feuillets. 33o sur 23o millimètres. Rel. veau rac., aux armes de Colbert.

195. « Finances des Romains. »

« Le tout tiré du Code, du Digeste, des Nouvelles, du Code Théodosien, Denis d'Halicarnasse, Tite Live, Polybe, Tacite, Suétone, Pline, l'Histoire Auguste, Ammian Marcelin, Cassiodore, Plutarque, Apian Alexandrin et des poètes latins, avec les plus beaux traits qui y soyent, concernant cette matière. »

XVIIe siècle. Papier. 182 feuillets. 350 sur 225 millimètres. Rel. parchemin.

196. « Traitté des monnoyes, par Me Nicolas Pinette, substitut de Monsieur le procureur général du roy en la Chambre de justice, sur les mémoires de Me Jean La Combe, conseiller en la Cour des monnoyes et commissaire général provincial de ladite Cour en l'étendüe du resort du parlement de Thoulouze. »

XVIIe siècle. Papier. 135 feuillets. 330 sur 230 millimètres. Rel. veau gr., aux armes de Colbert, entourées du double collier des Ordres.

197. Recueil de pièces sur les monnaies en France, en Italie, en Espagne et en Pologne (xvie-xviie siècles).

« Maximes particulières des monnoyes pour un conseiller d'Estat », par Poullain, 1608 (fol. 2). — « Surhaussemens des monnoyes depuis François Ier » (fol. 14). — Extraits des ordonnances sur les monnaies, 1273 et 1516-1656 (fol. 20). — Remontrances du Parlement, 1539 (fol. 80). — Assemblées tenues à Paris pour aviser sur le fait des monnaies, 1559-1634 (fol. 97-160). — Mémoires de Poullain « sur le placet présenté au roy par Pierre Antoine Rascas, s^r de Bagarris, au mois de mars 1612, où est déduit par raison de monnoye, que la fabriquation des espèces de fort bas billon... est très dangereuse dans un Estat », 1612 (fol. 114), sur le « désordre qui est à présent aux monnoyes de Poictou, Bordelois et Bayonnois », 1615 (fol. 125), sur l'Ordonnance du 16 février 1624 (fol. 130), sur la rareté des monnaies royales ayant cours en Picardie, Champagne et Bourgogne (fol. 134). — « Pied neuf de monnoye du mesme caractère que le

vieux », 1633 (fol. 150). — Lettres *originales* d'Augustin Potier,
évêque de Beauvais, à Mathieu Molé, 1635 (fol. 168, 170). —
« Modifications de la Cour des monnoyes à la permission de faire
des doubles obtenue par le s^r duc de St-Simon » (fol. 172). —
« Arrest du Conseil d'Estat portant défenses à tous orfèvres... de
vendre ny acheter cy après le marc d'or et d'argent à plus haut
prix que celuy porté par le présent arrest. A Paris, 1636 », in-8°,
impr. (fol. 177). — Arrêt du Conseil sur la requête d'Isaac Texier
de fabriquer des doubles, 1638 (fol. 190). — « Brief advis sur les
propositions faictes à Monsieur l'intendant Tubeuf sur le faict des
monnoyes » (fol. 198). — Fabrication de nouveaux douzains
(fol. 200). — Ordonnance de 1640, in-fol., *impr.* (fol. 206). — Propositions pour la monnoye de billon en pièces de quinze et trente
deniers (fol. 220). — « Sommaire des moyens d'opposition des
six corps des marchands à la vérification de l'Edict pour la nouvelle
fabrication des monnoyes », in-4°, *impr.* (fol. 228). — « Responce
ausdites objections », in-4°, *impr.* (fol. 242). — Edit relatif à la
fabrication des lys d'or, 1656, placard *impr.* (fol. 256). — Lettre
originale du chevalier de Clerville, 1665 (fol. 257). — « L'œco-
nome de la Couronne » (fol. 259). — « Estat des pensions et
entretenemens... payéz à aucuns princes estrangers » (fol.
279).

« Proclama publicato d'ordine dell' ill^mi... proveditori sopra li
ori et monete, 1633 », Venise, in-fol., *impr.* (fol. 293). — Proclamations par Jacques Altoviti, nonce à Venise, des bulles
d'Alexandre VII : « Sacrosanctae militantis » et « Etsi nobis ».
Venise, 1660 et 1663, placards *impr.* ; « Ordini generali... del sus-
sidio di scudi 100 milla d'oro concesso dalla Santita di... Alessandro
papa Settimo... 1663 », in-fol. *impr.* ; « Editto. Tariffa... per ogni
risma di carta, che si venderà nello Stato Ecclesiastico », par
« Nerio Corsini, arcivescovo di Damiata, tes. gen. » Roma, 1663, placards *impr.* (fol. 294-296). — Finances des divers États d'Italie (fol.
312). — Mémoire de Loménie pour Colbert (fol. 323). — « Prematica... que la moneda de vellon ligada se baxe à la mitad del valor.
En Madrid, 1664 », in-fol., *impr.* (fol. 325). — « Ordenanças de la
Contaduria mayor de cuentas », 1554-1602. En Madrid, 1621, in-
fol., *impr.* (fol. 333). — « Mémoires concernant les finances de
Pologne » (fol. 414). — Monts de piété en Flandres, 1623 (fol. 425),
en France (fol. 446). — « Edict du roy pour la création de la

Société de la Tontine royalle. A Paris, 1654 », in-fol., *impr.*
(fol. 454).

XVIe et XVIIe siècles. Papier et parchemin. 46o feuillets, montés in-folio. Rel. maroquin rouge, aux armes de Colbert.

198. Traités concernant les MONNAIES françaises et étrangères. — Copies des *Registres de Lautier* et *Entre deux ais.*

« *Registre de Lotier.* » « Évaluation des monnoyes d'or et d'argent étrangères, par Jehan L'Huillier, sieur de Boulancourt,
Jehan Grolier, Alexandre de La Tourette, Guillaume Marillac, »
etc., 1550 (fol. 1). — Historique des monnaies françaises, 1180-
1551 (fol. 31). — Ordonnance pour le fait des monnaies (fol. 225).
— Sur le registre de Lautier, voir Borrelli de Serres, *Les varia-
tions monétaires sous Philippe le Bel,* dans la *Gazette numismatique
française,* 1901, p. 266; et Prou, *Notice* sur l'exemplaire du registre de Lautier conservé à la bibliothèque du Vatican, dans la
Gaz. num. franç , 1902, p. 381.

« *Registre Entre deux est.* » Manuel pour « tout homme qui veut
apprendre fait de change » (fol. 292). — Les villes où se frappent
les monnaies (fol. 318 v°). — « Advis comment un garde des
monnoyes doibt gouverner » (fol. 332 v°). — Historique des
monnaies françaises, 1412-1429 (fol. 348 v°), 1429-1461 (fol. 414),
et de diverses monnaies espagnoles, françaises, anglaises, fla-
mandes, écossaises, italiennes, allemandes (fol. 383). — Recueil
de proverbes et « bonnes parolles » (fol. 406). — L'original du
registre *Entre deux ais* est aux Archives nationales, sous la cote
Z 1 *b* 54.

XVIIe siècle. Papier. 458 feuillets. 415 sur 28o millimètres. Rel. veau
rac.

199. « Inventaire général et description de tous les VAISSEAUX
appartenans aux sujets du Roy en l'année 1664, en conséquence
d'un arrest du Conseil royal des finances donné au rapport de
Monsieur Colbert. »

Inventaires *originaux* dressés, pour chaque port, par les lieutenant et greffier de l'amirauté.

XVIIe siècle. Papier. 361 feuillets. 345 sur 235 millimètres. Rel. veau gr.

200. « Traité sur la MARINE, par le s^r DE LORME, provençal. — Usage et coûtumes du commerce de Marseille. »

XVIIe siècle. Papier. 237 feuillets. 370 sur 245 millimètres. Rel. maroquin rouge, aux armes de Colbert, entourées du double collier des Ordres.

201. « Remarques faictes par le sieur ARNOUL sur la MARINE D'HOLLANDE et D'ANGLETERRE dans le voyage qu'il fit en l'année 1670, par ordre de Monseigneur Colbert. »

Remarques sur la marine d'Hollande : Allégorie du triomphe de la marine française sur la marine anglaise, gouache de F. Chauveau (fol. A). — Vue de l' « arcenal d'Amsterdam » (fol. 4-5). — Dessins de vaisseaux (fol. 10). — Vue de la « maison de la Compagnie des Indes Orientales » (fol. 15). — « Dessein du parc où sont les vaisseaux d'Amsterdam » fol. 20). — « Dessein des excluses » (fol. 23).

Remarques sur la marine d'Angleterre ; dessins de vaisseaux (fol. 27).

XVIIe siècle. Papier. 59 feuillets. 360 sur 240 millimètres. Rel. maroquin rouge, aux armes de Colbert, entourées du double collier des Ordres.

202. Procès-verbal, devis, cartes et mémoires concernant le CANAL à faire EN LANGUEDOC pour la jonction des mers. (1664-1665.)

Originaux. — « Plan géométrique du canal royal pour la communication des mers, par Andreossy et Cavalier, 1665 » (page A). — Procès-verbal des commissaires chargés de vérifier la possibilité du canal (p. 5). — Devis des experts Hector de Boutheroue et Étienne Jacquinot (p. 37, 145). — Rapport des commissaires sur le devis des experts (p. 133). — Mémoire du chevalier de Clerville (p. 245). — « Carte particulière de la coste de la mer despuis le cap de Cette jusques au cap de La Franquy, avec... le canal à faire, par Cavalier, 1665 » (p. 287).

XVIIe siècle. Papier. A-288 pages. 340 sur 235 millimètres. Rel. maroquin rouge, aux armes de Colbert.

203. Recueil de pièces et mémoires sur la MARINE, le commerce maritime et les MANUFACTURES. (1515-1664.)

« Mémoires concernant la marine, sur la nécessité d'avoir des vaisseaux et des galères », par Gravier, ancien secrétaire de l'amiral de Brézé. In-fol., *impr.* (fol. 1). — « Discours sommaire de l'establissement ancien de la charge d'admiral de mer de Levant » (fol. 17). — Relation de la campagne du chef d'escadre Isaac de Launay-Razilly au Maroc, 1630 (fol. 37). — « Du droict de naufrage » (fol. 59). — « Mémoire touchant le privilège de la pesche des baleines pour la Companie du Nord», 1657 (fol. 85). — Edit de Louis XIII pour l'entretien d'une flotte de guerre, 1627 (fol. 87). — « Déclaration du Roy portant deffences à tous gouverneurs de province, et autres, de cognoistre du fait de la marine... à Aix, 1637 », in-fol., *impr.* (fol. 107). — Arrêt relatif aux galères, 1638 (fol. 113). — « Estat... de la marine de Ponant, 1644 », signé de l'amiral duc Armand de Brézé (fol. 117). — « Ouvrages entrepris par les anciens pour la jonction des rivières et des mers » (fol. 123).

Amirauté de Séville, 1624 (fol. 132). — Navigation et commerce de l'Amérique (fol. 162). — « Establissement du libre commerce de la mer en France » (fol. 172). — « Articles accordez entre Henry IV... et Jacques, roy de la Grand'Bretagne, 1607 », in-4°, *impr.* (fol. 176). — Requête des associés de la Compagnie de la Nouvelle-France à l'amiral Henri de Montmorency, 1620 (fol. 188), et articles accordés par l'amiral, vice-roi du Canada, à J.-J. Dolu, 1620 (fol. 193). — Créations des Compagnies du Morbihan, 1626 (fol. 197), de la Nacelle de Saint-Pierre fleurdelisée, 1626 (fol. 214), du Saint-Esprit, 1627 (fol. 232). — Lettres des PP. Pierre d'Alençon et Michel de Vezins, prisonniers au Maroc, au P. Joseph, 1628 (fol. 234). — « Advis de Isaac le Maire pour l'establissement d'une Compagnée en France », 1608 (fol. 236). — « Propositions pour faire une Compagnie en France pour les Indes Occidentalles » (fol. 244). — « Plan véritable de l'estat présent des affaires de l'Europe » (fol. 257). — « Mémoire pour les marchands de Paris, Roüen, S. Malo, Nantes, Morlaiz, le Havre et Dieppe trafiquans en mer », in-fol., *impr.* (fol. 287). — « Edict du roy pour l'establissement de sa Compagnie royalle des voyages de long cours, Levant, Midy et Ponent. 1634 », in-fol., *impr.* (fol.

289). — « Déduction et contre-déduction sur le fait des moyens requis pour trouver les deniers promis d'estre payéz annuellement pour le rachapt des péages dans le Sund ; translaté du flamand, imprimé à Utrecht par Jean-Nicolas de Vries, anno 1650 », in-fol., *impr.* (fol. 317). — Privilèges accordés par François II, roi de France, aux Suédois, 1559 (fol. 329). — « Articles et conditions sur lesquelles les marchands négotians du Royaume supplient... le Roy... pour l'établissement d'une Compagnie pour le commerce des Indes Orientales. A Paris, 1664 », in-4°, *impr.* (fol. 335). — « Arrest du Conseil du commerce donné en faveur des marchands..., qui feront cy après bastir des vaisseaux. A Paris, 1664 », in-4°, *impr.* (fol. 347). — « Extraict des lettres patentes des roys de France, où sont contenus les privilèges... pour les marchands des villes impériales d'Allemagne fréquentant les foires de Lion (1515-1617) », in-fol., *impr.* (fol. 351) : lettre des sénats de Strasbourg, Augsbourg, Nuremberg, Francfort et Ulm à Louis XIV (fol. 362). — De la liberté du passage des marchands par le Valais (fol. 366). — « Très-humbles remonstrances au roy par les six corps des marchands de la ville de Paris », 1654, in-fol., *impr.* (fol. 373). — « Observations... utiles à la ville de Roüen... pour la liberté du commerce des vins », in-fol., *impr.* (fol. 379). — Mémoire des marchands de Lyon sur la diminution du commerce (fol. 385). — « Advis... pour doubler son argent de quinze mois en quinze mois » (fol. 395). — « Du huictiesme qui se lève en Hollande sur le loüage des maisons » (fol. 398). — Manufactures de toiles de Hollande (fol. 406). — Défense par Henri IV d'importer des étoffes d'or, d'argent et de soie, 1599 (fol. 410). — Lettres et arrêts sur les manufactures, 1607-1640 (fol. 420).

XVII° siècle. Papier. 441 feuillets, montés in-folio. Rel. maroquin rouge, aux armes de Colbert.

204. Registre de dépêches et correspondance de Colbert concernant le COMMERCE extérieur et intérieur. (1669.)

Lettres, circulaires, arrêts adressés ou relatifs aux ambassadeurs de France en Angleterre, Charles Colbert de Croissy (fol. 9 v°, 18, 44 v°, etc.); Danemark, René Martel, marquis des Arcis (fol. 65); Espagne, Pierre marquis de Villars (fol. 17, 66 v°, 74, etc.) ; Hollande, Simon Arnauld, marquis de Pomponne (fol. 11 v°, 31, 44, etc.) ; Moscovie, Goossens (fol. 100) ; Portugal, Melchior Harod, marquis de Saint-Romain (fol. 96 v°, 133 v°) ; Rome, Louis d'Anglure de Bourlémont (fol. 15, 54, 68 v°, etc.) ; Saxe, de Chassan (fol. 161 v°) ; Suisse, Moustier (fol. 218 v°, 224, 235) ; — aux consuls de France, 1618-1669 (fol. 3, 30 v°, 41, 52, 55 v°), particulièrement en Espagne, Portugal et Afrique (fol. 4 v°, 38, 106, 329 v°), Hollande (fol. 60 v°), Levant (fol. 1, 20, 308, 310, 337 v°), Toscane, 1644 (fol. 46 v°), à Alep (fol. 152 v°, 190 v°), Alexandrie d'Égypte, 1613 (fol. 236 v°), Alger (fol. 143 v°, 338 v°), Alicante (fol. 142 v°, 229, 353), Ancône (fol. 76 v°, 154, 172 v°), Beyrouth (fol. 22 v°), Cadix (fol. 73 v°, 95 v°, 109, 181), Gênes (fol. 141 v°), Hambourg (fol. 334), La Corogne (fol. 181, 301), Lisbonne (fol. 133, 229, 282, 283), Livourne (fol. 49 v°), Malaga (fol. 229, 353), Naples (fol. 162 v°), Rome (fol. 143), Tétouan et Salé, 1648 (fol. 120), Tunis (fol. 340) ; — aux maires et échevins des villes maritimes (fol. 5, 97 v°, 220 v°) et des villes d'Auxerre (fol. 292), Bayonne (fol. 277), Lille (fol. 273), Lyon (fol. 352), Marseille (fol. 77 v°, 87, 264), Rouen (fol. 179 v°), Saint-Malo (fol. 96 v°, 179 v°), Tournai (fol. 255 v°).

A Arnoul, intendant de la marine (fol. 76 v°, 314), — Bellinzani (fol. 355), — Pierre de Bonzy, évêque de Béziers (fol. 71, 258 v°, 267 v°), — Colbert de Terron (fol. 204 v°), — Laurent-Onufre, connétable Colonna (fol. 286), et Marie Mancini, connétable Colonna (fol. 70), — Demuin, intendant de la marine (fol. 63-65), — Desmonts, capitaine de *la Dieppoise* (fol. 314 v°), — Guillaume Eon de la Villebague, armateur malouin (fol. 4 v°, 95 v°), — Errard, directeur de l'Académie de Saint-Luc (fol. 116 v°), — Fermanel, négociant (fol. 73 v°, 189, 201 v°, etc.), — roi de Fez (fol. 92 v°). — Frédéric Gabel, conseiller du roi de Danemark (fol. 240 v°). — Gelée (fol. 105, 129 v°, etc.), — Antoine III, maréchal de Gramont (fol. 276 v°), — abbé de Gravel (fol. 98, 150 v°, 172, etc.), — lieutenant-général de Gremonville (fol. 151, 243 v°), — François de Harlay de Champvallon, archevêque de Rouen (fol. 288), — roi de Makassar (fol. 206), — François-Marie, cardinal Mancini (fol. 69), — Henri de Forbin, baron d'Oppède, intendant (fol. 122, 150, 162), — Renouard, commandant dans Tournai (fol. 247), — cardinal Jacques Rospigliosi (fol. 287), — Secqueville (fol. 105, 135, 144 v°), — Michel Le Peletier de Souzy, intendant (fol. 103 v°,

129, 137, etc.), — Jean Talon, intendant au Canada (fol. 341 v°),
— Thierriat (fol. 125), — de Valbelle, lieutenant de l'amirauté à
Marseille (fol. 115 v°), etc.

Table en tête du volume.

XVIIe siècle. Papier. xxv-363 feuillets. 345 sur 23o millimètres. Rel.
maroquin rouge, aux chiffre et armes de Colbert, entourées du double
collier des Ordres.

205. « Conférence des articles concernant le commerce,
tiréz des traictéz d'alliance faits avec l'Espagne, l'Angleterre,
le Dannemark, la Suède, la Hollande, les villes Anséatiques,
la Savoie et les Suisses. — 1672. »

Traités avec la Hollande (1662), le Danemark (1663), l'Angleterre
(1606-1667), la Suède (1661), les villes Hanséatiques (1655), la
Savoie (1631), les ligues Suisses (1602).

XVIIe siècle. Papier. 282 pages. 345 sur 23o millimètres. Rel. maroquin rouge, aux chiffre et armes de Colbert, avec les colliers des
Ordres.

206. Mémoires sur le commerce de Turquie, de Perse, de
Madagascar et sur le canal des deux mers.

« Raisons qu'il y a de ruiner le commerce en Turquie » (fol. 2).
— « Des raisons de régler le commerce dans la Perse et dans les
Indes; prises de celles auxquelles les Hollendois et les Anglois
ont réussi ou manqué » (fol. 5). — « Des raisons de faire passer
le commerce de la Perse dans l'isle de Madacascar », par Poullet
(fol. 13). — Arrest d'adjudication des ouvrages à faire pour le
canal de communication des deux mers, Océane et Méditerranée »,
1666, in-fol., *impr.* (fol. 17). — « Mémoire sur le golphe de Lyon »
(fol. 31), et autres mémoires sur le canal des deux mers (fol. 37-97).

XVIIe siècle. Papier. 97 feuillets. 34o sur 220 millimètres. D.-rel.

207. Recueil d'arrêts du Conseil d'État, du Conseil du
commerce et de privilèges royaux concernant les manufactures. (1661-1669.)

Une table des matières est au fol. 3. — Ces actes concernent en particulier : l'artillerie (fol. 164, 270 v°, 351) ; — le commerce d'Albouzesme en Mauritanie (fol. 231 v°) et des Indes Orientales (fol. 9 v°) ; — les consulats des Échelles du Levant (fol. 75) ; — les graveurs et imprimeurs du roi (fol. 343 v°) ; — les haras (fol. 207) ; — les manufactures, arts et métiers d'Abbeville (fol. 224 v°, 293 v°, 307), Alençon (fol. 118 v°, 128), Amiens (fol. 285), Arras (fol. 95), Aubusson (fol. 365 v°), Aumale (fol. 193 v°), Aurillac (fol. 131), Beauvais (fol. 64, 71), Carcassonne (fol. 322), Castres (fol. 160), Châlons (fol. 302), Dieppe (fol. 247), Fécamp (fol. 199 v°), Garches (fol. 211), Le Mans (fol. 319 v°), Lyon (fol. 250, 263, 267), Marseille (fol. 160 v°, 342), Montpellier (fol. 344 v°), Paris (fol. 210, 279, 362), Pont-L'Abbé (fol. 174 v°), Reims (fol. 302), Rouen (fol. 168, 300), l'entrepôt de Tatihou (fol. 187) ; — les monnaies (fol. 264 v°) ; — les rivières navigables, Aube (fol. 78), Seine (fol. 99 v°), « Woulsye » (fol. 254) ; — les vaisseaux (fol. 6, 105, 375 v°), etc.

XVIIe siècle. Papier. 387 feuillets. 360 sur 240 millimètres. Rel. maroquin rouge, aux armes de Colbert.

208. Mémoires et interrogatoire de Jérôme DE NOUVEAU, surintendant général des postes, sur les POSTES de France. (1665.)

Avis aux créanciers de Jérôme de Nouveau aux fins de surenchères (1666), placard *impr.* (fol. 1).

XVIIe siècle. Papier. 46 feuillets. 340 sur 230 millimètres. Rel. veau gr., aux armes de Colbert, entourées du double collier des Ordres.

209. « Instruction pour la charge de grand maistre SUPER-INTENDANT GÉNÉRAL DES VIVRES, munitions, magazins, estappes et avitaillemens de France, et de l'ordre qui doibt estre observé pour la conduitte et administration des vivres des gens de guerre des armées. »

Certaines des formules de l'Instruction sont datées de 1617 et 1619 ; d'autres sont postérieures aux édits de 1627 et 1631.

XVIIe siècle. Papier. 75 feuillets. 355 sur 230 millimètres. Rel. parchemin.

210. « Inventaire général des pièces d'ARTILLERIE, poudres, boulletz à canon, armes, oustilz, engins et autres munitions de guerre qui sont ès arcenaulx et magazins des villes, chasteaux, places frontières et forteresses de ce royaulme, veues et visitées en chacune province par les lieutenans de Monsieur le marquis de Rosny [SULLY], grand maistre et cappitaine général de ladite artillerie de France..., ès années 1611 et 1612; le tout recueilly par Me Jean D'ORLÉANS, garde général de ladite artillerie. »

XVIIe siècle. Papier. vii^c xli (741) feuillets. 35o sur 23o millimètres. Rel. veau fauve, aux armes et chiffres de Louis XIII et Marie de Médicis, dans un semis de fleurs de lis.

211. « Estat général présenté au Roy par le marquis de osny [SULLY], grand maistre de l'artillerie de France, contenant toutes les pièces d'ARTILLERIE, salpestres, pouldres, boulletz, armes et aultres munitions de guerre générallement quelconques estans dans les arsenaux et magasins de Sa Majesté et dans les villes, chasteaux et forteresses des gouvernemens et provinces de ce royaume, ès années 1611 et 1612. »

XVIIe siècle. Papier. v^c xx (52o) feuillets. 355 sur 22o millimètres. Rel. maroquin brun, semé de fleurs de lis.

212-216. Mémoires concernant le PARLEMENT, recueillis par Matthieu MOLÉ.

Une table des matières se trouve en tête de chaque volume.
I (**212**). Lettres patentes, arrêts et autres actes concernant le Parlement, 1389-1656. — « Arrests notables de l'année 1607 » (fol. 1). — Rôle des officiers du Parlement, 1629 (fol. 78). — Lettres *originales* de Louis XIII à Molé (fol. 87, 289, 291). — Extrait d'ordonnances sur la matière des évocations (fol. 100). — « Extraict des choses notables contenues en un registre de la Cour », 1401-1431 (fol. 121). — Ratures aux registres du Parlement (fol. 128). — « Ce qui a esté advisé par les principaux offi-

ciers de la cour de Parlement sur le faict de l'administration du royaume d'Escosse, 1552 » (fol. 136). — Procès-verbal du refus d'un maître des requêtes de recevoir, en garnissaire, des arbalétriers de la ville, 1587 (fol. 150). — « Lettres patentes pour le faict des amendes de la Cour », 1614, *impr.* (fol. 158). — « Déclaration du roy donnée en faveur des officiers de la Cour, à Paris, 1639 », in-fol., *impr.* (fol. 169). — Portraits des différents officiers du Parlement, Lamoignon, etc. (fol. 173), etc.

« Entrées des roys, des chanceliers et autres grands au Parlement, et lits de justice » (fol. 202). — « Discours de ce qui se passa à l'enterrement du roy Henry 4 touchant le débat du Parlement et de M^r l'évesque de Paris » (fol. 271). — « Discours de ce qui se passa au Parlement séant aux Augustins touchant la régence de la royne, les xiv et xv may MDCX » (fol. 276). — « Ordre de la séance tenue au Parlement, le roy séant en son lict de justice pour la déclaration de sa majorité, le 2 d'octobre 1614 », placard *gravé* (fol. 286). — Lettre *originale* du chancelier Séguier à Molé (fol. 297). — Lits de justice du 17 janvier 1634 (fol. 298), 21 février 1641 (fol. 309), etc. — « Mémoire sur le différend meû entre Messieurs les ducs et pairs de France et les présidents à mortier » (fol. 220, 338). — Mémoires, à ce sujet, de Bouillau (fol. 366), de l'abbé Bourzeix (fol. 378), du Père Le Cointe (fol. 384). — viii-406 feuillets.

II (**213**). Mémoires concernant la discipline de la Cour, 1488-1643. — Taxe des droits des clercs des conseillers, 1613, placards *impr.* (fol. 103, 104). — Défense de passer par les greffes et entrées des Chambres avant la levée de la Cour, 1622, in-4°, *impr.* (fol. 105). — « Lettre du Roy à Monseigneur le Prince sur la grande et signalée deffaite de l'armée impériale [à Crevelt]. A Paris, 1642 », in-4°, *impr.* (fol. 111). — Lettre *originale* de François Sublet de Noyers, secrétaire d'État, 1642 (fol. 125). — Obsèques de Louis XIII (fol. 134), etc.

« Arrests et relations des rudes traittements que les Roys ont fait aux Parlements », 1523-1656 (fol. 138). — Extraits des registres du Parlement concernant l'interdiction du Premier président Le Maistre, 1561 (fol. 143), des enregistrements d'édits, 1563 (fol. 177). — « Parolles du roy [Henri IV] à Messieurs du Parlement », 7 janvier 1599 (fol. 221). — Affaire du président Le

Jay, 1615 (fol. 257). — Lettres, pour la plupart en *original* et de l'année 1631, du chancelier Nicolas Brulart de Sillery (fol. 260), de Louis XIII, 1631-1642 (fol. 275 et suiv., 287, 290, etc.), du chancelier Charles de L'Aubespine, marquis de Châteauneuf (fol. 284, 291, 293, etc.), du secrétaire d'État Louis Phelypeaux de La Vrillière (fol. 307), du surintendant des finances Claude de Bullion (fol. 325, 326), du secrétaire d'État Antoine de Loménie (fol. 331, 336, 352, etc.), de Matthieu Molé, minutes (fol. 341 et suiv.), du chancelier Séguier (fol. 380), etc. — 446 feuillets.

III (**214**). « Mémoires concernant la Chambre des enquestes et la contention des présidens des enquestes avec les conseillers de la Grande Chambre » (fol. 1). — Extraits *impr.* des registres du Parlement par Du Tillet (fol. 6, 15, 22). — « Pour la praeséance des conseillers de la Grand'Chambre. » In-4°, *impr.* (fol. 35). — « Requêtes du Palais et de l'Hostel » (fol. 47). — « Articles arrestéz par Messieurs les commissaires, » 3 mars 1621, et adressés au procureur général de la part de Broussel (fol. 78). — « Portraict de Messieurs les maistres des requestes » (fol. 86). — « Assemblée des chambres » (fol. 94). — Lettre *originale* de Louis XIII à Molé, 1640 (fol. 120).

« Vérification des Ordonnances, » 1493-1629 (fol. 121). — Lettre *originale* de Henri IV (fol. 154). — « Gages de la Cour » (fol. 167). — « Déclaration du roy pour le payement du fonds des gages anciens et de nouvelle augmentation des officiers des quatre Compagnies souveraines. A Paris, 1637, » in-4°, *impr.*, en double exemplaire (fol. 184, 192). — « Du droit d'indult du parlement » (fol. 202). — De l'abbaye de Bourgueil (fol. 206). — « Extraicts des raisons de Messieurs des Estats de la province de Bretagne pour deffendre la liberté des ordinaires de ladite province contre les indultaires de France » (fol. 212, 281). — Des prieurés de Saint-Nicolas de Montfort (fol. 226), Notre-Dame de Taulpont (fol. 243) et autres bénéfices bretons.

Chambre des comptes (fol. 291) : légitimations, anoblissements, dons, etc. (fol. 293). — Cour des aides (fol. 310). — Des juges présidiaux (fol. 317). — Établissements des parlements de Rouen (fol. 319), Rennes (fol. 330), Pau (fol. 332, 341), Tours (fol. 336), Dijon (fol. 346). — Grands jours et chambre de justice en Guyenne (fol. 353). — ix-391 feuillets.

IV (**215**). Créations et provisions d'offices, 1418-1642 (fol. 1). — Dégradation du conseiller Claude de Chauvreux, 1496 (fol. 5, 150). — Remontrance quant à la réception de Jacques Berruyer comme président des enquêtes, 1547 (fol. 15). — Provisions d'Édouard et Matthieu Molé (fol. 29-32, 308), Hiérosme de Hacqueville (fol. 41). — « Inventaire de production » au procès du conseiller Pinon contre le président Michel de Champrond, 1629 (fol. 48). — Lettres de Louis XIII concernant le président Le Coigneux (fol. 71, 158). — Lettre *originale* du même à Molé, 1642 (fol. 91). — Conseillers honoraires (fol. 100). — Supplique du conseiller Bernard de Fortia, 1602 (fol. 156). — Conseillers de la religion prétendue réformée (fol. 167).

Grand Conseil, 1498-1643 (fol. 176). — Procureurs et avocats généraux du roi (fol. 201). — Nomination d'un substitut, par Noel Brulart, procureur général, 1541, *orig.* (fol. 207). — Composition faite par Nicolas Hennequin, bourgeois de Paris, avec le roi, 1544 (fol. 215). — Procès de François Allamant, président en la Chambre des comptes, 1560 (fol. 217), et de François Allamant, président au Grand Conseil, 1617 (fol. 264). — Requêtes de Jean Du Bus, évêque de Meaux, 1535 (fol. 291). — Adieux d'Omer Talon au Parlement, 1634 (fol. 315). — Octroi, par le procureur général Jean de La Guesle, de la jouissance du banc des avocats au Palais, 1572, *orig.* (fol. 320), etc. — x-327 feuillets.

V (**216**). Trésor des chartes du roi, notices par Pierre Dupuy (fol. 1, 13). — Registres trouvés chez feu le président Brisson (fol. 7, 25). — Trésor des chartes de Simancas (fol. 10). — Registres du Parlement, récolement sommaire après l'incendie de 1622 (fol. 18). — Commissions pour inventorier les papiers des chanceliers Poyet (fol. 27) et de Montholon (fol. 29). — Inventaire des papiers de feu le président Jean de La Guesle, 1589 (fol. 45). — Transfert des archives de Mercurol au Trésor des chartes à Paris (fol. 82), où Godefroy et Pierre Dupuy sont chargés d'en dresser l'inventaire, 1615 (fol. 87, 101). — Lettres *originales* de Pierre Dupuy (fol. 90, 92, 94, 99), de l'historien Savaron (fol. 97). — Procès-verbal de « plantement des bornes d'entre les limites des terres de « Mercurol et St Julien de Couppel » (fol. 125). — Lettres de Louis XIII ordonnant la réintégration de toutes les pièces sorties du Trésor des chartes, 1628, *original* sur parchemin (fol. 135).

Audition du roi Henri II comme témoin, 1556 (fol. 139). — Érection de la chambre d'O, 1604 (fol. 148). — Enquête par turbe (fol. 158). — Greffes et recettes des consignations (fol. 165). — Requêtes de prisonniers au roi (fol. 173). — « Inventaire et description des arrests et sentences de reglement concernant le faict de la communauté et qui sont registrée au greffe d'icelle, » in-4°, *impr.* (fol. 207). — Arrêt du Conseil d'État condamnant à l'amende des clercs de greffe du Palais, dont Gilles Boileau, 1637, in-fol., *impr.* (fol. 220). — Articles accordés par le Conseil au greffier Jean Du Tillet, 1617 (fol. 223). — Lettres *originales* de Louis XIII à Molé, 1637-1640 (fol. 236, 249, 252 et suiv.).

Conciergerie du Palais (fol. 259). — Arrêts de condamnation exécutables à la Conciergerie, 1600-1612, placards *impr.* (fol. 272-276). — « Reglement de la geolle et prisons royaux d'Angers. Angers, 1614, » placard *impr.* (fol. 277). — Chancellerie et secrétaires du roi (fol. 284). — Taxes des lettres de chancellerie (fol. 284). — *Sciendum* de la chancellerie (fol. 299). — Règlement à observer ès chancelleries des parlements, 1599 (fol. 302). — Lettres royales concernant les notaires et secrétaires du roi, 1482-1651 (fol. 308). — IX-400 feuillets.

XVIe et XVIIe siècles. Papier et parchemin. 5 volumes in-folio. Rel. maroquin rouge, aux armes de Colbert.

217. Recueil de remontrances du PARLEMENT aux rois de France. (1540-1581.)

Tenues de mercuriales (fol. 144).

XVIe siècle. Papier. 228 feuillets. 290 sur 190 millimètres. Rel. maroquin rouge, aux armes du volume 15.

218-221. « Procédures et arrests contre des accusés de CRIME DE LEZE-MAJESTÉ » (1440-1652), recueillis par Matthieu MOLÉ.

Une table des matières se trouve en tête de chaque volume.

I (**218**). Années 1453-1626. — Procédures contre le comte d'Auvergne (1616), Magdeleine des Aimars, accusée de magie (1606), Pierre Desquets de Belleville, écrivain (1584), un écolier appelé le *capitaine des boutefeux* (1557), Claude de Sanzay, sieur de Charmont (1620), Jacques Cœur, Henri de Bourbon, prince de Condé (1615), Nicolas Dadon, régent du collège du Cardinal Lemoyne (1586), Du Jardin, dit La Garde, conspirateur (1615), Jean Fontanier, auteur du *Trésor inestimable* (1615), Jean de Genières (1617), François Le Breton, avocat (1586), Henri de Luxembourg, duc et pair (1614), de Madaillan et Lauzières-Thémines, duellistes (1615), Mauregard et Bouriquant, faiseurs d'almanachs (1614), le capitaine Michery (1584), Geoffroi Vallée, auteur *du Fléau de la foi* (1574), etc.

On remarque : « Arrest de la cour de Parlement contre les blasphémateurs du sainct nom de Dieu. A Paris, 1599, » in-4°, *impr.* (fol. 70). — Lettres *originales* de Louis XIII, 1615 (fol. 120, 149, etc.). — « Déclaration et protestation de Monseigneur le prince de Condé présentée au Roy, 1615, » in-4°, *impr.* (fol. 131). — Lettres *originales* de l'an 1615, signées « La Frette » (fol. 152), « Henry de Bourbon », prince de Condé (fol. 155, 175, 176), « La Rinville » (fol. 160), Jullien Collin, sieur de « Champferrant » (fol. 165), « Marie » de Médicis (fol. 179, 183). — « Arrest de la cour de Parlement contre le prince de Condé et autres princes. A Paris, 1615, » in-4°, *impr.* (fol. 185). — « Récit véritable de ce qui s'est passé au Parlement sur déclaration du mois de septembre 1615, » in-4°, *impr.* (fol. 196). — Lettres *originales* de 1615, signées Henri de « Luxambourg » (fol. 201), « Ayrault, » maire d'Angers (fol. 202). — Prohibition des attroupements armés en Normandie. Rouen, 1615, placard *impr.* (fol. 204). — Lettres *originales* de 1615, signées « de Brétignères » (fol. 205), des lieutenant général et échevins du Mans (fol. 209, 211), etc. — VII-401 feuillets.

II (**219**). Années 1627-1652. — Procédures contre Roger de Saint-Lary, duc de Bellegarde (1633), Charles de Besançon (1634), François de Montmorency, comte de Boutteville, et François de Rosmadec, comte des Chappelles (1627), le commandeur Jacques de Brossin-Messars (1634), le P. Chantelouve (1632), Jean-Carles de Pierrebuffière, marquis de Châteauneuf (1635), Henri d'Effiat de Cinq-Mars et François-Auguste de Thou (1642), Jean-Louis de Nogaret, duc d'Epernon (1634), Benjamin de La Rochefoucault, sieur d'Estissac (1633), Urbain Grandier (1634), Greiety et Léon

de Laval, baron de Madaillan (1642), le marquis de La Vieuville
(1631), le président Le Coigneux, etc. (1632), le vicomte de
Lestrange (1632), le maréchal Louis de Marillac (1632), Gaston
d'Orléans (1631-1635), Louis Gouffier, duc de Roannais (1632),
Pourcelet de Sainte-Cécile (1636), le médecin Senelle (1631), de
Valençay, gouverneur de Calais (1629), César de Vendôme (1629),
etc.

On remarque : des factums « pour messire François de Montmorency, comte de Luz et de Boutteville, et messire François de
Rosmadec, comte des Chappelles, » in-fol., *impr.* (fol. 1), et pour
le maréchal de Marillac « à nosseigneurs les commissaires de la
Chambre souveraine establie à Ruel, » in-fol., *impr.* (fol. 96). —
Placard *impr.* portant bannissement des domestiques de Gaston
d'Orléans, 1632 (fol. 118). — « Arrest de condemnation de
mort contre maistre Urbain Grandier. A Paris, 1634, » in-4°,
impr. (fol. 134) ; « Factum pour maistre Urbain Grandier », in-fol.,
impr. (fol. 138), et rapport *original* signé de Michel Houmain, l'un
des commissaires (fol. 148). — « Déclaration du roy » portant
amnistie. A Paris, 1634, in-4°, *impr.* (fol. 160). — « Extraict du
registre aux Dictuns criminels du conseil provincial d'Artois, »
1634, in-fol., *impr.* (fol. 176). — Lettres *originales* de Séguier
(fol. 183, 187), Louis XIII (fol. 192). — « Déclaration du roy pour
la cassation des poursuittes... contre Monsieur. A Paris, 1635, »
in-fol., *impr.* (fol. 207). — « Arrest de la cour du Parlement de
Paris portant cassation du marquis de Chasteauneuf, tué en duel.
A Paris, 1635, » in-fol., *impr.* (fol. 209). — « Lettre du roy, escrite
aux gouverneurs de provinces, sur la détention du duc de
Puylaurent. A Paris, 1634, » in-4°, *impr.* (fol. 216). — Promesse
de récompense à qui arrêtera les auteurs de l'attentat contre la
duchesse de Chaulnes, 1639, placard *impr.* (fol. 241). — Juge-
ments contre les gouverneurs ayant par lâcheté rendu les places
d'Amesfort, Boulogne-sur-mer, Bréda, Catelet, Corbie, Fontarabie,
Grave, La Capelle, Lippa, Tata (fol. 311). — viii-342 feuillets.

III (**220**). Années 1440-1632. — Procédures contre le maréchal
Gilles de Raiz (1440), le connétable Charles de Bourbon (15
1527), le maréchal Charles Gontault de Biron (1602), avec l'oraison funèbre de Biron par le procureur général de La Guesle, et le
lieutenant-général Henri de Montmorency (1632). — 460 feuillets.

IV (**221**). Année 1617. — Procédures contre Concino Concini, maréchal d'Ancre ; pièces *originales*. — 413 feuillets.

XVI*-XVII* siècles. Papier et parchemin. 4 volumes in-folio. Rel. maroquin rouge, aux armes de Colbert.

222. « Les informations faictes contre Messire Jean, duc d'Alençon, l'an 1456. »

Fol. 289. Second procès criminel contre Jean, duc d'Alençon (1474).

XVIIe siècle. Papier. 3o9 feuillets. 43o sur 28o millimètres. Rel. maroquin rouge, aux armes du vol. 15.

223. « Procez criminel faict à Mre René d'Alençon, comte du Perche, èz années 1481-1482. »

XVII* siècle. Papier. 226 feuillets. 43o sur 28o millimètres. Rel. maroquin rouge, aux armes du vol. 15.

224. Procès criminels.

« Histoire de la condamnation des Templiers » (fol. 1). — Procès criminels contre le maréchal Gilles de Raiz, 1440 (fol. 60) et le connétable Louis de Luxembourg, comte de Saint-Pol, 1475 (fol. 126).

XVIIe siècle. Papier. 248 feuillets. 43o sur 28o millimètres. Rel. maroquin rouge, aux armes du vol. 15.

225. « Procès de Messieurs [François-Auguste] de Thou et [Henri d'Effiat] de Cinq-Mars. »

« Copié sur les minutes gardées chez Monseigneur le chancelier Séguier. »

XVIIe siècle. Papier. 16o feuillets. 36o sur 24o millimètres. Rel. maroquin rouge, aux armes de Colbert, entourées du double collier des Ordres.

226. « Procès de Mre Louis de Rohan et ses complices, fait en l'année 1674. »

Copie.

XVII⁰ siècle. Papier. 1149 pages. 430 sur 285 millimètres. Rel. maroquin rouge, à petits fers, aux armes de Colbert.

227. « Traité de la confiscation des biens pour crime de lèze-majesté. — Le roi n'est tenu de mettre hors de ses mains les fiefs tenus de luy en arrière-fiefs. — Du serment des rois de France à leur sacre et couronnement. »

En *déficit* depuis le début du xix⁰ siècle.

228-237. « Extraicts sommaires tiréz des registres de la CHAMBRE DE JUSTICE (1661-1665), rédigéz par M⁰ Joseph FOUCAULT, greffier de la Chambre » et dédiés à Colbert.

I-V (**228-237**). « Ce qui a esté faict et ordonné en la Chambre depuis le troisiesme décembre 1661, jour de son establissement, jusques à celuy de la publication de l'amnistie généralle accordée par Sa Majesté aux financiers et registrée le vingt troisième décembre 1665. »

I (**228**). Années 1661-1662. — Frontispice aux armoiries de Colbert. — Séances de la Chambre de justice en celle du Conseil lez la Chambre des comptes (fol. 2 *bis*), et en celle de la Cour des monnaies (fol. 75 *bis*). — Jeton de 1662 (fol. 76 *bis*), gouaches. — x et 362 feuillets.

II (**229**). Années 1662-1663. — Séance à l'Arsenal (fol. 217 *bis*). — 356 feuillets.

III (**230**). Années 1663-1664. — Séance en l'hôtel Séguier (fol. 1). — Jeton de 1664 (fol. 228). — III et 343 feuillets.

IV (**231**). Années 1664-1665. — Jeton de 1665 (fol. 94 *bis*). — II et 327 feuillets.

V (**232**). Année 1665. — II et 180 feuillets.

VI (**233**). Condamnations contre les financiers : Animé-Jossier. — v et 407 feuillets.

VII (**234**). Condamnations contre les financiers : Languet-Voicture. — Feuillets 408-718.

VIII-X (**235-237**). Procès de Nicolas Foucquet, surintendant des finances. — xxvi-359, II-411 et II-412 feuillets.

XVII⁰ siècle. Papier. 10 volumes. 390 sur 280 millimètres. Rel. maroquin rouge, aux chiffre et armes de Colbert, avec les colliers des Ordres.

238. « Répertoire des ordonnances de la Chambre des comptes de Paris, divisé en trois parties. » (xvi⁰ siècle.)

Manque le dernier feuillet, qui contenait, selon la table des chapitres (fol. 6), la « taxatio facta procuratoribus hujus camere super confectione compotorum, in jornali cottato T, sub xx⁰ junii anno M⁰ quingentesimo XIIII⁰. » — Feuillets 1-17 légèrement mutilés.

XVI⁰ siècle. Papier. 64 feuillets. 340 sur 225 millimètres. Rel. maroquin olive.

239-240. « Inventaire succint des hommages renduz au roy par les princes, seigneurs, gentilzhommes et autres vassaulx de Sa Majesté, possédant fiefz en son royaulme, jusques en l'année mil six cens vingt incluse, lesquelz ont esté mis par baillies sellon les dattes des jours, moys et années ès armoires de la Chambre des comptes. »

I (**239**). Bailliages et sénéchaussées de Paris (fol. 1), Senlis (fol. 128), Clermont en Beauvoisis (fol. 173), Valois (fol. 210), Mantes et Meulan (fol. 220), Montfort l'Amaury (fol. 227), Étampes et Dourdan (fol. 237), Chartres, Dreux, Châteauneuf-en-Thimerais (fol. 251), Melun (fol. 267), Nemours et Château-Landon (fol. 320), Montargis (fol. 339), Orléans, Gien et Blois (fol. 346), Amboise et Blois (fol. 391), Touraine (fol. 440), Berry (fol. 485), Bourbonnais (fol. 532), Sens (fol. 550), Picardie, Vermandois et Ponthieu (fol. 571). — « Hommages contenant divers bailliages et autres qui se sont trouvéz depuis l'inventaire cy dessus fait » (fol. 637). — « Hommages rendus à la feue royne Catherine de Medecis... mis au present inventaire le xii⁰ jour d'avril M VI⁰ XXII » (fol. 737). — « Liasses des souffrances » (fol. 775). — « Inventaire des lettres de service de fidélité des ecclésiasticques » (fol. 814). — 849 feuillets.

II (**240**). Hommages, aveux, terriers, etc. contenus « en la première et seconde armoires près la cheminée ». — Dun-le-Roy (fol. 526), Vierzon (fol. 529), Mehun-sur-Yèvre (fol. 531 v⁰). — 542 feuillets.

XVII⁰ siècle. Papier. 2 volumes. 340 sur 225 millimètres. Rel. maroquin rouge, aux armes de Colbert.

241-242. « Recherche des FIEFZ de France depuis leur origine, par Messire Auguste GALLAND, conseiller du Roy en ses conseils et procureur général ou royaume de Navarre. »

I (**241**). « De l'origine des fiefs, deüe aux François, communiquée aux Lombards et autres peuples de l'Europe » (fol. 2). — « Vidaméz et advoüeries tenues en fief; de leur origine, progrés, déclin, droictz, attributz, réduction au nombre de cinq » (fol. 139). — 240 feuillets.

II (**242**). « Suitte de la recherche des fiefz de France, par Mre Auguste Galland. »

Mêmes textes que ceux des mss. français 16175 et 16178.

« Li livres la reine Blanche » (fol. 2). — Ordonnance de Louis X le Hutin, 1315 (fol. 9). — Extraits du Livre Noir (fol. 24) et du Livre Rouge du Châtelet (fol. 88), de Comptes de la prévôté de Paris, 1234-1345 (fol. 135 v°). — Coutumes de la Vicomté de l'eau de Rouen (fol. 145), d'Oléron (fol. 158), Dieppe (fol. 165), bailliage de Chauny (fol. 171), Lorris (fol. 209), Saintonge (fol. 212), Aigues-Mortes (fol. 223), Marseille (fol. 230), Montpellier (fol. 265), Tarragone (fol. 287), Metz (fol. 291), Verdun (fol. 324), Haubourdin (fol. 338), Vervins (fol. 343). — Lois anglaises (fol. 377). — 407 feuillets.

XVII⁰ siècle. Papier. 2 volumes. 420 sur 275 millimètres. Rel. maroquin rouge, aux armes du roi.

243. « Discours de l'extinction et amortissement général des FIEFS et des cens et des autres droits seigneuriaux, » par « GUYNÉ, advocat au Parlement de Paris. »

Dédié à Colbert.

XVII⁰ siècle. Papier. 52 feuillets. 325 sur 210 millimètres. Rel. parchemin blanc.

244. Tables des maîtrises des EAUX ET FORÊTS, prix des bois et bordereaux de vente par département. (1660-1683.)

Mémoire sur l'enregistrement de l'ordonnance d'août 1669 sur les eaux et forêts (fol. 7).

XVII⁰ siècle. Papier. 82 feuillets. 350 sur 230 millimètres. Rel. maroquin rouge.

245. « Recüeil des arrests, commissions, édits, ordonnances et estats concernant les Eaux et forests par l'ordre des départements des grandes maîtrises. » (1661-1683.)

En outre, deux édits sur le fait des chasses, 1601 et 1607 (fol. 185 et 191).

XVIIe siècle. Papier. xii-623 feuillets. 370 sur 245 millimètres. Rel. maroquin rouge.

246. « Registre des dépesches de Monseigneur [Colbert] concernant les eaux et forests. » (1669-1673.)

Table des dépêches en tête du volume.

XVIIe siècle. Papier. xxx-252 feuillets. 340 sur 225 millimètres. Rel. maroquin rouge, aux armes de Colbert, avec les colliers des Ordres.

247-249. Registres des arrêts, édits, lettres patentes, commisions, etc., relatifs à l'administration des eaux et forêts du royaume. (1661-1675.)

Table des arrêts, etc. à la fin de chaque volume.
I (**247**). Années 1661-1669. — 214 feuillets.
II (**248**). — 1670-1675. — 275 —
III (**249**). — 1663-1671. — Ventes de bois (fol. 4) ; — Condamnations rendues dans les réformations des maîtrises (fol. 32) ; — États de dépense pour le remboursement des offices des eaux et forêts supprimés par édits (fol. 73). — 223 feuillets.

XVIIe siècle. Papier. 3 volumes in-folio. Rel. maroquin rouge, semé de fleurs de lis.

250. Procès verbal de visite, vérification et réformation des eaux et forêts du domaine dans les ressorts des parlements de Toulouse et Bordeaux, par Georges Du Bourg, seigneur de Clermont, grand maître enquêteur et général réformateur des eaux et forêts, et Loys Virasel, son lieutenant général. (1611.)

Copie collationnée à l'original par Ramont de Martin, fermier général du Domaine.

XVIIe siècle. Papier. 229 feuillets. 36o sur 235 millimètres. Rel. parchemin.

251. « Recueil des ÉDITZ et déclarations faictes par le Roy depuis le mois de novembre 1661 jusques au dernier avril 1667, ensemble d'aucuns éditz et déclarations qui n'ont esté registrées que depuis ladite année 1661. »

On lit au fol. 1 la mention : « Présenté à Monseigneur le dix-sept may 1667. » — Table des édits et déclarations en tête du volume.

On y trouve, en pièces *impr.* in-fol. à Paris, des édits et déclarations : « portant *création et establissement d'une Chambre de Justice, 1661* » (fol. 15, 25, 43), — « portant *création d'un ouvrier et d'un monnoyeur du serment de France en chacune des Monnoyes, 1664* » (fol. 33), — « *pour l'establissement d'un hospital général dans les villes et gros bourgs, 1663* » (fol. 75). — « *servant de règlement pour la levée des droits de péages, 1663* » (fol. 97), — « portant *règlement sur le fait des tailles, 1663* » (fol. 103, 139, 221), — « *en faveur des officiers de la maison de Madame la duchesse* » et « *de Monsieur le duc d'Orléans,* » 1664 (fol. 121, 159), — « *contre les faux-saulniers, 1664* » (fol. 123), — « portant *défenses... de retourner à ladite Religion prétenduë réformée, 1663* » (fol. 131), — « portant *création en titre d'office des charges de procureurs postulans du Parlement... de Bourgogne, 1666* » (fol. 163, 593), — « *décharge les communautéz... des frontières de Picardie et Champagne et ceux du Parlement de Metz de la moitié des arrérages des rentes foncières, 1663* » (fol. 169), — « *pour la levée au profit de Sa Majesté à perpétuité de la première moitié de tous les dons, concessions, octrois et deniers-communs des villes, 1664* » (fol. 177), — « portant *suppression des offices crééz dans les maistrises générales et particulières des Eaux et Forests, 1664* » (fol. 183), — « portant *suppression de tous les offices de commissaires des tailles, 1664* » (fol. 187), — « portant *révocation des héréditéz et survivances, et suppression d'aucuns offices, 1663* » fol. 191), — « portant *suppression des offices quatriennaux, 1664* » (fol. 197),

— « portant restablissement de tous les officiers des greniers à sel, 1664 » (fol. 201), — « pour obliger les officiers des bureaux... de résider, 1664 » (fol. 225), — « portant reglement pour la recherche des debets de comptes, 1664 » (fol. 229), — « portant règlement général sur le fait et négoce des lettres de change, 1664 » (fol. 239), — « portant suppression de plusieurs offices de conseillers secretaires du Roy... et autres officiers de la Chancellerie, 1664 » (fol. 241), — « que les bulles... au sujet des cinq propositions extraites du livre de Jansénius... seront publiées, 1664 » (fol. 263), — « pour l'establissement de la Compagnie des Indes Occidentalles, 1664 » (fol. 279), — « portant reglement pour les estats de la Maison de Sa Majesté et Maisons royales, 1664 » (fol. 295), — « contre les usurpateurs de noblesse, 1664 » (fol. 299), — « portant réduction et conversion en argent de tous les droits de péages, 1664 » (fol. 303), — « portant révocation de toutes les lettres de noblesse, expédiées depuis le premier janvier mil six cent trente, 1664 » (fol. 307, 345), — « portant confirmation des anciennes sergenteries nobles... de Normandie, 1664 » (fol. 315), — « portant establissement d'une Compagnie pour le commerce des Indes Orientales, 1665 » (fol. 321), — « contenant la réduction... des droits des sorties et entrées sur les marchandises, 1664 » (fol. 337), — « portant règlement pour les droits de péages... sur la rivière de Charente, 1664 » (fol. 357), — « portant réduction... des restitutions deuës à Sa Majesté, à cause des remboursements de rentes, 1665 » (fol. 369), — « portant suppression des rentes appellées huit millions sur les tailles, 1664 » (fol. 389), — « en faveur des propriétaires des rentes, cy devant assignées sur les tailles, 1665 » (fol. 401), — « sur la bulle... contenant le formulaire qui doit estre souscrit de tous les ecclésiastiques... au sujet des cinq propositions extraites du livre de Jansénius, 1665 » (fol. 411), — « portant deffenses aux pages et laquais de porter des armes, 1664 » (fol. 420), — « portant reglement pour les compensations, 1665 » (fol. 424), — « portant création de vingt procureurs en la Cour des aides de Clermont-Ferrand, 1666 » (fol. 448), — « pour l'establissement des Grands Jours en la ville de Clermont en Auvergne, 1665, 1666 » (fol. 452, 480), — « portant permission aux enfans de la Religion prétendue réformée ayant abjuré leur religion de retourner en la maison de leur père et mère, 1666 » (fol. 468), — « portant

subrogation de Maistre Pierre de Champagne au lieu de Maistre
Michel Rousseau, pour la poursuite et recouvrement des deniers
revenans bons des dechets extraordinaires des greniers à sel...,
1666 » (fol. 472), — « portant suppression des rentes provin-
cialles assignées sur les receptes... des tailles, 1666 » (fol. 496),
— « portant réduction des constitutions des rentes, du denier
dix-huit au denier vingt, 1665 » (fol. 500), — « portant establissement de Mᵣᵉ Claude Thomas à la régie de toutes les monnoyes de
France, 1666 » (fol. 512), — « sur le cahier présenté à Sa Majesté
par l'Assemblée générale du Clergé, 1666 » (fol. 516, 550), —
« contre les relaps et blasphémateurs, 1666 » (fol. 540, 560), —
« en faveur des officiers domestiques et commensaux de la feüe
reyne mère Marie de Medicis, 1666 » (fol. 544-552), — « portant
réduction des officiers de la Cour des aydes de Montauban, 1666 »
(fol. 556), — « portant révocation des exemptions des tailles
des officiers des mareschaussées, 1666 » (fol. 574), — « pour la
construction d'un canal de communication des deux mers, Océane
et Méditerranée, 1666 » (fol. 587), — « en faveur des mariages,
1667 » (fol. 599), — « touchant le nettoyement des boües... de
Paris et autres villes, 1666 » (fol. 605), — « contenant les formalités nécessaires pour l'establissement des maisons religieuses,
1667 » (fol. 613), — « portant réduction des procureurs postulans
en la Chambre de l'édit de Guyenne, 1667 » (fol. 631) et « au Parlement de Grenoble, 1667 » (fol. 635).

XVIIᵉ siècle. Papier. 672 feuillets, in-folio. Rel. veau rac., aux armes
et au chiffre de Colbert, avec les colliers des Ordres.

252. « Extraict des registres de l'Hostel de Ville » de
Paris. (1134-1559.) — « Extraict des registres des délibérations de la ville de Paris. » (1499-1607.)

Les registres originaux, conservés aux Archives nationales sous
la cote H 1778, ont été publiés sous le titre de : *Registres des délibérations du bureau de la ville de Paris.* Paris, 1883 et suiv.

XVIIᵉ siècle. Papier. 534 feuillets. 360 sur 240 millimètres. Rel. veau
rac., aux armes de Colbert.

253. « Table alphabétique des remarques plus curieuses

contenües dans ce volume (**252**) et qui sont tirées des Registres de l'Hostel de ville de paris (1134-1607). »

XVIIe siècle. Papier. 84 feuillets. 36o sur 235 millimètres. Rel. parchemin granité.

254-255. « Réglemens pour la Police » du royaume et spécialement de Paris, les postes, le guet, les hôpitaux, la voirie, le vagabondage, la justice, l'armée.

Table des matières en tête de chaque volume.

I (**254**). Élection des maire et échevins de Troyes, 1538 (fol. 2). — Arrêts de règlement entre le lieutenant criminel et les lieutenants général et particulier de Blois, 1559 (fol. 8), Angoulême, 1571-1600 (fol. 10, 17), Auxerre, 1578 (fol. 12), du Maine, 1579 (fol. 13), etc. — Injonction de la Chambre des vacations du Parlement aux juges de libeller leurs sentences, 1616, placard *impr.* (fol. 31). — Arrêt prescrivant le dépôt aux archives de l'Hôtel de Ville de Paris et l'inventaire des documents concernant la commune, 1523 (fol. 32). — « Du gouvernement de la ville de Paris » (fol. 44). — Prévôts des marchands, 1456-1660 (fol. 64). — « Quelques particularitéz touchant la fondation des églisez, monastères et abbayes des fauxbourgs de Paris » (fol. 74). — « Mémoire historique de l'hostel de Nesle » (fol. 82). — Organisation de la police de Paris, 1515-1584 (fol. 92). — « Reiglement et lettres patentes, portant que les concessions des fontaines particulières se prendront dans les réservoirs publics, par bassinets séparéz. Paris, 1628, » in-4°, *impr.* (fol. 148). — Remontrances du Parlement sur la commission du sel, l'édit des habillements de soie, etc. (fol. 162). — « Factum pour Monsieur le procureur général de la Reyne régente » contre les « héritiers de deffunct Maistre Jehan Martineau, vivant, trésorier des Parties casuelles, » in-4°, *impr.* (fol. 180), — Lettres de Louis XIII contre les maquignons, 1618 (fol. 190).

« Edict du Roy, portant création de divers officiers de chancellerie... avec un règlement des ports de lettres. Paris, 1655 », in-4°, *impr.* (fol. 202). — « Edict du Roy, portant aliénation des droits seigneuriaux, censives et justices du Parisis... avec création d'intendans et commis des Chartres. Paris, 1655, » in-4°, *impr.* (fol.

224). — « Edict du Roy, portant règlement sur le fait... des passemens d'or et d'argent, et dorures des carosses, chaises et calèches. Paris, 1656, » in-4°, *impr.* (fol. 234). — « Estat des postes assizes pour le service du roy, » *original,* signé du roi Henri III, 1584 (fol. 240). — « Edicts du Roy, portans suppression des charges de controlleurs généraux des Postes, et de création, au lieu d'iceux, des surintendans généraux des Postes... Paris, 1638, » in-4°, *impr.* (fol. 248). — « Reglement du feu sieur Almeras sur le port des lettres et pacquets. Paris, 1637, » in-4°, *impr.* (fol. 268).

Guet (fol. 272) : « Edict du Roy [Charles IX] sur le reiglement des chevalier et lieutenans du Guet de la ville et fauxbourgs de Paris. Paris, 1563, » in-4°, *impr.* (fol. 284). — Blés (fol. 307). — Hôpitaux (fol. 320). — Contrat entre les administrateurs des hôpitaux des pauvres de Paris et Lourdet, négociant en tapis de Turquie, demeurant en l'hôpital de la Savonnerie, 1635, in-fol., *impr.* (fol. 364). — Défense à tous bouchers de Paris, sauf celui de l'Hôtel-Dieu, de débiter de la viande en carême, 1637, placard *impr.* (fol. 374). — Testament de Jacques Martin de Belle-Assize, évêque de Vannes, portant legs à quinze pauvres prêtres vannetais étudiants à Paris et à quinze jeunes filles de Paris pour leurs noces, 1624, *orig.* (fol. 411). — ix-420 feuillets.

II (**255**). « Touchant la voyrie de Paris, » in-fol., *impr.* (fol. 3). — Liste des seigneurs haut justiciers de Paris, in-4°, *impr.* (fol. 10). — « Déclaration du Roy, portant que les deniers necessaires pour le nettoyement des bouës... de Paris, seront pris et levéz sur les bourgeois. Paris, 1637, » in-4°, *impr.* (fol. 23). — « Edict et règlement... observé en l'office de grand voyer. Paris, 1608, » in-4°, *impr.* (fol. 47). — « Mémoire des abus qui se sont commis depuis un long-temps aux réparations et entretenemens du pavé... de Paris, » in-fol., *impr.* (fol. 76).

Vagabonds et séditieux (fol. 78) : « Arrest de la cour de Parlement pour la recherche des vagabonds. Paris, 1617, » in-4°, *impr.* (fol. 81). — « Arrests de la cour de Parlement portant défenses aux pages et laquais de porter espées, bastons, pistolets. Paris, 1630, » in-4°, *impr.* (fol. 85). — « Arrest de la cour de Parlement contre les assemblées illicites de quelques particuliers. Paris, 1636, » in-4°, *impr.* (fol. 93). — « Arrest de la cour de Parlement, portant deffences à toutes personnes de s'attroupper. Paris, 1638, » in-4°, *impr.* (fol. 102, 106).

Contrat passé avec des libraires et imprimeurs de Paris pour l'impression d'une Bible polyglotte, 1615 (fol. 145). — « Lettres patentes du Roy pour le reglement des libraires, imprimeurs et relieurs de ceste ville de Paris. Paris, 1621, » in-4°, *impr.* (fol. 165). — « Arrest de la cour de Parlement pour la liberté des marchands et voicturiers par eau de voicturer librement sur les rivières. Paris, 1627, » in-4°, *impr.* (fol. 183). — Factum des « maistres et gardes de l'orpheverie » de Paris contre les officiers des monnaies, in-fol., *impr.* (fol. 191).

« Maximes et briefz advis pour le maniement de la guerre » (fol. 227). — « Discours sur ce qui regarde l'entretenement des gens de guerre, » par Du Hallier, 1639 (fol. 255). — « Conseilz militaires pour le maintien des François et du royaume de France », par « J. Gombault, escuyer », 1624 (fol. 256). — « Edict du Roy Henri IV en faveur des gentilz-hommes et soldatz estropiéz (1606). Paris, 1646 », in-4°, *impr.* (fol. 276). — « Reglement sur le signal des gens de guerre de l'Infanterie (1620) pour empescher le désordre aux monstres et estre payéz à la banque » (fol. 284). — « Règlement fait par le Roy... pour la fourniture de l'ustancile et la subsistance de ses troupes pendant l'hyver. Paris, 1648, » in-4°, *impr.* (fol. 300). — « Ordonnance du Roy portant reglement pour le quartier d'hyver de l'Infanterie et de la Cavalerie des armées de deçà. Paris, 1656, » in-fol., *impr.* (fol. 309). — « Instruction accompagnée d'ung discours sur le faict du gouvernement et conduitte d'ung grand Estat et d'une grande armée, pour servir tant à ung grand prince qu'à ung grand cappitaine, que moy, Jacques de Savoie, duc de Genevois et de Nemours, laisse à mes deux enfans Charles et Henri, » 1582 (fol. 324). — « Pour la reformation de la justice » (fol. 361). — vi-438 feuillets.

XVIIe siècle. Papier. 2 volumes. 370 sur 235 millimètres. Rel. maroquin rouge, aux armes de Colbert.

256. « Estat de la valleur et estimation faicte au Conseil du Roy de tous les offices de judicature, finances et autres du royaume, pour jouyr, par les officiers qui sont à présent pourveuz desdits offices, de la dispense des quarante jours de

tous temps observée et gardée pour les résignations,...
suivant déclaration faicte par Sa Majesté sur icelluy, des vii[e]
et xii[e] décembre M VI[c] quatre. »

Généralités de Paris (fol. 1), Amiens (fol. 40), Soissons (fol. 60),
Châlons (fol. 75), Orléans (fol. 101), Tours (fol. 120), Poitiers (fol.
155), Bourges (fol. 169), Moulins (fol. 178), Auvergue (fol. 191),
Lyon (fol. 199), Bourgogne (fol. 221), Rouen (fol. 244), Caen (fol.
311), Bretagne (fol. 337), Bordeaux (fol. 357), Limoges (fol. 377),
Toulouse (fol. 388), Montpellier (fol. 414), Dauphiné (fol. 438),
Provence (fol. 446).

Originaux.

XVIIe siècle. Papier. 471 feuillets. 345 sur 220 millimètres. Rel. parchemin.

257-258. États et évaluation, par généralités, de tous les
offices de judicature et de finance, parlements, cours des
aides, trésoriers de France, présidiaux, sénéchaussées, maré-
chaussées, amirautés, élections, cours des monnaies, bourses
communes des marchands, procureurs postulants, huissiers,
sergents, dressés aux bureaux des finances. (1665.)

I (**257**). Généralités d'Amiens (fol. 1), Bordeaux (fol. 51),
Bourges (fol. 88), Caen (fol. 166), Champagne (fol. 184), Dauphiné
(fol. 220), Dijon, Bourgogne et Bresse (fol. 299), Limoges (fol. 343),
Lyon (fol. 361). — **491** feuillets.

II (**258**). Montauban (fol. 1), Montpellier (fol. 28), Orléans (fol.
76), Poitiers (fol. 148), Provence (fol. 160), Rouen (fol. 170), Soissons (fol. 282), Toulouse (fol. 320). — **374** feuillets.

Originaux.

XVIIe siècle. Papier. 2 volumes. 370 sur 250 millimètres. Rel. maroquin rouge, aux armes de Colbert, entourées du double collier des
Ordres.

259-260. États et évaluation, par généralités, de tous les
offices de judicature et finance. (1665.)

Originaux et copies.

I (**259**). Généralités d'Aix (fol. 4), Alençon (fol. 17), Amiens (fol. 81), Bordeaux (fol. 105), Bourges (fol. 129), Bretagne (fol. 145), Caen (fol. 157), Châlons (fol. 173), Champagne (fol. 174), Dijon (fol. 201), Grenoble (fol. 225), Limoges (fol. 237), Lyon (fol. 251), Metz (fol. 271), Montauban (fol. 279), Montpellier (fol. 295). — 310 feuillets.

II (**260**). Moulins (fol. 1), Pau (fol. 35), Orléans (fol. 41), Paris, ville (fol. 65), Paris (fol. 84), Poitiers (fol. 116), Riom (fol. 128), Rouen (fol. 180), Soissons (fol. 208), Toulouse (fol. 230), Tours (fol. 242). — 298 feuillets.

XVIIᵉ siècle. Papier. 2 volumes. 455 sur 295 millimètres. Rel. maroquin rouge, aux armes de Colbert, entourées du double collier des Ordres.

261. Rôles, par généralités et élections, des ᴘᴀʀᴏɪssᴇs de France et de leur imposition aux tailles. (1677.)

Généralités de Paris (fol. 1), Soissons (fol. 21), Amiens (fol. 31), Boulonnais (fol. 43), Pays conquis et reconquis, Calais et Ardres (fol. 45), Chalons (fol. 48), Orléans (fol. 73), Tours (fol. 85), Berry (fol. 101), Moulins (fol. 108), Lyon (fol. 119), Riom (fol. 127), Poitiers (fol. 137), La Rochelle (fol. 146), Limoges (fol. 149), vicomté de Turenne (fol. 163), Bordeaux (fol. 165), Basse-Navarre ou Merindad de Ultra Puertos (fol. 185), Montauban (fol. 195), pays de Foix (fol. 217), pays de Nebouzan (fol. 223), Rouen (fol. 229), Caen (fol. 249), Alençon (fol. 263), Grenoble (fol. 275), Languedoc (fol. 288), Provence (fol. 325), Bourgogne (fol. 341), Bretagne (fol. 363), principauté de Chasteauregnault, acquise en 1628 (fol. 379), Pignerol, acquis en 1632 (fol. 381), principautés de Sedan et Raucourt, acquises en 1642 (fol. 383), Metz, Alsace et autres acquisitions de 1648 (fol. 385), Artois, Hainaut, Roussillon et autres acquisitions de 1659 (fol. 397), Cirk, Gorze, Marville, Sarrebourg, acquis en 1661 (fol. 409), Dunkerque, acquis en 1662 (fol. 411), Binch, Tournay et autres acquisitions de 1668 (fol. 413), pays d'Outre-Meuse, Franche-Comté et autres acquisitions de 1672 (fol. 421).

XVIIᵉ siècle. Papier. xᴠɪɪɪ-448 feuillets. 365 sur 245 millimètres. Rel. maroquin rouge, aux armes de Colbert, entourées du double collier des Ordres.

262. Procès verbal de la visite de « toutes les anciennes ÉGLISES et bastimens DE PARIS et des environs, pour examiner la qualité des pierres dont ils sont bastis », faite, sur l'ordre de Colbert, surintendant des bâtiments du roi, par les architectes de l'Académie royale d'Architecture. (11 juillet-22 septembre 1678.)

XVIIᵉ siècle. Papier. 57 feuillets. 360 sur 240 millimètres. Rel. maroquin rouge, au chiffre et aux armes de Colbert.

263. « Inventaire des tiltres et manuscriptz du sieur PÉRARD, conseiller au Parlement de Bourgongne, dont les originaux sont tant au trésor de la Chambre des comptes de Dijon, abbayes, priorés et autres églises, que dans les archives des villes et communautés de la province de BOURGOGNE. » (XIIᵉ-XVIᵉ siècle.)

Traités de paix, instructions d'ambassadeurs, contrats de mariages, fondations pieuses, privilèges des villes et églises, testaments, etc.

XVIIᵉ siècle. Papier. 172 feuillets. 320 sur 235 millimètres. Rel. parchemin.

264-272. « Responces faictes aux instructions envoyées par S. M. au sieur BOUCHU, conseiller du Roy en ses conseils, maistre des requêtes ordinaire de son hostel, intendant de justice, police et finance, et commissaire départy pour l'exécution de ses ordres en BOURGNOGNE et en BRESSE, sur l'estat desdites provinces. »

État de chaque paroisse, au point de vue ecclésiastique, féodal, financier, agricole, nombre des habitants, etc., selon un formulaire imprimé pour chacune d'elles.

I (**264**). Bailliages d'Arnay-le-Duc (fol. 2), Avallon (fol. 256). — 539 feuillets.

II (**265**). Bailliages d'Autun (fol. 2), Montcenis (fol. 161), Bourbon-Lancy (fol. 231), Semur-en-Brionnois (fol. 269), Charrolles (fol. 331). — 509 feuillets.

III (**266**). Bailliages et comtés d'Auxerre (fol. 2), Mâcon (fol. 84), Bar-sur-Seine (fol. 492). — 549 feuillets.

IV (**267**). Bailliages de Beaune (fol. 2), Nuits (fol. 250). — 403 feuillets.

V (**268**). Bailliage de Chalon. — 653 feuillets.

VI (**269**). Bailliage de Châtillon. — 316 feuillets.

VII (**270**). Bailliages de Dijon (fol. 2), Auxonne (fol. 342), Saint-Jean-de-Losne (fol. 452). — 481 feuillets.

VIII (**271**). Bailliage de Semur-en-Auxois. — 452 feuillets.

IX (**272**). « Noms des communautéz de Bourgongne et des bailliages dont elles dépendent », par ordre alphabétique. — 82 feuillets.

XVII⁰ siècle. Papier. 8 volumes. 430 sur 280 millimètres. Rel. veau gr., aux armes de France et de Navarre.

273. « Estat général de la province de Champagne, le tout recueilly suivant les ordres et instructions données par Sa Majesté au sieur de Machault, maistre des requestes. (1665.) »

« Province et généralité de Champagne, avec ses distinctions par diocèses, lieutenances de Roy, baillages, élections, pour connoistre :

I. L'ordre ecclésiastique séculier et régulier ;

II. Le gouvernement militaire, et la plus qualifiée noblesse ;

III. La distribution de la justice, et ses principaux officiers ;

IIII. L'estat et administration des finances du Roy, consistans en ses domaines, tailles, aydes, gabelles et cinq grosses fermes ; avec le nombre des feux de chacune parroisse, leurs seigneurs, leurs impositions pendant les sept dernières années... »

XVII⁰ siècle. Papier. II-509 pages. 440 sur 285 millimètres. Rel. maroquin rouge, aux armes de France et de Navarre avec L couronné.

274. « Estat et description de la généralité de Rouen, faict par Monsieur Voysin de La Noiraye, conseiller du Roy en ses conseils, maistre des requestes ordinaire de son hostel et commissaire départy pour l'exécution des ordres de Sa

Majesté en ladite généralité de Rouen, suivant les instructions dressées par ordre de Sa Majesté. »

Portrait de Colbert par Philippe de Champaigne, gravé par Nanteuil en 1660 (fol. 1). — Plans coloriés du Polet (fol. 8 *bis*), de Saint-Valery-en-Caux (fol. 8 *ter*), « Vite-fleur ou la valée de Paluel ou Claquedent » (fol. 9 *bis*), havre de Fécamp (fol. 9 *ter*), Etretat (fol. 9 *quater*), Havre-de-Grace (fol. 10 *bis*), banc de la Jambe, à l'entrée de la Seine (fol. 11 *bis*), ville et faubourgs de Honfleur, levé par « Le Bocage Boissaye, hidrographe au Havre » (fol. 11 *ter*), Quillebeuf (fol. 11 *ter* v•).

XVIIe siècle. Papier. 11-260 feuillets. 345 sur 230 millimètres. Rel. maroquin rouge.

275. Chroniques et extraits historiques, relatifs à la ville de Rouen. (1299-1676.)

« Noms et surnoms des maires qui ont esté en la ville de Roüen, » 1299-1382 (fol. 5). — « Extrait des registres de l'Hôtel de ville de Roüen, commençant à la suppression de la mairie en 1380 jusques en 1676 » (fol. 11). — « Réduction de la ville de Rouen en 1449, dont le mns. a esté communiqué par le Sr Pelhestre, bibliotéquaire de la cathédrale de Roüen » (fol. 252). — « Relation de ce qui s'est passé à Roüen pendant les troubles arrivéz l'an 1562 au sujet des Calvinistes, dont le manuscrit a esté communiqué par le sieur Pelhestre » (fol. 262). — « Mémoire des ornemens qui ont esté volléz et pilléz aux églises de Nostre-Dame, St Ouen, et autres, en l'année 1562, à Roüen » (fol. 310). — « Rage et furie des huguenotz dans les parroisses et monastères, tant dehors que dans la ville de Roüen en [15]62 et 63 » (fol. 324).

XVIIe siècle. Papier. 331 feuillets. 440 sur 270 millimètres. Rel. maroquin rouge, aux armes de Colbert, entourées du double collier des Ordres.

276. « Annalium ecclesiae Rotomagensis epitome, opera et studio Joannis Prevotii, Rotomagaei, ejusdem ecclesiae canonici. »

Ce volume est passé dans le fonds latin, où il porte le n° 5194.

277. « Rapport à faire au Roy et à nosseigneurs de son Conseil royal de l'estat de la GÉNÉRALITÉ DE TOURS par nous Charles COLBERT, conseiller de Sa Majesté en ses conseils, maistre des requestes ordinaire de son hostel, commissaire départy pour l'exécution de ses ordres audit pais en l'année 1664. »

XVIIe siècle. Papier. 178 feuillets. 355 sur 235 millimètres. Rel. maroquin rouge, aux armes de Colbert.

278. État de la GÉNÉRALITÉ DE POITOU, par Charles COLBERT, en vue de « la séparation des trois éveschés et des deux licutenances de Roy dont ladite province est composée. » (1664.)

Clergé, noblesse et gouvernement militaire, justice, finances.

XVIIe siècle. Papier. 219 feuillets. 350 sur 235 millimètres. Rel. veau gr., aux armes de Colbert.

279. « Estat des villes, bourgs et parroisses qui composent la GÉNÉRALITÉ DE BOURGES. »

Clergé, noblesse, justice, gabelles.

XVIIe siècle. Papier. 215 feuillets. 350 sur 240 millimètres. Rel. maroquin rouge, au chiffre et aux armes de Colbert, entourées du double collier des Ordres.

280. État de la GÉNÉRALITÉ DE MOULINS.

Clergé, gouvernement militaire et noblesse, justice, gabelles.

XVIIe siècle. Papier. 295 feuillets. 350 sur 245 millimètres. Rel. maroquin rouge, aux armes de Colbert, entourées du double collier des Ordres.

281-287. Inventaire des titres de la MAISON DE NEVERS, se trouvant à Nevers, soit au trésor des chartes, soit dans le grand cabinet du château, et à Paris dans le trésor de l'hôtel de Nevers, par l'abbé Michel DE MAROLLES. (1638-1641.)

I (**281**). On lit à la p. 2 : « On n'a point changé l'ordre antien des tiltres, s'il y en avoit quelqu'un, et rien n'a esté interposé, de peur de ruiner le travail du s^r de Romenay pour les fiefs du Nivernois seulement. Mais on y a estably une nouvelle méthode... » — Pages 1 à 804.

II (**282**). Pages 805-1736.

III (**283**). — 1737-2566.

IV (**284**). — 2567-3220. — De plus : « Inventaire des tiltres copiéz dans un gros livre couvert de bois, intitulé *le Premier Chartrier*, tiré du trésor de la Chambre des comptes de Nevers. » Pages 129-192.

V (**285**). Pages 3221-3590.

VI (**286**). Copie de divers actes des rois de France : Philippe VI, 1331 (p. 233), Philippe V, 1318 (p. 242), Charles VII, 1458 (p. 262), relatifs aux comtes d'Artois. — Arrêt du Conseil du roi déboutant Alphonse, comte de Poitiers, et Charles, comte d'Anjou, de leurs prétentions au comté de Clermont, 1258 (p. 266). — Hommage de la comtesse Jeanne de Flandre au roi, 1237 (p. 268). — Érection de la baronnie de Saint-Aignan en comté, 1538 (p. 271). — Décharge donnée par Philippe V à Henri de Sully pour les trésors et joyaux de la Couronne, qu'il avait en garde au Louvre, 1319 (p. 274) ; cf. la liste des manuscrits royaux publiée par M. Delisle, *Le Cabinet des manuscrits*, t. III, p. 323. — Abstinence de guerre entre les fils de Bonne d'Artois et son frère Amédée VIII, duc de Savoie, 1423 (p. 285). — Limites du Nivernais et du Bourbonnais, 1407 (p. 291). — Lettres de Claude de Foix pour la conciergerie d'Isles, 1548 (p. 301), de Charles IX pour la vente des seigneuries de Briot, Ressons, etc., 1568 (p. 303). — Droitures du comte de Nevers à Cosne, 1250 (p. 308). — Lettres du connétable Charles d'Albret relative à ses joyaux, 1415 (p. 314), de Louis XI pour le bâtard Guillaume de Nevers, 1476 (p. 317). — Partage entre Charles de Bourgogne, comte de Nevers, et son frère Jean, comte d'Étampes, 1436 (p. 319). — Protestation de Marie d'Albret contre le titre de duc donné à son fils François de Clèves, 1539 (p. 322). — Mariage de Charles de Flandre, fils de Robert, avoué de Béthune, et Élisabeth de Bourgogne, 1272 (p. 323). — Charte de fondation de Saint-Pierre de Mézières, 1176 (p. 325). — Procès contre Arnauz Flatis, abbé de Vézelay, accusé de magie (p. 329). — Remontrances de Jean, duc de Bourgogne, Antoine de Bourgogne, duc de Lembourg, et Philippe de Bourgogne, comte de Nevers, au roi (p. 341). — Privilèges accordés par Hugues, comte de Rethel, à la ville de Mézières, 1233 (p. 349). — Transaction entre Jean, évêque, et Louis, comte de Nevers, 1301 (p. 359). — 549 pages.

VII (**287**). Tables alphabétiques de l'inventaire général par localités ecclésiastiques, par noms de personnes et par noms de lieux ; tableau de classement des layettes. — 341 feuillets.

XVIIe siècle. Papier. 7 volumes. 3o5 sur 2ı5 millimètres. Rel. parchemin.

288. Etats de Provence tenus sous la présidence des gouverneurs de la province (1620-1664).

Sous Charles de Lorraine, duc de Guise : à Marseille, 1620 (fol. 1), Aix, 1621-1630 (fol. 2), Tarascon, 1631 (fol. 15) ; — sous Nicolas de L'Hospital, maréchal de Vitry : Aix, 1631 (fol. 17 v°), Brignoles, 1632 (fol. 18), Pertuis, 1633-1634 (fol. 20), Apt, 1634 (fol. 21 v°) ; — Melchior de Miolans, marquis de Saint-Chamont : Aix, 1635 (fol. 22 v°) ; — sous le maréchal de Vitry : La Valette, 1635 (fol. 23 v°), Cannes, 1635 (fol. 24 v°), Fréjus, 1636 (fol. 25 v°), Cuers, 1636 (fol. 27 v•) ; — sous Louis de Valois, comte d'Alais : Aix, 1638-1639 (fol. 31), Fréjus, 1639 (fol. 36 v°), Brignoles, 1640 (fol. 38), Draguignan, 1640 (fol. 38 v°), Antibes, 1641-1642 (fol. 40), Brignoles, 1643 (fol. 42), La Valette, 1644 (fol. 43), Olioulles, 1645 (fol. 44), Lambesc, 1646 (fol. 46), Draguignan, 1647 (fol. 47), La Ciotat, 1647 (fol. 48), La Valette, 1649 (fol. 50) ; — sous M. d'Urre, marquis d'Aiguebonne : Manosque, 1651 (fol. 53) ; — sous Louis de Vendôme, duc de Mercœur : Aix, 1652 (fol. 55), Aubagne, 1652 (fol. 56), Manosque, 1653 (fol. 57 v°), Brignoles, 1654 (fol. 59 v°), La Valette, 1655 (fol. 61), Lambesc, 1656-1657 (fol. 62 v°), Aubagne, 1657 (fol. 66 v°), Tarascon, 1658-1659 (fol. 67 v°), Aix, 1660 (fol. 68) ; — sous le comte de Mérinville, 1661 (fol. 69) ; — sous le duc de Mercœur, 1664 (fol. 70).

XVIIe siècle. Papier. 71 feuillets. 335 sur 225 millimètres. Rel. veau rac.

289. « Recueil de plusieurs deslibérations prises aux Estats tenus en la province DE LANGUEDOC, des années 1599 jusques en 1663 », ainsi que les arrêts du Conseil relatifs aux tailles et les états de dépense pour la province.

Table au fol. 93. — « Commission du Roy, avec les noms des commissaires députez par Sa Majesté, du 16 mars 1662. A Pézenas, 1662, » in-fol., *impr.* (fol. 97). — Autres pièces *imprimées* in-fol. à Pézenas, en 1662 : « Ordonnance donnée par les commissaires du Roy » (fol. 100) ; « Ordonnance de contrainte contre les consuls, scindics et greffiers des diocèses pour la remise des livres de collecte, registres, délibérations et autres actes és mains des scindics généraux » (fol. 103) ; « Ordonnance pour la remise de l'estat des debtes des communautés » (fol. 108) ; « Règlement général pour tous les diocèses, villes et communautéz de la province » (fol. 113). — « Arrest du Conseil d'Estat portant attribution de jurisdiction souveraine aux commissaires. A Pézenas, 1663 », in-4°, *impr.* (fol. 119).

« Registre du Roy des Estatz généraux de Languedoc, tenus à Tholoze, Sa Majesté y estant, en octobre, novembre, décembre 1659, pour l'année 1660 » (fol. I-CI).

XVIIᵉ siècle. Papier. 133 et CI feuillets. 400 sur 280 millimètres. Rel. maroquin rouge, aux armes de Colbert.

290. « Journal de ce qui s'est fait de plus mémorable aux GRANDS JOURS DE LANGUEDOC, tenus tant en la ville du Puy qu'en celle de Nismes, avec un recueil de plusieurs arrests et reglemens, qui y ont esté rendus », dédié à « Mᵍʳ Colbert, ministre d'Estat », par « BAUDOUIN, secrétaire du Roy ». (1666-1667.)

XVIIᵉ siècle. Papier. 282 pages. 305 sur 195 millimètres. Rel. veau rac., aux armes de Colbert.

291. « Procès-verbal de visite des costes et éveschés de BRETAGNE, fait par le sieur [Charles] COLBERT, conseiller du roy en ses conseils, maistre des requestes de son hostel, commissaire député par Sa Majesté pour la tenuë des Estats dudit pays et pour ladite visite, en conséquence de l'ordre de Sadite Majesté, du quatriesme septembre 1665 ».

« Ledit procès verbal contenant les divisions des éveschés dudit pays, concistance et revenus des abbayes, priorés, cures et autres bénéfices quy en dépendent, l'estat de la noblesse, celuy de la justice, de la manière qu'elle y est administrée, les remarques des abus qui s'y commettent, et des crimes quy sont demeurés impunis, l'estat du gouvernement de chaque ville, et de son commerce, des ports et havres dudit pays et autres esclaircissemens des points contenus en l'instruction de Sa Majesté. »
Copie.

XVIIe siècle. Papier. 198 feuillets. 350 sur 235 millimètres. Rel. maroquin rouge, aux armes royales, entourées du double collier des Ordres.

292. « Bref inventaire et sommaire induction des actes et pièces qui servent à justiffier que les ADMIRAUX DE FRANCE n'ont aucun droict ny pouvoir d'exercer l'admirauté au pais et duché de Bretagne, et que les fonctions en appartiennent aux gouverneurs de la province. »

Analyses ou copies d'actes de 1531 à 1666. — On lit au fol. III : « Les originaux de touts les arrests et autres expéditions escrites dans ce registre sont entre les mains de M. de Fourcé, procureur général sindic des estats de Bretagne, qui les a [à] Quéliac ».

XVIIe siècle. Papier. III-90 feuillets. 355 sur 225 millimètres. Rel. maroquin rouge, aux armes de Colbert, entourées du double collier des Ordres.

293. Récolement de l'« inventaire des chartres, tiltres et enseignemens concernant le DOMAINE DE BRETAGNE », au château de Nantes, par François D'ARGOUGES, premier président du parlement de Bretagne, et Yves MORICE, procureur général en la Chambre des comptes. (1666.)

Original, signé des deux commissaires royaux. — Exemplaire du roi.

XVIIe siècle. Papier. 11 feuillets. 360 sur 230 millimètres. Rel. parchemin blanc, aux armes accolées de France et de Bretagne, entourées des colliers des Ordres.

294. Procès-verbaux *originaux* d'examen des dettes des villes bretonnes par les commissaires du roi, Armand, duc de Mazarin, grand maître de l'artillerie, lieutenant général en Bretagne, et d'Argouges, premier président du parlement de Bretagne. (1666).

XVIIe siècle. Papier. 170 feuillets. 350 sur 240 millimètres. Rel. parchemin blanc, semé de fleurs de lis sur un plat et d'hermines sur l'autre.

295. Recueil de documents diplomatiques et autres relatifs à l'Angleterre, l'Ecosse, l'Espagne, Mantoue, la Pologne, le Portugal, Saxe-Weimar, le Saint-Siège. (1292-1640.)

Angleterre : Suzeraineté sur l'Écosse, 1292 (fol. 1); — Traité avec la France, 1299 (fol. 3); — Cartel de défi d'Édouard III à Philippe VI, 1340 (fol. 13); — Épîtres de Jean Juvénal des Ursins aux assemblées de Blois, 1433, et Orléans, à propos de la paix avec l'Angleterre (fol. 16, 42); — « Traicté de l'ordre et cérémonies qu'on doit observer et tenir aux couronnementz des roys de la Grande-Bretagne » (fol. 178 v°); — Traité entre Jacques Ier et Henri IV, 1606 (fol. 189); — Pouvoirs pour traiter du mariage entre Charles Ier et Henriette-Marie de France (fol. 200); — Lettres de Buckingham à Gondomar, ambassadeur d'Espagne (fol. 214 v°), de Jacques Ier aux princes unis d'Allemagne, 1627 (fol. 218 v°); — « Que les roys d'Angleterre sont en possession de pouvoir traicter avec nos roys en latin » (fol. 223 v°); — « Que les roys d'Angleterre traictant avec nos roys ont accoustumé de prendre le tiltre de roys de France » (fol. 225).

Pologne : Traité entre les députés de Charles IX et les Estats de Pologne, 1573 (fol. 141); — Harangue de Henri, roi de Pologne, aux Etats de ce pays, et l'ordre observé au sacre (fol. 150 v°, 152).

Écosse : « Ce qui a esté advisé par les princippaux officiers de la cour de Parlement de Paris sur le faict de l'administration du royaume d'Escoce », 1552 (fol. 168 v°); — Permission aux Écossais de tenir des bénéfices en France, 1599 (fol. 174); — Pétition des Écossais à Jacques Ier pour l'union de leur pays avec l'Angleterre, 1607 (fol. 176 v°).

Espagne : Des conseils d'Espagne, 1606 (fol. 229) ; — Réception du prince de Galles, 1623 (fol. 234) ; — « Mémoire pour monstrer que l'Espagnol n'observe jamais les traictéz » (fol. 237).

Portugal : Relation de l'élection de Jean IV (fol. 247).

Saxe-Weimar, etc. : Traité avec la France et testament de Bernard de Saxe-Weimar, 1635-1639 (fol. 257) ; — Serments des gouverneurs de Brisach et Rhinfeld, 1639 (fol. 272-273) ; — Lettre du major Erlach, 1639 (fol. 274).

Saint-Siège : Conclave de Paul V (fol. 276).

Mantoue : « Mémoires du droict d'aubcyne sur le faict des biens de France laisséz par le duc de Mantoüe » (fol. 286).

Convoi du corps du duc Henri Ier de Rohan à Genève, 1638 (fol. 304) ; — « Discours succinct de la mémoire locale ou artificielle » (fol. 306).

Turquie : Lettre du sultan Ibrahim au roi, envoyée par *le Dauphin*, 1640 (fol. 332).

Copies.

XVIIe siècle. Papier. 337 feuillets. 430 sur 280 millimètres. Rel. maroquin rouge, aux armes du n° 15.

296. Recueil de TRAITÉS concernant particulièrement la FRANCE, l'ALLEMAGNE, la SUISSE, la SUÈDE et l'ITALIE. (1444-1635.)

Traités entre : l'empereur Rodolphe II et Mathias, roi de Hongrie, 1611 (fol. 2) ; — les bourgeois d'Aix-la-Chapelle, 1611 (fol. 8) ; — l'Angleterre et les princes allemands pour la conservation de Clèves, Juliers, Berg, 1612 (fol. 20 v°) ; — la Bohême et la Hongrie, 1620 (fol. 26 v°) ; — la Bohême, la Hongrie et l'Autriche (fol. 39 v°) ; — les catholiques et protestants d'Allemagne, Ulm, 1620 (fol. 44 v°) ; — l'Allemagne et la Turquie, 1625 (fol. 48 v°), 1627 (fol. 52) ; — la France et Strasbourg, 1631 (fol. 59 v°), Trèves, 1632 (fol. 68), la Suède, 1631 (fol. 76), la Bavière, 1631 (fol. 79) ; — l'Empire et l'Espagne, 1632 (fol. 82) ; — la Suède et les électorats du Rhin, de Franconie et de Souabe, 1633 (fol. 94) ; — la France et les princes confédérés d'Allemagne, Francfort, 1634 (fol. 105) ; — l'Empire et la Saxe, Prague, 1635 (fol. 110).

Traités des Cantons Suisses avec Louis XI, alors Dauphin, 1444
(fol. 165), René de Lorraine, 1476 (fol. 172 v°), Louis XII, 1499
(fol. 175), 1503 (fol. 178 v°), François II, duc de Milan, 1531 (fol.
185 v°), Henri IV, 1602 (fol. 188 v°), du Valais avec Henri IV, 1508
(fol. 206 v°); — Restitution de la Valteline par les cantons catholiques aux Ligues Grises, 1626 (fol. 213 v°); — Harangues de
l'abbé Charles Brulart de Genlis, dit Brulart de Léon, aux treize
Cantons, 1629 (fol. 221 v°, 234).

Traités entre Louis XII et Frédéric d'Aragon pour le royaume
de Naples, 1502 (fol. 243 v°), — François Ier et Maximilien Sforza,
1515 (fol. 237 v°).

XVIIe siècle. Papier. 257 feuillets. 430 sur 280 millimètres. Rel. maroquin rouge, aux armes du n° 15.

297. « Recueil de plusieurs bons et divers actes, faictz et
TRAICTÉZ en divers temps, entre les roys, princes et grandz
seigneurs du royaume de France et autres princes et seigneurs
estrangers; tiréz des mémoires et extraitz escripts de la main
de Monsieur le chancellier de Lhospital [MICHEL DE L'HOSPITAL],
natif d'Aigueperce († 1573) ».

Table des matières en tête du volume.

XVIIe siècle. Papier. vi-218 feuillets. 315 sur 205 millimètres. Rel.
parchemin.

298. « Recueil d'extraits relatifs aux TRAITÉS de la France
avec l'ANGLETERRE. (1475-1550). — « Padrão de navegar » de
Lopo HOMEM.

« Extraict du cayer A » au « cayer K » contenant le relevé des
paiements faits aux rois d'Angleterre en vertu des traités de
Picquigny, 1475, d'Étaples, 1492, et de Londres, 1514 (fol. 1). —
« Apuntamentos pera el rey de Portugal, que fez Lopo Homem,
cosmographo, cavaleiro de sua casa, en hun padrão de navegar
ferto sobre et por rezam dos euclipses do sol et lua ; o qual se fez
pera mostrar se por elle que do meridiano de Lixboa a India et o
meridiano de Maluquo era menos distancia et longitud de grãos
equinociaes do que se mostrava nas cartas de navegar antiguas... »

(fol. 6). — « Extraict de l'appoinctement faict sur la reddition de Bologne » [Boulogne-sur-mer], mars 1550 (fol. 8). — « Extraict de ce présent traicté de paix [Londres, 1518], faict entre le pape, l'empereur, les rois de France, Angleterre et Espaigne » (fol. 11). — « Tractatus contra depredatores et piratas » entre la France et l'Angleterre, août 1525 (fol. 17). — Traités entre François Ier et Henri VIII, 1527 (fol. 25), Ardres, 1546 (fol. 33). — « De obitu Margarete, regine Scotie, » 1281, et « Nomina omnium regum Scotorum, tam ante incarnationem quam post... usque ad Jacobum Secundum » (fol. 35).

XVIe siècle. Papier. 46 feuillets. 315 sur 215 millimètres. Rel. veau gr.

299. Différents TRAITÉS de paix ou d'alliance, conclus par les rois de France Louis XI, CHARLES VIII, Louis XII, HENRI II et FRANÇOIS II. (1482-1560.)

Traités d'Arras, entre Louis XI et Maximilien d'Autriche, 1482 (fol. 3), d'Étaples, entre Charles VIII et Henri VII d'Angleterre, 1492 (fol. 17), de Senlis, entre Charles VIII et Maximilien d'Autriche, 1493 (fol. 29), de Blois, entre Louis XII et Ferdinand le Catholique, 1505 (fol. 47), de Cambrai, entre Louis XII et Maximilien d'Autriche, 1508 (fol. 57), de Soleure, entre Henri II, la ligue de la Haute-Allemagne et les Ligues Suisses, 1549 (fol. 69), de Chambord, entre Henri II, Maurice de Saxe, Georges-Frédéric de Brandebourg, Jean-Albert de Mecklembourg et le landgrave Guillaume de Hesse, 1552 (fol. 75), entre Élisabeth d'Angleterre et quelques seigneurs écossais, 1560 (fol. 83), entre François II, Marie Stuart et la noblesse écossaise, 1560 (fol. 91).

XVIIe siècle. Papier. 91 feuillets. 350 sur 230 millimètres. Rel. veau gr.

300. TRAITÉS conclus par la France, apanages, duchés de Bar et de Lorraine. (1435-1574.

Lettres de Charles IX pour la provision et succession des enfants de France, 1574 (fol. 1). — Transaction entre Charles V et Philippe, duc d'Orléans, sur le retrait de l'apanage de ce duc, 1366 (fol. 3). — Traité d'Arras, 1435 (fol. 8). — Testament de Charles du Maine, comte de Provence, instituant Louis XI pour héritier, 1481 (fol. 10). — Traité de Péronne, 1464 (fol. 23). — Inventaire des pièces concernant la souveraineté de Bar-le-Duc (fol. 51). — Donation par Marguerite d'Anjou, fille du roi René, de ses duchés de Lorraine et Bar, 1480 (fol. 53). — Traité de Paris, 1514 (fol. 57). — Investiture du duché de Milan donnée à Louis XII, 1509 (fol. 73). — Traités de Noyon, 1516 (fol. 77), Madrid, 1526 (fol. 92), Crépy, 1544 (fol. 119), Fontainebleau, avec Jean d'Estampes, comte de Penthièvre, 1555 (fol. 135), Cateau-Cambrésis, 1559 (fol. 149, 175). — Conférence entre Charles IX et l'ambassadeur d'Angleterre sur la restitution de Calais, 1567 (fol. 170 v°). — Discours des affaires de France sur ce sujet : « Le but de la guerre, c'est la paix » (fol. 189).

XVIe siècle. Papier. 11 et 199 feuillets. 320 sur 225 millimètres. Rel. veau gr.

301. Traités de François Ier et Henri II avec Charles-Quint et Philippe II d'Espagne (1525-1559).

Traités de Lyon, avec le Saint-Siège et l'Angleterre, 1525 (fol. 3); — Madrid, 1526 (fol. 29), Crépy, 1544 (fol. 69), Cateau-Cambrésis, avec l'Espagne, ainsi que les pouvoirs des commissaires, 1559 (fol. 1).

Dans la reliure, se trouve un feuillet d'un commentaire en latin sur la Passion, xiiie siècle. Sur le repli de la couverture est écrit : « Ce livre appartient à Mr Marescot, m^e des requestes ».

XVIe siècle. Papier. 103 et lxxvii feuillets. 300 sur 200 millimètres. Rel. parchemin.

302. Extraits des traités conclus par Louis XIII. (1621-1635).

Traités de Ratisbonne, avec l'empereur Ferdinand II, 1630 (fol. 3 v°), — Bernwald, avec Gustave II, roi de Suède, 1631 (fol. 15 v°), — Heilbronn, 1633, et à Compiègne, 1635, avec Christine, reine de Suède (fol. 18, 33 v°), qui en conclut un autre à Heilbronn avec les princes protestants d'Allemagne, 1633 (fol. 22), —

Francfort, avec les princes protestants d'Allemagne, 1633 et 1634 (fol. 35, 42 v°), — Saint-Germain-en-Laye, avec Bernard de Saxe-Weimar, 1535 (fol. 46 v°), — Fontainebleau, avec Maximilien de Bavière, 1631 (fol. 52), — Vic, 1631, Liverdun, 1632, camp devant Nancy, 1633, avec Charles III, duc de Lorraine (fol. 62, 66 v°, 70 v°), à la suite des traités de Saint-Germain-en-Laye, 1594, entre Henri IV et Charles II, duc de Lorraine (fol. 54), — Mire-fleur, 1631, Saint-Germain-en-Laye, 1632, avec Victor-Amédée, duc de Savoie (fol. 75 v°, 78 v°), — Madrid, 1621, Monçon, 1626, avec Philippe IV, roi d'Espagne (fol. 84, 94 v°).

XVII° siècle. Papier. 113 feuillets. 305 sur 205 millimètres. Rel. maroquin rouge, aux armes de Richelieu.

303. TRAITÉS conclus par LOUIS XIII et LOUIS XIV. (1629-1648.)

Traités avec le *Saint-Siège*, la *Savoie*, *Venise* et *Mantoue* : Anglians, 1629 (fol. 1) ; — la *Bavière* : Munich, 1631 (fol. 6) ; — la *Suède* : Bernwald, 1631 (fol. 9), Heilbronn, 1633 (fol. 25), Saint-Germain-en-Laye, 1636 (fol. 95 v°), Hambourg, 1641 (fol. 161 v°) ; — la *Savoie* : Turin, 1632 (fol. 14), Turin, 1638 (fol. 122 v°), Turin, 1642 (fol. 198) ; — la *Hollande* : La Haye, 1634 (fol. 31 v°), Paris, 1635 (fol. 55 v°), La Haye, 1636 (fol. 100 v°), La Haye, 1644 (fol. 204 v°), La Haye, 1647 (fol. 229) ; — le *Wurtemberg* et autres principautés d'Allemagne : Paris, 1634 (fol. 45 v°) ; — *Colmar* : Rueil, 1635 (fol. 79 v°) ; — *Bernard de Saxe-Weimar* : Saint-Germain-en-Laye, 1635 (fol. 84 v°), Paris, 1637 (fol. 116), ainsi que le testament de ce duc, 1639 (fol. 128 v°) ; — la *Hesse* : Wezel, 1636 (fol. 107 v°), Dorsten, 1639 (132 v°) ; — la *Catalogne* : 1640 (fol. 141), Péronne, 1641 (fol. 176 v°) ; — *Monaco* : Péronne, 1641 (fol. 165) ; — le *duc de Bouillon* : Sedan, 1641 (fol. 171 v°) ; — *Trèves* : Trèves, 1646 (fol. 224 v°).

De plus, traités entre la *Hollande et* le *Portugal* : La Haye, 1641 (fol. 148 v°), la *Hollande et l'Espagne* : Munster, 1648 (fol. 235). — Copies.

XVII° siècle. Papier. 273 feuillets. 295 sur 190 millimètres. Rel. parchemin.

304-305. Traités conclus entre la France et les divers États d'Europe (1359-1664).

I (304). Traités de Paris, entre Charles VI et Louis de Poitiers, comte de Valentinois, 1404 (fol. 5), — Conflans, entre Louis XI et Charles le Téméraire, 1465 (fol. 18), — Coiron, entre Charles VIII et François II de Bretagne, 1488 (fol. 37), — Camp devant Nancy, entre Louis XIII et Charles III, duc de Lorraine, 1633 (fol. 41), — Paris, entre Jean II et Amédée VI, comte de Savoie, 1355 (fol. 55), — Lyon, 1601, Bossolin, 1629, Cherasco, 1631, Turin, 1632, Saint-Germain-en-Laye, 1632, Turin, 1638, Grenoble, 1639, Pierre-latte, 1642, Turin, 1642, Valantin, 1645, entre Henri IV, Louis XIII et Louis XIV et Charles-Emmanuel I, Victor-Amédée I, François-Hyacinthe et Charles-Emmanuel II, ducs de Savoie, la régente Christine, le prince Thomas et le cardinal Maurice de Savoie (fol. 80, 88, 183 et suiv.), — entre les ducs de Savoie et la république de Gênes, 1631-1642 (fol. 163), — Ratisbonne, entre Louis XIII et l'empereur Ferdinand II, 1630 (fol. 212), — Milan, entre Philippe IV, roi d'Espagne, et Marie de Gonzague, princesse de Mantoue, 1638 (fol. 222), — Péronne, entre Louis XIII et Honoré Grimaldi, prince de Monaco, 1641 (fol. 230), suivi de pièces concernant Honoré Grimaldi, lettres de naturalité française, érection de la principauté en duché-pairie, mémoire du prince, relation de l'entrée d'une garnison française à Monaco, etc. (fol. 234 et suiv.), — « Articles du traité de paix conclu par l'entremise du roy entre nostre très-sainct père le pape Urbain VIII et le duc de Parme, Odoard Farneze. A Paris, 1644, » in-fol., *impr.* (fol. 262), — « Articles du traité de paix conclu par... Urbain VIII et les princes colliguéz d'Italie. A Paris, 1644, » in-fol., *impr.* (fol. 268), — « Traité de Pise entre nostre très-saint Père le pape Alexandre VII et très-haut, très-excellent et très-puissant prince Louis XIV. Du 12 février 1664. A Paris, 1664, » in-fol., *impr.*, « Trattato di Pisa ..... In Parigi, 1664, » in-fol., *impr.*, et « Articoli secreti » additionnels au traité (fol. 281, 293, 305), — Blois, entre Louis XII et Maximilien, 1504 (fol. 306), — Cambrai, entre Louis XII, le pape Jules II, Maximilien et Ferdinand V d'Aragon, 1508 (fol. 312), — Soleure, entre Henri IV et les ligues des hautes Allemagnes, 1602 (fol. 330), — Fribourg, entre Henri IV et la ville de Fribourg, 1605, ampliation sur parchemin (fol. 342), — Paris, entre Louis XIII, Venise et la Savoie, 1623 (fol. 343), — Paris, entre Henri III et Genève, 1579 (fol. 348), — La Haye, 1634, et Paris, 1639, entre Louis XIII et les Pays-Bas (fol. 355, 363), — La Haye, entre Jean IV, roi de Portugal, et les Pays-Bas, 1641 (fol. 377), — La Haye, 1644, et Paris, 1662, entre Louis XIV et les Pays-Bas (fol. 383). — v et 433 feuillets.

II (305). Traités conclus par l'*Angleterre* avec la *France* : Londres, 1359, ampliation contemporaine sur une longue bande de parchemin (fol. 1), Brétigny, 1360, avec les confirmations du traité par Charles V, alors dauphin, et Édouard, prince de Galles, parchemin (fol. 2-6), Westminster, 1366 (fol. 7), Westminster, 1407, parchemin (fol. 8), Westminster, 1408, parchemin (fol. 9), table des traités conclus avec la France, 1596-1632 (fol. 10), Greenwich, 1596 (fol. 12), Hamptoncourt, 1603 (fol. 18), Paris, 1606 (fol. 21), Londres, 1610 (fol. 30 et 52), Suze, 1629 (fol. 78) ; — la *Hollande* : La Haye, 1625 (fol. 68) ; — la *Lorraine*, 1645 (fol. 81).

Traités conclus par la *France* avec les princes d'*Allemagne* : Francfort et Paris, 1634 (fol. 299, 302) ; — la *Bavière* : Ehren-breitstein, 1631 (fol. 281) ; — le *Brunswick* : 1640 (fol. 345) ; — la *Catalogne* : Péronne, 1641 (fol. 259) ; — *Colmar* : Rueil, 1635 (fol. 310) ; — l'*Empire* : Bruxelles, 1516 (fol. 123), Prague, 1610 (fol. 267), Lübeck, 1629 (fol. 277) ; — l'*Espagne* : Barcelone, 1493 (fol. 82), 1515 (fol. 94), Noyon, 1516 (fol. 109), Madrid, 1526 (fol. 129, 151), Cambrai, 1529 (fol. 177), Thérouanne, 1537 (fol. 200), Embrun, 1537 (fol. 205), Crépy, 1544 (fol. 218), Cateau-Cambrésis, 1559 (fol. 136), 1612 (fol. 237), Madrid, 1630 (fol. 243) ; — la *Fran-conie*, la *Souabe* : Francfort, 1633 (fol. 289) ; — la *Hesse* : 1639 (fol. 338), 1640 (fol. 341) ; — *Juliers* : 1614 (fol. 269) ; — le *Meck-lembourg* : Paris, 1663 (fol. 359) ; — le *Portugal* : Paris, 1641 (fol. 257) ; — la *Suède* : Bernwald, 1631 (fol. 278), Heilbronn, 1633 (fol. 295), 1636 (fol. 322), 1638 (fol. 329), 1641 (fol. 346), 1661 (fol. 355) ; — la *Transylvanie* : Karlsberg, 1643 (fol. 349) ; — *Weimar* : Saint-Germain-en-Laye, 1635 (fol. 314), Paris, 1637 (fol. 327), Brisach, 1639 (fol. 334). — 452 feuillets.

XVIe-XVIIe siècle. Parchemin et papier. 2 volumes. 365 sur 235 millimètres. Rel. maroquin rouge, aux armes de Colbert.

306. Traités des rois Charles VII et Louis XI avec les

ducs de Bourgogne, Philippe le Bon, Charles le Téméraire et
l'archiduc Maximilien, plus tard empereur (1435-1482).

Traités d'Arras (1435), Conflans (1465), Péronne (1468), Soleure
(1475), Arras (1482).

XVIIe siècle. Papier. 188 feuillets. 350 sur 220 millimètres. Rel. parchemin.

307. TRAITÉS des rois CHARLES VII, LOUIS XI, CHARLES VIII
et LOUIS XII avec les ducs de Bourgogne Philippe le Bon,
Charles le Téméraire et l'empereur Maximilien (1435-1504),
et de FRANÇOIS Ier, HENRI II, CHARLES IX, HENRI III, HENRI IV
et LOUIS XIII avec les Suisses (1516-1614).

Traités d'Arras (1435), Conflans (1465), Péronne (1468), Soleure
(1475), Arras (1482), Senlis (1493), Paris (1498), Trente (1501),
Blois (1504), Fribourg (1516), Lucerne (1521), Soleure (1549),
Fribourg (1564), Soleure (1582), Soleure (1602), Zurich (1614).

XVIIe siècle. Papier. 260 feuillets. 340 sur 215 millimètres. Rel. veau
fauve.

308. TRAITÉS, conventions et autres pièces diplomatiques
concernant les rapports de CHARLES VII, LOUIS XI,
CHARLES VIII, LOUIS XII et FRANÇOIS Ier, avec les ducs de
Bourgogne, les empereurs Maximilien et Charles-Quint, avec
Philippe le Beau, le pape Paul III, etc. (1364-XVIe siècle). —
Nombreuses pièces concernant la domination française dans
le royaume de Naples.

Traité d'Arras, 1435, fragment (fol. 1). — Abolition des Coutumes
de Gand, 1453 (fol. 18). — Contrat de mariage de Charles d'Orléans et Marie de Clèves, 1440 (fol. 25). — Traité de Péronne,
1468 (fol. 28 v°). — Transfert du Ponthieu à Charles le Téméraire,
1465 (fol. 50 v°). — Mandement du gouverneur du Dauphiné à
Pierre de La Buxière de remettre les clefs de la place de La
Buxière (fol. 67 v°). — Traité d'Arras, 1482 (fol. 70), suivi de la
lettre d'adhésion des États de Flandres, Hollande, etc. (fol. 93).
— La journée de Boulogne, 1484 (fol. 123 v°). — Traité de Franc-

fort, 1489 (fol. 130), Senlis, 1494 (fol. 135), entre Charles VIII et l'empereur Maximilien. — Convention de Gaète entre Gonzalve de Cordoue et Louis, marquis de Saluces, vice-rois de Naples pour l'Espagne et la France, 1504 (fol. 154). — « Advertissement comme se pobroit faire le partaige du reaulme de Naples » (fol. 158). — Traité d'alliance entre Ferdinand le Catholique et Philippe le Beau, roi de Castille, son fils, 1505 (fol. 161). — Traité de Noyon entre François Ier et Charles-Quint, 1516 (fol. 169 v°). — Traité de mariage entre Philippe, duc de Savoie, et Marguerite d'Autriche, 1501 (fol. 194). — Traité de paix entre Édouard III d'Angleterre et Louis de Flandre, 1364 (fol. 207). — « Les poinctz principaulx esquelz le roy et la royne de Castille maintiennent les Franchois avoir rompu la capitulation et traicté au faict du reaulme de Naples » (fol. 218). — « Oultraiges que les Espaignolz ont faict sur les Franchois despuis l'advènement de Monsieur le viceroy Amelfe » (fol. 226 v°). — « Concordata ... inter Ludovicum Duodecimum et Ferdinandum et Elizabeth, regem et reginam Castille » (fol. 233). — « Response faicte par nostre Sainct Père Paul [III] aux ambassadeurs du Roy de France, le douziesme jour de décembre, incontinent dictée par moy, secrétaire, sellon que l'avoye en mémoire, sy tost que fus retourné en mon logis » (fol. 243 v°). — Testaments de Philippe le Beau, 1505-1506 (fol. 267). — Appointement de Charles-Quint avec Tournai, 1521 (fol. 271).

XVIe siècle. Papier. 285 feuillets. 335 sur 205 millimètres. Rel. maroquin rouge, aux armes de Colbert, avec le double collier des Ordres.

309. Traités de paix, de confédération et d'alliance des rois saint Louis, Charles VIII, Louis XII et François Ier avec les rois d'Aragon et d'Espagne Jacques Ier, Ferdinand le Catholique et Charles-Quint. (1258, 1494-1516.)

Traités de Barcelone (1258), Barcelone (1494), Marcoussis (1498), Grenade (1500), Blois (1505), Blois (1513), Paris (1515), Noyon (1516). — Table en tête du volume.

XVIIe siècle. Papier. 146 feuillets. 355 sur 220 millimètres. Rel. parchemin.

310. Traités des rois Louis XII et François Ier avec Maximilien, Charles-Quint, etc. (1504-1516), — et des Pays-Bas avec la France, l'Espagne, l'Allemagne, l'Angleterre et le Danemark. (1596-1625.)

Traités de Blois, entre Louis XII, Maximilien et Philippe le Beau, 1504 (fol. 1), — Cambrai, entre Louis XII, Maximilien et Charles d'Espagne, plus tard Charles-Quint (fol. 10), Louis XII, Maximilien, le pape Jules II et Ferdinand V d'Aragon contre les Vénitiens (fol. 24) et contre les Turcs (fol. 46 v°), avec les ratifications et serments de toutes les parties contractantes, 1508-1509, — Blois, entre Louis XII et Maximilien, 1510 (fol. 66), — Blois, entre Louis XII et Charles d'Espagne, plus tard Charles-Quint, 1513 (fol. 72), — Paris, entre François Ier, et ledit Charles, 1515 (fol. 79), avec les ratifications subséquentes et une bulle de Léon X absolvant François Ier de la promesse de marier Renée de France audit Charles, — Noyon, entre les mêmes, 1516 (fol. 105), avec les ratifications subséquentes, dont l'une émane des bourgeois d'Orléans.

Traités des Pays-Bas avec Henri IV, 1596 (fol. 154), 1608 (fol. 159), 1609 (fol. 164) et Louis XIII, 1624 (fol. 177 v°), 1627 (fol. 184), 1630 (fol. 192), — avec Philippe III d'Espagne et les archiducs Albert et Isabelle-Claire-Eugénie, 1609 (fol. 199 v°), — avec l'électeur Palatin, celui de Brandebourg, le duc de Wurtemberg et les princes allemands, 1613 (fol. 211 v°), — avec Lübeck, Brême et Hambourg, 1613 et 1616 (fol. 216), — avec Gustave-Adolphe, roi de Suède, 1614 (fol. 220 v°), — avec Charles Ier d'Angleterre, 1625 (fol. 226), — avec ledit Charles et Christian IV de Danemark, 1625 (fol. 238).

XVIIe siècle. Papier. 241 feuillets. 345 sur 215 millimètres. Rel. veau fauve.

311. Traités de François Ier, Henri II et Henri IV avec Charles-Quint et Philippe II d'Espagne. (1526-1598.)

Traités de Madrid (1526), Cambrai (1529), Crépy (1544), Cateau-Cambrésis (1559), Vervins (1598).

XVIIe siècle. Papier. 239 feuillets. 355 sur 220 millimètres. Rel. veau fauve.

312. Traité de Cateau-Cambrésis entre Henri II et Philippe II d'Espagne (1559), suivi de la ratification et de la promulgation du traité par François II. (1560.)

« Extrait des registres des édictz en la court de parlement de Dijon. »

XVIe siècle. Papier. 33 feuillets. 290 sur 205 millimètres. Rel. veau fauve.

313. Traité de Cateau-Cambrésis entre Henri II et Philippe II d'Espagne, suivi de la ratification de ce dernier. (1559.)

XVIe siècle. Papier. 26 feuillets. 320 sur 220 millimètres. Rel. veau fauve.

314. « Actes de la conférence faicte en l'abbaye de Saint-André-des-Bois entre les députéz des roys très Chrestien et Catholique sur le différend de la propriété, feudalité, ressort et souveraineté de la chastellenie de Beaurain, en décembre 1579. »

On lit au fol. 105 v° : « Mis au greffe de la Chambre par M. Marion, advocat général du Roy, le 31 décembre 1598 ».

XVIe siècle. Papier. 105 feuillets. 340 sur 225 millimètres. Rel. maroquin rouge, aux armes de Colbert.

315. Tables alphabétiques, par ordre de matières, des articles des traités de paix conclus entre la France, le duché de Bourgogne et l'Espagne. (1258-1598.)

Ce sont les traités contenus dans les volumes ci-dessus **307**, première partie, **309** et **311**.

Traités de Barcelone — Cambrai, 1258-1517 (fol. 1).
Traités de Paris — Vervins, 1515-1598 (fol. 37).

XVIIe siècle. Papier. 128 feuillets. 350 sur 220 millimètres. Rel. parchemin.

316. Recueil de TRAITÉS conclus par la FRANCE avec la SAVOIE, la SUISSE, l'ANGLETERRE, la NAVARRE et le PORTUGAL. (1360-1616.)

Traités de Chambéry, 1393 (fol. 2), — Clopié, 1452 (fol. 8 v°), Paris, 1600 (fol. 22), Lyon, 1601 (fol. 35), entre la France et la *Savoie*, — Soleure, entre la France, *Berne* et *Soleure*, 1579 (fol. 12), — Saint-Julien, entre la *Savoie* et *Genève*, 1603 (fol. 53 v°), — entre le prince de Piémont et le duc de Nemours, 1616 (fol. 137), Troyes, 1420 (fol. 168), Blois, 1572 (fol. 181), entre la France et l'*Angleterre*, — Saint-Denis, 1360 (fol. 213), Blois, 1512 (fol. 219), Paris, 1515 (fol. 232) et Lyon, 1523 (fol. 237), entre la France et la *Navarre*, — Saint-Germain, entre la France et le *Portugal*, 1554 (fol. 246).

Outre ces traités, on remarque un échange de lettres, entre les ducs de Savoie et de Nemours, Henri IV, Marie de Médicis, le marquis de la Hinojosa, Don Pedro de Tolède et le cardinal Ludovisi, à propos des affaires de Savoie, 1610-1616 (fol. 48 et suiv.). — Copies.

XVIIe siècle. Papier. 256 feuillets. 420 sur 280 millimètres. Rel. maroquin rouge, aux armes du volume 15.

317. Recueil de TRAITÉS, lettres, mémoires relatifs aux relations de la FRANCE avec la SAVOIE et le Piémont. (1308-1631.)

Ces pièces émanent de Charles II et Robert, rois de Sicile, Amédée VI, comte de Savoie, Philibert-Emmanuel, duc de Savoie, Jean II, Charles VII, Louis XI, François Ier, Charles IX, Henri IV, Louis XIII, Charles de Beauclerc d'Achères, Raimond Phelypeaux d'Herbaut, Henri de Schonberg, comte de Nanteuil, François de Bonne, duc de Lesdiguières et connétable, Servien, d'Angennes, marquis de Rambouillet, ambassadeur en Espagne, et Mazarin. — Copie du ms. français **3944**.

XVIIe siècle. Papier. 212 feuillets. 355 sur 230 millimètres. Rel. parchemin.

318-319. Négociation de la PAIX DE VERVINS entre Henri IV et Philippe II d'Espagne. (1598.)

Copie de la correspondance de Pompone de Bellièvre, Nicolas Brulart de Sillery, Paul Choart de Buzanval, ambassadeur de France, avec le secrétaire d'État Nicolas de Villeroy.

XVIIe siècle. Papier. 209 et 207 feuillets. 355 sur 220 millimètres. Rel. parchemin.

320. « Négociation de la PAIX traictée à VERVINS entre Henri IIII, roy de France et de Navarre, par Messieurs [Pompone] de Bellièvre et [Nicolas Brulart] de Silleri, et Philippe II, roy d'Espagne, par les s^{rs} Richardot, Taxis et Oerreiken, et Charles Emanuel de Savoye, marquis de Lullin, en l'année 1598. »

De plus, on trouve les Instructions données à M. de Silly, comte de La Rochepot, envoyé comme ambassadeur en Espagne, en l'année 1600, pour l'exécution du traité de Vervins (fol. 367). — Manuscrit identique au ms. français **3482**.

XVIIe siècle. Papier. 387 feuillets. 375 sur 225 millimètres. Rel. maroquin rouge, aux armes du roi et colliers des Ordres.

321. Registres des TRAITÉS de paix conclus entre FRANÇOIS Ier et HENRI VIII d'Angleterre. (1518-1532.)

Amiens, 18 août 1527 (fol. 2), *Catalogue des actes de François Ier*, n° 2733 : Recours au pape.

Londres, 2 octobre 1518 (fol. 8), *Catalogue*, n° 882 : Traité d'alliance.

Londres, 4 octobre 1518 (fol. 24), *Catalogue*, n° 885 : Répression de la piraterie.

Londres, 4 octobre 1518 (fol. 32), *Catalogue*, n° 884 : Restitution de Tournai.

Londres, 4 octobre 1518 (fol. 54), *Catalogue*, n° 883 : Mariage du Dauphin.

Moore, 30 août 1525 (fol. 68), *Catalogue*, n° 2212 : Douaire de Marie d'Angleterre.

Moore, 30 août 1525 (fol. 86), *Catalogue*, n° 2209 : Traité d'alliance.

Moore, 30 août 1525 (fol. 107), *Catalogue*, n° 2211 : Répression de la piraterie.

Amiens, 18 août 1527 (fol. 115), *Catalogue*, n° 2733 : Ratification des précédents traités.

Westminster, 30 avril 1527 (fol. 126), *Catalogue*, n° 2657 : Paix perpétuelle.

Westminster, 30 avril 1527 (fol. 142), *Catalogue*, n° 2657 : Mariage de Henri d'Orléans.

Westminster, 30 avril 1527 (fol. 156), *Catalogue*, n° 2657 : Alliance offensive.

Westminster, 30 avril 1527 (fol. 168), *Catalogue*, n° 2657 : Confirmation des traités.

Westminster, 29 mai 1527 (fol. 170), *Catalogue*, n° 2674 : Convention pour la guerre d'Italie.

Amiens, 18 août 1527 (fol. 176), *Catalogue*, n° 2733 : Pensions de Francesco Sforza.

Hamptoncourt, 2 décembre 1530 (fol. 183), *Catalogue*, n° 3818 Pension de Henri VIII.

Londres, 23 juin 1532 (fol. 190), *Catalogue*, n° 4670 : Alliance contre Charles-Quint.

XVI⁰ siècle. Papier. 197 feuillets. 310 sur 220 millimètres. Rel. parchemin.

322. TRAITÉS de La Haye entre la FRANCE, l'ANGLETERRE et la HOLLANDE. (1596 et 1608.)

« Traicté de ligue faict de la part du roy Très Chrestien de France, [Henri IV], et la sérénissime reine d'Angleterre, [Élisabeth], avec Messieurs les Estats Généraux des Provinces Unies du Pays-Bas, le dernier jour d'octobre 1596 », à La Haye; suivi des lettres des États Généraux et de la reine Élisabeth.

Traité d'alliance entre Henri IV, Jacques Iᵉʳ et les États des Pays-Bas, La Haye, 23 janvier 1608; avec les pouvoirs et ratifications des parties en cause (1607-1610).

XVII⁰ siècle. Papier. 63 et 65 feuillets. 315 sur 205 millimètres. Rel. parchemin.

323. Traités et négociations diplomatiques entre la France et l'Angleterre. (1606-1663.)

« Mémoire et estat de ce qui est à remarquer de plus mémorable en Angleterre » (fol. 6). — « Advis sur la constitution de l'estat d'Angleterre et accidens desquelz il semble estre menacé » (fol. 12). — « Estat des finances du roy d'Angleterre », 1663 (fol. 28). — « Mémoires des pièces concernantes l'apport des drapperies d'Angleterre en France » (fol. 34). — « Traité de mariage de Madame Henriette » de France et Charles Ier d'Angleterre, 1625 (fol. 38). — Traité de Suze, 1629 (fol. 44). — Traité de Saint-Germain-en-Laye et autres pièces relatives à la restitution de l'Acadie à la France, 1632 (fol. 46), et à nos droits historiques sur la Nouvelle-France, 1661 (fol. 56), dont un mémoire de l'abbé Bourzeix (fol. 81). — Ligue contre l'Autriche, 1637 (fol. 83). — « La déclaration du Parlement d'Angleterre, contenant les motifs et raisons de leurs dernières procédures et pour lesquelles ils ont estably le gouvernement présent en forme de Respublique ou d'Estat libre; traduicte de l'anglois. A Londres, 1649 », in-4°, *impr.* (fol. 103). — Traités entre Louis XIV et Cromwell, 1654 (fol. 117), 1655, in-4°, *impr.* (fol. 125), articles secrets du traité (fol. 154). — « Scriptum Dom. Protectoris... contra Hispanos. Londini, 1655 », in-fol , *impr.* (fol. 160). — « Fidi popularis prodromus Cromwellii ad Belgarum gemitum detecti, » s. d., in-4°, *impr.* (fol. 183). — Lettres de Costar à Colbert, 1657 (fol. 189). — Traité de Paris, 1657 (fol. 207). — Remontrances sur la remise des places maritimes de Flandres aux Anglais (fol. 217). — « Memorial que la nobleza de Francia diò à su rey Luis XIII. Madrid, 1658 », in-fol., *impr.* (fol. 255). — « Remarques sur la reddition de Dunkerque entre les mains des Anglois. Paris, 1658, » in-fol., *impr.* (fol. 267). — Mémoire présenté au Sérénissime Protecteur par le marquis de Leyde et Dom Alonse de Cardenas, ambassadeurs du roy Catholique en Angleterre, 1655. Paris, 1658, » in-4°, *impr.* (fol. 277). — Traités de Westminster, 1659 (fol. 304), Londres, 1662 (fol. 309). — Éclaircissement à la difficulté faite sur la qualité de roi de France prise par les rois d'Angleterre (fol. 345). — Réponse aux mémoires du comte de Comenge, notre ambassadeur à Londres (fol. 363), et du comte de Leycester, ambassadeur d'Angleterre en France, 1640 (fol. 379). — Serment de Louis XIV pour l'entretenement du traité avec l'Angleterre, 1644 (fol. 384). — « Remonstrance aux Provinces et Estats alliéz contre l'Angleterre, touchant les marchandises nommées de contrebande » (fol. 403).

XVIIe siècle. Papier. 406 feuillets. 350 sur 240 millimètres. Rel. veau rac., aux armes de Colbert.

324. Traités entre la France et la Hollande. (1596-1664.)

« Brief et sommaire récit de la consternation dans laquelle estoient les Estats catholiques des Pays Bas durant... le siège de Mastrich », 1632 (fol. 10).

Traités de La Haye, 1596 (fol. 48), — La Haye, 1608, mention (fol. 66), — La Haye, 1609, mention (fol. 67), — Compiègne, 1624 (fol. 68), — Paris, 1627 (fol. 76), — La Haye, 1630 (fol. 86), — La Haye, 1634 (fol. 96), — Paris, 1635 (fol. 108), — La Haye, 1636, (fol. 120), — Saint-Germain-en-Laye, 1637 (fol. 124), — Saint-Germain-en-Laye, 1639 (fol. 131), — Paris, 1643 (fol. 137), — La Haye, 1644 (fol. 151), — La Haye, 1645 (fol. 161), — Paris, 1646 (fol. 165), — Projet de traité, vers 1654 (fol. 173).

« Mémoire délibvré à Son Éminence [Mazarin] par le sieur ambassadeur des Provinces Unies des Païs Bas, G. Bordel, » 1658 (fol. 190). — « Lettre du Roy très-Crestien à messieurs les Estats-Généraux..., 4 février 1660, avec la proposition de Monsieur de Thou, 1660, » in-4°, *impr.* (fol. 194); « Proposition de Monsieur de Thou... faicte en l'assemblée de messieurs les Estats Généraux des Provinces Unies, le 15 mars 1660. 1660, » in-4°, *impr.* (fol. 198), et « le 8 décembre 1660. La Haye, 1660, » in-4°, *impr.* (fol. 204); « Propositie door den Heer Raedt Pensionaris, der Heeren Staten van Zeelandt... Tot Middelburgh, 1660 », in-4°, *impr.* (fol. 214). — Pouvoirs des ambassadeurs extraordinaires des Etats, 1660 (fol. 226). — Traité de 1662 (fol. 232). — « Discours... touchant les différents d'entre lesdits sieurs Estats Généraux et le roy d'Angleterre pour le commerce, » 1664 (fol. 248).

XVIIe siècle. Papier. 267 feuillets. 360 sur 245 millimètres. Rel. veau rac., aux armes de Colbert.

325. Traité de La Haye entre la France et la Hollande. (1664.)

En outre, deux lettres du comte d'Avaux à Servien, 6 juillet (fol. 17) et de Servien à d'Avaux, 5 août 1644 (fol. 39).

XVII⁰ siècle. Papier. 121 feuillets. 340 sur 225 millimètres. Rel. parchemin.

326. Traités des rois Charles VIII et Louis XII avec Maximilien, archiduc, puis empereur, Philippe le Beau, roi de Castille, Ferdinand le Catholique, le pape Jules II (1493-1510).

Traités de Senlis (1493), Paris (1498), Trente (1501), Blois 1504), Cambrai (1508), Blois (1510). — Table en tête du volume.

XVII⁰ siècle. Papier. 136 feuillets. 360 sur 225 millimètres. Rel. parchemin.

327. Relations diplomatiques entre la France et la maison d'Autriche, les Suisses, la Hanse, et relatives à Metz, Toul et Verdun, etc. (1483-1630.)

« Des demandes et poursuites faictes depuis l'an 1552 par les empereurs, électeurs, princes et estats de l'Empire, pour la restitution des villes et éveschéz de Metz, Toul et Verdun, et ce qui leur a esté respondu » ; sièges de Metz, instructions en vue des traités de Chambord, 1552, Ardres, 1555, Cateau-Cambrésis, 1559, réponses de François II aux ambassadeurs de l'empereur Ferdinand Iᵉʳ, 1560, lettres de Charles IX, 1563, Catherine de Médicis, 1564, l'empereur Ferdinand II, 1625, Louis XIII, 1627 et 1628, traité de Ratisbonne, 1630 (fol. 1). — Traité de Soleure entre Henri III, Berne et Soleure pour la conservation et défense de Genève, 1579 (fol. 63). — Rang des députés de France aux conférences pour la paix (fol. 75). — Traités de Montils-les-Tours, entre Louis XI et la Hanse, 1483 (fol. 94), Chambord, entre Henri II et Ferdinand Iᵉʳ, 1552 (fol. 110), Passau, entre Ferdinand Iᵉʳ et Maurice de Saxe, 1552 (fol. 120). — Usurpations de la maison d'Autriche sur les duchés de Milan, de Wurtemberg, les villes de Constance et Cambrai, les seigneuries de Sienne et de Piombino, la comté de Bourgogne, etc. (fol. 142).

XVII⁰ siècle. Papier. 172 feuillets. 350 sur 220 millimètres. Rel. veau fauve.

328. « Traictéz entre les roys de France et les princes, villes et estats de l'Empire, depuis 1635 jusques en 1763, » et autres pièces concernant l'Allemagne. (1525-1663.)

« Diverses remarques sur la conduite et les intérestz des princes et Estatz de l'Empire, » 1660 (p. 1). — « Mémoire de M. l'abbé Bourzeix sur le cercle de Bourgongne » (p. 57). — Inféodation de la Prusse au marquis de Brandebourg, 1525 (p. 61). — Pacte de succession pour le duché de Poméranie, 1529 (p. 69). — Lettres de l'empereur Ferdinand III relatives à la dévolution de la Poméranie à l'électeur de Brandebourg, 1637 (p. 85). — « Documentum insinuationis rescripti Cæsaris diplomatis [Ferdinand II] telonium Visurgicum domino Anthonio Gunthero, comiti Oldenburgensi, concessum concernens, » 1623 (p. 91), et autres actes concernant le tonlieu sur le Weser (p. 103). — « Proposition de Monsieur de La Grange aux Ormes, gentilhomme ordinaire de la Chambre du roy et envoyé de Sa Majesté vers la République de Strasbourg, pour la liberté germanique, » 1632 (p. 151).

Traités de Rueil, entre Louis XIII et Colmar, 1635 (p. 157), — Saint-Germain-en-Laye, entre Louis XIII et Bernard de Saxe-Weimar, 1635 (p. 165), suivi de lettres *orig.*, sur parchemin, de Louis XIII donnant une pension au duc de Weimar et promettant de comprendre ses officiers dans le traité de paix, 1636 (p. 177-184), — Wezel, entre Louis XIII et le landgrave de Hesse, 1636 (p. 185), — Brisach, entre Louis XIII et l'armée de feu Bernard de Saxe-Weimar, 1636 (p. 197), — Paris, entre Louis XIV et le prince de Transylvanie, 1645 (p. 209), — Munster, ou « Instrumentum pacis a sacrae Caesareae et sacrae Christianissimae Maiest. Maiest. necnon sacri Romani Imperii... Statuum plenipotentiariis, Monasterii Westphalorum... 1648 subscriptum. Parisiis, 1656, » in-4º, *impr.* (p. 217), — La Fère, ou « Traité sur le fait de la marine, fait entre Louis XIV... et les villes et citéz de la Hanse Teutonique, en l'année 1655. Paris, 1658, » in-4, *impr.* (p. 273), — Paris, entre Louis XIV et l'électeur de Brandebourg, 1656 (p. 295), — Compiègne, entre Louis XIV et l'électeur Palatin, 1656 (p. 311). — « Manifeste pour le sérénissime prince Charles-Louis, comte Palatin du Rhin, » 1657, in-fol., *impr.* (fol. 441).

« Copie d'une lettre escritte par l'internonce de Flandres au nonce d'Espagne, trouvée dans les dépesches d'un courrier qui fut dévalisé par des gens de guerre dans le Luxembourg, » 1658 (p. 359). — « De electione novi imperatoris ad S. R. Imperii electores paraenesis » (p. 381). — Lettres d'un gentilhomme romain à son ami de Francfort, et d'un gentilhomme allemand à un parisien sur « l'élection d'un nouveau empereur. 1657, » in-fol., *impr.* (p. 413). — « Memorialia bina, prius ad deputationem statuum ordinariam, posterius ad collegium electorale directa a sacrae regiae Christianissimae Majestatis... plenipotentiariis Antonio de Grandmont, Hugone de Lionne. 1658, » in-fol., *impr.* (p. 499). — Memoriale novum..., nomine sacrae regiae Majestatis Sueciae,... ab Matthia Biorenklou. 1658, » in-4°, *impr.* (p. 511). — « Brevis discussio querelarum quae per regis Christianissimi legatos et internuncios contra augustissimum imperatorem Ferdinandum III..., 1657, » in-4°, *impr.* (p. 519). — « Disjectio illi Gallicarum querelarum discussioni praelusa, 1658, » in-4°, *impr.* (p. 539). — « Relation... du couronnement de l'empereur Léopolde I. Bruxelles, 1658, » in-4°, *impr.* (p. 555).

Traités de Mayence, entre Louis XIV et les Électeurs et princes d'Allemagne, 1658 (p. 563), — Francfort-sur-le-Main, entre les Électeurs susdits et Léopold-Philippe-Charles, prince de Salm, maréchal général (p. 595), et Wolfgang-Jules, comte de Hohenlohe, lieutenant général de la Ligue, 1659 (p. 611), — Paris, entre Louis XIV et Ferdinand-Charles, archiduc d'Autriche, 1660 (p. 627). — « Capitulatio praescripta a consilio fœderis domino de Goltslein, rei tormentariae praefecto, » 1662 (p. 641). — Traités avec les évêques de Trèves, 1661 (p. 657), et de Spire, 1663 (p. 673). — Confirmation, par l'archiduc Sigismond-François, du traité conclu par son frère Ferdinand-Charles avec Louis XIV, 1663, *orig.* scellé (p. 681 et 685).

XVIIe siècle. Papier. xii et 693 pages. 345 sur 240 millimètres. Rel. veau rac., aux armes de Colbert.

329. « Traictéz et alliances des Suisses, Grisons et alliéz entre eux, et la couronne de France, maison d'Austriche, celle de Savoye, seigneurie de Genève et autres. » (1315-1621.)

Alliances entre les divers cantons, 1315-1531 (p. 1). — Combourgeoisie de Berne avec Neufchastel, 1406-1458 (p. 225), et leurs relations avec Léonor d'Orléans, duc de Longueville, 1618 (p. 232). — Alliances des Suisses avec les rois Charles VII, 1453 (p. 299), Louis XI, 1463-1474 (p. 303), Charles VIII, 1484 (p. 315), François Ier, 1516 (p. 321), Henri II, 1549 (p. 349), Charles IX, 1564 (p. 401), Henri III, 1582 (p. 421) et Henri IV, 1602 (p. 697). — Alliances des Grisons avec sept cantons suisses, 1497 (p. 277), Louis XII, 1509 (p. 445), Henri IV, 1600 (p. 451), Louis XIII, 1621 (p. 673), de douze cantons avec la maison d'Autriche, 1511 (p. 461), de six, puis de onze cantons avec la Savoie, 1560, 1564 (p. 487, 505), de Berne avec la Savoie, 1617 (p. 545), de cinq cantons avec le pape Pie IV, 1565 (p. 557). — Traités conclus avec Genève par la France, 1579-1608 (p. 579) et la Savoie, 1603 (p. 649). — Alliances du marquis de Bade avec Berne, 1612 (p. 665), et de Venise avec Zurich et Berne, 1618 (p. 669).

XVIIe siècle. Papier. x et 716 pages. 315 sur 205 millimètres. Rel. veau fauve.

330. « Divers mémoires et TRAICTÉZ concernants les affaires des SUISSES avec la France, depuis 1516 jusques en 1663. »

Traité avec François Ier, 1516 (fol. 17). — Privilèges accordés par Henri II, 1552 (fol. 25). — « Estat des pensions... que le Roy veult et entend estre payées tant aux communaultéz que particulliers du pays de Suisse » ; *original*, signé de François Ier, 1526 (fol. 37). — « Comptes des Ligues Suisses et Grisons rendus à la Chambre des comptes de Paris par les trésoriers desdites Ligues, » 1600-1657 (fol. 63). — Réception des ambassadeurs des Suisses à Notre-Dame de Paris, 1582 (fol. 71). — Traité de Soleure, 1601 (fol. 77). — « Mémoire concernant le voyage et la réception des ambassadeurs des Ligues Suisses et Grisons envoyéz en France en 1602 » (fol. 89). — Traité de Louis XIII avec Zurich, 1614 (fol. 97)., — « Estat de la recepte et despense faicte par Mre Claude Du Ryer conseiller du Roy, trésorier général des Ligues des Suisses, » 1640 (fol. 101). — Autres états, 1651-1655 (fol. 113). — Ratification par les cantons de Lucerne, Fribourg, etc. du traité conclu à

Soleure entre les autres cantons et Louis XIV, 1657 (fol. 124).
— « Project de l'alliance... des louables Cantons Évangéliques, » 1657 (fol. 146). — Ratification par Louis XIV du traité
conclu par lui avec Henri II, d'Orléans, duc de Longueville,
prince de Neufchastel et Valengin, 1658 (fol. 150). — Traité de
Calais, avec Berne, 1658 (fol. 154); copies authentiques faites en
1662, sur parchemin et scellées du sceau de Berne (fol. 160, 166).
— Exemption de péages pour les marchands suisses, 1658, in-fol.,
impr. (fol. 167), spécialement à Brisach et en Alsace, 1658, in-fol.,
impr. (fol. 168). — Mémoire sur les privilèges des marchands suisses trafiquant en France (fol. 169). — Traité de Soleure, 1663 (fol.
184). — Relations du voyage des ambassadeurs suisses en France,
par l'un d'eux, Waser, bourgmestre de Zurich (fol. 206), et de
leur réception à Paris, par MM. de Berlize et Bonneuil, intro-
ducteurs des ambassadeurs, 1663 (fol. 216), suivies du plan de
Notre-Dame le jour de la prestation du serment pour le traité
d'alliance (fol. 240). — Mémoire de Léonor de La Barde sur les
affaires de Suisse, 1663 (fol. 258). — « Dissertation si les Cantons Catholiques... peuvent permettre des levées dans leur pays
pour marcher au secours du pape attaqué par le Roy » (fol. 292).

XVII⁰ siècle. Papier et parchemin. 294 feuillets. 350 sur 240 millimètres. Rel. veau rac., aux armes de Colbert.

331. « Procez verbal fait par ordre du roy Henry Second
à Payerne, en l'année mil cinq cens cinquante, par les commissaires députéz envoyéz par ledit seigneur Roy, touchant
les différens jugemens et autres expéditions, traittéz donnéz
et négotiéz audit lieu, avec les commissaires députéz des cantons de Suisse. »

Copie. — Cf. l'*Inventaire sommaire des documents relatifs à
l'histoire de Suisse conservés dans les archives et bibliothèques de
Paris*, par Édouard Rott. Berne, 1882, in-8⁰ t. I, p. 57 et 455.

XVII⁰ siècle. Papier. 534 pages. 355 sur 240 millimètres. Rel. maroquin rouge, au chiffre et aux armes de Colbert, entourées des colliers des
Ordres.

332. Recueil de traités et de relations de voyages relatifs

à la Turquie, au Maroc et aux États Barbaresques (1522-
1635) : Voyages de Reimond Mérigon, du P. Pacifique de
Provins, Jean Chesneau.

Traités et capitulations entre la France et la Turquie, 1535
(fol. 4), 1569 (fol. 13), 1581 (fol. 25), 1604 (fol. 43). — Lettre de
A. de L'Isle à Henri IV sur le Maroc, 1608 (fol. 59). — Traité de
paix entre l'amiral du Levant, Charles de Lorraine, duc de Guise,
et le pacha d'Alger, 1619 (fol. 67). — Mémoire de Blaise Reimond
Mérigon, de Marseille, sur les points à occuper en Afrique (fol.
74). — « Voiage du révérend Père Pacificque de Provins, capucin, faict en Perse l'an 1628 » (fol. 80) ; imprimé à Paris, 1631,
in-4°. — Procès-verbal de la publication de la paix entre la
France et le pacha d'Alger, 1628 (fol. 90) ; cf. Henri de Gram-
mont, *Relations entre la France et la Régence. d'Alger au XVIIe
siècle*. Deuxième partie : la Mission de Sanson Napollon (1628-1633).
Paris, 1882, in-8°. — Traités conclus entre le chevalier de Razilly,
chef d'escadre, et les capitaines de Salé et autres villes du Maroc,
1630 (fol. 116), entre Louis XIII et Mouley el Qualid, sultan du
Maroc, 1631 (fol. 123, 129, 141), 1635 (fol. 135). — « Memorial
de l'estat d'Aegypte en l'année 1634 » (fol. 148). — « Voiages
du sieur d'Aramont, ambassadeur pour le Roy en Turquie, faictz
de Paris à Constantinople, en Perse, en l'an 1547 et en l'an 1548,
escriptz par le sieur Jean Chesneau » (fol. 175 v°) ; publiés par
Ch. Schefer, Paris, 1887, gr. in-8°. — « Traicté entre le grand
Seigneur et les consuls des Catalans et François pour le faict
du commerce, » 1528 (fol. 303). — « Traictéz faictz et passéz
entre les Grands Seigneurs, sultan Soliman et sultan Selim, et
Pierre de Lando, duc de Venise, » 1522 et 1530 (fol. 310 v°). —
Lettre du comte de l'Anguillara, Virginio Orsini, sur la prise de
La Goulette par Charles-Quint, 1535 (fol. 325). — « Capitoli fatti
et trattati l'anno 1535 tra l'imperador Carlo Quinto, d'una parte, et
Muleasses, re di Tunisi, d'altra parte » (fol. 328). — « Capitula-
tione fatta dall' imperatore Sultan Mechemet con Perati l'anno
857 » de l'hégire (fol. 333). — Correspondance de Selim II avec
Dom Juan d'Autriche (fol. 335 v°). — « Les statuts de Mahomet
laisséz aux Mussulmans » (fol. 339). — « Capitulation et traicté
accordéz entre sultan Acmat et les Estatz généraux des Pays-Bas,

1612 » (fol. 347). — « Relation du royaume de Marrocque, »
1632 (fol. 371).
Copies.

XVIIᵉ siècle. Papier. 389 feuillets. 335 sur 225 millimètres. Rel. veau.

333. Recueil des TRAITÉS et négociations de la FRANCE avec
la SUÈDE (1559-1663) et le DANEMARK (1645-1663).

Suède : « Mémoire par abrégé de la forme de l'Estat, des finances
et du commerce de Suède » (1662), par de Courtin, résident de
France en Danemark (fol. 6). — Privilèges accordés par François II aux Suédois, 1559 (fol. 24). — Traités d'Heilbronn, entre
Christine de Suède et les États évangéliques d'Allemagne, 1633
fol. 28), Compiègne, entre Christine de Suède et Louis XIII, 1635,
(fol. 37), Francfort, entre Louis XIII, le chancelier Oxenstiern et
les Etats évangéliques, 1634 (fol. 38 v°), Berwald, entre Gustave-
Adolphe et l'électeur de Bavière, 1631 (fol. 46 v°), Saint-Germain-
en-Laye, entre Louis XIII et Victor-Amédée Iᵉʳ, duc de Savoie,
1632 (fol. 47 v°), Compiègne, entre Louis XIII et le chancelier
Oxenstiern, 1635 (fol. 52), Vismar, entre les mêmes, 1636 (fol. 54),
Hambourg, entre Louis XIII et Charles-Gustave de Suède, 1638
(fol. 60) et 1641 (fol. 64). — « Relation de ce que le sʳ baron de
Rorté a faict à son départ de Suède, » 1643 (fol. 68). — Projet
d'alliance envoyé par Charles Gustave, 1657 (fol. 82). — Mémoire,
accompagné d'une lettre autographe, du résident de Suède,
Biörcnklou, à Mazarin, 1660 (fol. 90). — Traités de Fontainebleau,
entre Louis XIV et Charles XI de Suède, 1661 (fol. 94), et de
Holme, entre les mêmes, 1663 (fol. 102).
Danemark : « Considérations sur l'estat de Danemark et la négociation de l'ambassadeur extraordinaire de cette couronne vers
Sa Majesté Très Chrestienne, » 1662 (fol. 114). — « Mémoires
touchant le traffic du Dannemarc, que présentent les marchands
de la ville de Dieppe » (fol. 134). — « Abrégé des traittéz entre
France et Dannemark, » 1295-1645 (fol. 136). — Traité de 1645
(fol. 141). — « Mémoires présentés par l'ambassadeur extraordinaire de Dannemarc aux commissaires députéz par Sa Majesté
pour le traicté de commerce entre les deux couronnes, » 1662 (fol.

146). — Mémoire en faveur de la Compagnie du Nord pour la
pêche des baleines (fol. 196). — « Traitté de commerce entre la
France et le Dannemarc, fait à Paris, l'an 1663. A Paris, 1663. »
in-fol., *impr.* (fol. 198).

XVIIe siècle. Papier. 233 feuillets. 335 sur 240 millimètres. Rel. veau
rac. aux armes de Colbert.

334-336. « Mémoires, instructions et dépesches du Roy
Louis [XIV] à ses ministres au dehors, ordonnées par S. M.
au S^r DE LIONNE. »

334. Année 1661. — Instructions et dépêches adressées aux
personnes suivantes :
Italie : de Sève d'Aubeville, allant à Rome (pages 1, 72), —
duchesse douairière d'Angoulême, allant à Florence (p. 59), —
P. Hard, collègue français du général des Minimes (p. 68), —
cardinal Antoine Barberini (p. 72, 74, 79), — Christine de France,
duchesse de Savoie (p. 76), — président Ennemond Servien,
ambassadeur en Savoie (p. 77, 81).
Allemagne : Princes de l'alliance du Rhin (p. 1), — Charles-
Gaspard de La Pierre de Leyen, archevêque-électeur de Trèves
(p. 4), — chevalier Robert de Gravel (p. 6, 8, 57 et suiv.), —
Léonor de La Barde, marquis de Marolles, ambassadeur en Suisse
(p. 51), — de Lessins, envoyé près de l'électeur de Brandebourg
(p. 113, 172).
Espagne : Philippe IV (p. 1-6), — Georges d'Aubusson de La
Feuillade, archevêque d'Embrun, ambassadeur de France (p. 7,
70, 76 et suiv.), — Don Luis de Haro (p. 73). — « Mémoire pour
informer le Roy des conséquences d'une demande faite par le roy
Catholique, dressé par le s^r de Lionne » (p. 122).
Angleterre et *Hollande* : Charles II (p. 1), — Godefroy, comte
d'Estrades, ambassadeur de France (p. 3-74, 76-114, 121), — Cla-
rendon, chancelier d'Angleterre (p. 75), — Cateu, envoyé en
Angleterre (p. 115), — Batailler (p. 145-155).
« *Nort* » : Charles XI, roi de Suède (p. 1), — de Lumbres,
ambassadeur en Pologne (p. 3-20, 22-101), — Lubomirski, grand
maréchal de Pologne (p. 21). — 83, 176, 194, 155 et 101 pages.
335. Année 1662. — *Italie* : de Sève d'Aubeville (p. 1, 356), —

Charles, duc de Créquy, ambassadeur extraordinaire à Rome
(p. 5-199, 258, etc.), — Alexandre VII, pape (p. 200), — Sacré-
Collège (p. 206), — cardinal Virginio Orsini (p. 211), — Louis
d'Anglure de Bourlémont, auditeur de rote (p. 212), — Pierre
de Bonzy, évêque de Béziers, ambassadeur à Venise (p. 219, 440,
519, etc.), — Christine, reine de Suède (p. 308, 320, 528), — duc
Cesarini (p. 344), — cardinal Léopold de Médicis (p. 404), — les
ambassadeurs de Venise et de Savoie (p. 499), — « Relation de
ce qui s'est passé de l'abouchement fait à Surène entre M^r le
Nonce et le Sr de Lionne » (p. 261).

Allemagne : chevalier Robert de Gravel (p. 554, 564 et suiv.),
— de Lessins (p. 562, 591, 603, etc.), — Léopold Ier, empereur
(p. 688), — président Colbert (p. 754). — « Raisons représentées
par le vice-chancelier Vallendorf à l'Empereur pour convoquer la
diète de l'Empire » (p. 575). — « Changemens que M. l'électeur
de Brandebourg désire estre faits au traité de M. de Lumbres »
(p. 642). — 810 pages.

336. Année 1662. — *Espagne* : Georges d'Aubusson de La Feuillade, archevêque d'Embrun (p. 1-234, 250, 268 et suiv.), — Philippe IV (p. 266). — « Advis de M. de Lionne sur l'affaire d'Espagne »
(p. 235). — « Ce que la Reyne Mère doit dire à M. le marquis de
La Fuente » (p. 240).

Angleterre et Hollande : Godefroy, comte d'Estrades (p. 367-
392, 402-426, 441, 505, etc.), — Batailler (p. 427-440, 488-504,
etc.), — Charles II (p. 568), — Gaston-Jean-Baptiste, comte de
Comminges, ambassadeur en Angleterre (p. 590). — « Récit succint de ce qui s'est passé jusques icy en l'affaire du traité que le
Roy a fait avec M^r le duc de Lorraine » (p. 393).

« *Nort* » : de Lumbres (p. 625-659, 698, 725), — Hugues, chevalier de Terlon, ambassadeur en Suède (p. 661-697, 711, 730, 738).
— 752 pages.

En tête de chaque volume, se trouve un portrait de Louis XIV,
gravé par P. Van Schuppen, d'après N. Mignard d'Avignon. Une
aquarelle orne le frontispice de chaque subdivision des volumes.

XVIIe siècle. Papier. 3 vol. 420 sur 280 millimètres. Rel. maroquin
bleu, semé de fleurs de lis, et aux armes royales.

337. Recueil de lettres et mémoires concernant les rela-

tions de la FRANCE avec les PAYS-BAS (1569-1586 et 1638) et
l'ANGLETERRE (1571-1587).

Pays-Bas : Lettres *originales*, pour la plupart adressées au roi
Henri III ou à Catherine de Médicis, et signées : « Ferral, » 1569
(page 1), — « de Mondoucet, » 1573 (p. 10), — « Guillaume de
Nassau, » prince d'Orange, 1575-1584 (p. 11, 203), — « Henry » III,
1577-1584 (p. 13, 241), — de « Lumbres, » 1577 (p. 16), —
« Francoys, » duc d'Anjou, frère de Henri III, 1580-1583 [7 lettres]
(p. 39, 61, 91, 93, 95, 99, 159), — « Philippe » II d'Espagne, 1581
(p. 69), — « Alessandro Farnese, » prince de Parme, 1582-1584
[7 lettres] (p. 81, 89, 193, 195, 197, 343, 347), — Claude « Blatier, »
seigneur du Belloy, agent de la France aux Pays-Bas, 1582-1585
[20 lettres] (p. 103, 105, 145, etc.), — Jean « de Monluc, » sieur
de Balagny, gouverneur de Cambrai, 1584-1586 [6 lettres] (p. 179,
181, 297, 357, 395, 447), — « les Estatz généraulx des Provinces
Unies des Pays-Bas, » 1584 (p. 199, 205, 221), — « Champagniat, »
1584 (p. 209), — Albert « de Gondy, » maréchal de Retz, 1584
(p. 213, 229), — « Jo. Batta de Tassis, » ambassadeur d'Espagne,
1584 (p. 247), — « les Estaz du pays et duché de Brabant, »
1584 (p. 261, 263), — Roch Sorbier « des Pruneaux, » représentant du duc d'Anjou aux Pays-Bas, 1584 [4 lettres] (p. 265, 269,
279, 283), — « Caterine » de Médicis, 1584-1585 (p. 281, 335,
437), — le capitaine « Bellengreville, » 1584 (p. 293), — « gouverneur, bourgmaistre, eschevins, thésauriers et conseil de la
ville de Bruxelles » (p. 327) et d'Anvers, 1584 (p. 329), — « Ph. de
Marnix » de Sainte-Aldegonde, 1585 (p. 333), — « les députéz
des Estats générauls des Provinces Unies, » 1585 (p. 365), — de
« Malpierre, » agent du roi près du prince de Parme, 1585-1586
[36 lettres] (p. 379, 383, 387, etc.), — « les Estats du païs et
conté de Zélande, » 1585 (p. 407), — « Philippe d'Egmont, »
1585 (p. 435), — « Apostolecus, » 1586 (p. 441), — « de Boodt, »
1586 (p. 477), — « Henry de Lorraine, » duc de Guise, 1586
(p. 525).
Nombreuses pièces relatives à Cambrai : négociations de François, duc d'Anjou, et de ses représentants Claude d'Estampes,
baron de La Ferté, et Antoine de Silly, seigneur de La Rochepot,
avec Bauduin de Gavre, baron d'Inchy, gouverneur de Cambrai,
et de Vilers, gouverneur de Bouchain ; serment prêté au duc

d'Anjou par les habitants de Cambrai, et autres pièces émanant du chapitre et des échevins, des « membres et estatz de la cité dicte de Cambrai et pays de Cambresis, » 1579-1586 (p. 17-67, 73, 107, 289, 375, 487). — Copie authentique d'un diplôme de l'empereur Henri II, octroyant le « comitatus » à l'église métropolitaine de Cambrai, 1007 (p. 177), imprimé dans *Die Urkunden der deutschen Könige und Kaiser*. Hannover, 1900-1903, in-4°, t. III, n° 142. — « Les conditions traictéz entre le conte Ludovicq et moy sur le fait des Pais-Bas » (p. 547). — Traité de Saint-Germain-en-Laye entre la France et les Pays-Bas, 1638 (p. 555).

Angleterre : Lettres et dépêches, pour la plupart adressées à Henri III et à Catherine de Médicis, et signées : « Elizabeth, R. » d'Angleterre, 1571-1576 (p. 571, 575, 615), — Henri III, 1573-1582 [10 minutes] (p. 579, 595, 725, 727, 745, 753, 757, 769, 815, 831), — Edward Clynton, grand amiral d'Angleterre, 1575 (p. 581), — « M[ichel] de Castelnau, » sieur de Mauvissière, ambassadeur en Angleterre, 1576-1582 [62 lettres] p. 583, 585, 591, etc.), partiellement imprimées par A. Teulet, *Relations politiques de la France... avec l'Écosse*. Paris, 1862, 8°, III, 134. — « le général [des finances] Portal, » 1576 (p. 589), — « Doléances de l'ambassadeur d'Angleterre » (p. 623), - « Stafford » (p. 731), — « Nau, » 1579 (p. 749), — « Fra[ncis] Walsyngham, » ministre d'Élisabeth, 1582 (p. 795), — « Marie » Stuart (p. 833, 839), — Claude « de Laubespine-Chastauneuf », 1586-1587 [10 lettres] (p. 843 et suiv., 857 et suiv.), — Pomponne de « Bellièvre », surintendant des finances, 1586-1587 (p. 853, 855).

« Extrait de ce que le Roy fera pour le regard du mariage de la Royne d'Angleterre, sa bonne sœur, et Monseigneur » (p. 763).

XVIe et XVIIe siècles. Papier. 867 pages. 350 sur 235 millimètres. Rel. maroquin rouge, aux armes de Colbert, entourées des colliers des Ordres.

338. Recueil de lettres et mémoires concernant les relations de la FRANCE avec la POLOGNE (1572-1578), l'ITALIE (1569-1586 et 1612-1639) et l'ESPAGNE (1570-1587).

Pologne : Lettres *originales*, pour la plupart adressées à Henri, duc d'Anjou, roi de Pologne, plus tard Henri III, et signées :

« Albertus a Lasko » ou Laski, palatin de Siradie (p. 33, 65) et
« Jehan de Crasosqui, » Conin, 1572 (p. 35), — « Charles de Mansfeld, » Luxembourg (p. 39), — Henri, roi de Pologne [23 minutes]
(p. 43, 47, 121, etc. ; la page 169 porte des essais de plume de la
signature du nouveau roi « Henricus »), — Jean de « Monluc,
é[vêque de] Valance, » ambassadeur en Pologne (p. 49, 53), —
« Gilles de Noailles, » abbé de L'Isle, Conin, 1573 (p. 59, 133), —
Catherine de Médicis (p. 61 : *Lettres de Catherine de Médicis*, t. IV,
p. 169), — « Anna, infans Polonie, » Varsovie (p. 97), — « Maximilianus », « Maximilian » ou « Maximiliano » II, empereur [6 lettres en latin, en allemand ou en espagnol] (p. 99, 227, 233, 237,
239, 243), — « Joannis, conte di Tenchin, » Nice (p. 105), —
« Joannes Herborth de Fulstin, » Eisenach (p. 115), — « Oratores
ordinum regni Poloniae et magni ducatus Lituaniae » (p. 117), —
« Jehan de Luxembourg, » Metz (p. 137), — Charles « D'Escars,
é[vêque] de Langres » (p. 139), — « Johannes Bazinus » ou
« Bazin » [3 lettres en partie chiffrées] (p. 141, 189, 191), —
« Jacobus [d'Elz], archiepiscopus Treverensis, princeps Elector »
(p. 145), — « Consules ac senatores imperialis civitatis Lubecq »
(p. 147, 187), — Jean Georges, marquis de Brandebourg (p. 199),
— « Augustus, dux Saxoniae » (p. 203, 247), — « Daniel [Brendel
d'Homburg], archiepiscopus Moguntinus » (p. 225), — « Friderich,
marq. Brandeburg » (p. 251), — « Balthasar, abbas Fuld. » (p. 253),
— Nicolas d'Angennes, sieur de « Rambouillet » (p. 259, 261), —
« Studiosissimi Consules civitatis imperialis Francofurti » (p. 263),
— « Jehan, conte palatin du Rhin » (p. 269), — « Nuntii regni
Polonie : Joannes Krotoski a Krotoschin, Palatinides Innowla-
dislawiensis, Joannes Demetrius Solikowski a Solki » (p. 271), —
« D[esiderio] Labbe, » Vienne, 1575 (p. 327, 347), — « Franciscus
Pesthii, » 1576 (p. 341), — « Des Traos, » à M. de Piennes, gou-
verneur de Metz, Cassel, 1576 (p. 343), — Battori (p. 357), —
« Pierre Costea, evesque de Culme » (p. 367), — « Joannes Costka,
palatinus Sendomirensis, Cristoferus Kostka, palatinus Pome-
ranie, » Lypno, 1578 (p. 371).

« Avis de Versovie, » 15 mai 1572 (p. 7), 9 avril 1573 (p. 83),
« d'un lieu près de Versovie, » 31 juillet 1573 (p. 123, 221), 1578
(p. 363). — Instructions données à Jean de Monluc, évêque de
Valence, et au sieur de Malloc, envoyés comme ambassadeurs en
Pologne (p. 15). — Projet de confédération entre les deux royaumes

(p. 37). — « Illustriss. et reverendiss. domini D. Jo. Francisci Commendoni, S. R. E. cardinalis, apostolicæ sedis per Germaniam et Poloniam de latere legati, oratio ad senatum equitesque Polonos, in castris habita apud Warszaviam, VIII aprilis anno 1573, » in-4°, *impr.* (p. 67), — « Roolle des princes, seigneurs et gentilshommes qui ont esté choisiz et ezleuz... pour aller au devant des ambassadeurs de Pollonrie » (p. 215). — « Articulorum summa, quos duo majores Poloniæ, palatinatus Posnaniensis et Calissiensis, secunda die septembris in comitiis horum palatinatuum in Sroda decreverunt nunciis a se creatis dati et commissi pro comitiis publicis coronationis » (p. 255). — « Articoli che si proponeranno nella prossima dietta, che ha da esser in campagna dove si deve trovar la nobilta Polacca in armi » (p. 265). — « Instructions et pouvoir bailléz à M^r le ma^{al} de Bellegarde et au s^r de Pibrac allans en Poloigne, » 13 avril 1575 (p. 283, 317), et au « s^r d'Espesse, » Jacques de Faye, allant à Ferrare (p. 293, 299). — « Actum in curia regia, Varsoviae, sabato ante festum sancti Mathei apostol. » 1575 (p. 305). — « Relation d'un courrier de l'ambassadeur de Monsr le duc de Ferrare, party de Varsove, le samedy x^e décembre, et arrivé à Vienne, le dimanche xviiie » (p. 321, 331). — Adresse à l'Empereur « ex commissione omnium regni Poloniae ordinum in conventu Andreoviensi congregatorum, » 11 février 1576 (p. 335). — Légation d'Ivan III Basilievitch près de l'empereur Maximilien II (p. 351).

Italie : Lettres *originales*, pour la plupart adressées à Catherine de Médicis, Charles IX, Henri III, etc., et signées : « T. Aldobrandinus, » contresignant trois brefs de Pie V pour Catherine de Médicis, 1569 (p. 377, 381, 385), — « Jo. Bap. Weber » et « M. Guerstman », contresignant un décret de l'empereur Maximilien II, 1572 (p. 389), — Charles IX, 1572 [minutes] (p. 391, 393), — Filippo Buoncompagni, « car^l S. Sisto, » 1574 (p. 403), — « Il car^{le} di Como, » Tolomeo Galli (p. 407), — « Il cardinale di Sermoneta, » Niccolo Caetani (p. 411), — « Il card^{le} San Giorgio, » Marco d'Altemps (p. 413), — François Rougier, baron de « Ferralz, » ambassadeur de France à Rome (p. 421), — Arnaud « Du Ferrier, » ambassadeur de France à Venise (p. 423), — « N[icolas], car^{al} de Pellevé » (p. 427), — « le conte de Villeclaire », Turin, 1577 (p. 429), — « el gran duca di Toscana », François de Médicis, 1584 (p. 431), — « Luigi, car^{le} d'Este » [9 lettres en par-

tie chiffrées] (p. 433, 459, 491, 503, 511 et suiv.), — Henri III
[une minute] (p. 443), — le duc de Ferrare, « Alfonso d'Este »
(p. 447, 459, 463, 465), — « A. d'Ossat » [10 lettres] (p. 449, 467,
469, 475 et suiv.), — « Jullain, » Turin (p. 493), — « Il car^{al} Sa-
vello, » Giacopo (p. 501), — « C[harles] Emanuel » le Grand, duc
de Savoie, 1585 (p. 525), — Antoine Le Fèvre de « La Boderie, »
[5 lettres] (p. 529 et suiv., 539, 541), — « Il duca di M[antou]a, »
Guillaume de Gonzague, 1586 (p. 535). — « Avviso di Palermo, »
1573 (p. 395), « di Roma » (p. 397), « di Napoli, » 1574 (p. 415).

Lettre de Louis XIII aux Vénitiens, 1612 [minute] (p. 543), —
« Relatione dell' eccellentiss. Sig. Pier Francesco Salce, ambasciator della città di Feltre, al sereniss. M. Antonio Memmo, prencipe di Venetia. Venetia, 1613, » in-4°, *impr.* (p. 545), — « Des-
corso sopra l'assalto del Monferrato fatto al principio di maggio
1613 » (p. 561), — Lettres signées : « di Leone, » Venise, 1617
(p. 565), et « ducis Sabaudiae oratores Deschallant, Carolus
Chaharanus, Philibertus à Lofencito » (p. 611). — « Mémoires
dressés par le sieur Comman de Virville sur le faict de l'assassinat
commis à Rome de l'escuyer de Monsieur le mareschal d'Estrée,
ambassadeur du Roy l'an 1639 » (p. 615, 639). — Mémoire sur
« tutto quello che ha acquistato Santa Chiesa in beni temporali
da San Pietro in qua » (p. 647-1133). — « Relation des choses de
la cour du Grand Seigneur de présent nommé sultan Hamet »
(p. 1135).

Espagne : Mémoire présenté au roi d'Espagne par l'ambassadeur de France, 1570 (p. 1145). — « Encomium in sacrum conju-
gium... Philippi, Hispaniarum regis,... et..., principisse Ungarie et
Boemiẹ, archiducissẹ Austrie, Anne..., recitatum a R^{mo} D. domino
archiepiscopo Pragensi, » Antonio Brus, 1570 (p. 1153). —
Réponses faites par le Conseil du roi et signées de Henri III à
diverses demandes de l'ambassadeur d'Espagne, concernant le
Portugal, l'Artois, la Flandre, 1587 (p. 1157). — Lettres, en partie
chiffrées, de La Motte- « Longlée, » ambassadeur en Espagne,
1584 (p. 1165, 1171, 1175, 1179, 1183), — « Jacobus Desmonie de
Geraldis, » Lisbonne, 1577 (p. 1173).

Table des matières en tête du volume.

XVIe et XVIIe siècles. Papier. xxiv et 1189 pages. 35o sur 24o millimètres. Rel. maroquin rouge, aux armes de Colbert, entourées des col-
lier des Ordres.

339. Recueil de copies de lettres et mémoires concernant les relations de la FRANCE avec les PAYS-BAS (1616-1635), l'ESPAGNE (1615-1665) et les SUISSES (XVIᵉ siècle-1637).

Pays-Bas : « Discours de la trefve des Païs-Bas avec le roy d'Espagne » (fol. 5). — Correspondance de Jean de Péricard, sieur de Mezidon, ambassadeur de France à Bruxelles, avec Richelieu et Claude Mangot, sieur de Villarceaux, secrétaire d'État, 1616 (fol. 11). — Lettres patentes de Louis XIII portant exemption du droit d'aubaine pour les Pays-Bas, 1632 (fol. 17). — Instructions données au maréchal Urbain de Maillé-Brézé et au colonel Hercule-Girard, baron de Charnacé, envoyés dans les Pays-Bas, 1635 (fol. 19). — Lettres et déclarations des États Généraux de Hollande, de Philippe IV et de Ferdinand, infant d'Espagne, 1633-1634 (fol. 35, 36, 40). — « Recueil sonmaire des noms et qualités des jurisdictions de la ville de Bruxelles et aultres du Pais-Bas de Flandres » (fol. 47 *bis*). — « Mémoire de l'ordre qui se garde dans Arras » (fol. 48). — « Raisons alléguées par le [cardinal Francisco de Sandoval y Rojas], duc de Lerme pour sa défense et justification (fol. 52). — « Relation des cérémonies pour la réception de l'Ordre de la Thoison d'Or, de Messeigneurs les marquis Sfondrato de Montafie, comte de Busquoy et de Schwartzenberg, commise à Monseigneur le comte d'Isemberg et de Grensauw par le roy » (fol. 60).

Espagne : Bref de Paul V relatif à la Navarre, 1615 (fol. 68). — Mémoires du marquis des Sept Églises, traduits d'espagnol en français, 1629 (fol. 69). — « Li particolari et importanti motivi della disgrazia di Don Gasparo di Gusman, conte duca di San Lucar, poco fa favorito di Filippo IV,... 1643 » (fol. 87). — « Condiciones del Pliego que a dado en la junta de armadas el licenciado Don Francisco de Salas... para la Compañia y armada de corso que pretende se forme en estos reynos de la corona de Castilla a semajanza de las Compañias Orientales y Occidentales que tienen formadas los Olandeses » (fol. 116). — « Indice de libros nuevos..., a Madrid desde... 1665 » (fol. 120).

Suisses : « Moyens de maintenir les cantons des Suisses au service du Roy au desadvantage de ses ennemis », par Sébastien de L'Aubespine, évêque de Limoges (fol. 123). — « Mémoire des Ligues » (fol. 138). — « Chronologie des Ligues de Suisse, par

Monsieur le maréchal [François] de Bassompierre » (fol. 144). — Déclarations des cantons de Zug, Uri, Unterwalden, Appenzel, Lucerne, Genève, sur leur alliance avec la France, 1604-1610 (fol. 168). — « Discours sur le subject de la Valtelline » (fol. 206). — « Relation de ce qui s'est passé en Suisse depuis la résidence de Monsieur [Robert] Myron », 1617-1624 (fol. 222). — « Discours sur l'occurrence des affaires présentes en janvier 1625 » (fol. 240). — « Modo di comporre le diferenze che passano tra le due corone per causa della Valtelina » ; « ce papier m'a esté baillé par le P. Valérien, capucin, ce 18 fév. 1623 » (fol. 282). — « Au Roy Très Chrestien, le clergé et catholiques de la Valtelline » (fol. 286). — « Capitulation entre les deux roys pour l'accommodement des différens qui sont entre les Grisons et les peuples de la Valteline » (fol. 296). — « Articles accordéz par M^r le marquis de Cœuvre, [François-Annibal d'Estrées], général des armes de Sa Majesté très chrestienne en Italye, et de la sérénissime seigneurie de Venize, Altesse de Savoye et députéz de Turin » (fol. 326). — « Advis de ce qui s'est passé en la Valteline depuis le 12e jusques au 21 décembre 1624 » (fol. 332). — « Actes des XIII cantons des Suisses touchant la restitution de la Valteline aux seigneurs des Ligues Grises ». Janvier 1626 (fol. 334). — Lettre de l'empereur Ferdinand II à Charles Ier de Gonzague-Clèves, duc de Mantoue, 1635 (fol. 339). — « Véritable récit de ce qui s'est passé au soulèvement des Grisons pour la restitution de la Valteline et comtéz de Bermio et Chiavenes », 1636-1637 (fol. 341) ; autre relation par le baron de Lecques, contenant des lettres de Henri Ier, duc de Rohan, lieutenant général de l'armée du Roi (fol. 348).

Une partie des copies ont été faites pour Th. Godefroy.

XVIIe siècle. Papier. 360 feuillets. 360 sur 230 millimètres. Rel. maroquin rouge, aux armes de Colbert.

340. Mémoire historique sur l'affaire de la VALTELINE. (Octobre 1634.)

Récit des négociations diplomatiques relatives à la Valteline, de 1621 à 1631.

XVIIe siècle. Papier. 251 feuillets. 355 sur 225 millimètres. Rel. maroquin rouge, aux armes de Colbert.

341. « Mémoires et ᴛʀᴀɪᴄᴛᴇ́ᴢ concernans les affaires de
Sᴜᴇ̀ᴅᴇ, Pᴏʟᴏɢɴᴇ, Dᴀɴɴᴇᴍᴀʀᴄᴋ, Aɴɢʟᴇᴛᴇʀʀᴇ et Hᴏʟʟᴀɴᴅᴇ, depuis
1644 jusques en 1664. »

« Edictum serenissimae potentissimaeque reginae Suedorum,
Gothorum, Wandalorum, missum ad populos imperii ejus, super
suscepta regni et populorum defensione contra vim et injuriam
illatam a Daniae rege. Holmiae, 16 januarii 1644 ». In-fol., *impr.*
(fol. 1). — Mémoire sur la rupture entre la Suède et le Danemark,
1644 (fol. 5). — « Teneur et sens à peu prèz de l'instruction qu'il
faut donner à celuy qui ira treuver le roy de Dannemarc, » janvier
1644 (fol. 15). — « Discours dans lequel on void les causes de
l'attaque impréveüe du Dannemarc par les Suédois », janvier 1644
(fol. 18). — Traités d'Elbing, entre la Suède et la Hollande, 1646
(fol. 27, 122), et de La Haye, entre le Danemark et la Hollande,
1647 (fol. 29, 126).

« Discours tenu par Monsieur de Brun, ambassadeur d'Espan-
gne, à Messieurs les Estats Généraux des Provinces Unies des Pais
Bas, en leur assemblée générale le 24 janvier de l'an 1651. Imprimé en l'an 1651 », in-4° (fol. 39). — « Manifesto degl' Inglesi
contro li Spagnuoli, 1654 » (fol. 49). — « Articuli pacis unionis
et confoederationis perpetuo duratre inter... Olivarium [Crom-
well]... et... Ordines generales foederatarum Belgii provincia-
rum ». Westminster, 1654, copie authentique exécutée par le
greffier des États de Hollande (fol. 64).

« Il stato presente della Polonia » (fol. 76). — « Ad serenissimum et potentissimum Roman. imper. Ferdinandum III, sereniss. ac potentiss. regis Sueciae Caroli Gustavi literae, in quibus
expouuntur caussae susceptae nuper Polonicae expeditionis.
Anno 1655 », in-4°, *impr.* (fol. 82). — « Manifeste du roy de Pologne, pour servir de response au manifeste publié par le roy de
Suède, touchant la guerre qu'il fait à la Pologne. 1656 », in-4°,
impr. (fol. 92). — « Copie d'une lettre escrite presque toute en
chiffre le premier d'aoust 1656, par le seig^neur Don Miguel Pa-
checo au seig^neur Don Alonzo de Cardenas... Anno 1656 », in-4°,
impr. (fol. 108). — « Apographum litterarum serenissimi Protectoris Oliverii Cromwelli, quas scripsit ad excelsos et praepotentes
D. D. Ordines generales foederati Belgii die 21/31 augusti 1656.
1656 », in-4°, *impr.* (fol. 118). — « Transactio serenissimi regis

Poloniae cum serenissimo rege Daniae », 1657 (fol. 130). — « S.
R. M^tis Sueciae declaratio super literas... D. D. Ordinum generalium Belgii uniti », 1657 (fol. 134). — « Memorialia bina sacrae
regiae Majestatis Sueciae nomine, prius ad eminentissimum N.,
electorem Moguntinum, posterius vero ad Imperii ordinariam
deputationem directa et exhibita a... Matthia Biörenklou », in-4°,
impr. (fol. 140). — « Jus feciale armatae Daniae... Hafniae, 1657 »,
in-4°, *impr.* (fol. 156). — « Copia literarum cujusdam magnae
dignationis Poloni Dn. Przimsky ad fratrem suum Dn. Christophorum Przimsky, castellanum Culmensem, in quibus, amore
patriae suae ductus, explicat quid sentiat de tractatu Polonorum
cum Austriacis », in-4°, *impr.* (fol. 164). — Traité de Roskield
entre la Suède et le Danemark, 1658 (fol. 172). — « Perspicua...
narratio quà, quae post factam Roëskildiae... pacem, in consecu-
tis paullo post Havniensibus tractatibus inter commissarios Dani-
cos et legatos Suedicos, ut et alibi acta sunt, exponitur... Hav-
niae, 1658 », petit in-4°, *impr.* (fol. 180). — « Litterae legatorum
serenissimi electoris Brandenburgici responsivae ad propositionem
nomine S. R. M^tis Sueciae Flensbrgo ad dictos legatos missam.
1658 », in-4°, *impr.* (fol. 214). — « Chur-Brandenburgischer an
die königliche Majestät von Schweden abgelassener Gesand-
schafft Verrichtung woraus zu ersehen wie wunderlich man die-
selbe getractiret und abgewiesen, weil sie vom Friede sprechen
und seine Churfürstl. Durchl. mit Schweden gegen Polen und
dero gealliirte sich in die vorige Kriegeshandel nicht wieder ein-
lassen wollen. Zu Hamburg, im Jahr 1658 », in-4°, *impr.* (fol. 227).
— Traités entre la Hongrie et le Brandebourg contre la Suède,
1658 (fol. 253), entre la France et l'Angleterre, 1659 (fol. 257),
entre la France, l'Angleterre et la Hollande, 1659 (fol. 259), entre
l'Angleterre et la Hollande, 1659 (fol. 266). — Lettre de Charles-
Gustave de Suède à l'Électeur palatin, 1659 (fol. 271). — « Memoriale, in quo exponitur quantoperè sac. reg. Maj. Sueciae pacem
per Germaniam conservare et Polonicum bellum restringere
allaboraverit..., exhibitum... Francofurti ad Moenum... a Matthia
Biörenklou... Anno 1659 », in-4°, *impr.* (fol. 275). — « Memoriale
quod post Caesarii exercitus irruptionem in Pomeraniam... exhibitum... a Matthia Biörenklou », 1659, in-4°, *impr.* (fol. 305). —
« Zwey Abschriffte : I. Von Ihrer Romischen Kayserl. Mayst.
Schreiben de dato 18/28 augusti anno 1659 an Ihre Churfurstl.

Gnaden zu Maynz betreffent die Praeliminar-Tractaten zwischen Schweden und Pohlen, wie auch den Einfall in Pommern. II. Von des königl. Schwedischen legati Herren Matthiae Biörenklous Schreiben an hochstged. Ihr Churfurstl. Gnaden zu Maynz wegen obgedachte praeliminar Handelung ». 1659, in-4°, *impr.* (fol. 314). — « S^{ae} R^{ae} M^{tis} Sueciae ablegati extraordinarii Dn. Petri Julii Coyet, equitis Aurati, etc., libellus memorialis ad illustres ac potentes Dnn. Ordines Hollandiae... In's Graven-Hage, den 7/17 Marty 1660 », in-4°, *impr.* (fol. 330). — « Responsum DD. Ordinum generalium foederati Belgii ad orationem D. Petri Julii Coyet... 1660 », in-4°, *impr.* (fol. 342). — « Trois mémoires présentées par leurs Excellences Messieurs Othe Kragh, et Gosche de Buchwalt, ambassadeurs extraordinaires de Sa Majesté de Dannemarc et de Norvègue. A La Haye, 1660 », in-4°, *impr.* (fol. 346). — « Responce à un certain discours fait sur la proposition que firent leurs Excellences Messieurs les ambassadeurs extraordinaires de Dannemarc... à la Haye, le 10 de janvier 1660. 1660 », in-4°, *impr.* (fol. 350). — Traité d'Oliva entre la Pologne, le Brandebourg, l'Empire et la Suède, 1660 (fol. 387, 420), de Copenhague entre le Danemark et la Suède, 1660 (fol. 435), et de Londres entre le Danemark et l'Angleterre, 1661 (fol. 475). — « Lettre et déduction des seigneurs Estats généraux des Provinces unies des Païs-Bas au roy de la Grande Bretagne touchant quelques différends. 1664 », in-fol., *impr.* (fol. 491). — « Wederlegginge van't gesustineerde van den Coningh van Groot Brittannien, dat d'Heeren Staten generael souden gecontravenieert hebben het tractaet door't assenden van Schepen naer Guinea, ende de last aenden Commandant over de selve gegeven. In's Graven-Hage, inde maent november 1664 », en hollandais et en français, in-4°, *impr.* (fol. 499) : nombreux actes relatifs aux conflits entre les Anglais et la Compagnie hollandaise des Indes Occidentales, en Guinée.

XVIIe siècle. Papier. 558 feuillets. 36o sur 245 millimètres. Rel. veau rac., aux armes de Colbert.

342. Recueil de copies de pièces et mémoires relatifs aux affaires d'Italie. (1499 et 1610-1656.)

Chroniques de Jean d'Auton, première partie (fol. 1-67). — Lettres des empereurs Charles-Quint, 1549 (fol. 68), Ferdinand III, 1642 (fol. 71), relatives au duché de Milan. — « Instruction donnée au s^r [Claude] de Bulion, allant trouver Son Alt. de Savoye, » 1610 (fol. 76). — « Relation succincte du Piedmont, » particulièrement des familles nobles, par [Étienne] Gueffier, agent du roi près du duc de Savoie [1610-1614] (fol. 88 *bis*). — « Instruction au sieur [Guillaume de] Bautru, conseiller du Roy en son Conseil d'Estat, Sa Majesté l'envoyant en Espagne, » 1628 (fol. 89). — Lettres de l'empereur Ferdinand II, 1629 (fol. 91, 98, 206). — « Harengue de Casali [*corrigez :* Carlo I Casati], ambassadeur d'Espaigne aux cinq Cantons catholiques, pour responce à celle de [Charles Brulart de Genlis, dit Brulart] de Léon, ambassadeur extraordinaire en Suisse pour Sa Majesté Très Chrestienne, » 1629 (fol. 93). — Lettres du roi d'Espagne, Philippe IV, 1629 (fol. 95, 205), et du duc de Savoie, Charles-Emmanuel Ier, 1630 (fol. 101). — « Mémoires des guerres de Savoie et de Piémont, depuis le 15 mai jusques au 29 aoust 1630 » (fol. 109). — « Relation fidelle de ce qui s'est passé en Italie, en l'année 1630, entre les armes de France et celles de l'Empereur, d'Espagne et du duc de Savoye, jointes ensemble » (fol. 130). — Mémoire de P. Dupuy sur Pignerol (fol. 153). — « Lettre escritte par Monsieur [Abel] Servien au grand chancelier du Montferrat, le 20 may 1631 » (fol. 161). — « Mémoire de la demande faicte à Monsieur de Savoie par Monsieur [Abel] Servient, le 12 octobre 1631 » (fol. 165). — « Lettera scritta da un Genovese al Sr Don Ottavio Centurione, in Madrid, 15 junio 1637 » (fol. 185). — « Patente di gratia e perdono da S. A. R. [Carlo-Emanuel, duca di Savoia], accordata agl'huomini professanti la pretesa Religione reformata nelle tre valli di Luserna, San Martino e Perosa... In Torino, 1655, » in-4°, *impr.* (fol. 193). — Extrait de la capitulation de Valence sur le Pô, 1656 (fol. 199). — « Prétentions de Madame la duchesse de Lorraine [Nicole] sur Cazal et Albe, » 1637 (fol. 202). — « Compendium pacificationis Italiae inter Majestatem Caesaream et Regem Christianissimum. » Ratisbonne, 1630 (fol. 209). — Reddition de Porto par Charles de Gonzague, duc de Mantoue, à l'armée impériale de Gallas et Aldringhen, 1630 (fol. 211). — Convention de Chierasco entre Gallas, Servien et Toiras, 1631 (fol. 215). — Différend entre Charles III, duc de Mantoue, et les princesses Marie et Anne, ses tantes, pour la succession du duc Charles Ier (fol. 217). — Bref d'Alexandre VII pour François d'Este, duc de Modène, 1656 (fol. 226). — « Discours sur le différent survenu entre le pape Paul V et la république de Venise, l'an 1605 » (fol. 230). — « Censure de la résolution prise par la république de Venise, en son conseil des Pregadi, le 25ᵉ may 1643 » (fol. 241). — « Relation du conclave auquel a esté eleu le pape Urbain VIII » (fol. 253). — « Relation touchant ce qui a esté négotié à Rome par Monsieur le duc de Créquy, [Charles de Blanchefort], pour le faict de la comprotection accordée au cardinal Anthoine » Barberini, 1634 (fol. 268). — « Conclave... felice assontione al pontificato di Gio. Battista cardinale Panfilio, che s'è fatto chiamare Innocentio X. 1644 » (fol. 278). — « Mémoire donné à Son Éminence par l'ambassadeur de Malte » (fol. 314).

XVIIᵉ siècle. Papier. 315 feuillets. 340 sur 235 millimètres. Rel. maroquin rouge, aux armes de Colbert.

343. « Despesches de Messire Philibert Babou de La Bourdaisière, évesque d'Angoulesme, qui fut du depuis cardinal, pendant son ambassade de Rome, depuis l'an 1558 [13 avril] jusques en l'an 1564 » [8 janvier].

Copie exécutée en 1668, sans doute d'après le ms. français 3102, contenant des lettres de Babou, du 13 avril au 18 juillet 1560.

XVIIᵉ siècle. Papier. 839 pages. 350 sur 230 millimètres. Rel. maroquin rouge, au chiffre et aux armes de Colbert, entourées des colliers des Ordres.

344. « Dépesches de l'ambassade de Rome de Messire Charles d'Angennes, évesque du Mans, qui fut depuis apellé le cardinal de Rambouillet, depuis le 19 juillet 1568 jusques au 19 décembre 1570. »

Copie exécutée en 1668.

XVIIᵉ siècle. Papier. 928 pages. 355 sur 235 millimètres. Rel. maroquin rouge, au chiffre et aux armes de Colbert, entourées des colliers des Ordres.

345. « Lettres du roy Henry III et de la reyne Catherine de Médicis, sa mère, à Monsieur d'Abain [Louis Chasteignier], sieur de La Rocheposay, leur ambassadeur à Rome, avec les responses dudit sieur d'Abain, depuis l'an 1576 jusques en l'année 1580. »

Copie intégrale, exécutée en 1668, des manuscrits de la collection Dupuy 350 et 351 : Lettres de Henri III et Catherine de Médicis (19 avril 1576-29 février 1580) et de L. de La Rocheposay (13 mai 1576-27 juin 1580).

XVIIᵉ siècle. Papier. ı238 pages. 345 sur 23o millimètres. Rel. maroquin rouge, au chiffre et aux armes de Colbert, entourées des colliers des Ordres.

346-350. Copies des « despesches concernans l'ambassade de Messire Philippe de Béthune, conseiller du Roy en son Conseil d'Estat, à Rome, en 1601-[1605]. »

I (**346**). 23 août 1601-22 novembre 1602. Lettres de Henri IV, Marie de Médicis, Alof de Wignacourt, grand maître de l'ordre de Saint-Jean de Jérusalem, Nicolas de Neufville, sieur de Villeroy et Philippe de Béthune. — 797 pages.

II (**347**). 2 décembre 1602-13 janvier 1604. Lettres de Philippe de Béthune, Henri IV, et Nicolas de Neufville, sieur de Villeroy. — 787 pages.

III (**348**). 14 janvier 1604-15 janvier 1605. Lettres de Philippe de Béthune, Henri IV, Nicolas de Neufville, sieur de Villeroy, et une d'Émery de Barrault, ambassadeur en Espagne (p. 779). — « Relation des Grisons et de l'estat auquel ils se sont trouvéz depuis l'année 1603 jusques en l'année 1604 inclusivement » (p. 37). — « Mémoire des particularitéz qui ont esté remarquées aux cardinaux de la dernière promotion faicte le neufiesme juin, pour en faire toucher quelque chose dans les lettres que le Roy leur escrira » (p. 397). — « Articles offerts par les prestres séculiers du royaume d'Angleterre au Conseil de la reyne Elisabeth touchant l'exercice de la Religion catholique » (p. 773). — 812 pages.

IV (**349**). 16 janvier-17 juillet 1605. Lettres de Philippe de

Béthune, Henri IV et Nicolas de Neufville, sieur de Villeroy. —
« Lettre au Roy, en forme de relation, donnant avis de la mort
du pape Clément VIII et de ce qui se passa ensuite principalement
dans le conclave pour l'élection de son successeur, par Monsieur
le cardinal de Joyeuse, » 3 mars 1605 (p. 159). — Les volumes
346-349, 1re partie, renferment des copies extraites des manuscrits français 3484-3488.

« Lettres de M. de Béthune à diverses personnes, depuis le
29 octobre 1601 jusques au 20 may 1604, ramassées et mises en
registre par Gueffier, secrétaire de l'ambassade » (p. 239); elles
sont adressées aux cardinaux Bandini, Gesualdo, Belarmino, Vis-
conti, Bonvisi, Paletta, d'Este, de Joyeuse, à Marie de Médicis, Ferdinand Ier de Médicis, grand duc de Toscane et à la grande duchesse,
à Vincent Ier, duc de Mantoue, et à la duchesse Éléonore de Médicis, à Béthune, sieur de Rosny, Nicolas de Neufville, sieur de Villeroy, Alof de Wignacourt, grand maître de l'Ordre de Saint-Jean
de Jérusalem, François Savary de Brèves, Ranuce Ier, duc de
Parme, Horace Montano, archevêque d'Arles, duc et duchesse
Segni ou Sforza, l'évêque de Campaigna, baron de Lin, Charles,
duc de Guise, prince de Stigliano, Innocent Bubalo, évêque de
Camerino, nonce à Paris, Gaspar Sillingardi, évêque de Modène,
M. de Bresse, gouverneur de Bourg, Dalter, premier président du
parlement d'Aix, Henri de Montmorency, connétable de France,
Pompone de Bellièvre, chancelier de France, aux trésoriers de
France à Aix, duc Poli, Madame Palotti, Antoine Grimani, évêque
de Torcello, duchesse de Ceri, premier président du parlement de
Toulouse, Père Lermo, Alphonse Palaeoti, évêque de Bologne,
Jean-François Bordini, vice-légat d'Avignon, Du Vair, un prêtre
anglais, duc de Hertford, marquis Sani, président Blancménil,
prince de Mirande, général des Augustins, Charles II, dit Le Grand,
duc de Lorraine, de Crevant d'Humières, doge et gonfalonier de
la République de Gênes. Une partie de ces lettres sont en italien ;
quelques-unes sont de Catherine Le Bouteillier, femme de Philippe de Béthune. — Cette seconde partie du vol. 349 est la copie
du ms. français 3498. — 554 pages.

V (350). Lettres adressées à Philippe de Béthune par Christofle de Harlay, comte de Beaumont, ambassadeur en Angleterre,
Méry de Vic, ambassadeur en Suisse, Le Fèvre de La Boderie,
résident en Flandres près l'Archiduc, Émery de Barrault, ambas-

sadeur en Espagne, le président Jeannin, Brulart de Sillery, ambassadeur en Suisse, François Savary de Brèves, ambassadeur à Constantinople, et Grolier de Servières, résident à la cour du duc de Savoie (1601-1604). Copie partielle des mss. français 3489 et 3490. — 430 pages.

XVIIe siècle. Papier. 5 volumes. 36o sur 24o millimètres. Rel. maroquin rouge, aux armes de Colbert, entourées des colliers des Ordres.

351-353. Copies des « letres et despesches de Monsieur [François SAVARY] DE BRÈVES, pendant son ambassade de ROME depuis l'année 1608 jusques en 1614. »

I (**351**). Lettres de François Savary de Brèves, 25 juillet 1608-24 décembre 1611. — En tête du volume se trouvent les Instructions de Henri IV. — 892 pages.

II (**352**). Lettres de François Savary de Brèves, 8 janvier 1612-28 décembre 1613. — 697 pages.

Copies des manuscrits français 3534 à 3539.

III (**353**). Lettres adressées à François Savary de Brèves par Henri IV, Louis XIII, Marie de Médicis, Nicolas de Neufville, sieur de Villeroy, Henri de Savoie, Pierre Brulart de Puysieux, Nicolas de Neufville, s^r d'Alincourt, Christiana de Lorraine, grande duchesse de Toscane, Henri II de Bourbon, prince de Condé, 25 juin 1608, 18 février 1614. — 495 pages.

Copies faites en 1668 d'après les manuscrits français 3540-3542.

XVIIe siècle. Papier. 3 volumes. 35o sur 235 millimètres. Rel. maroquin rouge, au chiffre et armes de Colbert, entourées des colliers des Ordres.

354. Lettres *originales* adressées à Philippe DE BÉTHUNE, ambassadeur de France à ROME. (1627-1630.)

Elles sont signées : Charles de « Créquy, » maréchal de France, 1629-1630 [19 lettres] (pièces 1-19), — Charles Brulart de Genlis, dit Brulart « de Léon, » ambassadeur de France en Suisse, 1629-1630 [12 lettres] (pièces 20-30), — Émery de « Barrault, » ambassadeur de France en Espagne, 1629 (pièce 31), — Charles Faye,

sieur « d'Espesses, » ambassadeur de France près des Provinces-
Unies des Pays-Bas, 1627 [2 lettres] (pièces 32-33), — « R[obert]
Myron, » sieur du Tremblay, ambassadeur en Suisse, 1627 [3 let-
tres] (pièces 34-36), — « C. » ou « Cosme de Marini, » Turin, 1627-
1629 [55 lettres en italien] (pièces 37-61, 63-96), — « Portia
Marini, » 1629 (pièces 62, 123), — « G. Cavatia, » qui était, selon
une note mise au dos d'une lettre, « segretaire du sr Marini, »
1628-1629 [22 lettres en italien] (pièces 97-122, 124-126).

XVIIe siècle. Papier. 126 pièces. 345 sur 230 millimètres. Rel. maro·
quin rouge, au chiffre et armes de Colbert, entourées du double collier
des Ordres.

355. « Instruction, despesches et négotiations de Monsieur le duc [Charles] DE CRÉQUY, pair et mareschal de France,
ambassadeur extraordinaire de Louis XIII, très Chrestien
roy de France et de Navarre, vers le pape Urbain VIII, pour
rendre à Sa Saincteté l'obédience filialle sur son assomption
au pontificat ; avec la harangue prononcée à ce suject devant
Sa Saincteté, en la sale roiale du Vatican, le xxv de juin 1633,
par Denys DE SALVAING, seigneur de Boissieu, orateur de Sa
Majesté. »

Correspondance du maréchal de Créquy avec Louis XIII, le cardinal de Richelieu, Claude Bouthillier, secrétaire d'État, Gaspard
Coignet de La Tuilerie, ambassadeur de France à Venise, César
de Choiseul, comte du Plessis-Praslin, ambassadeur de France en
Piémont (1633-1634).

XVIIe siècle. Papier. 127 feuillets. 340 sur 225 millimètres. Rel. maroquin rouge, aux armes de Colbert, entourées du double collier des
Ordres.

356-363. « Registre des dépesches de Monsr GUEFFIER,
pendant l'intérim de l'ambassade de ROME. (1632-1660). »

I (**356**). Années 1632-1639. — « Istruttione a Monsigre Corsini,
arcivescovo di Tarsi..., nuntio ordinario nel reame di Francia, »
1621 (page II). — « Registre des dépesches que j'ay faites durant
l'intérim de l'ambassade de Rome, que le Roy me commist depuis

le partement de Monsieur de Brassac jusques à la venüe de Monsieur de Nouailles, ès années 1632, 1633 et 1634, Gueffier » (p. 1) : Correspondance avec Louis XIII, le cardinal de Richelieu, Claude Bouthillier, secrétaire d'Etat, le nonce « Bichi », Charles Iᵉʳ de Gonzague, duc de Mantoue, Jean de La Barde, commis de Claude Bouthillier, Charles d'Angennes, marquis de Rambouillet, Du Perron, grand aumônier de la reine d'Angleterre, Antoine de Paule, grand maître de Malte, Gaspard Coignet de La Tuilerie, ambassadeur de France à Venise, Claude de Bullion, surintendant des finances, Abel Servien, ambassadeur de France à la Cour de Savoie, le cardinal di Santa-Croce, le général des Mathurins, Alphonse de Richelieu, cardinal de Lyon, Jean de Gallard, comte de Brassac, de Marcheville, ambassadeur de France à Constantinople, César de Choiseul, comte du Plessis-Praslin, ambassadeur de France en Piémont, Louis de Lorraine, duc de Mercœur, cardinal Fr. Barberini, Antoine de Loménie, Charles-Henri de Clermont, comte de Tonnerre, Léon-Albert, duc de Luxembourg, François, comte de Noailles, Melchior Mitte, marquis de Saint-Chamond, Charles de Créquy, maréchal de France, César de Vendôme, le prieur des Roches ; lettre du cardinal de Richelieu (p. 783).

« Sommaire des principales et plus importantes affaires, tant publiques que particulières, qui se sont passées à Rome, èsquelles la France a eu sujet de prendre part, soit pour ses propres intérests ou pour ceux de ses amis et alliéz, depuis le commencement de ce pontificat jusques au moys de may de la présente année 1638, » par Gueffier (p. 785). — « L'ambassade du prince d'Ekenberg [Jean François « Chremaviae »], envoyé à Rome pour l'obédiance du prétendu Empereur, en l'année 1638 » (p. 803). — Bulle d'Urbain VIII : « Cum vices illius… » pour l'empereur Ferdinand, 1638 (p. 819). — « Estat auquel se trouve aujourdhuy le Pontificat avec la pluspart des Princes catholiques de la Chrestienté (1639) », par Gueffier (p. 829). — 840 pages.

II (**357**). Années 1640-1646. — « Mémoire contenant au vray ce qui s'est fait et dit à Rome sur les trois choses qui y font maintenant tant de bruit et en France, ascavoir de ces trois esclaves qui se sauvèrent au couvent de la Trinité du Mont, de la mort de Rouvré, et de n'avoir point fait d'obsèques au deffunt cardinal de La Vallette, » 1640 (fol. 2). — « Instruttione segreta data dal conte d'Olivares al sig^r marchese de Los Veles, destinato amb^re Catolico alla Corte di Roma, » 1641 (fol. 8). — « Sur le procès *de vita et moribus* fait par devant les ordinaires de France » (fol. 12).

« Registre des dépesches que j'ay faictes à la Cour, depuis le partement de Monsieur de Grimonville jusques à la venüe de Monsr de Fontenay, » 23 avril 1645-23 avril 1646, par Gueffier : Correspondance avec Louis XIII, Henri-Auguste de Loménie, comte de Brienne, secrétaire d'État aux Affaires Étrangères, le cardinal Mazarin, Gaston d'Orléans, le prince de Condé, Henri II de Bourbon, « Du Mesnil, estant pour le service du Roy à Genes, » le cardinal Panfili. — 80 et 239 feuillets.

III (358). 3 avril 1646-5 août 1647. — Registre de la correspondance de Gueffier avec Henri-Auguste de Loménie, comte de Brienne, les maréchaux Charles de La Porte, marquis de La Meilleraye, et César de Choiseul, comte du Plessis-Praslin, François Lasnier, ambassadeur de France en Portugal, Michel Le Tellier, secrétaire d'État à la guerre, le cardinal Mazarin. — On remarque (fol. 316), un « Mémoire du recteur françois de la Congrégation de St Louys ». — Feuillets 240-488.

IV (359). 12 août 1647-28 décembre 1648. — Registre de la correspondance de Gueffier avec la reine Anne d'Autriche, Henri-Auguste de Loménie, comte de Brienne, Michel Le Tellier, le cardinal Grimaldi, le prince de Conti, Armand de Bourbon. — A la fin du registre, est annexée la « Distinta relatione dell' horrendo caso seguito nella città di Fermo, con la morte vituperosa data a Monsig^re Viscontini, di patria Milanese, vice governatore ». — Feuillets 489-705, et i-v.

V (360). 4 janvier 1649-26 décembre 1650. — Registre de la correspondance de Gueffier avec Henri-Auguste de Loménie, comte de Brienne. — A la fin du registre, sont annexés le « Tratado de ajustamiento, que se ha hecho entre el s^mo señor duque de Modena y el ex^mo señor marques de Caracena, en nombre de Su Mag^d Catholica, » et l' « Instruzzione... lasciata dal sig^re conte di Ognatte al s^re duca dell' Infantado, suo successore nell' ambasciaria di Roma. » — Feuillets 706-901, et i-xviii.

VI (361). 2 janvier 1651-28 décembre 1654. — Registre de la correspondance de Gueffier avec Henri-Auguste de Loménie, comte de Brienne, Jean de Marsin, ou de Marchin, vice-roi de Catalogne, Michel Le Tellier, Abel Servien, ou de Servient, secrétaire de la reine, Louis Phelypeaux de La Vrillière, secrétaire d'État. — Feuillets 982-1453.

VII (**362**). 4 janvier 1655-11 mars 1658. — Registre de la correspondance de Gueffier avec Henri-Auguste de Loménie, comte de Brienne, Louis XIV, le prince de Conti, Armand de Bourbon, et le cardinal Mazarin. — Feuillets 1454-1786.

VIII (**363**). 18 mars 1658-28 juin 1660. — Registre de la correspondance de Gueffier avec Henri-Auguste de Loménie, comte de Brienne, Louis XIV, Henri-Louis de Loménie, comte de Brienne, secrétaire d'État aux Affaires Étrangères, le marquis de Souza, la reine Anne d'Autriche, Michel Le Tellier et Louis Phelypeaux de La Vrillière. — De plus, on trouve à la fin du registre, les « Instructiones Alexandri papae sexti, datae Georgio Buzardo, nuntio ituro ad Baiazetum, Turcarum imperatorem, anno 1494, una cum responsionibus Baiazet » (fol. 1990), — « Ricordo per ministri di principi che negotiano presso ad altri principi » (fol. 1998), — « Instruttione a prencipi della maniera con laquale si governano li padri Giesuiti, fatta da persona religiosa et totalment spassionata. 1617 » (fol. 2022). — Feuillets 1787-2029.

XVIIe siècle. Papier. 8 volumes. 275 sur 200 millimètres. Rel. maroquin rouge, aux armes de Colbert.

364. Relations, en italien, sur Rome, Venise, le duché d'Urbin et les États de l'Église (xviie siècle.)

« Relatione della corte e governo di Roma, e de riti, ordini e precedenz che in essa si osservano » (fol. 2). — « Relatione della Republica Veneta, fatta alla Maestà del Re Cattolico terzo, re di Spagna, per il suo ambasciatore Don Alonso della Cueva, residente in Venetia, l'anno 1619 » (fol. 47). — « Relatione delli principi d'Italia » (fol. 111). — « Notitia delli feudi che riconoscono la Sede Apostolica nello stato della Romagna, Lombardia et altre parti, data alla Santità di nostro signore papa Urbano 8° » (fol. 135). — « Raccolta di tutte le donationi, concessioni et investiture fatte del ducato di Urbino, incominciando da Pipino, re di Francia, infino a tempi di Pio 4°, data alla Santità di nostro signore papa Urbano 8° » (fol. 142).

XVIIe siècle. Papier. 152 feuillets. 260 sur 195 millimètres. Rel. parchemin.

365. Copie des « lettres de Monsieur [Jean DE MORVILLIERS, et non] Du Mortier, ambassadeur du roy François premier à VENISE, ez années 1546 et 47. » [21 octobre 1546-23 janvier 1548.]

Lettres adressées à Henri II, dauphin, puis roi, amiral Claude d'Annebault, cardinal François de Tournon, Jean Caracciolo, prince de Melfi, Paule de Termes, Renée de France, duchesse de Ferrare, chancelier François Olivier, Blaise de Monluc, Claude d'Urfé, Robert de Croï, évêque de Cambrai, Louis de Bourbon, évêque de Sens, Odet de Selve, André Guillart Du Mortier, Gilbert Bayard, général des finances, Marguerite de France, reine de Navarre, connétable Anne de Montmorency, de Chastillon, Catherine de Médicis, et Louis I de Lorraine, cardinal de Guise. — Copie exécutée en 1668, probablement d'après les manuscrits français 2957 et 2958. Les lettres ne peuvent être de Du Mortier, auquel plusieurs sont adressées; à cette date, il était ambassadeur à Rome (cf. ms. franç. 17986).

XVIIe siècle. Papier. 347 pages. 360 sur 230 millimètres. Rel. maroquin rouge, aux armes de Colbert, entourées des colliers des Ordres.

366-368. Copie de la Correspondance d'Arnaud DU FERRIER, ambassadeur de France à VENISE (1573-1582), et de quelques dépêches de son successeur André HURAULT DE MAISSE (1583-1585).

I (**366**). 6 janvier 1573-25 juin 1575. — Lettres d'Arnaud Du Ferrier, Charles IX, Catherine de Médicis, Henri III, d'abord duc d'Anjou et roi de Pologne, François, duc d'Alençon, Du Faur de Pibrac. — 791 pages.

II (**367**). 25 juin 1575-28 janvier 1580. — Lettres d'Arnaud Du Ferrier, Henri III, Catherine de Médicis, François, duc d'Alençon, puis duc d'Anjou. — 797 pages.

III (**368**). 26 janvier 1580-22 octobre 1582. — Lettres d'Arnaud Du Ferrier, Henri III, Catherine de Médicis; « Copie de l'inscription mise au bout de la grande montée du Palais St Marc sur le passage du roy Henry, troisiesme de ce nom, à Venise, retournant de Pologne » (p. 547). — 547 pages.

A la suite, se trouve une copie, exécutée en 1669, des lettres
et dépêches d'André Hurault de Maisse, pendant son ambassade
à Venise, 31 juillet 1584-12 février 1585 et 4 août 1583. — 156
pages.

XVIIe siècle. Papier. 3 volumes. 355 sur 235 millimètres. Rel. maroquin rouge, aux armes de Colbert, entourées des colliers des Ordres.

369. « Registre des instructions, pouvoirs et dépesches
baillées à Monsieur [André Hurault] de Maisse par le deffunt
roy Henry troisiesme, le renvoyant pour la seconde fois
ambassadeur ordinaire vers la Seigneurye de Venize, lequel
se partit de la Cour, qui estoit à Tours, au mois d'avril 1589 »
(13 mars 1589-11 avril 1594).

En tête du volume, se trouve le chiffre de la correspondance
entre l'ambassadeur et la Cour. — Lettres de Henri III, André
Hurault de Maisse, Horatio Russelay ou Rucellaï, Henri IV, François de Luxembourg, envoyé près du pape Sixte-Quint, « des
princes, ducs, pairs, chancelier, mareschaux de France et autres
officiers de la Couronne et seigneurs du Conseil catholiques estans
auprès du Roy », Isaïe Brochard de La Clyelle, Charles de Lorraine, duc du Mayne ou de Mayenne, « Messieurs de Genefve »,
cardinal Charles de Bourbon, Savary de Brèves. — En outre, on
trouve dans le registre : « Interpretatio litterarum potentissimi
et invittissimi monarche Sultan Murad Hami ad serenissimum
Henricum caesarem regni Galliae et regem Navarrae » (fol. 126,
261 v°). — « Credenza di Maestro fra Alessandro Franceschi, data
in scritto d'ordine del Papa al R^{mo} cardinale Gondi, in Fiorenza,
alli 14 d'ottobre 1592 » (fol. 272).

XVIe siècle. Papier. 389 feuillets. 295 sur 200 millimètres. Rel. maroquin rouge, aux armes de Colbert.

370. « Minuttes des depesches faictes par Monseigneur
[Antoine] Séguier, conseiller du Roy en son Conseil d'Estat,
président au Parlement de Paris et ambassadeur pour sa
Majesté, résidant près la Sérénissime Seigneurie de Venize,
la première depesche estant du xxme novembre 1598. » *Signé* :

« Gaultier, Dumany ». (20 novembre 1598-31 décembre 1599.)

Les principaux destinataires de ces lettres, datées de Venise,
Rome et Paris, sont : Henri IV, Nicolas Brulart de Sillery, Fré-
goze, gentilhomme ordinaire de la Chambre, Du Haillan, Philibert de La Guiche, lieutenant général des pays de Lyonnais, Forez
et Beaujolais, Honoré Mauroy de La Verrière, le cardinal d'Ossat,
Raymond Phélypeaux l'aîné et Phélypeaux le jeune, Pompone de
Bellièvre, Savary de Brèves, Scarron, trésorier de France à Lyon,
Verthamont, Méry de Vic, etc. — En outre, quelques pièces émanant de l'inquisiteur du Milanais (fol. 30), de « M. de Jainville »
(fol. 32), etc.

XVI⁰ siècle. Papier. 294 feuillets. 330 sur 225 millimètres. Rel. parchemin.

371. Lettres *originales* adressées à Philippe DE BÉTHUNE,
ambassadeur de France à ROME. (1627-1630.)

Elles sont signées : Étienne III d'Aligre, ou « Daligre », ambassadeur de France à Venise, 1627 (pièces 1-10), « C. Delalane »,
chargé d'affaires de France à Venise, 1627 (pièces 11-27), Claude
de Mesmes, comte d'« Avaulx », ambassadeur de France à Venise,
1628-1630 (pièces 29-208).

XVII⁰ siècle. Papier. 208 pièces. 335 sur 200 millimètres. Rel. maroquin rouge, aux armes de Colbert, entourées des colliers des Ordres.

372-374. Correspondance de Philippe DE BÉTHUNE, ambassadeur de France en ITALIE. (1615-1620.)

I (**372**). « Despeches de Philippe de Béthune, conseiller du
Roy en son Conseil d'Estat, ambassadeur extraordinaire envoyé
par le roy Louis XIII en Italie pour moyenner la paix entre le
roy d'Espagne et le duc de Savoye et pour terminer les différens
d'entre les ducs de Savoye et de Mantoüe », 29 avril 1616-
26 décembre 1617.

Copie, exécutée en 1668, du manuscrit actuellement coté français 3663; elle contient, en outre, les instructions données par
Louis XIII à son ambassadeur, cf. ms. franç. 3657, fol. 1.
— 467 pages.

II (**373**). « Letres du roy Louis XIII et de Messieurs de Villeroy et de Puysieux, secretaires d'Estat, à Messire Philippe de Béthune, ambassadeur de Sa Majesté en Italie, en l'année 1616 et suivantes, ensemble des letres de Don Pedro de Tolède, gouverneur de Milan, au mesme Mr de Béthune, et quelques autres pièces concernant les affaires pour lesquelles ledict sieur de Béthune avoit esté envoyé en Italie », 4 janvier 1616-30 décembre 1617.

Copie, exécutée en 1668, des manuscrits français 3657, 3658 et 3659 : Lettres de Louis XIII, Nicolas de Neufville de Villeroi, archiduc Ferdinand, Charles-Emmanuel Ier, duc de Savoie, Pierre Brulart, vicomte de Puysieux, Pietro ou Pedro de Toledo, Giulio Roy, Marie de Médicis, maréchal de Lesdiguières, Claude Mangot de Villarceau, Armand Du Plessis de Richelieu, évêque de Luçon, César de Vendôme, Charles de Gonzague, duc de Nevers, cardinal Alexandre Ludovisi, Ferdinando, duca di Mantova, Claudio de Marini, Henri de Baufremont, marquis de Senecey. — 622 pages.

III (**374**). *Suite* : Lettres adressées à Philippe de Béthune par Pierre Brulart, vicomte de Puysieux, Charles-Emmanuel Ier, duc de Savoie, Louis XIII, Denys-Simon de Marquemont, archevêque de Lyon, Robert Myron, Henri de Baufremont, marquis de Senecey, Charles Brulart, prieur de Léon, Gueffier, Pedro de Toledo, Claudio Marini, de Faucon, il marchese de Monte Negro, Ferdinand, duc de Mantoue, Louis Brulart de Broussin, Fermino Lopez, Trajano Guiscardi, Alexandre, cardinal d'Este, Frezia, le duc de Monteleon, etc., 1615-1620.

Copie, exécutée en 1668, des manuscrits français 3660, 3661 et 3662. — 411 pages.

XVIIe siècle. Papier. 3 volumes. 355 sur 235 millimètres. Rel. maroquin rouge, au chiffre de Colbert et à ses armes, entourées des colliers des Ordres.

375-383. « Topographia... [Germaniae, auctore Martino Zeillero], in lucem edita et impressa sumptibus Mathaei Meriani. Francofurti ad Maenum, anno 1643. »

Ces manuscrits ont passé dans le fonds latin :
375. « Topographia Sueviae. » Actuellement ms. latin 4814.

376. « Topographia Palatinatûs Rheni. » Actuellement ms. latin 4815.

377. « Topographia Hassiae, Westphaliae. » Actuellement ms. latin 4816.

378. « Topographia Superioris Saxoniae. » Actuellement ms. latin 4817.

379. « Topographia Saxoniae Inferioris. » Actuellement ms. latin 4817'.

380. « Topographia ducatuum Brunsvicensis et Lunaburgensis. » Actuellement ms. latin 4818.

381. « Topographia electoratus Brandenburgici et ducatus Pomeraniae. » Actuellement ms. latin 4819.

382-383. « Topographia Circuli Burgundici. » Actuellement mss. latins 4820-4820'.

384. Mémoires sur l'ALLEMAGNE, ses différents États, et les pays voisins.

« De l'estendue et grandeur de l'empire d'Alemagne » (fol. 1). — « de la Bulle d'or, » 1356 (fol. 4). — Élection du roi des Romains, capitulation impériale, conseils d'État, diètes, cercles, évêchés, religions, édits de pacification, alliances, concordat, universités, etc. (fol. 10). — Maisons, royaumes, duchés, etc. d'Autriche (fol. 52), Bohême (fol. 79), Silésie (fol. 81), Bavière (fol. 84, 201), Saxe (fol. 89), Brandebourg (fol. 95), Brunswick (fol. 99), Hesse (fol. 100), Lauenbourg (fol. 103), Clèves, Juliers et Berg (fol. 105), Poméranie (fol. 109), Meklembourg (fol. 112), Wurtemberg (fol. 113), Montbéliard (fol. 115), Bade (fol. 117), Arenberg (fol. 118), Salm (fol. 119). — Comtes et barons d'Allemagne (fol. 120). — Villes impériales (fol. 124). — Villes Hanséatiques (fol. 129).

Républiques des Suisses (fol. 134) et des Provinces-Unies des Pays-Bas (fol. 145). — Duchés de Lorraine (fol. 154) et Savoie (fol. 160). — Royaumes de Danemark (fol. 164), Suède (fol. 172, 223), Pologne (fol. 188, 232). — Duchés de Prusse (fol. 190) et Livonie (fol. 193). — Grand duché de Moscovie (fol. 194).

Langues en usage en Allemagne (fol. 199). — Palatinat (fol. 202). — Maison de Nassau (fol. 211). — Grands ducs de Toscane (fol. 229). — Ducs de Mantoue (fol. 230).

XVIIᵉ siècle. Papier. 241 feuillets. 350 sur 230 millimètres. Rel. veau gr.

385. « Divers mémoires d'Estat concernantz les affaires d'Allemaigne, depuis François premier, 1518, jusques 1638. »

Copies de pièces relatives à la candidature de François Ier à l'Empire, 1519 : Instructions de François Ier à Richard de La Pole, duc de Suffolk, envoyé en Bohême (fol. 1); lettres de Louis V le Pacifique, comte palatin du Rhin (fol. 6) et de Richard de Greifenklau, archevêque de Trèves, à François Ier (fol. 8, 12, v°); confédération entre François Ier et Jean, duc de Clèves et Juliers (fol. 9 v°); lettres des magistrats d'Augsbourg à François Ier, 1528 (fol. 14 v°, 17). — Traité entre François Ier et Charles, duc de Gueldre et de Juliers, 1534 (fol. 19 v°), suivi d'une lettre de Charles, duc de Gueldre (fol. 23).

Discours du prince Janus Radziwill au roi de Pologne pendant la tenue des États de 1613 (fol. 31). — Traité d'alliance entre l'empereur Mathias Ier et Sigismond III, roi de Pologne, 1615 (fol. 37). — « Protestation des partisans du Boscaye » aux États de Moravie et de Silésie, 1605 (fol. 57).

« Constitutiones regni Hungariae in causa eligendi regem ; gravamina regnicolarum » (fol. 69). — Propositio anno Domini 1608, die 24 octobris, Pasonii, in comitiis generalibus promulgata » (fol. 85). — « Litterae S. M. Caesareae [Rodolphi II] ad status et ordines regni Hungariae, » 1608 (fol. 89).

« Instruction donnée au sieur de Sabran, envoyé par S. M. [Louis XIII] vers l'Empereur, touchant les affaires de Mantoue et Montferrat, » 1629 (fol. 98). — « Pouvoir donné par le Roy à Mgr le cardinal de Richelieu pour la conduite de ses armées, » 1629 (fol. 109). — « Traité de Cazal, » 1630 (fol. 115).

« Manifeste ou déclaration sommaire des raisons principales pour lesquelles les Estatz du royaume de Bohême ont esté contraincts de procéder à nouvelle élection, » 1619 (fol. 121). — « Advis d'Allemagne, Bohême et Hongrie, » 1619 (fol. 150), 1620 (fol. 161), 1626 (fol. 172). — « Réception et acceptation de Son Altesse palatine [Frédéric V, palatin du Rhin,] pour roy de Bohême, » 1619 (fol. 156). — « Les droicts de l'élection de Bohême » (fol. 184). — « Les conventions de la succession perpétuelle ès royaumes de Hongrie et de Bohême, » 1617 (fol. 228). — Lettre de Gabriel, roi de Hongrie, au roi de Bohême, 1620 (fol. 247).

« Manifeste ou déclaration des causes principalles qui ont meu le roy de Suède [Gustave II Adolphe] à prendre les armes et entrer en l'Allemagne » (fol. 250). — « Copie de la lettre escrite à l'Empereur par le duc de Poméranie, Bogislaruu, touchant l'invasion de sa ville capitalle de Stetin... par le roy de Suède, » 1630 (fol. 267). — « Histoire du progrèz des armes du roy de Suède en Allemagne » (fol. 272). — « La prise de la ville de Rostoc par les ducs de Meklebourg » (fol. 304). — « Relation du voyage de Monsieur de Feuquière en Allemagne, 1633 » (p. 317); « cette relation se trouve imprimée dans le Ier volume des Mémoires pour l'histoire du cardinal de Richelieu, recueillis par le s^r Aubery, p. 381-417. »

XVIIe siècle. Papier. 414 feuillets. 360 sur 220 millimètres. Rel. veau rac., aux armes de Colbert.

386. « Mémoires concernant l'ALEMAGNE, depuis 1529 jusqu'en 1664. »

« De la translation de l'Empire d'Occident ès mains de Charlemagne »; au dos, on lit le nom de « M. de Remefort » (fol. 9). — « Différentes manières dont les empereurs ont esté élevés à l'Empire » (fol. 17). — Reconnaissance, en forme authentique, sur parchemin, des diverses sommes dues par Charles-Quint à Henri VIII d'Angleterre depuis 1517. Calais, 1529 (fol. 48). — Plainte contre l'évêque de Cologne, Hermann von Wied, accusé de favoriser l'hérésie, 1545 (fol. 49). — « Coppie de la résolution de S. M. Impériale sur les doléances et plaintes des seigneurs princes et estats de Silésie. Prague, du 18e juin 1608 » (fol. 57). — « Supplément de raisons à l'advis cy devant publié sur le discours du prétendu droict de la maison de Saxe en la succession des duchés de Juilliers, Clèves, Berg, etc. 1610, » in-4°, *impr.* (fol. 61). — « Discours où il est traicté s'il seroit à propos que le Roy taschast de se faire eslire empereur ou roy des Romains, ou d'en faire eslire un aultre qui ne fust de la maison d'Austriche, » 1621 (fol. 65). — « Discours sur l'estat et princes d'Allemaigne, 1618 (fol. 205). — Discours pour monstrer qu'il est à propos de laisser l'Empire en la maison d'Austriche, » 1618 (fol. 225). — « Bohemiae regnum electivum » (fol. 268). — « Lettre de menace des quatre Électeurs assemblés à Mulhausen, du 20 mars 1620 » (fol. 282). — Mise au ban de l'Empire de Frédéric, comte palatin du Rhin, par

l'empereur Ferdinand II, 1621 (fol. 288). — « Mémoire de la charge
que Messeigneurs les princes unis, assemblés à Heilbrön, ont donné
au sʳ de Borstel, en vertu de leurs instructions et lettres de
créance, » 1621 (fol. 298). — Lettres des ambassadeurs de France
Philippe de Béthune et de Préaux, 1621 (fol. 306), du chancelier du
duc de Brunswick, « Johan Eberhardt, » 1626, *orig.* (fol. 326). —
Lettres et manifestes, de 1627 à 1631, de l'empereur Ferdinand II
(fol. 336, 342, 376, 446), l'archiduc Léopold (fol. 340), Gustave-
Adolphe, roi de Suède (fol. 362, 377 v°, 384, 390), Philippe-Christophe
von Soetern, archevêque de Trèves (fol. 388), Assemblée de Francfort, 1634 (fol. 392). — Lettres de « Stanislaus Akomecpolius, » général en chef de l'armée polonaise, 1635 (fol. 400), Wladislas IV,
roi de Pologne (fol. 402, 404), Jean de Lipre Lipski, archevêque de
Gneisen (fol. 412), Mesmes d'Avaux, ambassadeur de France
(fol. 416), Christine de Suède (fol. 438). — « Mémoires pour la
conférence de Cologne, » par Dupuy (fol. 458). — « Desseins des
Espagnols sur la mer Balthique » (fol. 474). — « Journal des
choses qui se sont passées à Ratisbonne, depuis le 8ᵉ juin 1662, que
la Diette y a esté convoquée, jusqu'au 20ᵉ janvier 1663, que l'ouverture s'en est faite, et du depuis jusqu'au mois d'avril de la
mesme année » (fol. 501). — Quittances de Ferdinand-Charles
et Sigismond-François, archiducs d'Innsprück ou d'Inspruck, du
payement par eux reçus pour la cession de l'Alsace à la France,
1662 (fol. 608).

XVIIᵉ siècle. Papier. 616 feuillets. 370 sur 230 millimètres. Rel. maroquin rouge, aux armes de Colbert.

387-388. « Registres des despeches de Messire Charles DE
MARILLAC, maistre des requestes ordinaire de l'hostel du Roy
et du depuis évesque de Vennes et archevesque de Vienne,
ambassadeur pour Sa Majesté en ALLEMAGNE, en l'an 1548, et
en l'an 1549, escrites au roy Henry II et à Monsieur le connestable de Montmorency, » avec les réponses du roi et du
connétable.

387. 18 septembre 1548-11 mai 1549 : « Second Registre com-
mancé à Bruxelles. » — 335 feuillets.

388. 15 mai-20 novembre 1549. — 444 feuillets.

Copies exécutées en 1668, d'après les manuscrits cotés actuellement français 3098 et 3099.

XVIIe siècle. Papier. 2 volumes. 350 sur 235 millimètres. Rel. maroquin rouge, au chiffre et aux armes de Colbert, entourées des colliers des Ordres.

389. I. « Registre des instructions et letres receuës et escrites par Monsieur [Charles] DE MARILLAC, évesque de Vennes, envoyé vers les princes d'ALEMAGNE avec Monsieur le cardinal de Lenoncourt et Monsieur [François de Scepeaux] de Vieilleville, lieutenant du Roy à Mets, qui fut depuis mareschal de France, depuis le 13 juin jusques au 20e septembre de l'an 1553. »

II. « Registre des despeches de l'ambassade extraordinaire de Monsieur [Imbert de la Platière, sieur] DE BORDILLON, chevalier de l'Ordre et depuis mareschal de France, et de Monsieur [Charles] DE MARILLAC, archevesque de Vienne, vers les princes d'Alemagne, sous le règne du roy Henry second » (8 janvier-27 mai 1559).

Lettres de Henri II, connétable Anne de Montmorency, Guolradt, comte de Mansfeld, Charles de Marillac, Nicolas de Larbre, François de Vieilleville, Imbert de Bordillon, Antoine Senneton, président de Metz, empereur Ferdinand Ier, François de Lorraine, duc de Guise, des capitaines et colonels allemands, et des Électeurs.

Copie, exécutée en 1669, d'après les manuscrits cotés actuellement français 3100 et 3101.

XVIIe siècle. Papier. 388 et 339 pages. 350 sur 240 millimètres. Rel. maroquin rouge, au chiffre et aux armes de Colbert, entourées des colliers des Ordres.

390-396. Correspondance *originale* de Bernardin BOCHETEL, évêque de Rennes et abbé de Saint-Laurent, ambassadeur de France en SUISSE et en ALLEMAGNE (1554-1566).

I (**390**). Lettres signées de « Caterine » de Médicis, 1556-1564

[65 lettres] (pages 1, 15, 19, etc.), — François II, 1560 (p. 3), — « Charles » IX, 1562-1565 [14 lettres] (p. 7, 147, 219, etc.), — Ivan Basilidès, czar de Russie, 1564, « anno 7060 » (p. 11), — « E[mmanuel-]Philibert, » duc de Savoie, 1563 (p. 193). — 361 pages.

II (**391**). Lettres signées de Hercule II d'Este, « il duca di Ferrara, » 1557 (page 1), — « C[harles], cardinal de Lorraine, » 1554-1563 [22 lettres] (p. 13, 19, 101, etc.), — « Francoys » de Lorraine ou « le duc de Guize, » 1555-1560 [13 lettres] (p. 17, 25, 23, etc.), — Charles de Cossé, comte de « Brissac, » 1556 (p. 21), — Paul IV, 1556 (p. 29), — « F[rançois], cardinal de Tournon, » 1557 (p. 49), — François de Noailles, évêque de Dax, ambassadeur à Venise, 1558 (p. 81), — « Françoys » II, 1560 (p. 89, 93), — « Albertus, dux Bavariae, » 1560 (p. 107), — « Ferdinand, » empereur, 1560 (p. 113, 143), — « Burgermaister und Rath der Statt Schaffhusen, » 1560 (p. 119), et « Zürich », 1560 (p. 133), — « il vescovo Dolfino, » 1560 (p. 153), — Pie IV, 1560 (p. 171), — « Charles » IX, 1561-1562 (p. 187, 188, 203), — « B[ernardin] Bochetel, évesque de Rennes, » 1562 (p. 193, 209). — 267 pages.

III (**392**). Lettres signées de « C[harles], cardinal de Lorraine, » 1563-1564 [13 lettres] (pages 1, 9, 27, etc.), — « Maximilianus » II, empereur, 1563 (p. 11), — « Phi[libert II Babou], cardinal de La Bourdaisière, » 1563 (p. 153), — « Bourdin, » secrétaire d'État et des finances, 1563 (p. 231), — François de « Vielleville » et « S[ébastien] de L'Aubespine, é[vesque] de Lymoges, » ambassadeurs en Suisse, 1564 (p. 241), — et nombreuses minutes de lettres de Bochetel.

« Quae Sacrae Caesareae Majestati... Joannes Franciscus Canobius, S^mi D. N. camerarius, S^tis Sue jussu ac nomine exposuit » (p. 247). — « Remonstrances baillées par M. le président Du Ferrier à N. St Père le Pape » (p. 259). — « Escript envoyé au Pape par l'Empereur touchant les deux espèces et le mariage des presbtres » (p. 275). — Négociations de don Antonio de Tolledo, grand écuyer de l'Empereur (p. 299). — « Ce qui a esté baillé par Monseigneur l'ambassadeur de France à Messeigneurs du Concille » (p. 309). — Passeport de l'empereur Ferdinand pour Bernardin Bochetel (p. 321). — 321 pages.

IV (**393**). Lettres signées de Diègue « de Mandosse » (p. 1), — « D[ominique Du Gabre], é[vêque] de Lodève, » 1554-1557 (p. 7,

29, 49), — Charles de Cossé, comte de « Brissac, » 1555-1558 [5 lettres] (p. 9, 275, 277), — « F[rançois], cardinal de Tournon, » 1556-1558 [5 lettres] (p. 11, 23, 60, etc.), — « J[ean], cardinal du Bellay, » 1554 (p. 13, 15), — « Jehanne de Bretaygne, » 1556 (p. 17), — « Hip[polyte II d'Este], cardinal de Ferrare, » 1556 (p. 19), — « L[ouis], cardinal de Guyse, » 1555 (p. 25), — « C[harles], cardinal de Lorraine, » 1556 (p. 31), — « Caterine » de Médicis, 1555 (p. 33), — « le cardinal d'Armaignac, » Georges, 1555 (p. 35, 37), — « Esaias Greber von Roschach, » 1556 (p. 47), — Jacques de Gonzolles ou « Dourzolles, » commissaire des vivres, attaché aux régiments Suisses, 1556 (p. 43, 51), — « Francesco Nasi, » maître d'hôtel ordinaire du roi, 1557 (p. 55), — « A. del Bene, » 1557 (p. 47, 279, 307), — « Odet de Selve, » ambassadeur à Rome, 1557 [6 lettres] (p. 52, 111, 159, etc.), — Hercule II d'Este, « el duca di Ferrara, » 1558-1559 [12 lettres] (p. 56, 62, 79, etc.), — « Guglielmo Gratarolo, medico, » 1557 (p. 67), — Claude « de L'Aubespine, » 1557-1559 [16 lettres] (p. 71, 91, etc.), — Ottaviano Rovere, « il vescovo di Terr[acin]a, nuntio apostolico, » 1557 [13 lettres] (p. 75, 83, etc.), — « J[ean] de Morvillier, é[vêque] d'Orléans, » 1557-1558 [9 lettres] (p. 95, 123, etc.), — « S[ébastien] de L'Aubespine, é[vêque] de Vennes, » 1557 (p. 153), — « Biernay »? Lyon, 1558 (p. 169, 199), — Guillaume « Bochetel, » frère de Bernardin, 1558 (p. 183), — Jean « Duthier, » sieur de Beauregard, secrétaire d'État, 1558 (p. 187), — « Le Marchays, » 1558 (p. 225), — Rodomonte « de Masaray, » 1558 (p. 237), — « Hiero[sme] de La Rovere, » plus tard cardinal, 1557-1558 [4 lettres] (p. 245, 319, 323), — « Antoine du Saix, » abbé de Chisery, 1557 (p. 263), — « Peterman de Clery, » colonel des Suisses, 1557-1558 (p. 297, 355), — Balthasard « de Wiraies » ou Virails, chargé de mission en Allemagne, 1557 (p. 303), — « A[ntoine] de Clermont, » lieutenant général du roi en Savoie, 1557 (p. 315), — « F[rançois] de Noailles, é[vêque] d'Acqs » [Dax], 1559 (p. 331, 335), — « G[illes] de Noailles, » ambassadeur en Angleterre, 1559 (p. 362), — Jean de Monchy, sieur de « Sénarpont, » 1559 (p. 370). — 370 pages.

La plus grande partie de cette correspondance a été dépouillée dans l'*Inventaire sommaire des documents relatifs à l'histoire de Suisse*, par Édouard Rott, t. I, p. 62.

V (**394**). Lettres adressées à Bernardin Bochetel, ambassadeur

près de l'Empereur, etc., et signées de Claude « de L'Aubespine, »
1560-1563 [10 lettres] (fol. 1, 4, 23, etc.), — « Margarita, »
duchesse de Parme, régente des Pays-Bas, 1560 (fol. 3), — « Jehan
de Bretaygne, » 1560 (fol. 6), — « le chevalier de Seure, » Michel,
1560 (fol. 7), — « B[ernardin] Bochetel, » ambassadeur près de
l'Empereur, 1560 [3 lettres] (fol. 9, 10, 16), — « Thomaso Frey-
hauer, » 1560 (fol. 11), — le pape Paul IV, 1560 (fol. 12), —
« J. Gaubrecht, » 1560 (fol. 14), — « J[ean] de Morvillier, é[vêque]
d'Orléans, » 1560-1562 [9 lettres] (fol. 18, 20, 21, etc.), — « Henricus Scrunger, » 1560 (fol. 24), — « Stanislaus, comes de Roz-
dazen, » 1560 (fol. 25), — « F[rançois de Noailles], é[vêque]
d'Acqs, » 1561 [5 lettres] (fol. 27, 33, 93, etc.), — Philibert II
« Babou, é[vêque] d'Angoulême, » 1561 (fol. 29, 35), ou
« Ph[ilibert II Babou], cardinal de La Bourdaisière, » 1561
[7 lettres] (fol. 39, 57, 97, etc.), — Hercule II d'Este, « il duca di
Ferrara, » 1561 [3 lettres] (fol. 61, 143, 187), — maréchal de
« Vielleville, » 1561-1562 (fol. 65, 197, 235), — « J. d'Angennes, »
1561-1562 [4 lettres] (fol. 71, 75, 79, etc.), — « M. Peyer, » 1561
(fol. 87), — André « Guillart, » sieur de Lisle, ambassadeur à
Rome, 1561-1563 [10 lettres] (fol. 91, 101, 119, etc.), — « Camillo
Sesso, » 1561-1562 (fol. 109, 225), — « Jul. Rangoni, » 1561-1562
[5 lettres] (fol. 115, 201, 211), — « J[ean] Hurault » de Boistaillé,
ambassadeur à Venise, 1561-1563 [5 lettres] (fol. 131, 135, 251,
etc.), — Louis de Saint-Gelais, sieur de « Lanssac, » 1561-1563
(fol. 155, 269, 291), — « Georgius Sigismundus Seldius, vice-
caucellarius Caes. » 1561 (fol. 191), — « Jehan Stemmoman, de
Malmedy, » 1561 (fol. 193), — « Franciscus de Bathyan, » 1562
(fol. 223), — « Hiero[sme] de La Rovere, [évêque] de Tolon, »
plus tard cardinal, 1562 (fol. 241), — « Jacopo Strada, » 1562
(fol. 245), — « Du Ferrier, » 1562 (fol. 253, 261), — « Joannes
Hofman, ... Francofordiae, » 1562 (fol. 257), — « Nicola U[r-
si]no, conte di Pitigliano, » 1563 (fol. 283). — 292 feuillets.

VI (**395**). Lettres adressées à Bernardin Bochetel, ambassadeur
près de l'Empereur, et signées de « Scipione Cibo, » 1563 (page 1),
— Claude « de L'Aubespine, » 1562-1563 [7 lettres] (p. 5, 99, 103,
etc.), — « Phi[libert II Babou], cardinal de La Bourd[aisière], »
1563-1564 [16 lettres] (p. 7, 9, 13, 37, etc.), — « Ant[onius Brus],
archiepiscopus Pragensis, » 1563 (p. 17, 47, 73), — « Renato da
Birago, » Vienne, 1563 (p. 21, 177), — A. « Du Ferrier, » 1563-

1564 [7 lettres] (p. 27, 33, 137, etc.), — « Rangoni, » 1563 (p. 31),
— « J[ean] de Morvillier, é[vêque] d'Orléans », 1563-1564 [17 let-
tres] (p. 41, 55, 67, etc.), — Jacques de Montberon, sieur d' « Au-
sances, » 1563 (p. 51), — Hercule II d'Este, « il duca di Ferrara, »
1563-1564 [3 lettres] (p. 59, 153, 223), — « Scipione Fiesco, »
1563 (p. 63), — « Bourdin, » 1563 (p. 93), — Louis de Saint-
Gelais, sieur de « Lanssac, » 1563-1564 [4 lettres] (p. 107, 119,
165, etc.), — « J[ean] Hurault » de Boistaillé, 1563-1564 [6 lettres]
(p. 133, 149, 169, etc.), — Henri Clutin, sieur de « Villeparisis, »
1564 (p. 191, 213, 341), — Alphonse II de Carretto, « il principe
et marchese del Finale, » 1564 (p. 219, 241), — « Delacroyx, » 1564
(p. 233), — « Hippolito Zarcho, » 1564 (p. 249), — « de Morette, »
1564 (p. 257), — « Gian Francescho Anguissola, » ambassadeur
d'Espagne aux Ligues Suisses, Vienne, 1564 (p. 261), — Jean
Evrard de « Saint-Suplice, » ambassadeur à Madrid, 1564 (p. 273),
— de « Sault, » gouverneur de Lyon, 1564 (p. 281), — « Camillo
della Croce, » 1565 (p. 289), — « Hiero[sme] de La Rovere, » 1567
(p. 301), — « Le Charron, » résident à Bruxelles (p. 305), — « F.
de la Rivière » (p. 317).

En outre, une pièce de vers de « Pasquino sopra il Vargas stato
ambasciator a Roma » (p. 323), — un rapport de l'ambassadeur à
Venise, [François de Noailles], sur la querelle de préséance que lui
suscite l'ambassadeur d'Espagne et sur ses représentations à la
seigneurie de Venise à cette occasion, 23 avril 1558 (p. 345). —
368 pages.

VIII (396). Lettres adressées à Bernardin Bochetel, ambassadeur près de l'Empereur, et signées de « Phi[libert II Babou], cardinal de la Bourdaisière, » [44 lettres] (p. 1-146, 149), — « J[ean],
cardinal Du Bellay, » 17 décembre (p. 147), — « J[ean] de Morvillier, é[vêque] d'Orléans, » 1558-1564 [6 lettres] (p. 151-174), —
Claude « de L'Aubespine, » 1557-1558 (p. 175, 245), — André
« Guillart, » ambassadeur à Rome, 30 août (p. 179), — « Bourdin, » 1557-1561 [23 lettres] (p. 183-244, 249-269). — 269 pages.

XVIᵉ siècle. Papier. 7 volumes. 315 sur 210 millimètres. Rel. veau
granité.

397-398. Recueil de lettres *originales* sur les affaires
d'ALLEMAGNE, adressées aux rois Charles IX, Henri III et à la

reine Catherine de Médicis par Jean DE VULCOB, Scipione
FIESCO, Guillaume ANCEL, résidents près de l'Empereur, par
l'empereur MAXIMILIEN II, l'impératrice MARIE, les Électeurs,
etc. (1569-1587). — Ambassade de Charles BRULART DE LÉON
en Allemagne. (1631.)

I (**397**). Lettres datées des années 1569-1574, et qui ont pour
signataires :

« Scipione Fiesco » ou Scipion, comte de Fiesque, résident pour
le Roi près de l'Empereur, 1569-1571 [19 lettres] (pages 1, 7, 23,
etc.), — [Aurelius] Vergerius, conseiller du duc de Wurtemberg,
1573 (p. 3, 853), — le docteur « Sylvanus » [Forster?], 1569
(p. 13), — « Pierre Legras, » 1569 (p. 15, 19), — « Christoff,
marggrave zu Baden, » 1570 (p. 53), — « B[aptiste] Praillon, »
(p. 57, 61), et Jean « de Vulcob », résident près du duc Jean Guillaume de Saxe-Weimar, puis près de l'Empereur, 1570-1574 [82
lettres] (p. 57, 61, 67, etc.), — « Augustus, dux Saxoniae, elector, »
1570-1572 [8 lettres] (p. 71, 75, 155, etc.), — Pierre « de Grantrye, »
ambassadeur ordinaire aux Ligues grises, 1570-1571 [4 lettres]
(p. 83, 433, 437, etc.), — « Maximilianus » II, empereur, 1570-
1574 [31 lettres] (p. 87, 95, 199, etc.), — « Archidux Austriae, Fer-
dinandus, » 1570 (p. 99), — « Guillaume [IV], par la Grâce
de Dieu landtgrave de Hessen, comte de Cassenelabogen, » 1570
(p. 103, 155, 209), autrement « Wilhelm, von Gottes Gnaden
Landtgrave zu Hessen, Grave zu Caczenavogh, » 1570 (p. 107), —
« C[harles] de Danzay, » résident pour le roi en Danemark, 1570
(p. 135, 139), — « Jo[hannes], episcopus Monasterii d[iocesis],
Osnab[rugensis] et Pad[erbornensis], de Hoya, » 1570 (p. 159), —
« Albertus, dux Bavariae, » 1570 (p. 179, 195), — « Volradt, conte
de Mansfeldt, » 1570-1573 (p. 209, 747, 883), — « Peter Clair, »
1570 (p. 211), — « Caspar de Schonberg, » 1570-1572 [5 lettres]
(p. 215, 219, 223, etc.), — Jérome « de Gondi, » 1570 (p. 243), —
« Maria, » impératrice, fille de Charles-Quint, 1570-1573 [13 let-
tres] (p. 273, 277, 301, etc.), — « Giulio Fiesco, » 1570 [6 lettres]
(p. 289, 293, 331, etc.), — « Ruffec, » 1571 (p. 239), — « Croze, »
1571 (p. 377), — « Julles de Brancasse, conte de Saint-Andres, »
1571 (p. 455), — « Francesco Tertuo, pittore, » Vienne, 1572
(p. 483, 485), — Charles IX, 1572 (p. 505, 545, 827), — « Joan.
Sturmius, » 1572 (p. 587, 613), — « Longuement, » Gellehausen,

1572 (p. 591, 595), — Jean « de Praillon le Jeune, » interprète,
1572-1573 [5 lettres], (p. 581, 605, 681, etc.), — « Casimir Pfaltz-
graf, » comte palatin, 1572-1573 [5 lettres] (p. 625, 811, 813, etc.),
— « Federic, électeur Palatin, » 1572 (p. 679), — « Les Prail-
lons, » 1572 (p. 689, 693, 701), — « Albertus Fridericus, marchio
Brandenburgensis, » 1572-1573 (p. 745, 889), — « Ernesto, »
archiduc d'Autriche, 1573 (p. 783), — « Rodolpho, » archiduc,
plus tard empereur, 1573 (p. 787, 789), — « les conseillers
ordonnéz et administrateurs de la maison de Saxe »-Weimar,
1573 (p. 817), — « Ucart, » Luther, 1573 (p. 823, 831), — «Diane
de Dompmartin, » 1573 (p. 849), — « Bazin, » envoyé en Pologne,
1573 (p. 881), — « D[esiderio] Labbe, » Vienne, 1573 (p. 911, 935),
— « Charlotte de Bourbon, » palatine? 1573 (p. 947), — les
« comites Palatini ad Rhenum, » 1574 (p. 957, 961), — « Marc
Ketzler, George Thaler, députéz de la part de susdits s^{rs} le comte
Palatin et conte Volrad de Mansfelt, leur colonels et reistres, »
1574 (p. 959).

Instructions données au « conte Fiesque » par Charles IX, 1569
(p. 33). — « Capita propositionis factae in comitiis Hungaricis, »
1572 (p. 513). — « Pensionnaires Allemans » de la France
(p. 785). — « Instruction à Monsieur de Montmorin », envoyé près
de l'empereur Maximilien, 1573 (p. 921). — 961 pages.

II (398). Lettres datées des années 1575-1587, et qui ont pour
signataires : « le docteur » ou « D[esiderio] Labbe, » 1575-1578
[12 lettres] (pages 1, 149, 177, etc.), — « Philippe, Loys et Jehan,
frères, contes Palatins du Rhin, ducs en Bavière et contes de
Veldentz et Spanheim, » 1575 (p. 9, 25, 29), — « Daniel [Brendel
d'Homburg], archiepiscopus Moguntinus, » 1575 (p. 11), —
« Mondreville, » 1575 [8 lettres] (p. 13, 17, 31, etc.), — « de
Lüxambourch, » Weimar, 1575 (p. 15), — « Volradi comitis [de
Mansfeldt] consiliarii et mandatarii, nunc Francofordiae ad Moenum existentes, » 1575 (p. 21), — « J[ean] de Vulcob, » 1575-1576
[36 lettres] (p. 27, 33, 55, etc.), — « Joannes Pfaltzgrave, »
comte Palatin et duc des Deux-Ponts, 1575-1586 (p. 45, 489),
autrement « Jehan, par la grace de Dieu, comte Palatin du Rhein,
duc de Bavières, comte de Veldents et Spanheim » (p. 49, 573,
755, 839), — Charles « de Danzay, » ambassadeur en Danemark,
1575-1583 [6 lettres] (p. 61, 63, 85, etc.), — « Wilhelm zu Hessen, » [Guillaume IV, landgrave de Hesse], 1575-1586 [8 lettres]

(p. 79, 195, 197, etc.), — « Aurelio Vergerio, » conseiller du duc de Wurtemberg, 1576 (p. 103, 105), — « Salentin [von Isenburgh] Chuerfurst, » d'abord évêque de Cologne, puis, à partir de 1577, simplement « Graeff und Herr zu Ysenburgh », 1576-1578 [10 lettres] (p. 125, 473, 475. etc.), — « Hallomeierre, » colonel de reitres, 1576 (p. 129), — Henri III, 1575-1586 [6 lettres] (p. 131, 715, 769, etc.), — « Albertus, dux Bavariae, » 1576 (p. 133, 135), — « Friderich Pfalzgraf Churfurster, » 1576 (p. 165), autrement « Fredery, par la grace de Dieu, conte Palatin du Rhein, grand eschansson du sainct Empire et électeur, duc de Bavière » (p. 169, 205), — Louis, duc de Würtemberg, 1576 (p. 235), — Bernard de Jay de « Beaufort, » Ratisbonne, 1576 (p. 253, 267, 271), — « Maximilianus » II, empereur, 1576 (p. 279), — « Rodolpho, » archiduc, puis « Rudolphus » II, empereur, 1560-1583 [5 lettres] (p. 337, 345, 349, etc.), — Guillaume « Ancel, » résident près de l'Empereur, 1576-1587 [78 lettres) (p. 341, 351, 357, etc.), — « Loys, électeur Palatin, » 1576 (p. 353, 355), — « Caspar de Schonberg, » 1576-1586 [9 lettres] (p. 361, 493, 777, etc.), — « J[ean] Casimir, » comte Palatin, 1576-1585 [9 lettres] (p. 373, 475, 385, etc.), — et représentations au roi, faites en son nom et au nom des gens de guerre qui l'ont suivi en son second voyage en France, 1577 (p. 411), particulièrement par « Pierre Beutterich, » 1577 (p. 419), 1586 (p. 831), — « Villequier, » 1577 (p. 421), — « Jul. del Bene, » Spa, 1577 (p. 423), — « Ernestus, » archidux Austriae, 1577-1581 (p. 461, 629), — Jacques « Viart, » président du parlement de Metz, 1577 (p. 463). — « Maria, » impératrice, fille de Charles-Quint, 1577 (p. 485), — « el duque Erico de Branzvicque [Brunswick] y Lunenburg, » 1577 (p. 533), — le duc « Charles [II] de Lorraine, » 1577 (p. 537), — « Yves Dalegre, » ôtage et prisonnier de l'électeur palatin Jean-Casimir au château d'Heidelberg, 1577 (p. 551, 553), — « Augustus, Dei gratia, dux Saxoniae, elector, » 1583 (p. 635), — « Reichardt Pfalzgrave, » duc de Zimmern, 1584 (p. 663), — « Georg Jehan, palatin du Rhyn, duc de Bavière, 1585 selon l'almanac vieux » (p. 667, 669), — « Brandthe, secretaire de Monsieur de Schomberg, » 1585 (p. 681), — « Ernestus [de Bavière], elector Coloniensis, » 1586 (p. 781), — « Johann [de Manderscheid], évesque de Strassburgh, » 1586 (p. 789), — « Joannes [de Schönenberg], archiepiscopus Treverensis, » 1586 (p. 829).

« Sommaire des responses que moy, de Vulcob, ay eües des électeurs et autres princes à Ratisbone, » 1575 (p. 37). — « Articles des demandes faites par l'Empereur aus Estatz de la Basse Austriche, » 1576 (p. 139). — « Les prétensions du prince de Transsilvanie sur la conté de Fogaraz » (p. 237). — « Resolutio Romanae Caesareae Majestatis ad supplicationem comitum et dominorum pro requisitione freistellionatus vel concessionis libertatis in summis cathedralibus ecclesiis, » 1576 (p. 313). — « Liste de ceus que l'Empereur dépesche vers les princes et estatz de la Chrestienté » (p. 393). — « Capita transactionis seu pacis inter Battorium et senatum civitatis Gedannensis, » 1577 (p. 557). — Diaire abrégé de la 2e ambassade faite par [Charles Brûlart de Genlis, dit le prieur ou] le sieur de Léon, vers l'Empereur, depuis le 13 janvier 1631 jusqu'au 8 septembre, qu'il arriva en France » (p. 957). — 976 pages.

XVIe et XVIIe siècles. Papier. 2 volumes. 350 sur 240 millimètres. Rel. maroquin rouge, au chiffre et aux armes de Colbert, entourées des colliers des Ordres.

399. « Traicté et négotiation de Monsieur le prince DE CONDÉ [HENRI Ier de Bourbon] et autres seigneurs du party de ceux de la Religion prétendue réformée, avec les Princes protestans d'ALLEMAGNE. » (1570-1583.)

Lettres *originales*, pour la plupart adressées au prince de Condé et datées de 1575. Les signataires sont : « J[ean] Casimir, » électeur Palatin [11 lettres] (p. 14, 123, 145, etc.), — « Élizabeth R[eine] » d'Angleterre (p. 25, 50), — Jean de La Fin, sieur de « Beauvoir La Nocle » (p. 56, 325), et « Yolet, Françoys de Pons, de La Bernerie, de Vaulx, de Chaylar, » etc. (p. 56), — Henri de La Tour d'Auvergne, vicomte de « Turenne » (p. 58), — Pompone Ier de « Bellièvre » (p. 59), — « Ferrière, » agent du prince de Condé à Strasbourg (p. 63, 387), — Jean Jacques, dit « Junius de Junge », conseiller de l'électeur Palatin (p. 67), — « H[enri Ier] de Montmorency, » sieur de Damville [6 lettres] (p. 74, 129, 161, etc.), puis duc de « Montmorency, » 1581-1584 [9 lettres] (p. 454, 458, 463, etc.). — « Henry [Ier] de Bourbon, » prince de Condé (p. 79, 173, 191, 220), — « P. Delagarde » (p. 127), — « Dieterich Weyer, docteur ès loix, gouverneur de

Keyserlautern, et Pierre Beutterich, docteur ès loix et conseiller de Monseigneur l'électeur Palatin » (p. 131, 379), — « Françoys » de Valois, duc d'Anjou, frère du roi [14 lettres], autrement « ΦΦ Françoys, » 1578 (p. 439), — « C[harles] de Montmorency, » sieur de Méru [6 lettres] (p. 193, 234, 238, etc.), autrement « Charles de Montmorency » (395), — « Henry » III (p. 226, 272, 422), — « Fra[ncis] Walsyngham, » secrétaire d'État de la reine Élisabeth (p. 308), — « Viviers, » Londres (p. 323), — « advoyer, petit et grand conseil de la ville de Berne » (p. 351), — « Clauserie » (p. 361), — « L. de Vyllyers, » Dalles près Strasbourg (p. 363, 367), — Claude-Antoine de Vienne, baron de « Clervant, » agent du prince de Condé en Lorraine (p. 371, 391), — « Ysabel » de Lorraine (p. 381), — « Marie de Bourbon » (p. 383), — Robert de Villiers, « sieur de La « Grafynyère, » 1576 (p. 399, 403), — « Heinrich, Herzog zur Lignitz, » 1576 (p. 418), — « Monterius, » 1579 (p. 452), — Christophe de Lestang, évêque de Lodève, 1581 (p. 465).

Articles présentés au roi Charles IX par les députés de Jeanne d'Albret, reine de Navarre, et réponse de Charles IX, 1570 (p. 1, 4). — « Edict et ordonnance de la royne d'Angleterre, [Élisabeth], portant deffenses de rompre les tombes, sépultures et monumens, qui d'ancienneté ont esté dresséz ès églises et autres lieux et endroictz publiques, » 1575 (p. 10). — Obligation, passée par devant notaire, à Strasbourg, à l'auberge du *Mouton d'Or*, du prince Henri Ier de Condé, Charles de Montmorency, sieur de Méru, Guillaume de Montmorency, sieur de Thoré, les sieurs de Laporte, de Montaigu, de Malroy, etc. envers l'électeur Palatin Jean-Casimir, 1574 (p. 13). — Les députés à « l'Assemblé généralle des Estatz des Esglises refformées de France, à Milhau en Rouergue » promettent d'activer la levée de l'aide pour payer les reîtres de Condé : signatures de Jean « d'Arpajon, gouverneur en Rouergue et président à l'assemblée, » vicomte de « Paulin » de Gymois, seigneur de Terride, « Glaude de Levis, Decorneille, député de Mont[auban], Christofle de Barjac de Gasques, A. de La Fabrègue, député de Nismes, P. Lefevre, député de La Rochelle, de Falgas, député d'Aubigoix, Desserret, depputé de Viviers, Vilele, scindic de Villelongue Lauraguès et depputé, Vigord, depputé de Lodève et du diocèse de Béziers, de Roux, consul de Puylaurens, » etc. 1574 (p. 16, 18). — Procuration du prince de

Condé et de Guillaume de Montmorency, sieur de Méru, à Robert
de Heu, sieur de Malroy, et Robert de Villiers, sieur de la Graffi-
nière, pour enrôler une armée ; elle est signée des deux seigneurs
et, comme témoins, de « Jacques Gourdan, » sieur des Bessons,
Timotée Dumas, sieur de « Lisle, » Mary de Vesc, sieur de
« Comps, » Jehan de Halle, sieur « Desmarais », Pierre « de
Juyné, » sieur de La Garenerie, Bâle, 1575 (p. 23). — « Advis pris
par Monseigneur le prince de Condé en son Conseil sur les
responces faictes par Sa Majesté, du ve et xviiie de may 1575 »
(p. 27). — Réponse faite par le roi de Navarre aux députés du
roi Henri III, de Lenoncourt, de Poigny et président Brulard,
1575 (p. 62). — Capitulation ou traité signé entre Condé, Charles
de Montmorency et l'électeur Palatin Jean-Casimir, 1575 (p. 133).
— « Instruction aux s^{rs} de La Galaizière et de Bouchart, déléguéz
et députéz par monseigneur le prince de Condé ..., en la ville de
Ratisbone, par devers la Sacrée et Césarée Majesté de l'Empereur, » 1575 (p. 173), et relation de leur ambassade (p. 197). —
« Ce qui a esté accordé entre la royne mère du Roy [Catherine
de Médicis] et Monseigneur [François, duc d'Anjou] », 1575
(p. 230). — « Sommaires instructions pour celluy qui ira de la
part de Monseigneur vers Monsieur le prince de Condé, » 1575
(p. 248). — « Sur le traicté et conférence où la royne, mère du
Roy, et Monseigneur [François, duc d'Anjou et] duc d'Allencon,
frère de Sa Majesté, sont entréz pour adviser des moyens de mettre
fin aux misères et calamitéz qui affligent ce royaulme, » 1575
(p. 276). — « Instruction au s^r de Bourneville des advis de Monseigneur le prince de Condé sur les articles de la trefve accordée
par Monseigneur, filz et frère de Roy, » 1575 (p. 296). — « Instructions particulières pour ceulx qui seront députéz de la part
de Monseigneur le prince de Condé vers Sa Majesté, » 1576
(p. 405). — « Instructions de Monseigneur le duc Jean-Casimir
sur ce que le docteur Beuttrich remonstrera de sa part à Monseigneur le prince de Condé, » 1576 (p. 410). — « Articles particuliers extraictz des généraulz qui ont esté accordéz au nom du
Roy... par Monsieur le duc de Montpensier et par le roy de
Navarre, » etc., 1577 (p. 424).

XVIe siècle. Papier. 499 pages. 350 sur 240 millimètres. Rel. maroquin rouge, au chiffre et aux armes du roi, celles-ci entourées des colliers des Ordres.

400. « Instructions et lettres touchant la ligue défensive du Roi avec les princes Protestans d'ALLEMAGNE : Brigue de la courone de Pologne, Mariage de la reine d'Angleterre avec le duc d'Alençon, » ou Correspondance de la Cour avec CASPAR DE SCHONBERG, envoyé en Allemagne. (1571-1581.)

Lettres *originales* signées de « Charles » IX, 1571-1574 [16 lettres] (fol. 4, 17, 51, etc.), — « Henry » III, d'abord duc d'Anjou, 1571-1581 [14 lettres] (fol. 5, 16, 57, etc.), — « Caspar de Schonberg, » 1571-1581 [61 minutes] (fol. 7, 11, 14, etc.), — « Caterine » de Médicis, 1571-1580 [7 lettres] (fol. 13, 56, 58, etc.), — « Herzog Juliussen zu Braunschweig, » 1572 (fol. 19), — « Frideric, comte Palatin, électeur, » 1572-1573 [5 lettres] (fol. 21, 73, 84, etc.), — « Wilhelm [IV, landtgrave] zu Hessen, » 1572-1580 [4 lettres] (fol. 27, 77, 161, etc.), — « Augustus, Churfurst » ou électeur de Saxe, 1572-1580 [4 lettres] (fol. 59, 293, 296, etc.), — « J[ean] Casimir, » électeur Palatin, 1573 (fol. 263).

« Proposition faicte au duc Auguste de Saxe pour une ligue deffensive, 1580 » (fol. 319).

XVIe siècle. Papier. 340 feuillets. 350 sur 230 millimètres. Rel. maroquin rouge, au chiffre et aux armes du roi, entourées des colliers des Ordres.

401-402. « Négotiation de M. [Jacques] DE SÉGUR, baron de PARDAILLAN, pour le roi de Navarre avec les Princes protestans d'ALLEMAGNE. » (1584-1588.)

I (**401**). Années 1584-1586. — Lettres *originales*, copies et minutes, de Jacques de Ségur, 1584-1586 [25 minutes] (fol. 2, 69, 103, etc.), — « Henry [Ier] de Bourbon, » prince de Condé, 1584 (fol. 8), — « Joachimus Egerus, » Stettin, 1584 (fol. 48), — « Augustus, » Saxoniae dux, elector (fol. 55, 147, 149), — « Christianus, dux Saxoniae, » landgravius Thuringiae (fol. 56, 298, 327), — « Fra[ncis] Walsyngham » [5 lettres] (fol. 57, 61, 120, etc.), — « Henry » IV, alors roi de Navarre, 1585-1586 [24 lettres] (fol. 71, 77, 79, etc.), — « J[ohannes] Casimirus, Dei gratia, comes Palatinus, Rheni tutor et electoratus Palatinatus administrator, dux Bavariae » [4 lettres] (fol. 75, 192, 245, etc.),

— « Duplessis »-Mornay [11 lettres] (fol. 87, 95, 110, etc.), —
« Claude-Entoine de Vienne, seigneur de Clervant, » ou simplement « Clervant » et « Chassyncourt, » [4 lettres] (fol. 93, 114,
208), — « Fredericus rex, » roi de Danemark (fol. 98, 122, 258), —
« Lucas Maius » (fol. 118), — « J. Blanchet » (fol. 156), — « Otto,
dux Bruns[vicensis] et Lunenb[urgensis] » [8 lettres] (fol. 163,
260, etc.), — « Joannes Georgius, Dei gratia, marchio Brandeburgensis » [5 lettres] (fol. 167, 190, 231, etc.), — « Jacobus Eysen-
bergius, senior » (fol. 173), — « R. Le Maçon, » Londres (fol. 179),
— « Johann, Graff zu Nassaw Catzenelnbogen » (fol. 188, 198), —
« Wilhelm [Landgrave] zu Hessen » [4 lettres] (fol. 190 v°, 234,
263, etc.), — « Horatio Palavicino » [5 lettres] (fol. 194, 325,
354), — « P. Beutterich » [6 lettres] (fol. 219, 227, 242, etc.), —
« Peregrin Wyllughby, » chargé d'affaires d'Angleterre à Copen-
hague (fol. 229, 240), — « Consules et senatores imperialis civita-
tis Lubecae » (fol. 236), — « Consules et senatores reipublicae
Magdeburgensis » (fol. 247), — « G[uillaume] Robert de La
Marcq, » prince de Sedan (fol. 254), — Henri de La Tour d'Au-
vergne, vicomte de « Turenne » (fol. 255, 329, 332), — « Joachim
Ernest, prince de Anhalt, » etc. (fol. 274, 348), — « Georgius
Fridericus, dux », marchio Brandenburgensis in Prussia (fol. 275),
« Johannes Fridericus, » Stetinensium, Pomeranorum, *etc.* dux
(fol. 279), — Ernest de Bavière, « l'électeur de Coloigne » (fol. 281),
— « Hinricus Ranzonus » (fol. 293), — « La Noue » (fol. 295), —
« Proconsules et senatores civitatis Hamburgensis » (fol. 302), —
« Consules et senatores reipublicae Bremensis » (fol. 304), —
« Menso Alting, » Emden (fol. 309), — « le trésorier des dix
mille, » Paris (fol. 312), — « Charles Truchsee, » Francfort
(fol. 317), — « Catherine de Parthenay » (fol. 342), — « Synodi
ecclesiarum Belgicarum nationalis legati » (fol. 345), — « R. Leycester » (fol. 347), — « Louyse de Colligny » (fol. 351), — « Pau-
luus Grebnerus » (fol. 360).

« Copie d'une lettre escripte de Nérac par ung gentilhomme de
la maison du roy de Navarre..., contenant le discours de dispute
faite sur le doubte, si le dict roy debvoit retourner en Court où
son dict frère le r'apelloit, et à la relligion catholique, en laquelle
l'apparente succession de la Couronne de France le sembloit
semondre, » 1584 (fol. 9). — « Advis donné à la reyne d'Angleterre touchant l'électeur de Cologne » (fol. 63). — « Capita foede-

ris arctioris amicitiae inter... Elizabetham, Angliae reginam, etc.,
et Jacobum ejus nomine Sextum, Scotorum regem » (fol. 91). —
« Les pointz des instructions de Monsieur de Champernon »
(fol. 108). — « Mémoires que Couvrelles a semé par l'Alemagne »
(fol. 132). — « Faultes que La Huguerie prétend avoir été commises en la conduitte de l'armée, avec la response à icelles »
(fol. 136). — « Advertissement à Messieurs du bien publicq de
France » (fol. 223). — 396 feuillets.

II (**402**). Années 1586-1588. — Lettres *originales*, copies ou
minutes, de « Otto, dux Bruns[wicensis] et Lunenb[urgensis] »
[11 lettres] (fol. 8, 29, 31, etc.), — Guillaume Robert de LaMarck
(fol. 12), — « Henricus Moller » (fol. 26, 316), — « Henry [I] de
Bourbon, » prince de Condé (fol. 32, 73), — « Henry » IV, alors
roi de Navarre [18 lettres] (fol. 33, 34, 59, etc.), — « Georgius
Fridericus, dux », marchio in Brandenburg (fol. 35), — « Christianus elector, » Dei gratia, dux Saxoniae (fol. 37), — « Johannes
Georgius, Dei gratia marchio Brandeburgensis » (fol. 39, 128, 271),
— Friderich ou « Fridericus » II, roi de Danemark [4 lettres]
(fol. 46, 249, 250, etc.), — « Wilhelm [Landtgrave] zu Hessen »
(fol. 52), — « Henricus Julius, » Dei gratia, administrator episcopatus Halberstadensis (fol. 53, 84), — « J[ehan] Casimir, » comte
Palatin du Rhin [14 lettres] (fol. 55, 104, 106, etc.), — Jacques de
Ségur [61 minutes] (fol. 65, 66, 67, etc.), — « Joachimus Fridericus, marchio Brandeburgensis » [5 lettres] (fol. 74, 186, 283,
etc.), — « Catherine de Parthenay » (fol. 77), — « Udalricus,
d[ux] Megapolensis, » princeps Vandalorum (fol. 78), — « Henricus Ramelius » ou « Ramelli » (fol. 80, 237), — Jean de Chaumont, sieur de Guitry ou « Quitry » [6 lettres] (fol. 88, 89, 90,
etc.), — « Georg Jehan, Palatin du Rhyn, duc de Bavière » (fol.
94, 101), — Michel de « La Huguerye » (fol. 97, 136), — « Loudolff, »
empereur (fol. 99), — Claude-Antoine de Vienne, seigneur de «Clervant » (fol. 103, 305), — « Joach. Meisterus, Gorl. rector » (fol. 120),
— « Christianus Distelmeierius in Malsdorff » (fol. 124), — « de
Montigny » (fol. 140), — « Loise de Vienne » (fol. 148), — « Mon-
louet » (fol. 160), — « Jean de La Marck » (fol. 173), — « Horatio Palavicino » (fol. 192, 200), — probablement Duplessis-Mornay,
lettres feintes, superposées à d'autres lettres écrites en encre sym-
pathique (fol. 194, 195, 289, 318), — « Megabaechus, serenissimi
regis Daniae necnon illustrissimorum principum D. administra-

tor Magdenburg. Hassiae Inferioris consiliarius et cancellarius »
(fol. 204, 308).

« Articles accordéz à Monsieur le duc de Bouillon par Monsieur
de Ségur, ambassadeur du roy de Navarre, avec l'adviz et consentement de Messieurs de Clervant et de Quitry, aussi ambassadeurs du roy de Navarre, » 1586 (pl. 11). — « Responsum Heydelbergensium... cum titulo : *Perfidia et imposturae Segurii* »
(fol. 15). — Ligue entre François de Valois, duc d'Anjou, et
Georges-Jean, duc de Bavière (fol. 22). — « Responce aux six
points alléguéz par le s[r] de Montigny » (fol. 108). — « Instruction
de Monsieur de Ségur à Monsieur d'Averly pour son voyage d'Angleterre » (fol. 166), et à « Monsieur de Bongars despeché vers Monsieur le duc Cazimir, 27 novembre 1587 » (fol. 220). — « Articuli et
conditiones, quibus convenit inter D. ducem Espergnonium,
parem Galliae summumque peditatus Galliae praefectum, et D.
principem de Condy » (fol. 226). — Sur les mauvais desseins du
roy d'Espagne » (fol. 235). — « Justae conquerendi causae a
Pontificiis regi Navarreno oblatae » (fol. 333). — 342 feuillets.

XVIe siècle. Papier. 2 volumes. 33o sur 2o5 millimètres. Rel. maroquin rouge, au chiffre et aux armes du roi, entourées des colliers des
Ordres.

403. Recueil de lettres *originales* adressées à Philippe DE
BÉTHUNE, ambassadeur ordinaire à ROME, par ses collègues,
les résidents de Suisse, Gênes, Venise et Allemagne. (1627-
1630.)

Jacques « Mesmyn », ambassadeur ordinaire aux Ligues Grises,
en Suisse, 1627-1629 [97 lettres] (1-97), — « J[ean] Vigier »,
sieur de l'Escanal, dit Vigier le Jeune, secrétaire-interprète aux
Ligues de Suisse, 1627-1629 [31 lettres] (99-129), — Melchior,
comte de « Sabran », résident à Gênes, 1629-1630 [13 lettres]
(131-143), — Étienne III d' « Aligre », ambassadeur à Venise,
1627 (144), — Jean II « Ceberet », résident et chargé d'affaires
près de l'Empereur, 1627-1629 [41 lettres] (145-185).

XVIIe siècle. Papier. 185 feuillets. 34o sur 2io millimètres. Rel. maroquin rouge, au chiffre et aux armes de Colbert, entourées des colliers
des Ordres.

404. « La négotiation d'Osnabruck, par Monsieur le comte [Claude de Mesmes] d'Avaux, plénipotentiaire de France pour la paix généralle et médiateur pour terminer les différends d'entre l'Empereur, le roy de Suède, les Eslecteurs et princes de l'Empire (1647). »

Copies. — Les lettres du comte d'Avaux sont adressées aux personnages suivants : cardinal Mazarin, Henri II d'Orléans, duc de Longueville, Pierre Chanut, de Beauregard, Christian-Guillaume, électeur de Brandebourg, Melchior de Harod de Saint-Romain, Henri-Auguste de Loménie, comte de Brienne, Charles Colbert de Croissy.

« Motifz de la France pour la guerre d'Allemagne, et quelle y a esté sa conduicte » (fol. 163).

XVIIe siècle. Papier. 226 feuillets. 355 sur 235 millimètres. Rel. maroquin rouge.

405-409. « Negotiationes in comitiis Imperii Ratisbonensibus, annis 1653 et 1654. » Recueil de copies d'actes, en allemand et en latin.

Table des matières en tête de chaque volume.

I (**405**). « Actus electionis et coronationis serenissimi principis ac domini D. Ferdinandi quarti, Hungariae et Bohœmiae regis, in Romanorum regem, una cum Caesarea comitiorum propositione et diversis libellis de puncto sessionis et voti in collegio principum, receptione novorum principum Austriacorum Augustae confessionis in exilium actorum, querelis contra quasdam Imperii civitates et judiciis super paragraphum de Indaganda, qui libelli S. R. Imperii electoribus, principibus et ordinibus in comitiis Ratisbonensibus, annis 1653 et 54, per Imperii dictatorem exhibiti fuerunt. » — 24 et 629 pages.

II (**406**). « Sacri Romani Imperii Electorum principum et ordinum, anno 1644, Francofurti ad Moenum, anno 1651, Spirae, anno 1653 et 54, in Imperii comitiis Ratisbonae habitis, ad punctum reformationis justitiae extra ordinem nominatorum deputatorum collectae opiniones et diversi libelli, quos legatus Caesareae et Imperii Camerae Spirensis Sacrae Caesareae Majestati dictisque Imperii ordinibus exhibuit, de Camerae sustentatione, violatis

privilegiis vectigalium ab electore Palatino immunitate libero-
rum cameralium et aliis gravaminibus. Annexi sunt duo libelli a
legatis domus Austriacae et episcopi Bambergensis exhibiti, ob
submissionem praedictae domus Austriacae in Camera Spirensi
ab episcopo Bambergensi praetensam. » — 29 et 894 pages.

III (**407**). « Libelli contra confederatas Galliae et Sueciae coronas, S. R. Imperii electoribus principibus et ordinibus in comitiis
Ratisbonensibus, anno 1653 et 1654, exhibiti, quibus annexa sunt
dictarum coronarum et legatorum Hispaniae, Poloniae et Angliae
postulata. » — 70 et 1202 pages.

IV (**408**). « Quae inter Sacri Romani Imperii Electores principes et ordines, et legatum Lotharingicum, super praetensa
satisfactione ducis Lotharingiae ob praestita sua servitia Imperio
Romano et restitutione detentorum adhuc a se in eo locorum,
conventa sunt una cum libellis Electoris Coloniensis de inva-
sione Lotharingorum in episcopatum Leodiensem, et diversis
ordinum placitis super duobus punctis pacificationis utriusque
religionis ordinum sublimiorum duarum curiarum in ordinaria
Imperii deputatione et pluralitatis votorum in materia collecta-
rum ; quibus decreta Caesarea de ejus discessu et de matu-
randis Imperii negotiis annexa sunt. » — 40 et 796 pages.

V (**409**). « Diversi libelli a gravatis Electoribus principibus et
ordinibus Imperii in comitiis Ratisbonae exhibiti, annis 1653 et
54. » Ils émanent de Charles-Emmanuel II, duc de Savoie,
Johannes-Baptista de Bigliatoribus, comte de Lucerne, de
Charles III, duc de Mantoue, des États de Hollande, de Max-Hein-
rich von Bayern, électeur de Cologne, de l'Ordre Teutonique,
Leopold-Philipp-Carl, prince de Salm, de Joachim-Friderich,
comte de Mansfeld, des chanoines, archevêque, ville, faubourgs,
consuls de Magdebourg, de Rudolf-August, duc de Brunswick,
de Christian-Willhelm, électeur de Brandebourg, d'Agnès, comtesse de Holtzapfel, d'Elisabeth-Catherina, comtesse de Muncada
et Gardona, de Julius-Heinrich, duc de Saxe, de Christian-August,
comte Palatin, de Johann Reichard de Metternich, de Nicolaus-
Willhelm von Reinach, évêque de Bâle, de Ferdinand-Ludwig,
comte de Manderscheid, de Friederich-Rudolph Winckel, comte
de Tecklenburg, etc. — 38 et 888 pages.

XVIIe siècle. Papier. 5 volumes. 355 sur 230 millimètres. Rel. veau fauve, aux armes de Louis-Henri, comte de Loménie de Brienne.

410-414. Diètes de Francfort-sur-le-Mein (1644), Spire (1651), Ratisbonne (1653-1654).

Ces mss. sont passés dans le fonds latin sous les n°s 6032 [1-5].

410. « Actus electionis et coronationis serenissimi principis ac domini D. Ferdinandi quarti, Hungariae et Bohoemiae regis in Romanorum regem... » — Actuellement ms. latin 6032.

411. « Sacri Romani Imperii Electorum principum et ordinum, anno 1644, Francofurti ad Moenum, anno 1651, Spirae, anno 1653 et 1654, in Imperii comitiis Ratisbonae habitis ad punctum refor· mationis justitiae extra ordinem nominatorum deputatorum, collectae opiniones et diversi libelli... » — Actuellement ms. latin 6032[2].

412. « Libelli contra confoederatas Galliae et Sueciae coronas et R. Imperii Electoribus principibus et ordinibus in comitiis Ratisbonensibus, anno 1653 et 1654, exhibiti... » — Actuellement ms. latin 6032[3].

413. « Quae inter sacri Romani Imperii Electores principes et ordines legatumque Lotharingicum, super praetensa satisfactione ducis Lotharingiae suorum S. R. Imperio praestitorum officiorum et restitutione locorum in eo adhuc detentorum conventa sunt... » — Actuellement ms. latin 6032[4].

414. « Diversi libelli a gravatis Electoribus principibus et ordinibus Imperii in comitiis Ratisbonae exhibiti, annis 1653 et 1654. » — Actuellement ms. latin 6032[5].

415-420. « Chronicon Spirense, » ou « Chronicon liberae imperialis civitatis Spirensis, in quo de tribus potissimum rebus agitur : primo, de origine, incremento, liberatione, ratione gubernationis, immunitatibus, privilegiis, juribus, memoralibus historiis et rebus gestis, diversis etiam bellis et obsidionibus civitatis Spirensis; — secundo, de ortu et progressu imperii Germanici, de ejusdem gubernatione per reges et imperatores, qualisque ejus forma quovis tempore in genere, in specie vero honestarum liberarumque imperialium civitatum fuerit, de sacri etiam Imperii ejusque membrorum actis, constitutionibus et processibus, diversis mutationibus, una cum multis selectis bonis et utilibus historiis, politicis regulis et exemplis ; — tertio, de origine et descriptione episcoporum Spirensium et episcopatus Spirensis, summa diligentia collectum per Christophorum Lehmann. Francofurti ad Mœnum, typis Nicolai Hoffmanni, sumptibus Jonae Rosen, an. 1612, latine redditum anno 1668. »

Ces mss. sont passés dans le fonds latin sous les nos 6035 [1-6].

415. Livres I et II de la Chronique. — Actuellement ms. latin 6035.

416. Livres III et IV de la Chronique. — Actuellement ms. latin 6035 [1].

417. Livres V, 1re partie de la Chronique. — Actuellement ms. latin 6035 [3].

418. Livres V, 2e partie, à VII, 1re partie de la Chronique. — Actuellement ms. latin 6035 [4].

419. Livre VII, 2e partie de la Chronique. — Actuellement ms. latin 6035 [5].

420. Livre VII, 3e partie, et table de la Chronique. — Actuellement ms. latin 6035 [6].

421-424. « Chronicon Alsatiae, inferiorisque ad Rhenum Alsatiae, ejusque praeclararum urbium, ut Argentinae, Selestadii, Hagenaui, Sebusii, et aliarum ibidem sitarum, castellorum, monasteriorum, fororum, oppidorum, pagorum descriptio, tum etiam comitatus, episcopatus, comitum, episcoporum Argentinensium....., per eruditum dominum Berhnardum Hertzog, Hanauensem et Lictembergensem satrapam. »

Ces mss. sont passés dans le fonds latin sous les nos 6018 [1-4].

421. Tome I. Actuellement ms. latin 6018.

422. Tome II. Actuellement ms. latin 6018 [1].

423. Tome III ; blasons coloriés. Actuellement ms. latin 6018 [3].

424. Tome IV ; blasons coloriés. Actuellement ms. latin 6018 [4].

425. « Rapport faict au Roy et à Nosseigneurs de son Con-

seil royal par nous, Charles Colbert [de Croissy], conseiller
du Roy en ses conseils, maistre des requestes ordinaire de
son hostel, des emplois qu'il a plu à Sa Majesté nous confier
depuis l'année 1656 jusqu'en 1663, tant dans l'Alsace que
dans toute l'estendue de la généralité de Metz. »

Copie.

XVIIe siècle. Papier. 184 feuillets. 350 sur 240 millimètres. Rel. maroquin rouge, aux armes de Colbert.

426. « Mémoires, instructions et lettres pour le différent
de Clèves et de Juliers et pour le faict de Mulleheim et d'Aix-
la-Chapelle depuis l'année 1609 jusques en 1616. »

« Tabula genealogica in qua ad vivum demonstratur jus succes-
sionis serenissimi electoris Brandenburgensis in ducatibus Cliviae,
Juliae et Montium, » etc., placard *impr.* (fol. 2). — Extrait des
lettres de Nicolas de Neufville de Villeroy et Nicolas Brûlart de
Puysieux à Jean de Villiers-Hotman, résident dans les duchés de
Clèves et Juliers, 1609-1614 (fol. 3).
Table des documents formant la seconde partie du volume
(fol. 72). — La plupart sont des copies de lettres, mémoires,
harangues, etc., des années 1609-1615, dont les auteurs sont :
Henri IV (fol. 76 et suiv., 79, 93, etc.), « les gens tenans les conseils de Clèves et Julliers » (fol. 77, v° 141), « Ernst, Marggraff »
de Brandebourg et « Wolfgang Wilhelm Pfaltzgraff » (fol. 81,
92, etc.), les ambassadeurs de l'électeur Palatin, « G. V. Colly,
Philips Grave zu Solms, Friderich, conte de Solms, » etc. (fol. 82
v°, 84), Jacques Bongars (fol. 83 v°, 102, 104, etc.), Léopold,
archiduc d'Autriche (fol. 99 v°, 104 v°), Nicolas de Neufville de
Villeroy (fol. 101, 232, 244), Winwood (fol. 137), Ferdinand de
Bavière, coadjuteur, puis évêque de Cologne (fol. 139), Jean de
Thumery, sieur de Boissise (fol. 143 v°, 144, 179), Marie de Médicis
(fol. 145, 159, 217, etc.), Louis XIII (fol. 144 v°, 196, etc.),
Albert, archiduc d'Autriche (fol. 146, 216, 249), Nicolas Brûlart
de Puysieux (fol. 146 v°, 217), « Joannes Swickardus », archevêque de Mayence, « Ernestus [de Bavière], archiepiscopus Coloniensis » (fol. 150, 181), Maurice, landgrave de Hesse (fol. 152,
153), Christian, prince d'Anhalt (fol. 154), Jacques 1er, roi d'An-

gleterre (fol. 155, 182 v°, 187), « Jehan George, conte de Hohen-
zollern » (fol. 175), « Philippus Ludovicus, comes Palatinus
Rheni » (fol. 187 v°), Jean de Villiers-Hotman (fol. 212), États de
Hollande (fol. 227, 233).

Traités de Hall et Zanten entre l'électeur de Brandebourg et le
duc de Neubourg (fol. 183 v°, 234). — « Argumenta et rationes pro
nova extensione opidi Mullenheimensis » (fol. 201). — Sommaire du
traité entre le marquis de Bade et les cantons de Zurich et Berne
(fol. 211). — Carnet d'étapes des troupes allant de Châlons à
Juliers, 28 juin-21 septembre 1610 (fol. 258). — Carte représentant les positions de l'armée du maréchal de La Châtre, des
princes Maurice de Hesse, Christian d'Anhalt, etc., devant Juliers
(fol. 270). — « Les mémoires et recueuil de ce qui s'est passé au
voyage de Clèves et prinse de la ville et chasteau de Julliers, tant
par l'armée françoise soubs la conduitte de Monseigneur de La
Chastre, mareschal de France, que de celles des princes possédans
dudict pays, » 1610 (fol. 271).

XVIIe siècle. Papier. 3o1 feuillets. 33o sur 2r5 millimètres. Cartonné.

427. « Recueil concernant les Cantons des Suisses et contenant plusieurs lettres et mémoires des négotiations des
s^{rs} [Pompone Ier] DE BELLIÈVRE, [Jean GRANGIER DE] LIVERDIS,
[François DE] LA FONTAINE-GAUDART, [Henri CLAUSSE DE]
FLEURY. » (1569-1586.)

Lettres *originales* signées : Pompone Ier de « Bellièvre, » ambassadeur ordinaire aux Ligues Suisses, 1569-1578 [27 lettres] (fol.
1-6, 17, etc.), — « Benedict Stockar » ou « Stocker, » fermier pour
la fourniture du sel de Provence aux Cantons Suisses, 1569-1571
(fol. 7, 52), — lettres datées de « Solotorno », 1570 (fol. 9, 11), —
Pierre « de Grantrye, » ambassadeur ordinaire aux Ligues Grises,
1570-1573 [16 lettres] (fol. 13, 15, 19 et suiv.), — Protestation du
maréchal Arthus de Cossé à l'occasion d'une difficulté avec les
capitaines suisses (fol. 25), — « L'Advoyer, petit et grand conseil
de la ville de Berne, » 1570-1586 (fol. 34, 58, 127, 224, 405), —
« Les embassadeurs et conseils des treze Cantons, » 1571 (fol. 48),
1586 (fol. 415), — « Députéz, conseillers et envoyés avec plain
pouvoir des seigneurs et supérieurs des villes et pays de Suysse,

assemblés à la journée de Baden en Ergow, » 1571 (fol. 50), — Jean « Grangier, » sieur de Liverdis, trésorier des Ligues Suisses et Grises, 1571-1585 [38 lettres] (fol. 64-73, etc.), — François « de la Fontaine Gaudart, » ambassadeur ordinaire aux Ligues Suisses, 1571-1572 [15 lettres] (fol. 74-81, 86, etc.), — « Bischoff, Houptman und Landtrhadt in Wallis » [Valais] (fol. 129, 360), — « Bourgeoismaistre et le conceil de la ville de Basle, » 1572 (fol. 148), 1585 (fol. 380), — « Les conseillers et ambassadeurs des troys Cantons assembléz pour le présent en la journée et diette qui se tient à Coyre, » 1572 (fol. 165), 1575 (fol. 200), — « Advoyers landtamans des cinq quantons catholiques, assavoir de Lucerne, d'Ury, de Schipen [Schwytz], d'Under Waldon et de Zug, » 1574 (fol. 187), 1576 (fol. 234), — « Hans Crafft, collonel, » 1574 (fol. 188), — « H[enri] Clausse de Fleury, » ambassadeur ordinaire en Suisse, 1584-1586 [36 lettres] (fol. 191, 193, 278, etc.), — Guillaume de Saulx, comte de « Tavanes, » lieutenant-général au gouvernement de Bourgogne, 1576 (fol. 213), — « Aurelio Vergerio, » conseiller du duc de Wurtemberg, chargé de mission à Soleure, 1576 (fol. 230), — « Les advoyers, amans et conseillers de ces louables Ligues, Lucern, Ury, Schvitz, Undervalden, Zoug, Glaris, Fribourg, Solleurre, Appentzel, abbé de Sainct-Gall et Vallois, » 1576 (fol. 248), 1577 (fol. 267), — « Ludwig Pfeyffer, Riter, » 1576 (fol. 251), — « Jehan et Jacques Bastier, frères, » marchands de Lyon, 1577 (fol. 257), — « Henry » III (fol. 275, 396, 897), — « Caterine » de Médicis, 1582 (fol. 276), — « Consules ac senatus civitatis Salodorensis, » 1584 (fol. 282), — « J[ean II de] Floryn, » truchement du roi aux Ligues Grises, » 1585 (fol. 321), — « B[aptiste] Praillon, » 1585 (fol. 327), — « L'advoyer et conseil de Lucerne, » 1585 (fol. 335), — « Les bourguemeystres, advoyers et conseil des quatre villes de Zurich, Berne, Basle et Schaffouzen, » 1585 (fol. 362), 1586 (fol. 435), — « Hiltebrandus, par la grâce de Dieu, évesque de Syon, et le cappitaine et conseil du pays de Valais, » 1585 (fol. 364), — « L'advoyer et conseil de la ville et canton de Frybourg, » 1586 (fol. 413), — « Les depputéz et conseillers des douze Cantons des Ligues » (fol. 417), — Les syndiques et conseil de Genève » (fol. 419), — « Balthasar de Grissach » ou Cressier, chargé d'affaires par intérim aux Ligues de Suisse, 1586 (fol. 421, 423, 425).

« Ce qui a esté respondu par le Roy aux requestes qui luy ont esté présentées tant par les ambassadeurs et depputéz des Cantons de Suysse que autres particuliers dudit pays, » 1571 (fol. 82). — « Résolution de la journée tenue à Solleurre par les ambassadeurs des villes de Berne, Fribourg et dudit Solleure, » 1572 (fol. 121). — Instructions données à l'ambassadeur Pompone de Bellièvre, 1573 (fol. 155), au chevalier de Vennes, dépêché vers les Suisses de l'armée royale, 1573 (fol. 183). — « Estat des debtes plus pressés que Messieurs de Mandelot, de Hautefort et de Fleury, en renouvellant l'alliance, ont promis d'acquitter, » 1582 (fol. 298). — « Articles proposéz au secrétaire Polier de la part des magnifiques seigneurs du pays de Valays touchant le tirage de leur sel » (fol. 372). — « Estat de ceulx qui pourroient estre colonelz des Cantons catholiques et à Glaris » (fol. 390), etc.

Cf. le dépouillement de ce manuscrit dans Edouard Rott, *Inventaire sommaire des documents relatifs à l'histoire de Suisse*, t. I, p. 136-139, 141, 151, etc.

XVI⁰ siècle. Papier. 437 feuillets. 350 sur 240 millimètres. Rel. maroquin rouge, aux chiffre et armes de Colbert, avec les colliers des Ordres.

428. « Recueil de ce qui s'est passé tant aux affaires généralles de Suisse, Genève et Savoye que aultres lieux, où Monseigneur [Nicolas Brulart] de Sillery, conseiller du Roy en son Conseil d'Estat et son ambassadeur ausdites Ligues, a esté employé pour le service de Sa Majesté. » (Août 1587-Juillet 1593.)

Copies. — Cf. Éd. Rott, *Inventaire sommaire*, t. I, p. 206 et suiv.

XVII⁰ siècle. Papier. 277 feuillets. 360 sur 230 millimètres. Rel. maroquin rouge, aux chiffre, armes et colliers des Ordres du roi.

429. « Registre des harangues, lettres, propositions et aultres escritures et mémoires que j'ay faictz durant mon ambassade aux Grisons, commenceant en l'an 1615 jusques en l'année 1625, » par Étienne Gueffier.

Cf. le dépouillement de ce manuscrit dans l'*Inventaire sommaire*

d'Édouard Rott, t. II, p. 225-227, 236. — De plus : « Epitaphium
pro archipresbitero Sondriensi, domino Nicolas Rusca, sepulto
in monasterio Fabariensi » (fol. 196). — « Mémoire sur la Valteline,
fait à Rome au mois de may 1635, donné au cardinal de Lion »
(fol. 196 v°). — « Instruttione all' Ecc^mo Sig^re [Horatio Ludovisio],
duca di Fiano, destinato dalla S^tà di N. S. papa Gregorio XV a
pigliar il deposito, a nome di S. S^tà e della Sede Ap^ca delli forti
della Valtellina » (fol. 219, 244).

XVIIe siècle. Papier. 256 feuillets. 375 sur 200 millimètres. Rel. maroquin rouge, aux armes de Colbert.

430. Inventaire des dettes contractées par les rois de
France envers les Suisses, par François Mouslier, résident
près des Cantons Suisses. (1665-1666.)

XVIIe siècle. Papier. 159 feuillets. 350 sur 240 millimètres. Rel. maroquin rouge, aux chiffre et armes de Colbert, avec les colliers des Ordres.

431. « Estat des parties et sommes de deniers deues par le
Roy aux s^rs des ligues de Suisse et Grisons, tant pour pensions
généralles et particullières que Sa Majesté donne à aucunes
villes et communaultéz dudit pais et particulliers d'icelluy,
deniers actuellement prestéz par lesdites villes et particulliers
que pour service faict par aucuns collonnelz et cappitaines,
tant aux deffunctz roys qu'à sadicte Majesté à présent ré-
gnant » Henri IV. Compte arrêté par Méry de Vic, ambassadeur aux Ligues Suisses. (Soleure, 19 août 1602.)

Régiments de Montcontour, La Rochelle, Flandre, Dauphiné,
Zurmatten, Saint-Jean-de-Losne ; gardes du roi, gardes de Piémont ; régiment à la suite du comte palatin Jean-Casimir, régiment des colonels Reding et Heyd ; garnison de Metz ; régiments
des colonels Gallaty, Arreguer, Balthasar de Griffach, Imbert de
Diesbach, Wixer, Harteman, Jacob de Diesbach.

XVIIe siècle. Papier. 87 feuillets. 350 sur 220 millimètres. Rel. maroquin rouge, aux chiffre et armes de Colbert, avec les colliers des
Ordres.

432. « Principal et censes d'aucunes villes et cantons de

Suisse, à cause des deniers par eux et aucuns particulliers prestéz au Roy. » (1602.)

Liste des créanciers ; chaque nom est suivi de la mention des acomptes versés de 1598 à 1602 par Nicolas Girard et Claude Le Roux, trésoriers anciens des Ligues Suisses et Grisons, et Jean Goulas, trésorier général des guerres, chargé de la surveillance de la trésorerie des Ligues.

XVIIe siècle. Papier. 168 feuillets. 345 sur 225 millimètres. Rel. maroquin jaune, aux armes et devise de Maximilien de Béthune, duc de Sully, grand-maître de l'artillerie.

433. Recueil de copies de pièces concernant les affaires de Genève, les prétentions des ducs de Savoie sur la ville, les alliances et combourgeoisies avec Berne, Fribourg, etc. (1162-1666.)

Ces pièces émanent de l'empereur Frédéric II (1162), Martin IV (1430), Charles VII (1455), Jean Calvin (1559), Charles IX (1565-1566), Catherine de Médicis (1573), Jean de Bellièvre, sieur de Hautefort, ambassadeur en Suisse (1573-1575), François Rougier, baron de Ferralz, ambassadeur à Rome (1573), Grégoire XIII (1579), Henri III (1582), Pierre Brûlart et Nicolas IV de Neufville de Villeroy, secrétaires d'État (1582), Henri IV (1589-1608), Jacques Bongars (1600), Louis Potier de Gesvres (1601), Charles de Rochette, premier président du sénat de Chambéry (1602), Louis XIII (1621), Hervart, intendant des finances (1650), des habitants du bailliage de Gex et de Pontdevelle en Bresse (1662), Louis XIV (1666), des syndics de Genève, des ducs de Savoie, etc. — Table des matières en tête du volume.
Copie exécutée en 1668.

XVIIe siècle. Papier. 34 et 1143 pages. 350 sur 225 millimètres. Rel. maroquin rouge, aux chiffre et armes de Colbert, avec les colliers des Ordres.

434-435. Recueil de copies d'actes, contrats, hommages, etc., concernant la Lorraine. (xiiie-xvie siècle.)

I (434). Extraits du *Liber principum* : Actes de l'empereur Frédéric II, Saint Louis, Thibaut V de Champagne, Blanche, comtesse de Troyes, Eudes III, duc de Bourgogne, Thibaut Ier, Matthieu II et Ferri III, ducs de Lorraine, Henri et Waleran, comtes de Luxembourg, Catherine, duchesse de Lorraine, Philippe Hurepel, comte de Boulogne, Guy de Châtillon, comte de Saint-Pol, Marguerite, comtesse de Luxembourg, Henri II et Thibaut II, comtes de Bar, Henri, comte de Vaudémont, Thierry, comte de Montbéliard, Simon de Clermont, Guillaume d'Aspremont, Raoul de Soissons, Henri de Vienne, Guy de Plancy, Simon, Guichard et Jean de Passavant, Simon de Châteauvillain, Renaud de Bar, Béatrix de Vaucouleurs, Hervé de Sombernon, des bourgeois de Neufchâteau, Marguerite, reine de Navarre et comtesse Palatine, etc. (xiiie siècle). — 115 pièces.

II (**435**). Actes de Catherine, duchesse de Lorraine, Charles VII, Jacques d'Estouteville, conseiller de Louis XI, Marguerite d'Anjou, reine d'Angleterre, Henri II, Charles II, duc de Lorraine, Charles IX, Henri III, Antoine Nicolay, Pompone de Bellièvre, Guillaume Bailly, président en la Chambre des comptes, à propos du contrat passé par Henri III avec Charles II de Lorraine, Henri IV; — Charles VI, Charles VII, Louis XI, Charles VIII, Louis XII et Antoine Ier, duc de Lorraine (1252-1602).

XVIIe siècle. Papier. 186 feuillets. 355 sur 230 millimètres. Rel. veau gris.

436. Recueil de copies de pièces sur la Lorraine et sur la *Landfried* du Saint-Empire. (1223-1641.)

Copies d'actes de l'empereur Sigismond pour René d'Anjou, duc de Lorraine (1434), — Matthieu II, duc de Lorraine (1223 et 1227), Albert Ier d'Autriche, empereur (1299), pour Remiremont, — François II, duc de Lorraine, comte de Vaudémont (1632), — Jean, comte de Salm (1381 et 1416) pour Albe. — Traité de paix entre l'Empire et l'Espagne (1641).

Fol. 41. « Recüeil sur l'establissement, entretenement et conservation de la paix publique, appellée le *Landfrid* du Sainct Empire, pris des ordonnances et constitutions du dict Empire, et traduict de l'alemand en langage françois » (1356-1584).

XVIIe siècle. Papier. 115 feuillets. 325 sur 210 millimètres. Rel. parchemin.

437. Hommages et aveux des ducs de LORRAINE et de BAR, recueillis en vue de revendications de la Couronne. (1539).

Copies faites en 1539, sur requête du procureur général du roi à la Chambre des comptes, d'actes de l'empereur Frédéric II, de Eudes III, duc de Bourgogne, et de Thibaut Ier, duc de Lorraine (1218), Henri, comte de Bar (1301), René d'Anjou, duc de Bar (1429) ; arrêt au profit des habitants de Neufchâteau contre le duc de Lorraine (1412). — Suivent des « Remonstrances faictes au Roy nostre souverain Seigneur, de la part de son procureur général [Jacques CAPPEL] touchant le faict de Lorrayne, Barroys et frontières de Champagne, et des entreprises faictes sur les limites du royaulme » (1539).

XVIe siècle. Papier. 56 feuillets. 325 sur 215 millimètres. Rel. veau gr.

438. « Plaidoyé [de MARION] pour messire Jacques d'Amboyse, baron de Bussy et de Mougnainvile, contre Monsieur le duc de Lorraine sur la souveraineté de BAR LE DUC, au conseil privé tenu à Meudon, le mercredy 2 juillet 1572. »

XVIe siècle. Papier. 70 feuillets. 310 sur 210 millimètres. Rel. veau gr.

439. « Mémoires concernant le duché de BAR, le marquisat du Pont-à-Mousson et la manière dont on a pourveu aux abbayes du Barrois » (1352-1635); recueil formé par Théodore GODEFROY.

Copies de divers mémoires sur les empiètements des ducs de Lorraine, par les avocats généraux Jacques Cappel, 1539 (fol. 14), Simon Marion, 1572 (fol. 249), le procureur genéral de La Guesle, 1604 (fol. 48), 1583 (fol. 106), le chancelier Michel de L'Hospital (fol. 62), les officiers du présidial de Sens, 1574 (fol. 76, 341), le conseiller de La Nauve, 1634 (fol. 122). — Arrêts du Parlement concernant le duché de Bar, 1352, 1409 et 1419 (fol. 129). — Hommages d'Antoine, duc de Lorraine, et de son fils François pour le Barrois, 1541 (fol. 160, 357). — Lettres patentes de Henri III pour l'exemption des marchandises qui passent de Bar à Nancy,

1553 (fol. 161). — Traité entre Charles IX et Charles II, duc de Lorraine, pour les droits royaux du Barrois, 1571 (fol. 183, 237). — Généalogies des descendants de Henri et Yolande de Bar (fol. 202), de Robert, duc de Bar (fol. 225). — Du droit de propriété du roi au marquisat de Pont-à-Mousson contre les prétentions du sieur du Sollier (fol. 221). — Dénombrement des villes, châtellenies et prévôtés du duché de Bar et du marquisat de Pont-à-Mousson, 1419 (fol. 229), 1574 (fol. 347). — Legs du marquisat de Pont-à-Mousson à Jean, duc de Calabre, 1474 (fol. 231), à René, comte de Guise, plus tard René II d'Anjou, roi de Sicile, 1419 (fol. 235). — Plaidoyer de Pasquier pour Charles II de Lorraine contre les seigneur et dame de Bussy d'Amboise, 1572 (fol. 309). — Lettres *impr.* in-4° de Henri III relatives aux droits de régale dans le bailliage de Bar, 1575 (fol. 353). — De la prévôté de Montignons, 1632 (fol. 362). — Transaction entre Charles II de Lorraine et Nicolas Pseaume, évêque de Verdun, 1564 (fol. 364). — « Enqueste faicte par Maistre Claude Le Lièvre, premier et plus ancien elleu en l'ellection de Langres, à la diligence des habitans de Brevannes-soubz-Choiseul, de l'ordonnance de Messieurs les commissaires establis par Sa Majesté en la province de Champagne pour le reegallement des tailles, » 1599 (fol. 370) ; et autres actes concernant Brevannes, 1406-1599 : copies authentiques dressées en 1599 (fol. 390-407). — « Ordonnance de Son Altesse [Charles III de Lorraine] de l'impost de trois frans par cent pesant, cy devant mis sus en nos pays pour la sortie des toilles... Saint-Mihiel, 1630 » in-fol., *impr.* (fol. 410). — Lettres *originales* du chancelier Séguier à Molé, procureur-général (fol. 421, 423). — Procès-verbal de prise de possession de Fougerolles, Saint-Loup, Fontenoy, Monthureux-sur-Saône, Fresne, etc. par le prévôt de Passavant, 1634 (fol. 429). — Provisions faites par le roi aux abbayes du Barrois : Ecurey, 1621-1639 (fol. 445, 453), Jovilliers, 1626 (fol. 446-452), Lisle en Barrois, 1625-1626 (fol. 454-483), Jeand'heurs, 1606-1630 (fol. 484-503). — Supplique de Bernard de Forbin, sieur du Sollier, pour la possession du marquisat de Pont-à-Mousson, 1635 (fol. 504).

XVIIe siècle. Papier et parchemin. 512 feuillets. 370 sur 230 millimètres. Rel. maroquin rouge, aux armes de Colbert.

440-441. « Mémoires concernant les éveschéz de METZ,

TOUL et VERDUN, et les bénéfices qui en dépendent », et les affaires de Lorraine sous Louis XIII. (1184-1654.)

I (**440**). Années 1184-1653. — Fondation de l'église Saint-Eucher de Liverdun, par Pierre, évêque de Toul, 1184 (fol. 1), vidimée et confirmée dans un acte sur parchemin signé de Jean, cardinal de Lorraine, 1523 (fol. 78). — Investitures données aux évêques de Toul, par les empereurs Adolphe, 1297 (fol. 3), Charles IV, 1354 (fol. 10), Sigismond, 1416, vidimus sur parchemin de l'officialité de Toul, 1452 (fol. 19), Frédéric III, 1451 et 1488 (fol. 23, 46), Charles-Quint, 1523, 1538, 1544 (fol. 50-57), Rodolphe II, 1582 (fol. 74) ; au chapitre de Verdun, par Maximilien II, 1570 (fol. 84). — Lettres de protection, sauvegarde, franchises accordées, à Toul, par les rois Charles VI, 1406 (fol. 14), Charles VII, 1445 (fol. 20), Charles VIII, 1483 (fol. 29), François Ier, 1515 (fol. 47), Henri II, 1547 (fol. 59), Charles IX, 1562 (fol. 79), Henri IV, 1596 (fol. 101, 104) ; à Verdun, par Charles VIII, 1483 (fol. 27), Charles VII, 1445 (fol. 33), Louis XI, 1461 (fol. 43), François II, 1559 (fol. 76), Henri III, 1575 (fol. 87), Henri IV, 1596, 1603 (fol. 102, 139) ; à Saint-Maur de Verdun, par Henri IV, 1596 (fol. 105).

Hommage de l'abbé de Saint-Vanne au roi, 1474 (fol. 26). — « Extraict faict par nous Jacques Viart,... président pour Sa Majesté à Metz et pais Metzsin, du libvre intitullé *Registre des droictz appartenans au roy très Crestien nostre souverain seigneur en la présente ville et cité de Metz*, » 1557, *original* sur parchemin (fol. 64). — « Extraict du compte rendu de l'ordinaire de Victry le François, » 1563 (fol. 83). — Réponse signée du procureur général Molé au chapitre de Liverdun, quant au droit d'aubaine, 1630 (fol. 113). — Lettres de François de Lorraine, comte de Vaudémont (fol. 144), Henri IV (fol. 146), Philippe de Béthune, ambassadeur à Rome (fol. 155), à M. de Vannes, gouverneur de Toul, 1603-1605.

Copies authentiques, pour la plupart extraites des registres de Dominicque Compagnot, greffier au gouvernement de Toul, de lettres de Henri IV et Louis XIII, suppliques, etc., relatifs à l'évêque de Toul, 1604-1608 (fol. 147, 163, 170), Saint-Gengoul, 1605-1612 (fol. 156, 178), — aux abbayes de Saint-Léon, 1605-1623, dont une bulle vidimée de Grégoire XV pour l'archevêque Denis Simon de Marquemont (fol. 158, 171, 200, 208, 231, etc.), Saint-Mansuy, 1608 (fol. 160, 167), Ecurey, 1610-1620, dont deux brevets *origi- naux* signés de Louis XIII, 1610-1620 (fol. 176, 213, 227), Saint- Nicolas de Brixey, 1613 (fol. 196, 205), Saint-Eucher de Liverdun, 1614 (fol. 210, 214), Saint-Nicolas-des-Prés lez Verdun, 1626-1627, dont une bulle d'Urbain VIII (fol. 244-252), Saint-Avold, 1634 (fol. 261, 264), Saint-Paul de Verdun (fol. 363).

« Ensuivent les articles contenants les libertés et privilèges dont le corps de la noblesse du pays verdunois souloit jouir cy devant, esquelz elle supplie le Roy les vouloir maintenir ; » *original,* signé par « de Nettancourt Vaubecourt, premier pair de l'évéché et conté » et une soixantaine de gentilshommes (fol. 255). — Eta- blissement d'un conseil souverain à Metz, 1634 (fol. 265). — Lettre de Nicolas Rigault à Molé, 1653 (fol. 277). — « Mémoire concer- nant l'arrest d'interdiction rendu au parlement de Metz, le 25 jan- vier 1652 » (fol. 279). — « Remonstrances du Parlement de Metz pour la conservation de la just ce souveraine du Roy en la ville de Verdun » (fol. 296).

« Des droicts du Roy sur la ville et chastellenie de Clermont-en- Argonne » (fol. 306). — « Plaidoyer du sieur Cappel, advocat géné- ral du Roy en la cour de Parlement, auquel il est soustenu que Clermont-en-Argonne est de la souveraineté du royaume, le 16 juil- let 1538 » (fol. 310). — « Mémoire des droictz seigneuriaux et foeudaux du village de Hyppécourt, franc alloeuf scitué sur les frontières du duché de Bar » (fol. 341). — Bornage des villages de Méricourt et Fleury, 1615 (fol. 342).

Lettres *originales* adressées à Molé par « Jean Domballe », pro- cureur au bailliage de Vitry-le-François, 1609, et comprenant la copie authentique de lettres de Philippe VI de Valois, 1331 (fol. 344-352), et par « de Trumelet », gouverneur de Villefranche, 1629 (fol. 354), « Hocart », substitut à Sainte-Menehould, 1629 (fol. 356). — « Extraict des pièces présentées à Monsieur le gouverneur de Villefranche[-sur-Meuse], par Monsieur de Lenoncourt » (fol. 361), etc. — 369 feuillets.

II (**441**). Années 1335-1654. — Extraits de relations et de négo- ciations diplomatiques entre la France et l'Empire, relatives aux évéchés de Metz, Toul et Verdun, 1551-1566 (fol. 16), 1625-1630 (fol. 52, 68). — « Extraict des articles du traicté de Nomeny en l'an 1573, en ce qui concerne Jouy, Corny, Louvigny, Marly et

Saulny » (fol. 64). — « Mémoire des villes, villages, abbayes, prieurés, rentes et revenus, que Messieurs de Lorraine ont usurpé sur les éveschéz de Metz, Toul et Verdun » (fol. 70). — « Inventaire des pièces qui ont esté mises ès mains de Monsieur d'Ocquerre, concernant Mars-la-Tour » (fol. 85). — Novion-sur-Meuse (fol. 97). — Hattonchastel : lettres de Charles IX et accord entre Nicolas Pseaume, évêque de Verdun, et Charles II, duc de Lorraine, 1564 (fol. 99, 122, 132). — Abbaye d'Ippécourt : bulles de Paul II, 1545, et Grégoire XV, 1621 (fol. 103). — Abbaye de Saint-Maur de Verdun : lettres *originales* du P. Rollet, 1621, et des officiers royaux au siège de Châlons, 1626, et autres pièces relatives à un échange entre l'abbesse et le duc de Lorraine (fol. 107-120). — Abbaye de Saint-Epvre : bulles de Grégoire XV, 1621, et Urbain VIII, 1623, lettre de Louis XIII, 1627, et procès-verbal de visite du procureur royal, 1606 (fol. 144, 152, 160). — Abbaye de Saint-Mansuy : « Mémoire pour monstrer que le fauxbourg de Toul nommé Saint-Mansuet est du gouvernement de Toul » (fol. 156).

« Inventaire des pièces que mect et produict par devant vous, Nosseigneurs de Parlement, Messire Nicolas-François, cardinal de Lorraine, évesque de Toul, intervenant et appelant de la sentence donnée par les conseilliers du Trésor », 1631 (fol. 185). — Lettre *originale* de Du Mesnil de Vaulx à Molé, 1621 (fol. 219). — « Sommaire de la difficulté survenue entre les officiers de Monsieur le duc de Loraine et les doyen, chanoines et chapitre de Toul au village de Francheville » (fol. 221). — « Mémoires concernant les affaires de la ville, comté et evesché de Toul,... par Mre Didier Wiry, substitut du substitut de Monsieur le procureur général » (fol. 223). — « Plaidoyé de la part du procureur général du Roy, par lequel il est soustenu que le Roy a tout droict de justice et de souveraineté en la rivière de Meuse, devers Sevigny », 1520 (fol. 231). — Diplômes des empereurs Frédéric II, 1156, et Charles IV, 1350, pour Verdun (fol. 239).

Affaires de Lorraine (fol. 247). — Charte d'affranchissement des habitants de Colombey en Lorraine par Jean de Choiseul, 1586 (fol. 248). — Critique historique sur le règne des premiers ducs (fol. 268). — « Droicts de la seigneurie de Lyroncourt » (fol. 283). — Résignation de l'abbaye de Remiremont par l'abbesse Elisabeth, comtesse du Rhin, 1611 (fol. 286, 373). — « Remarques sur les lettres de protection obtenues du Roy par Madame la duchesse de

Croy » (fol. 297). — Mémoire des officiers du roi au bailliage de Chaumont-sur-Fontenoy en Vosges, 1608 (fol. 299). — Lettres de Ferdinand II, empereur, à François, duc de Lorraine, 1629 (fol. 301). — Commission donnée par Louis XIII aux conseillers Favier e de Barillon de procéder à l'évaluation du comté de Chaumont-en-Argonne, 1633 (fol. 307). — Lettres *originales*, l'une signée « le card[inal] de Richelieu, » et adressée à Molé pour lui apprendre la reddition de Nancy (fol. 309), les autres « Louis » XIII, 1633 (fol. 313, 316). — « Lettres du Roy envoyée à Messieurs les prévost des marchands et eschevins de la ville de Paris. A Paris, 1633 », in-4°, *impr.* (fol. 318). — « Relation de ce qui s'est passé touchant le traicté faict avec Monsieur le duc de Lorraine, en l'an 1633, pour le dépost de Nancy » (fol. 326). — « Mémoire pour monstrer que le duc Charles est demeuré duc de Loraine, nonobstant la cession qu'il a faict au duc François, son frère » (fol. 341 ; cf. fol. 348). — « Lettres de Son Altesse aux Estats de Lorraine et Barrois, » in-4°, *impr.* (fol. 345). — « Commandement faict par le s\u02b3 [Louis] Le Febvre, intendant des finances, de la part du Roy en Lorraine, à tous les fermiers et receveurs du duc de Lorraine, de luy apporter leurs comptes, » 1634 (fol. 351). — Lettres patentes de Charles III, duc de Lorraine, défendant à ses sujets de reconnaître les juges du parlement de Metz, 1634 (fol. 352). — Articles accordéz par M\u1d4d\u02b3 le mareschal de La Force, lieutenant général de l'armée du Roy, avec les sieurs de Steinville, Prinssy et Saint Ouin, » 1634 (fol. 356). — « Mémoire des terres, seigneuries et justices qui doibvent estre déclarées réunies au domaine de la Couronne » (fol. 357). — « Déclaration du Roy pour l'establissement d'un conseil souverain dans Nanci » (fol. 359). — « Lettres pattentes par lesquelles le Roy veult que le s\u02b3 comte de Brassac, gouverneur de Nancy, ayt séance au premier lieu du conseil souverain » (fol. 366). — « Ordonnance de M\u02b3 de Brassac à ceux de Nancy de se trouver à l'ouverture de la Chambre souveraine » (fol. 371). — « Déclaration du Roy pour le restablissement des coustumes et ressort de la chastellenie de Neufchastel-sur-Meuse et autres lieux, » 1634 (fol. 413). — Commandement du duc Charles [III] à ses subjets de Lorraine et du Barrois de se joindre à ses armées, » 1635 (fol. 417). — Mémoire historique de Pierre Dupuy sur la Lorraine (fol. 419). — Instruction de Louis XIII au sieur de Saint-Aoust, envoyé près du duc de Lorraine, 1641 (fol. 430). — Protestation de Charles III, duc de Lorraine, contre les retards apportés par le Saint-Siège à reconnaître son mariage avec Béatrix de Cusance, 1641 (fol. 434). — Bulle d'Urbain VIII condamnant ce mariage; placard *impr.*, 1642 (fol. 437), et Validation dudit mariage par le chapelain du pape Antonius Albergatus; *impr.*, in-fol. 1654 (fol. 443). — 444 feuillets.

XVIIe siècle. Papier. 2 volumes. 370 sur 230 millimètres. Rel. maroquin rouge, aux armes de Colbert.

442. « Recueil de diverses pièces touchant le mariage de Monsieur le duc de BAR, [HENRI de Lorraine], avec Madame Catherine [de Bourbon], sœur du Roy Henry IV. » (1598.)

Copie exécutée, en 1671, des actes concernant la dispense du mariage.

Manuscrit passé dans le fonds latin, où il a reçu le n° 4266ᶜ.

443. « Procès verbaux particuliers faits par les commissaires députéz par le Roy, [Jean-Baptiste COLBERT, sᵍʳ de Saint-Pouange, et Nicolas COLBERT DE VANDIÈRES, président au conseil souverain d'Alsace], touchant la consistance de tous les lieux qui ont esté cédéz à Sa Majesté par Monsieur le duc de LORRAINE sur ses Estats et qui sont entréz dans la routte en conséquence du traité signé le dernier février 1661. »

Copie collationnée, signée de Le Tellier.

XVIIe siècle. Papier. 59 feuillets. 360 sur 235 millimètres. Rel. veau marbré, aux armes de Colbert.

444. « Procès verbaux faits par les commissaires députéz par le Roy, [Jean-Baptiste COLBERT, sᵍʳ de Saint-Pouange, et Nicolas COLBERT DE VANDIÈRES], avec ceux de Monsieur le duc de Lorraine, [Florimond D'ALLAMONT, baron de Chauffour, colonel de cavalerie, gouverneur de Pont-à-Mousson, et François SERRE, sᵍʳ de Clevaut], en exécution du traité signé le dernier février 1661. »

Délimitation de frontière par « Sainte-Marie-aux-Mines, Val de

Liepvre, Sainte-Hipollite, Sistroff, Fremestroff, Montcleur, trente villages dépendant de Sirck, abbaye de Gorze, Malatour, Marcheville, Labenville, Harville, Moulotte, Sogne, Ancy, Secourt, Haultchastel, Delme, Donju, Bazoncourt, la Neufville, Jallancourt, Fraisne, Lezey, Donneley, Hemnigen, Imeling, Nidervillier, Sarbourg » et autres villages en tirant de Sarrebourg vers Phalsbourg. — Copie collationnée par Le Tellier.

XVIIᵉ siècle. Papier. 139 feuillets. 360 sur 235 millimètres. Rel. veau marbré, aux armes de Colbert.

445. Procès verbal du conseiller Samuel DE LA NAUVE, commissaire chargé par le procureur général de procéder à l'exécution de l'arrêt du 5 septembre 1634 contre Charles III, duc de LORRAINE, Nicolas, François et Henriette de Lorraine. (17 septembre-12 novembre 1634.)

Suivent les noms des officiers, vassaux et autres sujets du roi, qui ont prêté serment de fidélité à cause du duché de Bar (fol. 160) : Bar, Stainville, Ligny, Commercy, Saint-Mihiel, Gondrecourt. Neufchâteau, Châtenoy, La Motte, Robercourt, Épinal, Conflans, Châtel-sur-Moselle, L'Avangarde, Pompée, Frouard, Pont-à-Mousson, Clermont-en-Argonne, Estain, Varennes, Desmontignons, Vienne, Sathenay, etc.

XIIᵉ siècle. Papier. 260 feuillets. 350 sur 230 millimètres. Rel. maroquin rouge, aux armes de Colbert.

446-447. Recueil de pièces concernant les limites des FLANDRES, de l'ARTOIS et de la PICARDIE. (1200-1628.)

I (**446**). Années 1200-1569. — Copies authentiques extraites « du grand registre aulx chartres du comté et sénéchaussée de Ponthieu, estant en parchemin en l'hostel de la recepte ordinaire du domaine dudit Ponthieu » (1600), — « d'un registre de la terre et seigneurye et berrye d'Auxi, » — des archives du prieuré Saint-Pierre d'Abbeville, — « d'un cayer de parchemin trouvé en ung coffre où sont les coustummes particullières du balliage d'Amiens, présentées et envoiées à Monsieur le bailli ou son lieutenant en l'an mil cinq cens et sept, lors du décret émologation des coustummes généralles » (1558), — du Trésor des chartes du roi, sous la

signature du garde des chartes « Sebastian le Roullyé » (1560), —
« du registre de l'aide ordinaire et antienne composition d'Arthois
reposant en la possession des esleuz d'Arthois, » etc.

Ces copies contiennent les actes suivants : Hommages, etc. de
Guy de Caumont, 1209 (fol. 5), Hugues d'Auchy, 1236 (fol. 6),
Jean, abbé d'Auchy, 1246 (fol. 13). — Lettres-patentes et autres
actes de Saint Louis, 1239-1244 (fol. 7-10), Robert d'Artois, 1248
(fol. 14), Marguerite II de Flandre, 1255 (fol. 16), Philippe III le
Hardi, 1275-1286 (fol. 17-20), Jean d'Avesnes, comte de Hainaut,
1290 (fol. 25), Robert, comte de Boulogne et d'Auvergne, 1292
(fol. 27), Philippe IV le Bel, 1296-1311 (fol. 28-31), Robert III,
1312 (fol. 47), et Louis II, comte de Flandre, 1369 (fol. 56),
Louis XI, 1468 (fol. 81), Charles VIII, 1485 (fol. 160), Angelbert de
Nassau, ambassadeur de l'archiduc d'Autriche, 1498 (fol. 169),
Philippe, archiduc d'Autriche, 1499 (fol. 172), Léon X, pape, 1521
(fol. 188), Philippe II d'Espagne, 1561-1563 (fol. 308, 317),
Jules III, pape, 1554 (fol. 460-462), François Ier, 1521 (fol. 469).

« Coustumes localles et usages de toute anchienneté ès terres...
de l'église Nostre Dame de Cercamp » (fol. 22). — « Roolle aux
plaidoiries de l'assize tenue par Wallerand de Soissons, seigneur
de Moreul et bailly d'Amiens, ... quy commencha les xiie et
xiiie jours de febvier l'an mil quatre cens cincquante six » (fol. 75),
par Antoine de Créquy, bailli d'Amiens, 1516 (fol. 181). — « Escrit
faict par le chancelier Raulin pour la justification des drois de
Mademoiselle Marie de Bourgogne, après que le roi Louis XI se
fust emparé du duché de Bourgogne et d'une partie du comté
d'Artois » (fol. 82). — Contestation entre Charles-Quint et François Ier à l'occasion d'un empiètement des sergents royaux de
Péronne à Villers-au-Flos, 1529 (fol. 204). — Accords entre
l'évêque de Thérouanne et l'abbé de Saint-Jean-au-Mont-lèz-
Thérouanne, 1381-1546 (fol. 214). — Lettres de rémission, 1547-
1549 (fol. 219). — Procès-verbal de délimitation des frontières de
Picardie par les députés des rois de France et d'Espagne, 1560
(fol. 231). — Réclamations des députés espagnols quant à la frontière sur les côtes de Calais et Gravelines, 1563 (fol. 318). —
Extraits de comptes remontant à la jouissance du bâtard Antoine
de Bourgogne, faits à la requête du procureur général pour la
défense des droits du roi ès pays d'Ardre et de Guines, 1563
(fol. 333) : inventaire des pièces produites par le procureur géné-

ral sur les limites anciennes de Calais et Guines (fol. 424, 429). — Nombreuses pièces concernant le procès entre les procureurs des rois de France et d'Espagne relativement à l'abbaye de Saint-Jean-au-Mont-lèz-Thérouanne, 1449-1559 (fol. 441, 458-542). — 542 feuillets.

II (**447**). Années 1570-1628. — Mémoire dressé pour être envoyé au s^r de Ferals, ambassadeur près du duc d'Albe, pour protester contre les empiètements des Espagnols sur le comté de Saint-Pol, 1570 (fol. 2). — « Coutredicts de production que mect et baille par devant vous, Messieurs les députés du Roy et des Archiducs pour juger les différents indécis par le traicté de Vervins, le procureur général [de La Guesle], ... en l'instance qui concerne le comté de Saint-Paul », et autres pièces concernant la mouvance du comté de Saint-Pol (fol. 16-150). — Lettres *originales* de « Lemaistre, Brulart, » etc. (fol. 83), Claude « de Vendosme », 1571 (fol. 139), Adrian Lefèvre », 1571 (fol. 141), « Léonor d'Orléans, » 1571 (fol. 146), « Don Fernando de Lannoy, » 1572 (fol. 149).

Fiefs de Maizerolles (fol. 151), Ligny-sur-Canche (fol. 154), Labroye (fol. 156), Saint-Aubin (fol. 157). — Copies de lettres de Henri III, 1578 (fol. 159), François, duc d'Alençon, 1578 (fol. 160), Simon Le Mattre, conseiller à Amiens, 1578 (fol. 161). — Fiefs de Merlimont (fol. 162, 182), Beaurains (fol. 163), Dominois (fol. 165 v°), la Freste-lez-Saint-Riquier (fol. 168). — « Extraict du registre de l'ayde ordinaire et anchienne composition d'Artois, » 1583 (fol. 171). — Fiefs et terres de Drucat (fol. 173), Verton (fol. 176), Berck (fol. 182), Groffliers (fol. 187), Airon-Saint-Wast (fol. 188), Waben (fol. 190), avec requête au roi des habitants de tous ces villages, 1589 (fol. 194), exemption d'impôts pour eux, 1592 (fol. 213), et enquêtes au sujet de leur requête, 1597 (fol. 221), 1600 (fol. 329). — Lettre signée « Le Mystre », adressée à Madame de Rambures, 1590 (fol. 211). — Information faite par le lieutenant particulier en la sénéchaussée de Boulonnais sur le pillage du moulin d'Alquines, 1599 (fol. 291). — Plainte au roi de Jean de Biet, troublé dans la possession du prieuré de Biencourt (fol. 297). — Limites du royaume vers Saint-Riquier avec figuration des villages proches de l'Authie (fol. 308). — Carte des villages qui sont le long de l'Authie, « par Pierre de Lattre, de Nenpon Saint-Martin, 1602 » (fol. 309).

« Extraict de ce en quoy se consiste la conté de Guisnes apar-
tenant au Roy très crétien » (fol. 315). — Remontrances au roi des
commissaires députés à la confection du papier terrier de Calais
et pays reconquis, 1601 (fol. 333), — de l'ambassadeur des Archiducs, d'Ayala, 1602 (fol. 334, 339, 374, 387). — « Villages conten-
tieus en la frontière de Picardie » (fol. 338). — Réponse de Louis Le
Fèvre de Caumartin et Claude Mango à d'Ayala (fol. 344, 380). —
Lettre des lieutenant général et procureur du roi en la sénéchaussée de Boulonnais, 1602 (fol. 354), transmettant les certificats des
baillis et hommes de fiefs de « Noeufville-lez-Monstroeul,
(fol. 358), Estrées (fol. 359), Bainghen au Cren (fol. 360), Win-
quinhem (fol. 361), Thienbronne (fol. 362), Recque (fol. 363),
Saint-Michel (fol. 364), Erguy (fol. 365), Herly (fol. 367), Allette
(fol. 369), Sempy (fol. 370), Marles (fol. 371), Estreelles » (fol. 372).
— Accord entre Jacques d'Estampes, seigneur de Valençay, et
Philippe le Lourdier, baron de Solliers, seigneur de Maizerolles,
1625 (fol. 393) et autres pièces concernant le baron de Solliers
(fol. 428). — Lettres *originales* de Louis XIII, 1626 (fol. 398) et
de « Henry de Vicq, » relativement aux doléances d'Eustache Picot,
1627 (fol. 399, 400). — « Sommaire du procèz pendant au Conseil
d'Estat entre Messire Eustache Picot, abbé de Cercamp et maistre de
la musique de la chapelle de Sa Majesté, et l'ambassadeur de l'archiduchesse de Flandres ». In-fol., *impr.* (fol. 405). — 441 feuillets.

XVIe et XVIIe siècles. Papier. 2 volumes. 365 sur 230 millimètres. Rel.
maroquin rouge, aux armes de Colbert.

448. « Remarques faictes au voiage de FLANDRES et HOL-
LANDE, en octobre, novembre et décembre 1670, sur les canaux, construction des écluzes, ponts, jettées en mer et
digues, moulins pour l'évacuation des eaues, et machines
pour le nettoyement des canaux et des portz, » par PONS DE
LA FUEILLE. (Paris, 31 janvier 1671.)

Original. — Lavis représentant les « écluze ou sas de Bousinghe,
prez d'Ypres en Flandres » (fol. 3-4), — « Escluze de Plashandael
entre Ostende et Bruges » (fol. 5-6), — « Ecluze du Far, qui com-
munique le canal d'Utrek avec la rivière du Leck » (fol. 8-9), —
« Pont brizé, usité en Amsterdam » (fol. 12-13), — Estacades de

« la Brille, Elvoet Schleus, Flessingue, Calais » (fol. 15-16), —
Moulins usités à Elvoet Schleus et Harlem pour épuiser les eaux,
moulins à vent usités en Hollande pour dessécher les prairies
(fol. 18-19), — Pontons servant à nettoyer les canaux en Hollande
(fol. 20-21).

XVIIe siècle. Papier. 24 feuillets et 6 planches. 370 sur 270 millimètres. Rel. maroquin rouge, aux armes de Colbert, entourées des colliers des Ordres.

449. « Mémoire de toute la consistence des villes et païs
d'Artois, qui demeurent au Roy par le traitté de paix du
septième novembre 1659, tant en ce qui concerne les estats,
charges, offices, justices et bénéfices que domaines de Sa
Majesté, aydes, centiesme, impositions, contributions et
levées, charges sur lesdites aydes et domaines et rentes cons-
titüées sur la province. »

XVIIe siècle. Papier. 31 pages. 270 sur 195 millimètres. Rel. maroquin rouge, aux armes de Mazarin.

450. « Traictéz et mémoires consernants les Estats des
Sept provinces unies des Pays-Bas, avecq les princes et républiques, lesquels pourront servir d'instruction aux ambassadeurs du Roy, envoyéz par sa Majesté ausdictz Estatz pour
conclure la trefve entre le roy d'Espagne et lesdictes provinces. »

Copies. — On remarque, entre autres, la « confédération et
alliance des nobles des Pays-Bas pour s'opposer à ce que l'Inquisition ne soit produitte audict pays, » 1566 (fol. 8). — Traités et
négociations des États des Pays-Bas avec Guillaume Ier, prince
d'Orange, 1576 (fol. 15), Don Juan d'Autriche, 1577 (fol. 43), repré-
senté par le sieur de Grobbendonck, 1577 (fol. 55), François, duc
d'Anjou, 1578 (fol. 77), 1583 (fol. 133); cahiers des États présentés
au duc d'Anjou, 1581 (fol. 101). — Lettres d'Elisabeth d'Angleterre, 1583 (fol. 117), Guillaume Ier d'Orange, 1583 (fol. 119, 131),
Catherine de Médicis, 1583 (fol. 121), du magistrat d'Anvers, 1583
fol. 123). — « Harangue des depputéz des Pays-Bas, ... offrant à

Sa Majesté la souverainneté des Pays-Bas, 1585 » (fol. 143). —
Traités et accords des États des Pays-Bas avec Elisabeth d'Angleterre, 1585 (fol. 151, 182), 1591 (fol. 197), Henri IV, 1596 (fol. 224).
— Acte de Henri de La Tour, duc de Bouillon, concernant l'Université de Leyde, 1596 (fol. 261). — « Articles sur lesquels le sieur
de Buzanval s'en retournant en Flandres désire estre esclaircy par
Sa Majesté » (fol. 271). — « Instruction pour vous, nostre cousin,
Ambroisio Spinola..., le président Richardot, » etc. Bruxelles,
1608 (fol. 315). — Alliance des Pays-Bas avec la France (fol. 328)
et l'Angleterre, 1608 (fol. 332). — Trève avec l'Espagne, 1608
(fol. 340).

XVIIᵉ siècle. Papier. 353 feuillets. 350 sur 225 millimètres. Rel. veau
gr.

451-454. « Négociation de la trefve entre Philippes III,
roy d'Espagne, d'une part, et les Estats généraux des Provinces Unies des Pᴀʏs-Bᴀs, d'autre, traictée soubs l'authorité
du feu roy Henry le Grand, par Monsieur le président
Jᴇᴀɴɴɪɴ. » (1607-1609.)

Copie. — Ces manuscrits ont été publiés intégralement sous le
titre : *les Négociations du président Jeannin*, entre autres par
Michaud et Poujoulat, *Nouvelle collection de mémoires pour servir
à l'histoire de France*, 2ᵉ série, tome IV. Paris, 1837, in-8º.
I (**451**). 11 avril 1607-24 août 1607, non compris les pouvoirs et
instructions placés en tête du volume ; le manuscrit correspond
aux pages 15 à 142 de l'édition Michaud et Poujoulat. —
258 feuillets.
II (**452**). 24 août 1607-29 décembre 1607 ; p. 142 à 259 de l'édition Michaud et Poujoulat. — 249 feuillets.
III (**453**). 10 janvier 1608-24 août 1608 ; p. 259 à 392 de l'édition
Michaud et Poujoulat. — 247 feuillets.
IV (**454**). 1ᵉʳ janvier 1609-27 juillet 1609 ; p. 524 à 668 de l'édition Michaud et Poujoulat. — 292 feuillets.

XVIIᵉ siècle. Papier. 4 volumes. 305 sur 200 millimètres. Rel. veau
fauve.

455. « Affaires d'Hᴏʟʟᴀɴᴅᴇ, depuis 1610 jusques en 1617,

avec un discours contenant la négociation du sieur DE COMANS
sur la pacification des troubles des Pays-Bas et traicté de paix
entre l'Espagne et l'Angleterre. »

Copies. — Addition à la trêve d'Anvers entre les archiducs et
les Pays-Bas, La Haye, 1610 (fol. 1). — « État des sommes dont
la France a assisté les Pays-Bas, » 1603-1610 (fol. 13.) — Alliance
entre Louis XIII et les Pays-Bas, 1610 (fol. 19). — Harangue de
Corneille van der Mille et François d'Aersens à Louis XIII sur l'assassinat de Henri IV (fol. 40). — Remontrance d'Eustache Du
Refuge, ambassadeur de France, aux États généraux pour obtenir
qiuttance des sommes versées par Henri IV (fol. 44). — Traités des
Pays-Bas avec les princes protestants d'Allemagne, 1613 (fol. 54),
la ville de Lübeck, 1613 (fol. 63), l'Angleterre, à propos des pêche-
ries, 1614 (fol. 71), la Suède, 1614 (fol. 79), les villes Hanséatiques,
1616 (fol. 91). — Formules de serment des fonctionnaires hollandais, 1608 (fol. 97). — Ordonnance des États contre les catholiques et spécialement les Jésuites, 1622 (fol. 100). — Ordonnance
de Philippe III défendant de commercer avec les Pays-Bas, 1625
(fol. 107). — Ligue des Pays-Bas avec l'Angleterre, 1625 (fol. 116),
le Danemark, 1625 (fol. 122), la France, 1627 (fol. 131). — « Récit
des négotiations du sieur de Comans, conseiller et maistre d'hoste
ordinaire du Roy, sur la pacification des troubles des Pays-Bas »
(fol. 151).

XVIIe siècle. Papier. 192 feuillets. 340 sur 220 millimètres. Rel. veau
granité.

456. « Ambassade ordinaire de Monsieur [Charles FAYE]
D'ESPESSES aux Estats généraux des Provinces unies du
PAYS-BAS. » (Mars 1624-août 1625.)

Tome Ier de la correspondance de Charles Faye d'Espesses, dont
le ms. français 17943 offre une copie identique. — La plupart
des lettres ont pour auteurs ou destinataires Louis XIII, d'Espesses,
et Nicolas Potier, sieur d'Ocquerre, secrétaire d'État. — On remarque (fol. 244) des « Propositions de l'électeur de Brandebourg présentées au Roy par le sieur de Belin envoié par lui. »

XVIIe siècle. Papier. 376 feuillets. 340 sur 210 millimètres. Rel. veau
granité.

457. Lettres et dépêches *originales* adressées à Philippe de Béthune, ambassadeur à Rome, par Nicolas DE BAUGY, résident à Bruxelles, puis ambassadeur en Hollande, Henri BRASSET, résident à Bruxelles, et Philippe DE HARLAY DE CÉSY, ambassadeur à Constantinople. (1627-1630.)

Lettres signées « De Baugy », Bruxelles, 5 juin 1627-3 juin 1628 [53 lettres] (pièces 1-53), et La Haye, 4 novembre 1628-4 novembre 1630 [50 lettres] (pièces 69-118), — « Brasset », Bruxelles, 24 juin 1628-30 septembre 1628 [15 lettres] (pièces-54-68), — « Césy », Péra, 27 janvier 1627-9 janvier 1630 [64 lettres] (pièces 120-203).

XVIIe siècle. Papier. 2o3 pièces. 34o sur 2oo millimètres. Rel. maroquin rouge, au chiffre et aux armes de Colbert, avec les colliers des Ordres.

458. « Procês verbal des limites en exécution du traité d'Aix-la-Chapelle, par Messieurs [Honoré] COURTIN, [Paul DE] BARRILLON et [Michel] LE PELETIER, commissaires députéz par sa Majesté très chrestienne, et Messieurs [Jean-Baptiste DE BROUECKHOVEN] DE BERGEIK, [Laurent] HOUYNES et [Léon-Jean] DE PAPE, commissaires députéz par Sa Majesté Catholique, à Lille, le dix neuf janvier 1672. »

« Collationné à l'original par moy, greffier en ladite commission soubzsigné : Bordier. »

XVIIe siècle. Papier. 766 feuillets. 365 sur 22o millimètres. Rel. maroquin rouge, au chiffre et aux armes de Colbert, avec les colliers des Ordres.

459-464. « NÉGOTIATION DE NIMÈGUE. » Copies des dépêches de Louis XIV, Simon ARNAUD DE POMPONNE, secrétaire d'État, et des plénipotentiaires français François-Marie DE L'HÔPITAL, duc DE VITRY, Charles COLBERT, marquis DE CROISSY, Jean-Antoine DE MESMES, comte D'AVAUX. (1676-1679.)

I (**459**). 23 décembre 1675-31 décembre 1676. — 609 feuillets.
II (**460**). 8 janvier-24 septembre 1677. — 617 feuillets.

III (**461**). 1ᵉʳ octobre 1677-29 juin 1678. — 590 feuillets.

IV (**462**). 1ᵉʳ juillet-29 septembre 1678. — 493 feuillets.

V (**463**). 4 octobre 1678-31 janvier 1679. — 554 feuillets.

VI (**464**). 5 février-18 juillet 1679. — 494 feuillets.

XVIIᵉ siècle. Papier. 6 volumes. 370 sur 230 millimètres. Rel. maroquin rouge, au chiffre et aux armes de Colbert, avec les colliers des Ordres.

465-467. Mélanges historiques sur l'Angleterre et l'Écosse. (1200-1660.)

I (**465**). Recueil de pièces sur les relations de la France et de l'Angleterre (1200-1660).

Copies, faites aux xvᵉ et xvıᵉ siècles, des actes des rois d'Angleterre, Jean Sans Terre, 16 mai 1200, publié par Rymer, *Foedera*, éd. de 1704-1716, I, 117, — Henri III, lundi avant la Saint-Luc, octobre 1259 (fol. 1), — Édouard Iᵉʳ, 10 juillet 1303, Rymer, II, 934 (fol. 3), — Édouard II, 31 janvier 1308, Rymer, III, 57 (fol. 19); traité avec la France, 31 mai 1325 (fol. 30), — Édouard III, confirmation de l'accord avec la France, 30 mars 1331 (fol. 7, 22 v°); hommage du même jour, Rymer, IV, 477 (fol. 11 v°, 21), sous vidimus de Jean de Luxembourg, roi de Bohême, 9 mars 1340 (fol. 13); défi à Philippe VI de Valois, 27 juillet 1340 (fol. 27); actes du 24 octobre 1360, Rymer, VI, 272, 263 et 229 (fol. 14, 21 v°, 35), — Richard II, traité de mariage avec Isabelle de France, 9 mai 1396 (fol. 65), — Henri V, réponse aux ambassadeurs de France, 6 juillet 1415 (fol. 25 v°); ratification du traité de Troyes, 21 mai 1420 (fol. 75), — Henri VI, 23 mai 1439, Rymer, X, 730 (fol. 71), — Marguerite d'Anjou, sa femme, 1476 (fol. 87-94), — Édouard IV, 29 août 1475, Rymer, XII, 17, 19 (fol. 82); 13 novembre 1475, Rymer, XII, 21 (fol. 85 v°, 86 v°); 20 juillet 1477, Rymer, XII, 45 (fol. 94 v°).

Copies d'actes de Jean de Bailleul, roi d'Écosse : hommage à Édouard III, 26 décembre 1292 (fol. 27 v°); 7 juillet 1296 (fol. 28).

Copies d'actes de Charles V, roi de France, règlement de l'affaire de Belleville, 3 juin 1366 (fol. 53); circulaire aux bonnes villes, mandant l'évocation au Parlement du prince Édouard de Galles, duc de Guyenne (fol. 61 v°).

« L'histoire de la royne Anne d'Angletterre, » Anne Boleyn, en vers français, du xvie siècle (fol. 101-120) :

> Début : « Les cas nouveaulx et choses merveilleuses...
> Fin. : « Cecy feut faict à Londres le deuxiesme
>   Du moys de juing en l'an trantesixiesme. »

« Exemplar relationis cujusdam de negotiis cleri Anglicani, domino Maffeo Barbarino, archiepiscopo Nazareno et nuncio apostolico, Parisiis exhibitae die 26° februarii A. D. 1605 » (fol. 125), « domino cardinali de Bubalis, nuncio apostolico in Francia, Parisiis exhibitae, nono die septembris anno Domini 1604 » (fol. 131); « ex libris Richardi Stephani, Angli. » — Copie des lettres de naturalisation données par Henri II aux Écossais résidant en France, 1558 (fol. 137). — Capitulation à l'avantage de la religion catholique, arrêtées au traité du mariage du prince de Galles et de l'infante d'Espagne (fol. 139). — Nombreux projets, annotés, d'une ligue offensive et défensive entre la France et l'Angleterre contre la maison d'Autriche, 1636-1637 (fol. 145). — Déclaration, signée de l'ambassadeur d'Angleterre « Leycester », 17 juillet 1636 (fol. 183). — Note « sur le mémoire que m'a donné Monsieur le comte de Leicestern »; ce serait, selon une note de Baluze, un autographe du cardinal de Richelieu (fol. 210); en réalité, l'écriture est celle de Bullion. — Projet de congrès à Hambourg (fol. 222). — Autres propositions de l'ambassadeur d'Angleterre à Richelieu (fol. 235). — « Articles de la cessation d'armes accordée à Ripon, le 16 octobre 1640, entre les députéz d'Angleterre et d'Escosse » (fol. 254). — Mémoire sur les pirates de Salé et de Dieppe (fol. 258), sur l'affaire de *l'Unité*, vaisseau anglais arrêté en 1638 à Pasajes par la flotte de Sourdis (fol. 262), sur les marchands anglais, en France (fol. 264 v°). — « Lettera scritta dalla regina d'Inghilterra al principe di Galles, suo figlio, tradotta nell' idioma italiano da Gio. Francesco Biondo » (fol. 266). — Lettre de Louis XIV au roi Charles II, 1660 (fol. 270). — « Relation de la négotiation d'Angleterre en Espagne depuis le restablissement du roy d'Angleterre » (fol. 272). — 278 feuillets.

II (**466**). Recueil de pièces, la plupart en anglais, sur l'histoire d'Angleterre (xvie et xviie siècles).

« The genealogies of alle the kings of England » (fol. 1). — « Rationarium regni Angliae, » en anglais : « Ce qui dessus a esté

fait et conté durant le règne de Henri VIII ou bien Édouard VI »
(fol. 39). — « Suprema Thomae Howarti, ducis Nortfolkiensis, ad
populum, oratio », 1572 (fol. 56). — « Discours contre l'Angleterre, » Saint-Germain-des-Prés, 1574 (fol. 63). — Lettre, en
italien, du chevalier Checke à la reine, 1580 (fol. 69). — « De cu-
riis ecclesiasticis archiepiscopi Cantuariensis, ex libello de præro-
gativis sedis Cantuariensis » (fol. 73). — « Memoriall for Mr Gorge, »
Thomas Gorge envoyé en Suède, 1581 (fol. 75). — « Instructions
for the commissionners of Estland, Elbing, Prussia, Polland,
Denmarck » (fol. 77 v°). — « A draught of instruction for
Mr L. Willoughby sent to the king of Denmark, 4 jun. 1582 » (fol.
82 v°). — Lettres de Michel de Castelnau de Mauvissière, ambassadeur de France en Angleterre, 1582 (fol. 86, 87 v°). — « A
discours of syr Ph. S[idney] to the Queen M^ty [Elisabeth], touching his mariage with Monsr » le duc d'Anjou, François de
Valois (fol. 89). — « Ex libello *de Politeia Angliae* in usum domi-
nae reginae, primo regni anno conscripto » (fol. 96). — « Of the
chauncelor and chauncery of England » (fol. 99). — « The forme
and maner of the proceding... of assysses » (fol. 109). — Apologie de Leycester par son neveu Philippe Sidney, en anglais, 1582
(fol. 111). — Discours, en anglais, sur le gouvernement de l'Irlande, adressé à la reine Elisabeth (fol. 117).

Projet d'une histoire d'Angleterre, en français, 1585 : « Mon
dessein est de coucher l'histoire entière d'Angleterre par escrit,
en termes françois » (fol. 134) ; cf. aussi ms. 467, fol. 419. —
Harangue, en anglais, de la reine Elisabeth au Parlement, 1586
(fol. 137). — « The order of the deathe of the Scottishe Quene, »
Marie Stuart, 1586 (fol. 139). — « Contra Richardum Reynold,
rector[em] de Lamburne » (fol. 141). — Consultation, en anglais,
de jurisconsultes anglais sur l'exécution de Marie Stuart, 1587
(fol. 143). — « Certaine notes touching the great matter now in
handling in the Parlement » (fol. 157). — « A speeche made by
the... chauncellor of Englande emongest the Lords, » 1590 (fol. 159).
— « A Monsieur Anthoyne Baccon, apologie du comte d'Essex »
(fol. 165). — « Singulariora quaedam de rebus Anglorum exscripta
ex relatione Michaelis Veneti, Mariae reginae temporibus habita, »
en italien (fol. 183). — Relations de l'exécution du comte d'Essex,
1601 (fol. 196). — Harangue du roi Jacques Ier aux Estats, 1603
(fol. 202). — « Edit du roy d'Angleterre, par lequel S. M. défend

de fere la guerre aux sujets du roy d'Espagne..., traduit d'anglois en françois par M. G. C., interprète ordinaire du roy en l'amirauté de France, » 1603 (fol. 208). — Conspiration des lords Grey, Cobham, Raleigh, 1603 (fol. 210). — « La conférence ecclésiastique d'Angleterre en présence de Sa Majesté, au mois de janvier 1604, » recueillie par Guillaume Barlowe, doyen de Chester, traduite de l'anglais (fol. 216). — « Recueil abrégé des paroles que le Roy a tenues à la dissolution de la première assemblée des Estats, en juillet 1604 » (fol. 250). — Lettre de L. Thomson au sr des Arènes sur le traité anglo-espagnol, 1604 (fol. 252). — Note de Noel de Carron, ambassadeur hollandais en Angleterre, 1604 (fol. 256). — « Requeste des catholicques » au roi Jacques Ier (fol. 259). — Traité de Londres entre l'Espagne et l'Angleterre, 1604 (fol. 261). — Proclamation de Jacques Ier sur l'union des couronnes d'Angleterre et d'Ecosse, 1604 (fol. 271). — « Lettre de l'archevêque d'York au viconte de Crambourn, secrétaire d'Estat, alias Cecill, » 1605 (fol. 281), avec la réponse de Cecill (fol. 281 v°). — « Edit du roy [Jacques Ier] pour la révocation des mariniers, » 1605 (fol. 283). — « L'estat présent d'Angleterre en ce mois de mars 1605 » (fol. 287). — « Littera P. Garneti », jésuite (fol. 289). — Actes divers de Jacques Ier contre diverses personnes accusées de trahison, contre les papistes, pour la liberté du commerce maritime, etc. (fol. 290), sur le comte de Tirconnel (fol. 315, 369) ; harangue au Parlement, 1605 (fol. 317). — Vers latins sur les conjurés anglais (fol. 325). — « Copie de la lettre trouvée en la chambre du comte de Salisbury en son logis à Londres, le vendredy vie décembre 1605 » (fol. 326). — Proclamation du roi Jacques Ier contre trois Jésuites (fol. 327) ; procès du P. « Henry Garnet, alias Walley, alias Darcy, alias Roberts, alias Farmer, alias Philippes, » 1606 (fol. 332) ; et lettre *orig.* de « Tho. Lami » à Hotman à ce sujet, 1606 (fol. 341). — « Brief récit de la procédure et jugement donné contre Henry, comte de Northumberland, le 28e de juing 1606 » (fol. 343). — Copie des bulles de Paul V aux catholiques anglais, 22 sept. 1606 (fol. 351) et à George Birket, archiprêtre d'Angleterre (fol. 380). — « Discours de la dernière conspiration d'Anglerre, avec les confessions de quelques prisonniers, » 1606 (fol. 354). — « Summa petitionis apologeticae catholicorum Anglorum regi oblatae, » 1607 (fol. 368). — « Interrogatoires et examinations de Maistre

Georges Blackwell, institué archiprestre en Angleterre par le pape, » 1607 (fol. 371). — Lettres de « Lisle » à Hotman, Londres, 1607, *orig.* (fol. 373), de la reine Anne à Gunterot (fol. 379). — Mémoire sur la ville de Derry en Irlande, 1608 (fol. 385). — Apologie du secrétaire d'État d'Écosse, Elfiston (fol. 387). — « Lista de donativi fatti in Spagna dal' s^r prencipe de Galles alla sua partenza » (fol. 389). — 21 lettres *orig.* de « de Beaulieu, » adressées de Bruxelles, de Londres et de Paris à Hotman, 1608-1610 (fol. 391-436). — 436 feuillets.

III (**467**). Recueil de lettres *originales* adressées à M. de Villiers Hotman, un moment chargé d'affaires à Düsseldorf, par « J. de Beaulieu. » Paris, 1611-1614, Bordeaux, 1615, Londres, 1618-1633 [163 lettres] (fol. 1-20, 23-61, 81, etc.), et « Tho. Edmondes, » ambassadeur extraordinaire d'Angleterre en France. Paris, 1612 (fol. 21). — Copie de lettres de Jacques Ier, 1616 (fol. 62, 65). — « Dernières parolles du chevalier Raulegh » (fol. 67). — « Interrogatoire faicte au s^r de La Chesnaye, » français, complice de la tentative d'évasion de Raleigh, 1618 (fol. 69). — « Le commencement, progrès et suitte de la vie et fin tragique du comte de Sommercet » (fol. 73). — Copie de la lettre de J. Buckingham au comte de Gondomar, 1620 (fol. 105). — Remontrances du parlement d'Angleterre au roi Jacques Ier, 1620-1621 (fol. 127, 155). — Discours de l'archevêque de Cantorbéry [William Laud] à Jacques Ier, 1623 (fol. 193). — Harangues de Jacques Ier à l'ouverture du Parlement, 1624 (fol. 215). — Minute de lettre d'Hotman, 1624 (fol. 240). — Procuration de Charles Ier d'Angleterre pour épouser Henriette de France, 1625 (fol. 256), suivi du contrat de mariage (fol. 261). — Liste de la flotte partie de Plymouth le 3 octobre 1625 (fol. 284). — Réponses de Charles I^e à l'envoyé danois Zobel, 1626 (fol. 310), et de ses commissaires au maréchal de Bassompierre (fol. 317). — Proclamations du roi d'Angleterre pour défendre de lire les remontrances des communes, 1626 (fol. 342), et mander la paix avec l'Espagne, 1630 (fol. 418), placards *impr.* — Lettre, datée de Windsor et signée « Alb. Joachim », au baron de Langueback, ambassadeur de Hollande en France, 1627 (fol. 384). — Traité de paix entre l'Angleterre et l'Espagne, 1630 (fol. 409). — 465 feuillets.

XVe-XVIIe siècle. Papier. 3 volumes. 335 sur 235 millimètres. Rel. maroquin rouge, aux armes de Colbert.

468. Dépêches et lettres de Jean Du BELLAY, évêque de Bayonne, puis de Paris, et cardinal, au roi François 1er, à Louise de Savoie et Anne de Montmorency, durant son ambassade en Angleterre (1527-1529), — et de Guillaume Du BELLAY, sieur de Langey, gouverneur de Turin, à Pomponio de Cenoulx, gouverneur de Lyon, M. de Paris, conseiller du roi, au pape, à François Ier, Montejehan, Anne de Montmorency et au cardinal Du Bellay (1532-1538).

Copie, exécutée en 1669, des manuscrits français 3076, 3080, etc.

XVIIe siècle. Papier. 791 pages. 355 sur 250 millimètres. Rel. maroquin rouge, au chiffre et aux armes de Colbert, avec les colliers des Ordres.

469. « Registre des dépesches de l'ambassade de Monsieur [Charles] DE MARILLAC en Angleterre,... au roy François Premier et à Messire Anne de Montmorency, grand maistre et connestable de France. » (2 avril 1539-31 décembre 1540.)

Copie, exécutée en 1669, du manuscrit français 2955.

XVIIe siècle. Papier. 594 pages. 350 sur 240 millimètres. Rel. maroquin rouge, au chiffre et aux armes de Colbert.

470-473. Recueil de la correspondance *originale* adressée à Michel DE CASTELNAU DE MAUVISSIÈRE, commissaire général près de l'armée des réîtres du comte Palatin Casimir (1568), gouverneur de Saint-Dizier (1569), ambassadeur en Angleterre (1575-1585).

I (**470**). Lettres signées : « Henry de Lorraine, » duc de Guise, 1584-1585 [6 lettres] (pages 1, 3, 9, etc.), — « Henry » III, 1584-1589 [11 lettres] (p. 24, 77, 99, etc.), — « Marie » ou « Marie R. » Stuart, 1584-1586 [25 lettres] (p. 27, 33, 37, etc.). — Jacques, roi d'Écosse, copie (p. 47), — « Caterine » de Médicis, 1585 (p. 75, 103), — Passeport pour l'ambassadeur de France signé : « R. Leycester, Howard, F. Knollys, Fra. Walsyngham, » etc., 1585 (p. 95), — « Elizabeth, R. » d'Angleterre, 1585 [3 lettres] (p. 151, 153, 159), — « M. de Castelnau, » 1585 [3 lettres] (p. 187,

199, 213), — « Françoys, » duc d'Anjou [3 lettres] (p. 247,
249, 253).

Traité de Cateau-Cambrésis, 1559 (p. 267). — Deux pièces
chiffrées (p. 307, 308). — 308 pages.

II (**471**). Lettres signées : « J[ehan] Casimir, » comte Palatin
du Rhin, 1568-1571 [5 lettres et quittances] (pages 1-28), —
« Charles » IX, 1568-1571 [7 lettres] (p. 29, 37, 45, etc.), — « Caterine » de Médicis, 1570-1583 [21 lettres] (p. 33, 43, 63, etc.), —
« Volradt Manscfelt, Johann van Dorse, » au nom des réîtres,
1570 (p. 55), — « Henry » III, duc d'Anjou, puis roi, 1570-1583
[29 lettres] (p. 59, 69, 75, etc.), — « Graff Barbi, » colonel de
réîtres, 1574 (p. 165, 169), —« Marie » Stuart, 1577-1583 [8 lettres]
(p. 223, 243, 257, etc.), — « François, » duc d'Anjou, 1582 (p. 271),
— Claude « Pinart, » secrétaire d'État, 1583 (p. 285).

« Ce sont les articles de la capitulation faicte par la royne
mère du Roy avec le s^r de Bassompierre pour la levée qu'il fera
présentement en Allemaigne de six cens chevaulx pistolliers... »
Paris, 18 juin 1574 (p. 91). — « Estat du paiement... pour raison
du licentiement de Messieurs les contes de Barby et Westerbourg,
colonnelz de deux régimentz d'iceulx réittres, » 1575 (p. 193). —
« Remonstrances de la royne d'Escosse douairière de France touchant le droict qui luy appartient de la succession de la coronne
d'Angleterre, » 1581 (p. 247). — 335 pages.

III (**472**). Lettres signées : Jacques « Bochetel, » sieur de La
Forest, beau-père de Castelnau de Mauvissière, sans date [4 let-
tres] (pages 1-8, 253, etc.). — Nicolas « De Neufville » de Villeroy, secrétaire d'État, 1575-1588 [25 lettres] (p. 9, 11, 19, etc.), —
« Galeotto Magalotti, » 1559 (p. 13), — « de Cossé » Brissac, 1570
(p. 17), — « Ja[cques Beaton,] archevesque de Glasgo, » 1577
(p. 49), — « Sigongnes, » gouverneur de Dieppe, 1577 (p. 53,
59, 63, 67), — « B[ernardin] de Sainct François, é[vêque] de
Bayeulx, » 1577 (p. 55), — « de Bellefleur, » 1577 (p. 71), —
« Henry » III, 1577 (p. 75), — Michel « de Seurre, » 1577 (p. 77),
— Jean « de Morvillier, » 1577 (p. 81), — « Filippo Corsini, »
1578 (p. 85), — « Lodovico Gonzaga, » duc de Nevers, 1583
(p. 119), — Martel de « Bacqueville, » 1584 (p. 133), — « d'As-
sas, » 1585-1588 (p. 135, 153, 307), — « J[ean] de Vulcob, » 1585
et suiv. [10 lettres] (p. 141, 245, 349, etc.), — « Bernard de Girard du Haillan, » 1585-1586 (p. 145, 225), — « de Chaulnes, »

1585 (p. 149), — « J. Bodin, » 1585-1586 (p. 157, 261), — «Allex[andro] Teregli, » Londres, 1585 (p. 159, 181, 154), — docteur « Ruy Loppez, » 1585 (p. 163), — « Christophe de Castelnau, » dit Mauvissière l'aîné, neveu de Michel de Castelnau, 1585 et suiv. [9 lettres] (p. 167, 185, 213, etc.), — « Fontaines, » vice-amiral de Bretagne, 1585 (p. 171, 403), — « Edouardo Dymola, » (?), Londres, 1585 (p. 175), — « Arnault, » 1585 (p. 189), — « A. Bochetel, » dame de La Mothe, tante de Michel de Castelnau, 1586 (p. 193, 373), — « de Courcelles, » ambassadeur en Écosse, 1586 p. 201), — « Bremen, » 1586 (p. 205), — Louis de Saint-Gelais de « Lanssac, » 1586 (p. 209), — « Antonio Damigua, » (?) Londres, 1586 (p. 221), — « Boysmayslé, » (?) 1586 (p. 227), — Michel de Castelnau à Walsingham (p. 243), — « Scoryo, » Londres, 1586 (p. 249), — « Françoys de Castelnau, » frère de Michel, 1587 et suiv. [9 lettres] (p. 257, 377, 379, etc.), — Guillaume « de L'Aubespine Chateauneuf, » ambassadeur en Angleterre, 1586-1589 (p. 265, 327), — « Amadis Jamyn, » 1587 (p. 267), — François de Cassillac, sieur de « Sessac, » 1587 et suiv. [11 lettres] (p. 275, 279, 281, etc.), — « de Morogues, » 1587 (p. 277), — « J[ean] Louis [de Nogaret] de La Valette, » duc d'Épernon, 1588 (p. 301), — « Deslandes, » 1588 (p. 321), — « Ursin » ou Giordano degli Orsini, 1588 (p. 323), — de « Maryvaulx, » 1591 (p. 331), — « Mauvissière, » neveu de Michel de Castelnau, 1592 (p. 333), — « Jean Portaill, Honoré Maure, » obligés de Michel de Castelnau (p. 401), — Dumas « de La Chesnaye » (p. 407), — de « Souvré » (p. 423), — « Bueil » (p. 425), — « Michel Rogere, lieutenant en l'admirauté de Fescamp » (p. 427), — « Esanville, » Greenwich (p. 431), — « Janne de Gondy, prieure de Poissy » (p. 435, 437), — « Fonses » (p. 439), — « Racan, » 1586 (p. 441).

Testament de François, duc d'Anjou, 8 juin 1584, copie contemporaine (p. 129). — Description de portraits peints du Roi et des Ligueurs (p. 335). — « Mémoire de mes bagues, » celles de Michel de Castelnau (p. 337). — « Mémoire des sommes dûes par le Trésor à Michel de Castelnau, qui est demeuré dix ans et trois mois ambassadeur en Angleterre », 1585 (p. 343). — Chiffre de sa correspondance (p. 347). — 443 pages.

IV (473). « Registre des lettres escrites par le roy Henri IIIᵉ et la reyne Catherine de Médicis, sa mère, à Monsieur de Castelnau, sieur de Mauvissière, pendant son ambassade d'Angleterre, depuis l'année 1580 jusques en l'an 1584. » — Copie exécutée en 1669. — Cf. *Lettres de Catherine de Médicis*, publiées par M. le Cte Baguenault de Puchesse, t. VII, p. 212, note 2. — 630 pages.

XVIe et XVIIe siècles. Papier. 4 volumes in-fol. Rel. les trois premiers en veau gr., le quatrième en maroquin rouge, aux armes de Colbert, entourées du double collier des Ordres.

474-476. Copie de la correspondance diplomatique d'Antoine Lefèvre de La Boderie, ambassadeur en Angleterre, avec Henri IV, Nicolas de Neufville de Villeroy, Pierre Brulart de Puysieulx, Marie de Médicis, François Savary de Brèves, Eustache de Reffuge, le président Jeannin. (1606-1610.)

Tome I (**474**). Lettres de La Boderie, 1606-1607. — En tête de chaque volume, est le « Jargon ou deschifre » employé durant l'ambassade. — 675 pages.

Tome II (**475**). Lettres de Henri IV, Villeroy, Puysieulx, Marie de Médicis, 1606-1610. — 458 feuillets.

Tome III (**476**). Lettres de La Boderie, 1608-1610. — 385 feuillets.

XVIIe siècle. Papier. 3 volumes. 360 sur 255 millimètres. Rel. maroquin rouge, au chiffre de Colbert et à ses armes, entourées du double collier des Ordres.

477. « Négotiation de Monsieur [Jean Varigniez] de Blainville, ambassadeur extraordinaire en Angleterre (1625-1626); copié sur les originaux. »

Lettres de Blainville, Louis XIII, Richelieu, Charles Ier d'Angleterre, de Carouge, comte de Tillières, Daniel de La Motte du Plessis-Houdancourt, évêque de Mende, d'Oquerre, Henri-Auguste de Loménie Brienne de La Ville aux Clercs, de Mantin, Convoy, secrétaire d'État anglais, Dominique de Vic, Bourlamaqui et Henriette-Marie, reine d'Angleterre. — Copie, exécutée en 1669, des manuscrits français 3693 et 3694 (fol. 1-99), analysés en détail dans le *Catalogue des manuscrits français*, in-4°, t. II, p. 722-726.

XVIIe siècle. Papier. 787 pages. 355 sur 235 millimètres. Rel. maro-

quin rouge, au chiffre de Colbert, et à ses armes, entourées du double
collier des Ordres.

478. « Relation d'Angleterre, » par un diplomate français
faisant partie de l'ambassade extraordinaire envoyée en 1665
en Angleterre.

Nombreux détails, fort curieux, sur l'Angleterre au temps de
Cromwell, la cour de Charles II, les sectes religieuses, la marine
anglaise, l'Irlande et l'Écosse.

XVIIe siècle. Papier. 134 feuillets. 335 sur 220 millimètres. Rel.
veau raciné, aux armes de Colbert.

479. Recueil de pièces diverses, copies ou imprimés, sur
l'Espagne : finances, traités avec la France, guerre de Catalogne, etc. (1258-1663.)

« Relatione d'un ambasciatore [de Venise] venuto dalla Corte di
Spagna, » milieu du xviie siècle (fol. 6). — « Prematica en que
Su Magestad manda, que de aqui adelante no se pueda hazer, ni
escrivir ninguna escritura, ni instrumento publico... sino fuere
en papel sellado con uno de quatro sellos. Madrid, 1637, » in-fol.,
impr. (fol. 55). — « Escritura que el reyno otorgo en 28 de abril
de 1663, sirviendo a Su Magestad con los impuestos de quatro
maravedis en libra de carnes... Madrid, 1663, » in-fol., *impr.*
(fol. 84), — « Esclaircissement historique sur quelques difficultéz
touchant la succession de la Couronne de Castille, » par Georges
d'Aubusson de La Feuillade, archevêque d'Embrun, ambassadeur
en Espagne, 1663 (fol. 104). — « Mémoire pour faire voir que la
renonciation de la Reyne aux royaumes de Castille est nulle »
(fol. 137). — Traités entre la France et la Castille, 1258-1632 (fol.
163). — « Abbrégé des lettres escrites par Monsieur de Lionne à
Son Eminence pour la négociation de la paix et du mariage
en 1659 et 1660 » (fol. 185). — « Projet de lettre du Roy au roy
Catholique pour estre présentée par Monsr le maréchal de Gram-
mont » (fol. 211). — « Commission du Roy [Louis XIV] à Mr Don
Louis de Haro de fiancer et espouser par parole de présent en
son nom l'Infante d'Espagne » (fol. 213), et autres pièces relatives au mariage de Marie-Thérèse et Louis XIV. — « Pax inita

ad Pyrenæos montes anno MDCLIX inter Galliae et Hispaniae reges. Parisiis, 1660, » in-4°, *impr.* (fol. 221). — Articles secrets du traité des Pyrénées, 1659 (fol. 263). — Mémoire sur la côte d'Espagne, de Fontarabie à Guétaria, avec des vues ou des plans de Fontarabie, Renteria, Saint-Sébastien, Zarauz et Guétaria (fol. 272). — « Que le royaume du Portugal appartient à plus juste tiltre à Jean IV, à présent roy de Portugal, que non pas à Philippes IV » (fol. 282). — « Raisons fort puissantes, pour faire voir l'obligation qu'a la France d'appuyer l'intérest de Portugal dans le traitté de la paix. Paris, 1659, » in-fol., *impr.* (fol. 290). — « Copia de las cartas que dexo escritas en Castilla D. Estevan de Menezes. Lisboa, 1663, » in-4°, *impr.* (fol. 310). — « Carta del Gran Capitan [Gonçalo Fernandez de Cordova], del otro Mundo, a Don Fernandez del Campo, secretario de Estado, » 1663 (fol. 330).

« Confinium Galliae Narbonensis, in qua regio Sardonum sive Sardonia (hodiè *Cerdaigne et Rossillon*), et Hispaniae Tarraconensis, in qua Cerretani Vasconum, Hispanica gens (hodiè *les Pyrénées Navarroises*), et Cerretani, qui Juliani cognominantur et qui Augustani (hodiè *le pays qui est entre Solsone, Vich et Girone*), authore Joanne Rosset; » carte dédiée au cardinal Mazarin (fol. 336). — « Arguments et raisons pour prouver que les comtéz de Rossillon et de Cerdaigne sont dans la Gaule Narbonoise » (fol. 337).

« Description du principat de Cathalogne » (fol. 364). — Alliance de la France avec la principauté de Catalogne : traité du 15 août 1640, conférence de Leucate, traité du 19 septembre 1641 (fol. 382). — « Relation du capitaine [Regnier Ferdinand de] Meer, retournant de Zarragoce en novembre 1643, contenant quelques particularités touchant les dessainz des Espagnols contre la France et particulièrement pour la Catalogne, 1643 » (fol. 404). — « Mémoires de Monsieur de Gramont, envoyés à Monseigneur le cardinal Mazarin, » 1644, *original,* signé « Gramont » (fol. 410). — Mémoire sur la Catalogne et les moyens de la conserver au Roi, 1647 (fol. 414). — « La vérité sans déguisement touchant la retraite que le comte de Marchin fit de Catalogne en l'année 1651, » in-4° , s. l. ni d., *impr.* (fol. 422). — « Avisos de un Catalan [l'abbé Sala], que importan al servicio de Su Magestad » (fol. 440). — « Très humble remonstrance de la députation de la princi-

pauté de Catalogne... sur... la paix entre les deux Couronnes »
(fol. 447).

XVIIe siècle. Papier. 454 feuillets. 335 sur 23o millimètres. Rel. veau
rac., aux armes de Colbert.

480. « Despesches de Monsieur [Jean D'EBRARD], le marquis
de Sainct-Supplice [SAINT-SULPICE], ambassadeur pour le roy
Charles IX en ESPAGNE, depuis le 26 avril 1562 jusques au
20 octobre 1565. »

Copie, exécutée en 1669, des manuscrits français 3161 à 3163.

XVIIe siècle. Papier. 1098 pages. 355 sur 235 millimètres. Rel. maroquin rouge, au chiffre de Colbert et à ses armes, entourées du double
collier des Ordres.

481. Recueil de pièces diplomatiques relatives à la restitution du royaume de NAVARRE, réclamé par Jean III et Henri II
d'Albret au roi Catholique. (1462-1568.)

Négociations relatives à la restitution du royaume de Navarre :
Instructions des rois et reines de Navarre, Jean III d'Albret et
Catherine de Foix, au licencié Pierre de Biax, envoyé comme plénipotentiaire près des députés français en l'assemblée de Noyon
(fol. 3 et 12 v°), et à Bruxelles à la Cour du roi Catholique, depuis
Charles-Quint, 1516 (fol. 9), avec les harangues de Biax et les
réponses du chancelier de Flandre (fol. 17). — Instructions de
la reine Catherine à Biax, à Andoins, sénéchal de Béarn, et à
Montfaulcon, envoyés près du roi Catholique, 1517 (fol. 49 v°). —
Audience donnée par Charles-Quint à Biax, Andoins et Bernard
de Lordat, 1518 (fol. 53), avec une lettre d'Andoins et autres
mémoires des ambassadeurs navarrais au roi Henri d'Albret (fol.
63). — Instructions d'Alain d'Albret à Biax et d'Andoins envoyés
à la conférence franco-espagnole de Montpellier, 1519 (fol. 76 v°),
avec le récit de ladite conférence ou journée (fol. 78 v°). — Instructions du roi Henri II d'Albret au maréchal de Navarre, envoyé
près de François Ier (fol. 84), de François Ier à d'Estissac, envoyé
à Henri d'Albret (fol. 85 v°), et de Henri II d'Albret au maître
d'hôtel d'Asques, envoyé près de François Ier (fol. 87 v°).

Lettre de Charles VIII à Ferdinand et Isabelle la Catholique, Lyon, 17 juillet (fol. 91). — Traité de mariage, en 1462, et testaments, en 1462 et 1472, de Gaston IV de Foix (fol. 95). — Procès et transactions entre Germaine de Foix, douairière d'Aragon, et Henri II d'Albret, 1517-1518 (fol. 119). — Instructions de Henri II d'Albret à Frédéric de Foix, envoyé près de Germaine de Foix, 1531 (fol. 140 v°). — « Pour esclarcir le droit des roy et royne de Navarre en leur roiaume usurpé, suffit le récit summaire du faict meslé de la généalogie des roys de Navarre » (fol. 151, 183). — « Brief recueil des remonstrances faictes, ou mois de novembre 1558, par le s^r de Roissy, messire Jehan Jacques de Mesmes... pour le faict du royaulme de Navarre, et ce par devant messieurs les depputéz des deux majestéz royalles Très Chrestienne et Catholique, assembléz en l'abbaye de Cercamp » (fol. 159). — Mémoire des roi et reine de Navarre à [Robert de Lenoncourt?], évêque d'Auxerre, dépêché vers le roi d'Espagne (fol. 172). — Discours « pour le droict du roy et roiaume de Navarre » (fol. 174).

Copies.

XVIe siècle. Papier. 23o feuillets. 33o sur 22o millimètres. Rel. parchemin.

482. « Négotiation de Mre François DE NOAILLES, évesque d'Acs [de Dax], ambassadeur pour le Roy à la Porte du Grand Seigneur. » (21 mai 1571-22 septembre 1574.)

Copie partielle des manuscrits français 3164 et 3165.

XVIIe siècle. Papier. 55o pages. 35o sur 235 millimètres. Rel. maroquin rouge, au chiffre de Colbert et à ses armes, entourées du double collier des Ordres.

483. Recueil de pièces diplomatiques et relations de voyages, concernant les rapports de la France avec la TURQUIE, l'Asie-Mineure, l'Égypte, l'Éthiopie, les pays Barbaresques, le PORTUGAL, la GÉORGIE, la PERSE, l'INDE, le CANADA, les ANTILLES et le BRÉSIL. Correspondance *originale* de HARLAY de CÉSY et de nos consuls en pays ottoman, etc. (1535, 1559 et 1601-1664.)

Mémoire, en italien, sur l'Empire ottoman (fol. 1). — Lettre du grand vizir à Henri IV sur la prise de Canisé, 1601 ; traduction de « François de La Croix Paitis, interprète du Roy en langue turquesque, qui a l'original entre ses mains » (fol. 10). — Lettre de Mahomet III à Henri IV, 1603 (fol. 16). — Capitulations ou « Articles du traicté, faict en l'année mil six cens quatre, entre Henri le Grand et Sultan Amat, empereur des Turcs, par l'entremise de Messire François Savary, seigneur de Brèves. A Paris, de l'imprimerie des langues orientales, arabique, turquesque, persique, etc., 1615, » in-4°, *impr.*, en français et en turc (fol. 19). — Traité *original,* en arménien, grec, italien, passé à Jérusalem en 1623 entre le patriarche grec, l'évêque arménien et le président latin de Terre-Sainte, qui ont apposé leurs sceaux et envoyé l'acte à Harlay de Césy, ambassadeur de France à Constantinople, 1624 (fol. 43).

Dépêches *originales* adressées à Louis XIII, Brulart de Puysieulx, Antoine de Loménie, sieur de la Ville-aux-Clercs, par « Bourdin, » consul de France à Raguse, 1623-1624 (fol. 44, 103, 145), — Philippe de Harlay de « Césy, » ambassadeur à Constantinople, 1624-1625 [70 lettres chiffrées, avec la traduction interlinéaire] (fol. 46, 50, 52, etc.), — Louis « Gedoyn, » sieur de Bellan, consul en Syrie, Chypre et Caramanie, 1624-1625 [12 lettres] (fol. 58, 68, 79, etc.), — « A. Du Rier, » consul de France au Caire, 1624 (fol. 71), — « F. Lombard, pauvre récollé » à Jérusalem, 1624 (fol. 73, 219), — brefs d'Urbain VIII pour Louis XIII, 1624 (fol. 89, 127), — « Olivier Olivier, » interprète à Péra, 1624 (fol. 90), — « Théophan. », patriarche grec de Terre-Sainte, *original* en grec, avec traduction en italien, 1624 (fol. 101 et 100), — Mehemet Pacha, traduction en italien (fol. 111), — le P. « Martin, en la Sainte Cité » de Jérusalem, 1624 (fol. 113), — Amet aga, trésorier du vizir Mustafa Pacha (fol. 115), — de « La Picardière, » envoyé à Constantinople, 1624 : lettres datées de Venise, Bosna Serrail, Péra, Naples (fol. 125, 137, 184, 229), — Antoine Séguier, président « de Villiers, » ambassadeur à Venise, 1624 (fol. 158), — « Sigismundus, rex » Poloniae, 1624 (fol. 171), — « J. Lempereur, » consul à Jérusalem, 1624 (fol. 177, 181), — « de Bermond, » Marseille, 1624 (fol. 199), — Jean II « Ceberet, » Venise, 1624 (fol. 201), — Étienne III « d'Aligre, » ambassadeur à Venise, 1625 (fol. 266, 267), — Louis XIII au Sultan Amurat, au Mufty, au Caymacan, au Bacha de la mer, 1628, copies (fol. 282), — sieur de Monthoulieu, Constantinople, 1635 (fol. 285), — « F. Jacinto d'Arezzo, arcivescovo di Smirne, » à Mazarin, 1652-1653 [5 lettres] (fol. 288-294).

« Estat des présens faictz par le sieur Gédoyn pour s'establir consul d'Alep » (fol. 152). — « Articles proposés au prince de Transsilvanie par les commissaires de l'Empereur, » 1625 (fol. 268). — « Relation du landgrave Ernest de Hessen, envoyée de Vienne, » 1663 (fol. 295). — « Propositio comitis Nicolai Zerini sacrae Caesareae Majestati... super desertione obsidionis Canisiae et expugnatione arcis Zerinae, » 1664, in-4°, *impr.* (fol. 300). — « Relation de M. le chevalier de Béthune envoyée à M. Colbert de Vandières, du camp de Raab, proche Kermen en Hongrie, le 6 aoust 1664 » (fol. 306). — Relations diverses de la campagne de Hongrie en 1664, dont l'une adressée à Colbert (fol. 309, 314, 332).

« Extraict d'un traité fait par M. de La Haye, cy devant ambassadeur du Roy à Constantinople, de la religion des Turcs, » 1664 (fol. 364), avec deux relations dudit Jean « de La Haye » sur les événements advenus durant les vingt-deux années de son ambassade à Constantinople (fol. 379), et les trois guerres engagées entre les Turcs et les Chrétiens à la date du 12 octobre 1664 (fol. 391). — « Relation du s^r... contenant les particularités de son voyage d'Hongrie et de l'audiance qu'il eut du grand vizir à Bellegrade, » 1665 (fol. 397).

Lettre *originale* de « J[ean] Nicot, » ambassadeur de France en Portugal, à François II, 1559 (fol. 405).

« Relation briefve et succinte de l'acheminement des Cappucins au royaume de Perse,... par F[rère] Pacifique de Provins » (fol. 409). — Lettre de « F[rère] Gabriel de Paris » au P. Pacifique de Provins, Ispahan en Perse, 1629 (fol. 431).

Copie de lettres du joaillier bordelais Augustin Hiriart. Lahore, 1620 et 1625, copie de J. Dupuy (fol. 436-439), publiées par M. Ch. de La Roncière, dans la *Revue hebdomadaire* (mars 1905), — de Peduka Sirie, sultan de Sumatra, au roi Jacques Ier d'Angleterre (fol. 440), — du P. Emmanuel Diaz. Macao, 1625 (fol. 441). — Places fortes de la Compagnie hollandaise des Indes Orientales (fol. 443).

Copie d'une lettre de « Virginius Orsinus Anguillara » ou Orsini, comte de l'Anguillara, sur la prise de La Goulette par Charles-Quint, 1535 (fol. 446), suivie du traité passé par Charles-Quint

avec Mouley Hassan, bey de Tunis (fol. 448). — Lettre *originale* de
« A[rnoult] Delisle, » agent français au Maroc, 1608 (fol. 450). —
« Rellation du royaume de Marroqué et des villes qui en des-
pendent, » 1633 (fol. 452). — Plan de conquête des royaumes
d'Alger et Tunis, proposé au Roi et signé « Blaize Réimond Mérigon, de Marseille » (fol. 459); publié par M. H. Stein dans la *Revue
de géographie* (1883), t. I, p. 39. — Supplique adressée à Louis XIII
par deux mille Français, esclaves à Alger, et signée « Garnier »
(fol. 466). — Traité de paix entre la France et Alger, 1628 (fol.
467). — Trêve conclue entre le commandeur de Razilly, chef d'escadre de Bretagne, et le gouverneur de Salé, 1631 (fol. 471). —
« Articles de paix accordéz entre les roys de France et de Mar-
rocq. Paris, 1636, » in-4°, *impr.* (fol. 476). — « Relation envoyée
au Roy par le sieur de Castelan, contenant ce qui s'est passé à la
retraite des troupes de Sa Majesté, commandées par Mrs de Gadaigne
et de La Guillotière, en l'absence de Monsieur le duc de Beaufort, » 22-30 octobre 1664 (fol. 492). — Traité de Tunis, 1665
(fol. 519). — « Mémoire de tous les noms des [258] François qui
se trouvent prensentement esclaves dans les bagnes et les maisons
des principaux Turcs de la ville de Tunis, 1665 » (fol. 534). —
« Lettres du secrétaire ou controoleur du divan d'Alger, » tra-
duites par Pétis de La Croix, secrétaire interprète du Roy en langue turque, 1665 (fol. 537). — Convention avec Alger, signée par
le commissaire général des armées navales François Trubert,
1666 (fol. 541). — « Observations sur les traictés faits par M. de
Beaufort, au nom du Roy, avec le bacha, divan et milice du royaume
d'Alger; » mémoire *autographe* de Colbert (fol. 550). — « Estat
du nombre des esclaves de la nation françoise qui sont destenus
icy en Alger, » signé de « Dubourdieu, consul », 1665 (fol.
551).

« Mémoire de l'estat de l'Egipte en 1634 » (fol. 554). — « Viaggio
degl' Etiopi, » 1635 (fol. 565). — « Informatione della Georgia,
data alla Sta di Nostro Signore papa Urbano VIII da Pietro della
Valle, il Pellegrino, l'anno 1627 » (fol. 567).

Lettre du P. Denis Jemes, récollet. Québec, 1615 (fol. 581). —
Confirmation faite par Louis XIV d'une concession de l'île Saint-
Christophe à l'Ordre des Hospitaliers, 1653 (fol. 583). — « Relation
du Brésil » (fol. 587).

La dernière partie de ce manuscrit (fol. 405-589 et fol. 285) n'est autre chose que le manuscrit 475 de la collection Dupuy, qui était à tort considéré jusqu'ici comme en déficit.

XVII⁰ siècle. Papier. 589 feuillets. 360 sur 250 millimètres. Rel. maro-maroquin rouge, aux armes de Colbert.

484. Mélanges d'ouvrages littéraires de Scioppius, François Garasse, S. J., Domenico Mancini sur Robert Gaguin, Guillaume Budé, Nicolas Vauquelin. — Traités historiques ou juridiques de Pithou, Savary de Brèves, Antoine de Roquelaure, de La Guesle, etc. — Inscription latine; quarteniers de Paris, etc. (xvi⁰ et xvii⁰ siècles.)

Sentences morales tirées de Publius Syrus Mimus (fol. 1). — « Mémoires du droict d'aubeine : sur le faict des biens de France laisséz par le duc de Mantoüe, » 1637 (fol. 20). — « Advis de Monsr Pithou sur l'ordonnance de Blois de l'an 1576 » (fol. 34). — « Gasparis Scioppii Machiavellica. Mediolani, in Carthusiae Ticinensis domo, mense maio anni 1618 » (fol. 40). — « Discours de la pierre philosophale, par Du Bois, condamné à mort » (fol. 102). — « Relation faite par le s^r [Savary] de Brèves des costes et rivages de la comté de Provence et de l'avantage que le Roy [Louis XIII] en peut tirer ». (fol. 109). — « Dénombrement des pays et places fortes que l'Empereur, le roy d'Espagne, le Roy et leurs alliéz possèdent en Alemagne, en Italie, ès Pays Bas » (fol. 125). — « Des usurpations de plusieurs seigneuries... par les Empereurs : » Milan, Sienne, Final, Piombino, Monaco, Bourgogne, Brabant, Cambrai, Wurtemberg, Constance (fol. 141). — Discours du cardinal d'Ossat sur les dispenses de mariage (fol. 159). — « Créations d'officiers, dont les édictz sont vérifiéz en la Chambre des comptes à Paris, » 1576-1610 (fol. 161). — Controverse sur la religion entre Antoine de Roquelaure et le pasteur Marius, par devant Henri IV, roi de Navarre. Nérac, 1584 (fol. 181, 207). — Discours du procureur général de La Guesle en l'assemblée de Mantes (fol. 239). — Traité de navigation aux Indes Orientales, avec description des Indes et de la Chine; du temps de Louis XIII (fol. 290). — « Discours sur les passions, » ou confession par une dame de son amour pour Ariste (fol. 329). — « Estat par estimation des trains, suitte, livrées, équipages et ammeublemens d'ambassadeur à Rome » (fol. 333). — « Remonstrance au Roy pour les procureurs » (fol. 347). — « Cléobule, ou l'homme d'Estat. » In-fol., *impr.* (fol. 357). — « Quaestio medica... An Quadragesimae jejunium animis corporibusque curandis salubriter institutum? Proponebat Lutetiae Carolus Le Breton, Parisiensis, 1640. » Placard *impr.* (fol. 366). — Lettre *orig.* du P. Jésuite François Garasse à Molé, avec la justification de son livre *contre les Athéistes de nostre siècle* (fol. 368). — Déposition de François Garnier, teinturier parisien, sur les procédés et couleurs employés en teinture, 1619 (fol. 397). — Procès-verbal d'expériences faites à Chartres pour savoir si une lettre avait été falsifiée à la suite d'un lavage à l'eau-forte, 1622 (fol. 399). — Observations sur une éclipse de soleil, 1630 (fol. 403).

« Rolle des collonnels, capitaines, lieutenans et enseignes de la ville de Paris, suivant les quartiers et estendue d'iceux, » xviie siècle (fol. 405). — « Offres que fait au Roy le sieur de Crutzembourg » de lui procurer 4 millions par an, 1618 (fol. 418). — Lettre de Louis XIII au duc de Nevers, Charles de Gonzague, pour lui commander de se réconcilier avec Charles de Lorraine, prince de Joinville (fol. 420). — Extraits divers relatifs aux ambassadeurs en général (fol. 422).

Valeur des monnaies romaines (fol. 434). — « Vetus marmoris inscriptio, quod etiamnunc apud Solacum secus viam militarem visitur » (fol. 435). — « D. Mancinus Roberto Gavino [Gaguin], viro doctissimo » (fol. 436); « Vesperie magistri Roberti, juris pontificii professoris » (fol. 437). — Traité sur les otages et prisonniers de guerre, début du xvie siècle (fol. 439). — « G. Budeus [Budé] Florentio Picarto, sodali Victorino, de canonica sodalitate » (fol. 447). — « L'Institution du Prince, » de Guillaume Budé (fol. 456). — « L'Institution du prince, par Monsieur des Yveteaux » [Nicolas Vauquelin] (fol. 543). — Détails sur le caractère de Louis XIII (fol. 558 v°). — Lettres de Catherine de Médicis à Henri III pendant la journée des barricades (fol. 560).

XVIe et XVIIe siècles. Papier. 566 feuillets. 360 sur 210 millimètres. Rel. maroquin rouge, aux armes de Colbert.

485. Recueil de remontrances du Parlement et de harangues de Nicolas NEUFVILLE DE VILLEROY, RICHELIEU,

Aubery Du Maurier, Michel de Marillac, Fr.-Auguste de Thou, Brulart de Léon, Henri II prince de Condé, Omer Talon, Jean de Lingendes, Sorbière, Colbert, etc. : Oraisons funèbres, discours de réception à l'Académie, etc. (1555-1665.)

Remontrances du Parlement sur l'édit de mars 1555 contre les hérétiques (fol. 2). — « Discours d'Estat pour faire veoir au Roy en quoi Sa Majesté est mal servie » (fol. 6). — Discours de Nicolas de Neufville de Villeroy indiquant trois moyens pour remédier anx désordres de l'État (fol. 17). — Discours sur les causes de la guerre, 1594 (fol. 28). — « Supplication et advis au Roy de se faire catholicque » (fol. 33). — Remontrances du Parlement sur les remèdes à apporter aux « maladies qui menacent ce royaume de la mort, » 1598 (fol. 37). — Discours d'Aubery Du Maurier à Sully sur l'administration des finances, 1600 (fol. 50), de Leschassier « sur le retranchement des rentes de la ville », 1605 (fol. 53). — Relation de la réception à Venise d'Antoine Séguier, dit le président de Villiers, ambassadeur de France, 1624 (fol. 78). — Lettre de René Potier de Blancménil, évêque de Beauvais, demandant la punition des sacrilèges, 1615 (fol. 86). — Lettre sur les misères de l'Etat, 1617 (fol. 107). — Préface du président Jeannin à l'histoire de la vie de Henri IV (fol. 113). — Discours du même sur l'assemblée de La Rochelle (fol. 119). — « A qui la fille doibt estre laissée, ou à la mère ou à l'aïeule » (fol. 126). — Discours d'Aubery Du Maurier, ambassadeur en Hollande (fol. 136). — « Plaidoyé de M. Carpentier sur l'action de perfidie » (fol. 143). — Plainte des officiers de justice du royaume à Louis XIII contre les taxes excessives dont ils sont frappés (fol. 147). — « Mémoires et instructions à M. l'archevesque de Lyon [Denis-Simon de Marquemont] pour monstrer que l'argent que Concini et sa femme ont fait clandestinement tenir en Italie et ailleurs ne peut estre refusé à Sa Majesté » (fol. 163). — « Sapiens Francus, GG. R. theologi et admonitoris regii Parisiis, nuper innocenter combusti, discipulus, » 1626 (fol. 173). — Remontrances du maire de Bordeaux sur les nouvelles taxes établies à Blaye, 1626 (fol. 192). — Discours de Michel de Marillac aux États de Nantes, 1626 (fol. 201). — Réponse de Richelieu aux échevins de Paris à l'occasion de leurs compliments sur la prise de La Rochelle (fol. 203). — Discours de Brulart de Léon, ambassadeur de France, aux Suisses,

1629 (fol. 211). — Lettres de Michel de Marillac (fol. 220), du P. Menant, de l'Oratoire, 1631 (fol. 221) et du maréchal de Marillac, prisonnier à Vannes, 1631 (fol. 222 v°). — Harangue de Ferry, pasteur Messin, à Louis XIII, 1631 (fol. 224). — Harangue du garde des sceaux Charles de L'Aubespine à l'ouverture des Etats de Languedoc, 1632 (fol. 225), suivie d'un dessin représentant l'assemblée des États (fol. 233). — Harangue de François-Auguste de Thou, maître des requêtes, aux États de Bourgogne, 1632 (fol. 234). — Discours sur l'alliance avec la Suède (fol. 240). — Harangue de La Grange aux Ormes, ambassadeur de France à la diète de Francfort, 1634 (fol. 245). — Utilité du mariage de l'Infante d'Espagne avec le prince d'Angleterre (fol. 252). — Harangues de Richelieu au Parlement, 1634 (fol. 272), et à d'autres corps, en réponse à leurs félicitations sur la prise de La Rochelle (fol. 296). — Harangues de Séguier, 1635 (fol. 318), Bignon, 1635, 1638 (fol. 321, 397). — Remontrances du Parlement de Metz sur la translation de ce Parlement à Toul (fol. 324, 333). — Oraisons funèbres de Victor-Amédée Ier, duc de Savoie, prononcée à Notre-Dame par Jean de Lingendes, 1637 (fol. 355), du P. Joseph, prononcées au Calvaire du Faubourg St Germain, par le P. Georges le Juge de Paris, Capucin (fol. 373), et en l'église des Capucins, par le P. Léon, Carme, 1638 (fol. 380). — Lettre d'Antoine Le Maistre, avocat et Janséniste, à son père, 1637 (fol. 392). — Harangues du prince de Condé, Henri II de Bourbon, aux États de Guyenne, 1638 (fol. 394, 406), de Pierre Fenouillet, évêque de Montpellier, au Roi (fol. 411), d'Omer Talon, « touchant l'amour qu'on doibt avoir pour le bien public, » 1648 (fol. 415, 417), de Denis Talon, à la mercuriale après la Saint-Matthieu, 1661 (fol. 435). — « Discours [de Samuel Sorbière] prononcé, le 3 d'avril 1663, à l'ouverture de l'Académie des Physiciens, [future Académie des Sciences], qui s'assemblent tous les mardis chez Monsieur de Montmor, » impr., in-4° (fol. 441). — Lettre originale de Samuel « Sorbière » à Colbert, 1663 (fol. 446). — Harangues de l'abbé de Cassagnes, prononcée en l'Académie française, lors de sa réception (fol. 444), d'Achille II de Harlay aux officiers du Châtelet, 1663 (fol. 455), de Colbert aux Etats de Bretagne, 1665 (fol. 459). — « Réflexions politiques sur la sagesse du Roy et la fidélité de ses ministres, faites en septembre 1664, à Nantes, » par Sorbière (fol. 469). — « Fons-Bellaqua [Fontainebleau], domus regia, ad eminentissimum cardinalem

Mazarinum, » par Abel de Sainte-Marthe, fils de Scévole (fol. 493).

XVIIe siècle. Papier. 495 feuillets. 365 sur 230 millimètres. Rel. maroquin rouge, aux armes de Colbert.

486. Relations diverses : baptêmes des enfants de France, conclave d'Innocent X, assemblée du Clergé de 1635, succession de Portugal, diocèses de France, etc. (1518-1656.)

« Discours sur le futur conclave, faict pendant la guerre des princes d'Italie contre Sa Saincteté, » avant l'élection d'Innocent X (fol. 1). — « Relation de l'arrest donné contre Monsr le duc de La Valette, » Jean-Louis de Nogaret, duc d'Épernon, 1639 (fol. 23). — Réponse du duc de La Valette au prince de Condé, Henri II, 1639 (fol. 33). — « Relation vérittable contenant tout ce qui s'est faict et passé en la cérémonie des baptesmes des enfants de France, » etc. : Louis XIII et ses sœurs, 1606 (fol. 41), Gabrielle et Henri, enfants de Henri IV et de Henriette de Balzac, duchesse de Verneuil (fol. 61 v°), Charles-Emmanuel, prince de Piémont, 1567 (fol. 65), François, fils de François Ier, 1518 (fol. 70 v°), Louis d'Orléans, fils de Henri II, 1549 (fol. 77 v°).

« Estat général des officiers de la Couronne de France, » 1636 fol. 83). — « Extraict du journal de l'assemblée généralle du Clergé de France, » 1635 (fol. 115). — « Briefve relation de ce qui s'est faict et passé en Portugal, en la restitution et reprise de cette couronne » (fol. 151). — « Discours très beau et excelent, faict à la louange des dames, présenté à la Reyne lors régente » (fol. 165). — « Estat général des diocèzes de France, » 1656 (fol. 201). — « Discours intitulé : les rangs et prescéances de France » (fol. 228). — « Règlement pour le rang et scéance des princes enfants naturelz, » 1629 (fol. 262 v°). — « Advis au Roy en la personne de Son Altesse Royalle Mgr le duc d'Orléans, généralissime de ses armées » (fol. 266).

XVIIe siècle. Papier. 315 feuillets. 290 sur 200 millimètres. Rel. parchemin.

487. Recueil de copies de pièces relatives à l'histoire des règnes de Louis XIII et Louis XIV, relations extérieures, particulièrement avec le duc DE BOUILLON, monnaies, marine, etc. (1543, 1641-1650.)

« La carte géographique, ou relation vérittable de touttes les rivières de France et de celles des frontières » (fol. 2). — « Discours faict par M. [Abel] de Servien à M^rs les Estats généraux des provinces unies des Païs Bas, le 14e janvier 1647 » (fol. 28). — « Relation vérittable de ce qui s'est passé en la création du pape Innocent X » (fol. 47). — « Remonstrances à M. le duc [Gaston] d'Orléans, sur son absence de la Cour au païs de Lorraine » (fol. 70). — « Libelle intitulé : la Charité françoise, faicte sur le subject du voïage de M. le comte d'Harcour en Angleterre » (fol. 82). — « L'homme d'Estat sur le faict des monnoyes, 1641 » (fol. 103). — « Relation vérittable... de la présentation du Collier de l'Ordre Monsr St Michel, faicte par M^r le mareschal de Saint André au roy d'Angleterre » (fol. 136). — « Epistre adressée à M^r [Jean] de Lingendes, lors évesque de Sarlat, sur ses sermons faicts... dans l'église de Saint-Gervais, le caresme de l'an 1650, sur le subject des baricades contre les Parisiens parlementaires » (fol. 142). — « Relation vérittable de tout ce qui s'est faict et passé de mémorable, en l'année 1641, entre les troupes du roy Louis 13e et celles de M^rs [Louis de Bourbon] comte de Soissons, [Henri II de Lorraine] duc de Guize, et [Frédéric-Maurice] Bouillon et du baron de Lamboy » (fol. 150), suivie de lettres de Louis XIII et Richelieu à la comtesse de Soissons, Marie de Bourbon (fol. 207). — Négociations entre M. de Salignac, envoyé du Roi, le cardinal Infant et le duc de Bouillon, 1641-1642 (fol. 217). — Arrêt de mort contre Henri II de Lorraine, duc de Guise, 1641 (fol. 240).

« Estat général de la marine, avec les ordonnances et reiglements qui s'y observent, » par le commandeur de La Porte (fol. 247). — Ordonnance de François Ier sur la marine, 1543 (fol. 297). — Dépenses pour la marine, 1642 (fol. 303 v^e).

XVIIe siècle. Papier. 310 feuillets. 295 sur 195 millimètres. Rel. parchemin.

488. Recueil de harangues de Jean DE SELVE, THUMERY DE BOISSISE, etc. ; lettres de LOUIS XIII, Guillaume-Robert DE LA

Mark, duc de Bouillon, Henri de Lorraine, duc de Mayenne, etc. ; nombreuses poésies légères de Clément Marot, Ronsard, Etienne Jodelle, Brusquet, etc. (xviᵉ-xviiᵉ siècles.)

« Généallogie et descendue des rois et comtes de Bourgogne, qui sont esté depuis quatre cens et quatre vingtz ans en ça ou environ, par laquelle appert de la différence qui a esté contre eulx et les roys de France et ducs de Bourgoigne » (fol. 2). — Harangue de Jean de Selve, premier président du Parlement de Paris, à Charles-Quint sur la captivité de François Iᵉʳ (fol. 128). — Mémoire sur le conclave d'où Grégoire XV sortit pape (fol. 137 v°). — Testament de Guillaume Du Vair, garde des sceaux, 1620 (fol. 146). — « Response de la République de Venise à Monsieur [d'Estrées, marquis] de Cœuvre, sur le restablissement des Jésuittes » (fol. 149 v°). — Arrêt de mort contre Nicolas Croquet, Philippe et Richard de Gastines, réformés, 1569 (fol. 152). — Arrêt de réformation des monastères de religieuses, 1523 (fol. 154). — Lettres de Louis XIII, 1616-1619 (fol. 155 v°, 158, 161, 198, etc.), Guillaume-Robert de La Mark, duc de Bouillon, 1618 (fol. 158 v°, 163 v°), Jacques Iᵉʳ, roi d'Angleterre, 1618 (fol. 165 v°). — Confession de Walter Raleigh, 1618 (fol. 167). — Lettres des princes allemands, 1618 (fol. 168). — Propositions de Thumery de Boissise aux États de Hollande, 1618 (fol. 177). — Déposition de Barneveldt, 1619 (fol. 203 v°). — Lettres des députés des églises de Béarn assemblés à Loudun, 1619 (fol. 207), d'Albert de Luynes, 1619 (fol. 209, 210), Hurault de Belesbat, 1620 (fol. 210 v°), Henri de Lorraine, duc de Mayenne, 1620 (fol. 211 v°, 212). — Traité des monnaies (fol. 214). — Harangue de Nicolas de Neufville de Villeroy à Charles de Lorraine, duc de Mayenne, en l'Assemblée des États, 1593 (fol. 280). — Dénombrement des maisons de Paris, 1620 (fol. 306).

« Trois coqs à l'asne de Clément Marot, non impriméz, 1536, 1539 » (fol. 307). — « Dialogue de la vierge repentie », par Clément Marot, 1536 (fol. 320 v°). — « Menta » et « De Priapo aurito, P. Bembi, 1554 » (fol. 326). — « De Hugonis et d'un peintre » (fol. 328 v°). — « D'un bègue qui ne faisoit plaisir que de la parolle » (fol. 328 v°). — « D'un advocat en Chastelet, nommé Le Roy, qui se rendist chartreux en despit de sa mie » (fol. 329). — « Autre d'un amoureux de karesme » (fol. 329). — « De Julio

Medice cardinali », « Fridericus 2 imperator, ad Innocentium tertium » (fol. 330). — « Pasquilli. De conventu ecclesiasticorum Mediolani, 1579 » (fol. 330 v°). — « De l'argent accordé entre le pape et le Roy pour la guerre de l'an 1585 » (fol. 330 v°). — « In Steph. Jodelium, poetam, in efficie cruci affixum » (fol. 331). — « Ludura poëtarum et monachorum, ex Th. Bezae poemat. » (fol. 331 v°). — « Des Cordeliers » (fol. 333). — « Des Sorbonnastes » (fol. 333 v°). — « D'un Huguenot et d'un musnier » (fol. 334). — Ronsard, sur Théodore de Bèze et Calvin (fol. 334). — Joachim Du Bellay, sonnet 128 des *Regrets* (fol. 335). — « D'un roy [Charles IX] se jouant à un seigneur huguenot, 1567 » (fol. 335 v°). — « Advis notable de Monsr. de Vendosme » (fol. 336). — « Épigramme de Jean le Noir, Jean le Blanc... » (fol. 337 v°). — « Prophétie sainte Brigide » (fol. 338). — « La gabelle de la messe » (fol. 339 v°). — Chansons « sur le chan[t] : Hari, hari, l'asne » (fol. 341 v°), « sur le chant du psalme 86 » (fol. 342), « sur le chant : Ecce panis angelicus » (fol. 343 v°). — « De Colin et de son curé » (fol. 346). — « Metra de monachis cornalibus » (fol. 347 v°). — « Chanson sur le chant : Touchez leur l'antiquaille » (fol. 348 v°). — « Chanson d'un ministre faisant l'amour à Paris » (fol. 352 v°). — « Semonce générale pour venir baiser la pantouffle du pape » (fol. 354). — « Des papegots » (fol. 356 v°). — « Du grand Vendredy et de Pasques » (fol. 357). — « Missae epitaphium » (fol. 358 v°). — « De l'aumusse des presbtres » (fol. 360). — « De la préséance des advocats aux médecins » (fol. 360). — « Description de Paris » (fol. 360 v°). — « De l'amoureus et du jalous » (fol. 361). — « Contre les gens de cour d'aujourd'hui » (fol. 362 v°). — « Discours et rencontres de Brusquet, bouffon : aux seigneurs Rigomes et mareschal Saint-André, 1557 (fol. 363), à noz bons maistres les roys de France et d'Espagne, 1559 (fol. 365), estrenes au Roy, 1559 (fol. 368), sur la mort de François second (fol. 369), du cardinal de Bourbon, 1561 (fol. 369 v°), de Quintin, docteur canoniste, 1561 (fol. 369 v°), lettre au roy Charles neufiesme, 1562 (fol. 370), Brusquet à Ronsard, 1563 (fol. 371 v°), de Madame d'Uzès, 1564 » (fol. 377). — « A propos de M. l'admiral [Gaspard de Coligny], à Orléans, le jour que le petit roy François mourut, le 5 décembre 1560 » (fol. 378). — « Rencontre de M. le prince de La Roche-sur-Yon à Paris, 1561 » (fol. 379). — « De Me Guilles Bourdin, procureur général, et du président Dormi, 1561 » (fol.

379). — « De Jean Péricard, procureur du Roy au parlement de
Rouen, et Laurens Bigot, advocat du Roy audict parlement, 1564 »
(fol. 380). — « Gillot, senator Parisiensis, 1581 » (fol. 381). —
« De Mareau, prévost d'Orléans, et d'un advocat, 1564 » (fol. 382).
— « Sur la réception de Grandrue au Parlement, 1586 » (fol. 383).
— « Monsieur Marteau, mon beau frère, fist sur ce subject l'épi-
gramme latin suivant » (fol. 383). — « D'un docteur de Paris, »
Cossard, du collège de Lisieux (fol. 384). — « D'un conseiller de
Paris, Janin » (fol. 387). — « De Me Thomas, procureur, et La
Roche, conseiller » (fol. 388). — « Du sire Saulger, brigant à Paris›
pour estre eschevin, 1578 » (fol. 388 v°). — « De la saulcice de
mestre Jean Le Coq, curé de Saint-Eustache » (fol. 390); son épitaphe (fol. 479 v°). — « Sonnet à une damoiselle, au nom de
Testu, chevalier du guet, en febvrier 1580 » (fol. 391 v°). — « De
Me Laurent Testu, pénitent et coqu, chevalier du guet et cappitaine
de la Bastille à Paris » (fol. 392 v°). — « La court de Parlement
de Paris, à Messieurs du Grand Conseil sur la réception de Messieurs Ripault et Molevault » (fol. 393). — « Épitaphe de Madame
Duras » (fol. 393 v°). — « A un fasché d'estre coqu, par un homme
d'esprit, mais vray libertin et athéiste, 1573 » (fol. 394). — « De
Nicolas, secrétaire du Roy, » 1573 (fol. 401). — « De Me Estienne de
Bray » (fol. 402). — « Sur le fil de Florance et Espinay, » quatrains
de Passerat (fol. 406). — « De Me Gilles Bourdin et Scipion Bran-
dane, italien, successivement maris de damoiselle Marie Fusée »
(fol. 407). — « Sentences contre les Italiens, » 1576 (fol. 407). —
« Sonnet d'un baiser pris en pleurant, » par Passerat (fol. 411). —
« Le Tricquetrac » (fol. 411 v°). — « Pour Me Jean Rouillé, pape
de la Sainte-Chapelle » (fol. 412 v°). — « D'un abbé en contempla-
tion, » Frère Besnard Lardon d'Amiens (fol. 416 v°). — Sonnet de
J. Passerat à Rémi Belleau (fol. 418). — « Sur le luxe des évesques d'aujourduy » (fol. 420 v°). — « La chanson des fiefs, faite
par les Huguenots sur la venue du cardinal de Lorraine à Paris, le
8e janvier 1565 » (fol. 423 v°, 425 v°). — « L'Adieu du cardinal de
La Ruine [Lorraine] aux sires cath. de Paris » (fol. 430), et autres
pièces contre le cardinal. — « Sentence des consuls » contre
Charles de Vaudémont (fol. 434 v°). — « A Ronsard sur ce beau
subject » (fol. 435). — « Les huguenots à Ronsard sur sa nouvelle
qualité de presbtre » (fol. 436). — « Hymne chanté à Poltrot pour
anniversaire, le 24 febvrier 1566 » (fol. 437 v°). — « Sur l'accord

envoyé par le cardinal de Lorraine en cest an 1566 avec Monsieur le prince de Condé » (fol. 438 v°). — « Sonet à Du Monin, poète » (fol. 439 v°). — « A Monsieur d'Antragues, sur la prise faicte par luy des enfans de Monsieur le Prince, à Blandi, l'an 1567 » (fol. 440). — « Chanson sur Magdelon » (fol. 440 v°). — « En l'église St-Cir de Nevers, 1561 » (fol. 442). — Anecdotes sur Henri IV, 1568-1186 (fol. 442 v°). — « Satyre contre Fortia, trésorier des parties casuelles, 1568, » par Des Portes (fol. 447). — Jean de Baïf contre Fortia (fol. 454 v°). — « Du seigneur de la Fontaine Marran » (fol. 453) et « du trésorier Forget » (fol. 453 v°), neveux de Fortia, par Des Portes. — « De Madame la mareschalle de Cossé à la Roine Mère, 1570 » (fol. 454). — « D'un conviant une demoiselle à soupper ches le trésorier Guibert » (fol. 454 v°). — « Contre les faiseurs et fauteurs du massacre St Bertelemy » (fol. 455). — « Pasquil, 1576 » (fol. 456). — « De Charon, prévost des marchans, et du perroquet d'Attichi, secrétaire du Roy, 1576 » (fol. 459). — « Sur les harangues du Roy et de son chancelier Birague à l'entrée des Estats de Blois, 1577 » (fol. 460). — « Des seaux ostés à Birague l'an d'après » (fol. 460 v°). — « De la prise de La Charité, 1577 » (fol. 461). — « De la ligue tramée, 1577, » par Rapin (fol. 461). — « Sonnet contre l'advocat Versoris, 1577 » (fol. 451 v°). — « De comitiis Blesanis, 1577 » (fol. 452). — « Doubles d'une lettre qui couroit entre les advocats du barreau du Palais à Paris, en septembre 1585 » (fol. 464). — « La Bouquinade, ou desconfiture du satyre Philante, » par Maschefert (fol. 471). — « De Barbe, naine de Madame de Valentinois » (fol. 477). — « De Margot la Mitte, » 1570 (fol. 479). — « De Jehan Quentin, docteur canonniste, qui mourust pendant les Estats d'Orléans, 1561 » (fol. 482 v°). — « De nostre maistre Maillard, sorbonniste » (fol. 483 v°). — « Epitaphe de frère Pierre de Cornibus, cordelier, 1542 » (fol. 484). — « De nostre mestre Hugonis, cordelié », 1578 (fol. 485). — « L'asne au coq, 1567 » (fol. 488). — « De la bataille entre Paris et Saint Denis, le 10e novembre 1567 » (fol. 492 v°). — « Énigme, 1567 » (fol. 495). — « Dialogue courtizan de La Bordaisière le Jeune et de sa sœur, sonnet » (fol. 501). — « Sonnets d'Estat, publiés à la Cour et partout ès ans 1577 et 1578 « (fol. 501 v°). — « Les mignons de l'an 1577 » (fol. 505). — « La Catzrié des trésoriers et des mignons, 1578 » (fol. 506 v°). — « Vaudevilles sur le combat des mignons, en avril 1578 » (fol. 507 v°). - « A

Nicolas, secrétaire du Roy, sonnet » (fol. 509 v°). — Poésie de
Ronsard sur une médaille d'Antinoüs, 1580 (fol. 512). — « Trois
sonnets de luy superlatifs en toute ordure et vilanie, indignes du
nom de Ronsard » (fol. 514). — « Des mignons allans au siège de
La Fère, 1580 » (fol. 516). — « Traduction du VIe [livre] de l'Enéide,
accommodée au roi Henri 3e, 1580 » (fol. 517). — « Ode de Ronsard
à Bure » (fol. 520). — « De la Barbizi et de Polydore » (fol. 524
v°). — « Sur le bruit d'un menuisier servant de resveilmatin à
Mr de Richelieu, prévost de l'Hostel, amoureux de Madamoiselle
de Boisvert, sonnet » (fol. 530). — « Sur la beauté des femmes
de Bourges » (fol. 531). — « Du nouveau langage de nos courti-
zannes d'aujourd'hui » (fol. 532 v°). — « Ung prebstre trouvé en
adultère, fut condamné par arrest de Lizet, président, à estre
pendu devant le Louvre » (fol. 535). — « Regrets d'une courtizane
grecque sur l'impuissance d'un vieil ambassadeur françois à
Constantinople, » par Fl[orent] Ch[restien] (fol. 536 v°). — « Mas-
carades gaillardes » (fol. 543). — « Escript présenté au dos des
targes en une mascarade de village, qui fut faite à la Cour l'an
1577 » (fol. 545 v°). — « Cinq sonnets tirés de la Priapée de
E. Jodelle » (fol. 546). — « Épitaphe du membre de Frère Pierre,
par E. Jodelle » (fol. 548 v°). — « Jean qui ne peult, » par P. B.,
1578 (fol. 550), et autres pièces graveleuses.

XVIe et XVIIe siècles. Papier. 554 feuillets. 325 sur 205 millimètres.
Rel. parchemin.

489. Recueil de copies de pièces sur l'évêché de Bᴇᴛʜʟᴇᴇᴍ,
les mines du Lyonnais, la Chambre des comptes, les ducs de
Nᴇᴠᴇʀs, la Maison du roi Hᴇɴʀɪ III, etc. (1343-1581.)

Note sur l'exécution de l'édit de 1563, qui fixait au 1er janvier
le début de l'année (fol. 1). — Présentation au pape de Philibert
de Beaujeu pour évêque de Bethléem, résidant à l'hôpital près
Clamecy ; ladite présentation signée de Marie d'Albret, duchesse
de Nevers, 1524 (fol. 3). — Lettres de Charles VII, vidimant et
confirmant l'abolition du droit royal de dixième et les autres privilèges accordés, en 1403, par Charles VI aux mineurs des mines
d'argent, plomb et cuivre du Lyonnais et Mâconnais, 1437 (fol. 5).
— Contrat de mariage de Charles IX (fol. 9). — Consultation de-
mandée par le roi à la Chambre des comptes relativement aux

amendes, lettres d'anoblissement, taxations de comptables, épices, etc., 1578 (fol. 15). — Trêve de Nice, 1538 (fol. 25). — Ordonnance de Philippe VI sur les monnaies, 1343 (fol. 29). — Des amortissements, francs fiefs et nouveaux acquêts (fol. 31). — Des finances, tailles et impositions (fol. 35). — Érection de la principauté de Chimay par l'empereur Maximilien, 1486 (fol. 45). — Contrat de mariage de Catherine de Médicis et Henri II, 1533 (fol. 47). — De la juridiction criminelle et civile de la Chambre des comptes (fol. 53). — Union du duché de Bretagne à la Couronne, 1532 (fol. 69). — Remontrances de la Chambre des comptes à François Ier sur ce qu'il voulait établir une Chambre des comptes à Rouen, 1543 (fol. 73). — Arrêt sur l'abolition des bourdelages à Nevers, 1578 (fol. 81). — Lettres patentes de Charles VII donnant à Jean de Dunois, bâtard d'Orléans, les terres de Parthenay, Secondigny, etc., 1458 (fol. 83). — Vente desdites terres à Charles VI par Jean Larchevêque, seigneur de Parthenay, 1420 (fol. 87). — Déclaration de Henri III sur la querelle entre Louis de Gonzague, duc de Nevers, et Louis de Bourbon, sieur de Montpensier, 1581 (fol. 105). — « L'occasion du desmenty que Monsieur le duc de Nevers, pair de France, fit donner ce moys de mars dernier 1580, » in-4°, *impr.* (fol. 106). — Permission d'aliéner donnée par Henri III à Catherine de Médicis, 1581 (fol. 111). — Règlements faits par Henri III pour ses maison, chapelle, chambre, garde-robe, conseil, secrétaires d'État, intendants des finances, trésoriers de l'épargne, capitaines des gardes, ambassadeurs, 1578 (fol. 113). — Annulation du mariage entre Jacques de Savoie, duc de Genevois et Nemours, et Françoise de Rohan, 1571 (fol. 129).

XVIe siècle. Papier. 129 feuillets. 360 sur 225 millimètres. Rel. veau gr.

490. Recueil de DONATIONS faites par les ROIS DE FRANCE, les ducs de Bretagne, etc., transactions, contrats de mariage, arrêts, traités : chevaliers ayant acompagné S. Louis outremer, Conseil de Henri III, succession de Portugal. (1270-1580.)

Donation faite à Louis XI par Marguerite d'Anjou, reine d'Angleterre, de ses droits sur les duchés de Lorraine et Bar, 1480 (fol. 1). — « L'ordre du Conseil du Roy, » 1578 (fol. 5). — Traité de paix entre Louis XI et François II de Bretagne, 1475 (fol. 15). — Epitaphes des comtes d'Eu, 1386-xvie siècle (fol. 19). — Contrat de mariage de Jacques d'Amboise, baron de Bussy, superintendant général des finances, et de Jeanne de Rommecourt, 1581 (fol. 25). — Donation de Bussy par le cardinal Georges d'Amboise à Jacques de Clermont, 1546 (fol. 29). — Arrêt de mort contre François, comte de Dunois, 1488 (fol. 33). — Don du comté de Dunois à Jean, bâtard d'Orléans, 1439 (fol. 35). — Donation faite à Charlotte d'Orléans par sa mère Jeanne de Hocquebec, duchesse douairière de Longueville, veuve de Louis d'Orléans, 1537 (fol. 51). — Sentence du conseil de Berne sur le partage du comté de Neufchastel, 1557 (fol. 55). — Mémoire pour les seigneurs justiciers contre les notaires et sergents royaux (fol. 65). — Arrêt contre les sergents royaux du bourg Saint-Étienne de Nevers, 1304 (fol. 67). — Lettres patentes de Louis X en faveur du comte de Nevers contre les empiètements des officiers royaux, 1316 (fol. 69). — Érection d'Aumale en duché-pairie, 1547 (fol. 77). — « Cy sont les chevalliers qui deurent aller avec le roy sainct Loys oultremer » (fol. 81). — « Généalogie de Hugues surnommé Capet, » dédiée au roi Henri III, 1578 (fol. 83). — Partage fait entre Philippe de Croy, marquis d'Arschot. et Charles, son frère, 1529 (fol. 91). — Concession des terres de Druy, La Rivière, Marsy par Isabeau de Bavière, 1418 (fol. 116). — Transaction entre Charles IX et dames Renée de France, duchesse douairière de Ferrare, et Anne d'Este, duchesse douairière de Nemours, sur les droits des maisons d'Orléans et de Bretagne, 1570 (fol. 120). — Fondation, par Henri III, de la maison de Charité-lez-Paris, 1576 (fol. 138). — Articles secrets de l'édit de pacification de l'an 1577 (fol. 142). — Privilège de naturalité donné par François II aux habitants de Metz, 1559 (fol. 154). — Arrêt de mort contre Jacques de Pons, 1449 (fol. 158). — Concession de l'île d'Oléron à Regnault de Pons, 1381 (fol. 162).

Arrêt de mort porté par Jean VI, duc de Bretagne, contre Olivier, Charles et Jean de Blois, 1425 (fol. 165). — Érection de Quintin en une des neuf baronnies de Bretagne par Pierre, duc de Bretagne, 1451 (fol. 182). — Concession de La Mothe et d'Avaugour à Jean de Laval par Pierre, duc de Bretagne, 1453 (fol. 184). — Concession de la Roche-Derrien, Châteaulin et Clisson faite par

François II, duc de Bretagne, à François, bâtard de Bretagne, baron d'Avaugour, 1481 (fol. 194). — Main levée des terres de Châtelaudren, Lanvollon, Paimpol, La Roche-Derrien et Châteaulin donnée à François, comte de Vertus, 1540 (fol. 198).

Discours au roi Henri III pour l'engager à secourir le Portugal, vers 1580 (fol. 202). — Octroi de privilèges aux habitants de Maulru par Gauthier de Janville, sire de Vaucouleurs, 1301 (fol. 208). — Érection de Mercœur en duché-pairie par Charles IX, 1569 (fol. 212). — Lettres de Louis XI ratifiant le contrat de mariage de sa belle-sœur Marie de Savoie avec Louis de Luxembourg, comte de Saint-Pol, 1466 (fol. 216). — « Ordonnances de la court de l'eschicquier d'Allençon » (fol. 220); « Aultres ordonnances et règlemens concernans le faict et administration de la justice, faictz et publiés à divers jours, tant en l'eschicquier tenu l'an 1571 que ès années 1575 et 1576 » (fol. 227).

XVIᵉ siècle. Papier. 235 feuillets. 300 sur 210 millimètres. Rel. veau fauve.

491. Recueil de mémoires, édits, etc. sur les monnaies, la Chambre des comptes, les finances (XVIᵉ siècle). — Généalogies de Maisons princières.

« Mémoires sur la perception, administration et distribution des finances » (fol. 1). — Projet d'ordonnance de François Iᵉʳ sur les finances (fol. 3). — Apanage donné par Charles IX à son frère François, duc d'Alençon, 1566 (fol. 25). — « Ce sont les termes... des monnoyes, dont est mandé à la Chambre donner advis » (fol. 30). — « Remonstrances faictes sur les abuz des monnoyes avec la responce à aucunes objections par Jacques Colas, conterolleur et garde de la Monnoye de Paris, » 1557 (fol. 38). — « Remonstrances de la Chambre sur la vériffication du bail à ferme de toutes les Monnoyes de France faict à Martin Malus » (fol. 40). — « Remonstrances très humbles que baillent les marchans de ceste ville de Paris par devant vous Messieurs les prévost des marchans et eschevins » (fol. 42). — Remontrance de « Jehan de Riberolles, maistre particulier de la Monnoye ordinaire de Paris, » adressé à la Chambre des comptes (fol. 48).

Terres et seigneuries unies à la Couronne de France ou acquises par les Roys » (fol. 52). — Règlement de la Chambre des comptes pour la forme et grosse des comptes des comptables (fol. 56). — Édit de Charles IX sur les finances et la suppression de divers offices de finances, 1566 (fol. 68). — Remontrances de la Chambre des comptes sur cet édit, 1566 (fol. 74). — « Estat du reiglement pour estre observé à l'advenir pour la conduicte, port et voicture de deniers de la recepte généralle de Bretaigne establie à Nantes » (fol. 89), de Guyenne (fol. 90). — Ducs de Normandie (fol. 91 v°). — Règlement de juridiction entre le Parlement et la Chambre des comptes, 1567 (fol. 93). — « Prévostéz, bailliaiges et seneschaulcées de ce royaulme » (fol. 96). — Protestation des « contribuables » de Normandie contre de nouveaux anoblissements (fol. 97). — Alliance entre François, duc d'Anjou, et les États généraux des Pays-Bas (fol. 100). — Vente de Saxefontaine par Jacques d'Amboise, baron de Bussy, à l'amiral Anne de Joyeuse, 1582 (fol. 104). — Trêve de Nice, 1538 (fol. 112). — Traité de Cateau-Cambrésis, 1559 (fol. 116). — Érection du comté de Retz en duché-pairie par Henri III, 1581 (fol. 138). — Remontrances de la noblesse aux États de Blois, 1577 (fol. 144). — Conclusions de Du Molinet, procureur général en la Chambre des comptes, sur un édit de pacification (fol. 148).

Généalogies du duc d'Étampes et de M. de Martigues (fol. 150), des maisons de Luxembourg (fol. 166), Portugal (fol. 182), Autriche (fol. 192), Savoie (fol. 196), Boulogne, jusqu'à Catherine de Médicis (fol. 208).

XVIe siècle. Papier. 212 feuillets. 340 sur 230 millimètres. Rel. veau fauve.

492. Formulaire de serments d'officiers de finance et autres pièces, lettres-patentes, remontrances, relatives aux FINANCES. (1553-1582.)

Lettres-patentes de Henri III prescrivant levée de 500.000 livres sur les receveurs des finances, 1580 (fol. 3, 13). — Formules d'hommages (fol. 3 v°), de serments des vicomtes de Normandie (fol. 5), receveurs du domaine (fol. 5 v°), procureurs (fol. 6), messagers de la Chambre des comptes (fol. 6 v°), maîtres des monnaies (fol. 7), contrerolleur du trésor (fol. 7 v°), présidents et maîtres des comptes (fol. 8), trésoriers de France (fol. 8 v°), commis aux réparations des places et fortifications (fol. 9), correcteurs de la Chambre des comptes (fol. 9). — Règlement de Charles IX pour la Chambre des comptes, 1566 (fol. 10). — Édit du conseil privé permettant à tous huissiers d'instrumenter en Normandie, 1579 (fol. 11). — Remontrance de la Chambre des comptes sur l'édit de création d'un grenier à sel à Poissy (fol. 11 v°). — Arrêt du Conseil d'État, en suite d'une requête présentée par l'évêque de Séez contre le vibailli d'Alençon, sur la forme requise pour faire le procès à un prêtre accusé de fausse monnaie, 1581 (fol. 16 v°). — Instructions pour l'exécution de l'édit de réunion au domaine des greffes et tabellionages, 1580 (fol. 17 v°). — Remontrances des marchands fournissant les greniers à sel pour être déchargés des frais de reddition des comptes, 1553 (fol. 25 v°). — Autres remontrances au Roi sur la reddition des comptes des grenetiers (fol. 26 v°) et sur le bail des greniers à sel (fol. 28 v°). — Règlement de juridiction entre la Chambre des comptes et le Parlement, 1565 (fol. 32). — Mémoire sur l'exportation de l'or et de l'argent (fol. 33). — Remontrance des bourgeois de Paris pour empêcher l'homologation de l'édit qui permet la liberté de cette exportation (fol. 35 v°). — Avis sur le différend entre les fermiers du treillis, du tonlieu et hallage des draps et les marchands grossiers, merciers et joailliers de Paris, 1580 (fol. 40). — Arrêt de mort contre François Richer, commissaire des guerres, 1567 (fol. 43). — Commission donnée par Henri III à Antoine Nicolay, Tambonneau, etc. pour vérifier les rôles de distribution de l'impôt sur le sel, 1582 (fol. 44 v°). — Ordonnance de Henri III prescrivant de retenir les cinquième et dixième deniers sur les dons royaux faits à ses sujets et de les verser au trésorier de l'Ordre du Saint-Esprit, 1581 (fol. 45 v°).

XVI⁰ siècle. Papier. 46 feuillets. 36o sur 23o millimètres. Rel. veau fauve.

493. Recueil de lettres-patentes, procès-verbaux d'assises, rôles d'arrière-ban et recettes concernant le comté d'Eu. (1351-1543.)

Lettres patentes du roi Jean II, 1351 ; extrait du Trésor des chartes, par Budé, en 1511 (fol. 1). — « Adveu et desnombrement de la conté d'Eu, » en 1420, extrait du « registre des adveuz et desnombremens bailléz en la Chambre des comptes... par les tenans en fief... ou bailliage de Caulx, 1375-1417 » (fol. 3). — Lettres patentes de Charles VII, 1458 (fol. 5), Charles VIII, 1484 (fol. 7), Louis XI, 1464 (fol. 11), François Ier, 1521-1533 (fol. 13, 27-36). — Sentence de l'échiquier de Normandie contre le comte d'Eu pour non comparution à l'échiquier, 1485 (fol. 9). — Assises d'Arques, 1521 (fol. 20), 1543 (fol. 43). — Supplique de Marie d'Albret, comtesse de Nevers, ayant la garde de son fils François de Clèves, comte d'Eu (fol. 37). — « Roulle des nobles de la conté d'Eu servans à l'arrière ban du Roy » (fol. 51). — « Estat abrégé faict à Guillaume Du Four, receveur ordinaire du conte d'Eu, » 1537 (fol. 54).

XVIe siècle. Papier. 56 feuillets. 32o sur 215 millimètres. Rel. veau fauve.

494. Mémoires produits par Guy, comte DE LAVAL, en ses procès contre les enfants de Léonor d'Orléans, duc de Longueville, et contre Odet, baron d'Avaugour. (1583-1584.)

« Inventaire de production qui mect par devers vous nosseigneurs de Parlement Messire Guy, conte de Laval, demandeur, pour raison des terres et seigneuries de Monstreulbellay, Foussebellay et Gennes, assizes en Anjou, Noyelle, Noyellette, Ornay, Maintenay, boys de Cantastre et cinq cens livres de rente sur les vicomtéz d'Abbeville et du Crotoy, assis en Picardie, Gournay et la Ferté en Bray, assis en Normandye, délaissées par feue dame Jehanne de Harcourt,... à l'encontre de Dame Marie de Bourbon, ou nom et comme tutrice, curatrice et garde noble des enfans mineurs d'ans de feu Messire Léonor d'Orléans, duc de Longueville, » 1583 (fol. 1). — « Salvations de production que baille par devers vous nosseigneurs de Parlement Messire Guy, conte de Laval, conte et baron de Quintin et seigneur d'Avaugour, et le procureur général du Roy joint avec lui, deffendeurs, à l'encontre de Messire Odet, conte de Vertuz, baron en tiltre de la baronie d'Avaugour, » 1584 (fol. 105).

XVIe siècle. Papier. 117 feuillets. 33o sur 22o millimètres. Rel. veau fauve.

495. Recueil de lettres-patentes, procès-verbaux, ordonnances concernant l'Echiquier d'Alençon. (1545-1578.)

Lettres patentes de Charles IX, 1571 (fol. 1, 5), et François de Valois, duc d'Alençon, son frère, 1569-1571 (fol. 7, 39, 41). — « Appel des officiers, prélatz, contes et barons subjectz à comparence audit eschiquier » (fol. 9). — « Ordonnances leues et publiées au commencement de l'eschiquier, extraictes du registre de l'eschiquier tenu en l'an 1545 » (fol. 17). — « Ordonnances de la court de l'eschiquier d'Alençon » (fol. 26). — Conclusions du procureur général du duc d'Alençon à l'échiquier de l'an 1578 (fol. 45).

XVIᵉ siècle. Papier. 52 feuillets. 280 sur 180 millimètres. Rel. veau fauve.

496. Procès-verbaux des conférences tenues à Tolède pour la délivrance de François Iᵉʳ entre Jean de Selve, premier président du Parlement, François de Tournon, archevêque d'Embrun, Gilbert Bayard, secrétaire du roi, ambassadeurs de France, et le comte de Nassau, le grand chancelier de l'Empire Gattinara, etc., ambassadeurs de Charles-Quint. (20 juillet-25 août 1525).

Fol. 6. « La descente et succession des princes de France et de Bourgongne. » — Des extraits de la Conférence proprement dite (fol. 14-52) ont été imprimés, d'après un autre manuscrit, par Aimé Champollion-Figeac, *Captivité du roi François Iᵉʳ* (Documents inédits). Paris, 1847, 4°, p. 264-282.

XVIᵉ siècle. Papier. 52 feuillets. 320 sur 225 millimètres. Rel. veau fauve.

497. Mémoires relatifs à l'Europe, Espagne, Gênes, Empire, Savoie, Dunkerque. (1654-1659).

« Voïage d'Espagne, 1654, » par Antoine de Brunel, gentilhomme hollandais (fol. 1); autres exemplaires du même voyage, mss. français 9044, 19021, 24195 et nouv. acq. franç. 105; cf. R. Fouché-Delbosc, *Bibliographie des voyages en Espagne et en Portugal.* Paris, 1896, 8°, p. 63-68. — « Lettres ou advis sur les

conférences pour la paix » tenues à Bayonne, 26 juillet-7 novembre
1659 (fol. 143) ; l'auteur est un des témoins du traité (cf. fol. 182).
— « Plan véritable de l'estat présent des affaires de l'Europe, ou
instruction sur laquelle on doit prendre de très importantes résolutions, » 1654 (fol. 184). — « Diverses remarques sur la conduitte
et les intérestz des princes et Estatz de l'Empire » (fol. 217). —
« Extraicts de l'histoire de Savoye » (fol. 247). — Rapport de
M. d'Amontot, agent à Gênes, adressé au Roi (fol. 280). — « Histoire du siège de Dunkerque » (fol. 290).

Copies.

XVIIᵉ siècle. Papier. 372 feuillets. 270 sur 200 millimètres. Rel. maroquin rouge, aux armes royales.

498. Mémoires relatifs au Danemark, à l'Alsace, à la
Pologne, à la Hollande, à Mazarin et à la Diète de Francfort.
(1655-1658.)

Mémoire sur les événements du Danemark, 1657 (fol. 1). —
« Abrégé de l'histoire de cette dernière guerre de Pologne, com-
mencée en l'an 1655 » (fol. 25). — Procès verbal de prise de possession de l'Alsace par Charles Colbert, intendant, Bernardin,
abbé de Lutzel, Bénigne Bossuet, etc., 1658 (fol. 67). — Description de l'Alsace (fol. 75). — « Mémoire des usurpations de la
Maison d'Austriche sur les pays d'Alsace, Suntgau, Brisegau et de
la Forest noire » (fol. 89). — Traité de Koenigsberg entre la Suède
et le Brandebourg, 1656 (fol. 95). — « Manifeste du roy d'Hongrie »
(fol. 97). — Lettre de l'électeur de Mayence aux autres électeurs,
1657 (fol. 103). — « Capitulatio Ferdinandi Quarti » (fol. 107). —
« Memoriale iteratum in puncto pacis et securitatis publicae, quod
nomine D. reg. Majestatis Sueciae decenter exhibetur S. Rom.
Imperii collegio electorali ab... Matthia Biörenklou, » 1658 (fol.
121). — « Memoriale Galliae » (fol. 125). — « Memoriale Sueciae »
(fol. 127).

Harangue du président Jacques-Auguste de Thou aux États de
Hollande, 1657 (fol. 137). — « Des véritables causes du retarde-
ment de l'élection de l'Empereur, 1658 » (fol. 145), et autres nouvelles de Francfort, 1657 (fol. 153). — « Les principaux moyens
dont les roys de France se sont servis durant la paix pour restablir

la discipline dans tous les ordres de leur royaume » (fol. 179). — « De la loi Salique » (fol. 194). — « Discours sur le ministère du cardinal Mazarin » (fol. 203).

Copies.

XVIIe siècle. Papier. 226 feuillets. 275 sur 200 millimètres. Rel. maroquin rouge, aux armes royales.

499. Recueil de relations d'AMBASSADEURS français, pontificaux et hollandais ; — Ouvrages de Henri, marquis DE NANGIS-BRICHANTEAU, Edme DE LA CHATRE, SAINT-EVREMOND, etc. (1598-1657.)

« Relation de ce qui se passa à la conférence pour la paix, à Vervins, l'an 1598, depuis le 6 febvrier jusques au 1 may, par le secrétaire du cardinal de Florence, légat à latere du pape Clément VIII à ladicte conférence » (fol. 1). — « Discours historique sur les fortunes et disgraces d'aucuns favoris depuis le roi François 1er, » publié sous le titre de *Discours historiques de la fortune et des disgraces des favoris*, par Henri de Beauvais, marquis de Nangis-Brichanteau, 1669 (fol. 47). — « Résultat des Estats généraux des Provinces Unies des Pays Bas, à La Haye, l'an 1639, le 3 décembre, signé Musch, touchant le rang et prérogative d'honneur de la république des dictes Provinces, et aussi pour la réception des ambassadeurs » (fol. 93). — « En quoy consiste la charge et fonction d'intendant de justice et finances dans les armées » (fol. 99). — « Le différend de George Ragotzki, prince de Transylvanie, avec l'Empereur touchant le royaume de Hongrie, » 1643 (fol. 105). — « Discours de Monsieur [Edme] de La Chastre, colonnel des Suisses, 1644 » (fol. 107). — « Responce faicte aux Mémoires de M^r de La Chastre par Monsieur le comte [Henri-Auguste de Loménie] de Brienne, ministre et secrétaire d'Estat » (fol. 167). — « Apologie ou deffence de M^r [François] de Beaufort contre la Cour, la noblesse et contre le peuple, » par Charles Margotelle de Saint-Denys, seigneur de Saint-Evremond (fol. 197). — « Deffence pour le Roy envers ceux qui le blasment de ce qu'il gratiffie plus ses ennemis que ses serviteurs » (fol. 205). — « Remarques faictes par le sieur [Bernard] Du Plessis-Besançon pendant son voyage à la conduicte de Monsieur Don Francisco de Melo s'en allant en

Espagne, depuis le 6 jusques au 25 octobre 1644 » (fol. 213). —
« Ad fr. Og., Galliae jura et decora propugnantem, adversus famo-
sam Bibliothecam Gallo-Suecicam. — Pendant la tenüe de l'assemblée de Munster » (*sic*) (fol. 227). — Mémoire de « M. Poncet
pour Madame la duchesse d'Orléans, intervenante et demanderesse
en lettres en forme de requeste civile contre M. le duc d'Orléans
et M^llo d'Orléans, sa fille, deffendeurs » (fol. 231). — « Mémoire et
estat de ce qui est à remarquer de plus mémorable en Angleterre »
(fol. 245). — « Instruction à Monsieur [Gaspard Coignet] de La
Thuillerie s'en allant en Dannemarck, faicte par M^r D'Avaux, Servien et La Thuillerie, à Munster, le iiie may » (fol. 259). — « Instruction concernant quelques négociations faictes en Alemagne, avec
un advis pour retirer le comté d'Embden de la subjection des
Holandois et le mettre soubs celle de France, 1647 » (fol. 275). —
« Registre des principaux poincts de cérémonie arrivéz dans l'ambassade de Monseigneur [René de Voyer de Paulmy, chevalier,
comte] d'Argenson, faict par son secrétaire » durant son ambassade à Venise, 1651-1655 (fol. 285). — « Sommaire de tout ce qui
s'est passé sur le subject de la réception de Monsieur [Bernard]
Du Plessis-Besançon, ambassadeur de Sa Majesté vers la Sérénissime République de Venise, à son passage à Gennes, Parme, Plaisance, Reggio et Modane » (fol. 315). — « Harangue de l'ambassadeur d'Hollande [Guillaume Boreel] au Roy sur les désordres
arrivéz entre les navires françois et hollandois, » 1657 (fol. 325).
Copies.

XVII° siècle. Papier. 333 feuillets. 38o sur 25o millimètres. Rel. maroquin rouge, aux armes royales.

500. Instructions et relations d'Ambassadeurs de France;
pièces satiriques, pamphlets, etc., du temps de Henri III et
Henri IV. (946-1607.)

Privilèges donnés par Louis XI aux notaires et secrétaires du
Roi, 1482 (fol. 1). — « L'instruction d'un conseiller d'Estat à Mon-
seigneur le chancellier » (fol. 11). — « Les aages des enffans de
Messire Philippes Hurault, conte de Cheverny, chancellier de
France, et de dame Anne de Thou, sa femme, dame de Chante-
ville et de Sainct-Maurice, » par le chancelier lui-même (fol. 19).

— « Instruction de Monseigneur le chancellier à Monsieur le conte [Henri] de Cheverny, son filz aisné » (fol. 21). — « Coppye de la harangue prononcée aux duc et sénat de Venize, le vi⁰ septembre 1600, par Monsieur le président [Antoine Séguier] de Villiers, ambassadeur du Roy, sur les causes de la guerre de Savoye » (fol. 27). — Procès-verbal de la réparation et satisfaction faite par Jean des Champs-Marsilly au conseiller Chevallier, qu'il avait outragé, 1600 (fol. 31). — Lettre des Seize de Paris au roi d'Espagne durant la Ligue, 1591 (fol. 33). — « A Monsieur de Rosny, conseiller d'Estat et superintendant des finances du Roy ; » pièce de vers par Rapin, 1600 (fol. 35). — Histoire du complot formé par les Seize pour faire mourir le président Brisson, novembre 1591 (fol. 37). — Comparaison des rois Henri IV, Philippe III d'Espagne et Jacques I⁰ʳ d'Angleterre (fol. 41). — Lettre de Rome sur l'élection de Paul V, 1605 (fol. 43).

Harangues prononcées devant Henri IV et Marie de Médicis lors de leur entrée à Lyon, 1600 (fol. 45). — Lettre de Henri IV pour le rétablissement des Jésuites, 1603 (fol. 47). — Relations de l'exécution du maréchal de Biron, 1602 (fol. 49, 59), ainsi que de son procès criminel (fol. 67). — Fondation du collège des Jésuites de La Flèche (fol. 75). — « Arrest pour Monsieur de Tournon sur le faict des Jésuistes, » 1599 (fol. 77). — Conférence de Fontainebleau entre Jacques Davy Du Perron, plus tard cardinal, et Duplessis-Mornay, 1600 (fol. 79). — « Déclaration et protestation de Monsieur [Henri de Montmorency-]Damville, mareschal de France, » sur sa prise d'armes, 1577 (fol. 83).

« Stanzes du mariage, par Madame Liébault, femme du médecin, » Nicole Estienne, signées « J'estonne le monde » (fol. 87). — « Fondation du collège des Dormans, dit Beauvais, » 1389 (fol. 91). — « Discours de la loy Salique au commencement de la Ligue, » 1585 (fol. 95). — « Des libertéz de l'église Gallicane, » 1551 (fol. 100). — Bulle d'Alexandre IV, confirmant et énumérant les biens de l'abbaye de Saint-Denis, 1259 [Potthast, n⁰ 17676], copie authentique de l'an 1532, parchemin (fol. 107). — « Discours de l'arrivée à Venise de Monsieur [Antoine] Séguier, sieur de Villiers, ambassadeur de Sa Majesté, » 1598 (fol. 109). — « Requeste de Brusquet, fol du roy Henry 2, aux députéz assembléz pour faire la paix » (fol. 115). — « Apocalipse de Pasques ; pasquil en l'an 1546 » (fol. 119). — Testament du conseiller

Jacques Rouillart, 1572 (fol. 123). — « Le pasquil françois du
xxviie d'aoust 1585 » (fol. 125). — « Advis de Monsieur Coqueley,
les chambres de la Cour assemblées pour délibérer sur les Estatz
généraux, » 1588 (fol. 127). — « Les propos que tint le Roy à la
Cour de Parlement, lors de la publication de l'édit de réunion, le
18 de juillet 1585 » (fol. 133). — « Passelevent à son amy, des nouvelles de Court, 1588 » (fol. 135). — « Recueil de ce qui s'est passé
en la conférence de Sa Majesté avec les depputéz de Messieurs de
Paris, le 6me aoust 1590 » (fol. 137). — « Missive à Chicot sur la
Ligue, 1586 » (fol. 143). — Harangue du président Brisson à la
reine Élisabeth et aux États d'Angleterre, 1581 (fol. 149). — « Mariages permis... », satire contre la Cour (fol. 153).

Diplôme de Hugues le Grand pour Saint-Père de Chartres, 946
(fol. 155). — « A l'immortelle mémoire de Henry 4 » (fol. 157).
— « Raisons représentées au pape Paul Cinquième par le cardinal Du Perron sur l'affaire d'entre Sa Sainteté et les Vénitiens, en
l'an 1607 » (fol. 161). — Lettres-patentes de Charles IX renvoyant
aux députés du clergé les procès entre ecclésiastiques relatifs à
la perception des taxes, 1565 (fol. 165). — « Cocq à lasne de Thony
à Arnault, 1586 » (fol. 169). — « Coq à l'asne à maistre Mithon
sur la Ligue, 1586 » (fol. 175). — Deux autres coq à l'âne sur la
Ligue, 1585 (fol. 181, 184). — Testament de la reine Jeanne de
Navarre, 1572 (fol. 188). — Formulaire pour conférer les Ordres
du roi (fol. 190). — « Responce à un certain escript, publié par
l'admiral et ses adhérans, prétendans couvrir et excuser la rupture qu'ilz ont faicte de l'édict de pacification, » 1569 (fol. 194).
— « L'asne au cocq, » 1567 (fol. 212). — « Remonstrance des ambassadeurs de Clèves au roy François Ier, avec la response dudict
seigneur » (fol. 216). — « Sentence de réparation d'honneur pour
l'abbé de Dommartin, » 1490 (fol. 218). — Prestation de foi et
hommage pour les comtés de Flandre, d'Artois et de Charolais,
par Philippe le Beau, archiduc d'Autriche, 1499 (fol. 226). —
Traité de Cambrai, 1529 (fol. 230). — « Instructions et mémoires
pour proposer aux Estatz d'Orléans, l'an 1560 » (fol. 232). —
Remontrances du Parlement à Louis XIII (fol. 238).

XVIe et XVIIe siècles. Papier. 249 feuillets. 35o sur 23o millimètres.
Rel. parchemin.

TABLE DE LA COLLECTION

DES

CINQ CENTS DE COLBERT

9 782019 302467